Julian Roberts
Rechtliche Behandlung von Derivaten

de Gruyter Handbuch

Julian Roberts

Rechtliche Behandlung von Derivaten

Ein Casebook

De Gruyter

Professor *Dr. Julian Roberts*, Rechtsanwälte Wolfsteiner Roberts & Partner, München, Professor an der Universität München, Fakultät für Philosophie, Wissenschaftstheorie und Religionswissenschaft.

ISBN 978-3-89949-805-9
e-ISBN 978-3-89949-806-6

Bibliografische Information der Deutschen Nationalbibliothek

Die Deutsche Nationalbibliothek verzeichnet diese Publikation in der Deutschen Nationalbibliografie; detaillierte bibliografische Daten sind im Internet über http://dnb.d-nb.de abrufbar.

Druck: Hubert & Co. GmbH & Co. KG, Göttingen
∞ Gedruckt auf säurefreiem Papier

Printed in Germany

www.degruyter.com

Vorwort

Voraussetzung für den Umgang mit Derivaten ist die neuere Finanzmathematik mit ihrem probabilistischen Wertbegriff. Im vorliegenden Buch habe ich versucht, das Recht mit dem Mathematischen zweckdienlich und verständlich zu verknüpfen. Unverzichtbar war dabei die Hilfe von Professor Michael Dempster und Dr. Elena Medova, beide Cambridge, sowie von Professor Rüdiger Kiesel, Essen. Professor Klaus Schäfer, Bayreuth hat mir wichtige Anstöße gegeben. Hochgelehrt und im Streit unerschrocken waren meine beiden Sozien Notar a. D. Dr. Hans Wolfsteiner und Lorenz Mayr. In der Erstellung des Manuskripts stand mir Faten Aouji unermüdlich bei. Diesen allen danke ich; für die verbliebenen Unzulänglichkeiten bin ich alleine verantwortlich.

Ich habe versucht, die deutsche Rechtslage zum Stichtag 31. Juli 2011 wiederzugeben.

Das Buch widme ich in Dankbarkeit und Liebe meiner Frau Margarethe und meinen Söhnen Benjamin, Hilary und Alexander.

Julian Roberts
München, den 17. Oktober 2011

Inhalt

1 Einleitung

1.1 Was ist ein Derivat?

Derivate, so wie wir sie aus der Finanzkrise kennen, sind Wetten auf Börsenkurse. Früher hießen sie Differenzgeschäfte. Im Jahr 1896 hat der Gesetzgeber für Differenzgeschäfte folgendes bestimmt:

> Wird ein auf Lieferung von Waren oder Wertpapieren lautender Vertrag in der Absicht geschlossen, dass der Unterschied zwischen dem vereinbarten Preise und dem Börsen- oder Marktpreise der Lieferungszeit von dem verlierenden Teile an den gewinnenden gezahlt werden soll, so ist der Vertrag als Spiel anzusehen[1].

Grundlage dafür, dass man Differenzgeschäfte abschließen konnte, war die Entstehung von geregelten Börsen und Märkten mit verbindlichen, notierten Preisen. Damals gab es solche nur für „Waren oder Wertpapiere". Inzwischen werden Preise in allen möglichen Handelskategorien notiert – nicht nur für Waren oder Aktien, sondern zum Beispiel auch für Anleihen, Währungen, Zinsen und Risiken. Entsprechend hat sich der Spielraum für Differenzgeschäfte erweitert, ohne dass sich das Prinzip geändert hätte.

Zwei grundsätzliche Unterschiede zwischen heute und 1896 bestehen dennoch.

Erstens ist es dank der modernen Finanzmathematik heute möglich, den erwartetem Wert von veränderlichen Zahlungsströmen zuverlässig zu berechnen. Der Erwartungswert ist dann aber keine einzelne Zahl, sondern eine Häufigkeitsverteilung. Häufigkeitsverteilungen erfassen auf der Basis von empirischen, also heute gewonnenen Daten künftige nach Wahrscheinlichkeit abgestufte Handlungsalternativen. Für diese Fortschritte maßgeblich waren die 1973 entwickelten Methoden zur Bewertung von Optionen („Black-Scholes"). Die Folge heutzutage ist, dass ein großes Spektrum an Geschäftsrisiken – also nicht nur solche, die sich auf „Waren und Wertpapiere" beziehen – zu fundier-

1 *Bürgerliches Gesetzbuch*, § 764 a.F.

ten Preisen gehandelt werden kann. Bevor dieser Markt sich nachhaltig etablieren kann, muss allerdings dafür gesorgt werden, dass alle Teilnehmer mit den Grundlagen vertraut sind. Typisch ist nämlich, dass solche Deals nicht in einem liquiden Markt angeboten werden. Sie erreichen den Anleger entweder OTC („over the counter" – in diesem Fall für den einzelnen Kunden maßgeschneidert), oder in einer Direktplatzierung durch den Emittenten. Letzteres gilt insbesondere für die so genannten „Zertifikate". Der Preis dieser Instrumente wird zwar aus Börsenkursen *abgeleitet* (daher der Begriff „Derivat"), aber dieser Vorgang ist außerordentlich komplex und für den Laien nicht nachvollziehbar. Ohne Kenntnis der Preisberechnung jedoch kauft man die Katze im Sack – kein sehr empfehlenswerter Vorgang bei Finanzgeschäften, und keine Basis für die Entwicklung eines stetigen Marktes.

Zweitens wurde die oben zitierte Vorschrift aufgehoben: der „Differenzeinwand" des § 764 BGB spielt seit 2002 keine Rolle mehr. Dabei ist der Blick für den Unterschied zwischen „Differenzgeschäften" und dem normalen Wertpapierhandel leider verloren gegangen. Seit der EU-MiFID-Richtlinie[2] gelten Finanzdeals pauschal als „Finanzinstrumente"; die vom Emittenten verlangte „Aufklärung" wird sehr undifferenziert gehalten. Damit wird kaschiert, dass ein Differenzgeschäft wenig mit dem traditionellen Effektenhandel zu tun hat. Ein Differenzgeschäft ist ein Spiel, oder bei entsprechender Handhabung eine Versicherung, und stellt damit eine ganz andere Vertragsart dar. Im Bewusstsein davon hat der damalige Gesetzgeber dafür gesorgt, dass Differenzgeschäfte nur unter ganz bestimmten Umständen überhaupt wirksam wurden[3]. Dazu gehörte vor allem, dass sich die Teilnehmer vorab in einem entsprechenden Börsenregister eintragen lassen mussten. Diese Eintragung war nicht nur teuer[4], sondern vor allem auch öffentlich[5] – sicherlich ein probates Mittel um zu verhindern, dass sich Kommunen, Stiftungen, industrielle Unternehmen und andere „Unschuldige" in zweckfremde Spekulationsgeschäften stürzten.

Die Vorschriften zu „Börsentermingeschäften" – dazu gehörten die Differenzgeschäfte – waren unbeliebt und Gegenstand von häufigen Umgehungsversuchen. Im Laufe der Jahre wurde das Erfordernis einer *persönlichen* „Fähigkeit" aufgeweicht; seit dem 4. Finanzmarktfördergesetz ist es generell einer Aufklärungspflicht auf Verkäuferseite gewichen.

2 *Richtlinie über Märkte für Finanzinstrumente (MiFID), 2004/39/EG*, 2004.
3 *Börsengesetz 1896, RGBl. 1896, 157*, §§ 66, 69.
4 Ebd., § 57.
5 Ebd., § 55 f.

Hier jedoch haben die Probleme begonnen. Spiel ist, wie gesagt, anders als Kauf. Beim Glücksspiel stellt sich eine fundamentale Ausgangsfrage, die beim Kauf sinnlos wäre, nämlich, ob das Spiel *fair* ist? Alle anderen Informationen sind bestenfalls missverständlich, wenn nicht zuerst die Fairness-Frage beantwortet wurde.

Meistens wird die Frage allerdings gar nicht gestellt, weil Kunden nicht verstehen, dass ihnen ein Spiel angeboten wird.

1.2 Die gegenwärtige Rechtslage

Wenn Derivate überhaupt für Anleger außerhalb der Finanzindustrie zulässig sein sollen, dann müssen die Anforderungen an die „Aufklärung" radikal gefasst werden. Daran wird die Rechtsprechung, nicht nur in Deutschland, in den nächsten Jahren noch zu arbeiten haben. Wenn Differenzgeschäfte fortan als normaler, auch für Retail-Anleger zugänglicher Teil der Finanzmärkte Bestand haben sollen, ist auch der Gesetzgeber gefragt. Für den Differenzeinwand gab es gute Gründe. Angesichts der Komplexität moderner Finanzinstrumente sind diese Gründe nicht schwächer, sondern stärker geworden.

Es ist damit zu rechnen, dass sich die Rechtsordnung für Derivate nur allmählich festigen wird. Viele Streitigkeiten aus der Finanzkrise müssen international von den Gerichten noch aufgearbeitet werden. Die Verhaltensregeln für Banken in den USA und in Europa werden neu gefasst. Wenn dieses Buch einen bescheidenen Beitrag zur diesem Prozess leisten kann, wird es seine beabsichtigte Wirkung getan haben[6].

6 Zu den wichtigsten, in diesem Buch noch berücksichtigten Entscheidungen gehören: *OLG Bamberg v. 11.05.2009, WVV*, 4 U 92/08 Juris; *OLG Stuttgart v. 27.10.2010, Ravensburg*, 9 U 148/08 Juris; *BGH v. 22.03.2011, Ille*, XI ZR 33/10 Juris.

2 Derivate: Sinn, Funktion, Bewertung

2.1 Verwerfliche Finanzderivate?

Seit der Finanzkrise des Jahres 2007 wurde über Derivate viel geschimpft. Gewissenlose Banker und korrupte Politiker hätten auf Kosten der Allgemeinheit gespielt. Die Börsen seien nichts als ein Kasino, die früher so gefeierten Derivate hätten sich am Ende als simple Wetten erwiesen. Die verantwortlichen Manager sollten bestraft werden; der Ruf nach strengerer Regulierung der Finanzmärkte wurde laut.

Diese Reaktionen stehen im gewissen Widerspruch zu den Entwicklungen der letzten Jahrzehnte. Seit dem Zusammenbruch der Nachkriegsordnung werden die Belange der Zivilgesellschaften immer weniger von zwischenstaatlichen Konfrontationen dominiert. Allein die Wirtschaft soll das Wohl der Menschen herbeiführen; und dafür entscheidend ist das Maß der individuellen Freiheit. Diesem Gedanken widerspricht die paternalistische Intervention des Staates, so wie er seit der Krise nicht selten im Hinblick auf Finanzderivate gefordert wurde.

Ein freier Markt funktioniert allerdings nur dann nachhaltig, wenn die Teilnehmer gleichen Zugang zu Informationen haben. Das Ausnutzen von Unwissenheit ist kein Merkmal eines reifen und stabilen Marktes. Diese Unwissenheit – die sich sowohl in der Blindheit vieler Derivatekäufer als auch in der Hilflosigkeit einiger Kommentatoren den Derivaten gegenüber zeigt – muss beseitigt werden, bevor der Markt als schutzwürdig anzusehen ist. Derivate sind nicht wertlos; sie unterscheiden sich aber grundlegend vom normalen Handelsgeschäft.

2.2 Anwendungsbereiche von Derivaten

Finanzderivate – oder zumindest diejenigen, um die es uns geht – sind in ihrer Wirkungsweise in der Tat mit Wetten zu vergleichen. Wetten sind Nullsummenspiele: was der Eine gewinnt, verliert der Andere. Füreinander sind die

Wettenden deswegen zwangsläufig Gegner. Und wer in einem gegnerischen Kampf gewinnen will, darf im Hinblick auf Wissen und Geschicklichkeit nicht schlechter sein, als sein Widerpart.

Derivate haben vier Anwendungen, nämlich Vergnügen, Gewinn, Absicherung und Handel. Wie leicht ersichtlich, hat keine dieser Anwendungen mit gewöhnlichen Finanzanlagen viel zu tun.

Erstens: Wie bei jeder Sportwette ist bei Derivaten die primäre Anwendung das Vergnügen am Spiel. Auch dem Verlierer bringt ein spannendes Spiel Vergnügen. Die Aura des „Händlers" umgibt auch denjenigen, der mit mäßigem Erfolg an Trading-Webseiten zockt.

Zweitens: Selbstverständlich können Spiele auch als Mittel zum Erwirtschaften von Gewinn betrachtet werden. Abgesehen vom Betrug ist dies allerdings nur dann langfristig aussichtsreich, wenn der Spieler gegenüber seinen Gegnern konkrete Vorteile genießt. Nicht alle Spiele bieten die Gelegenheit, einen absoluten Vorteil an Wissen oder Geschicklichkeit zu erwerben. Bei den meisten ist es jedoch unerlässlich, wenigstens nicht schlechter zu sein. Die Erfordernisse sind oft hoch. Wo beispielsweise wandelnde Gewinnchancen noch während des Spiels zu berücksichtigen sind, ist mathematische Geschicklichkeit unverzichtbar. Ein altbekanntes Beispiel dafür ist das Pokerspiel, in dessen Verlauf sich die Quoten mit jeder neu zugeteilten Karte ändern. Damit sind moderne Finanzderivate unmittelbar vergleichbar (viele erfolgreiche Händler sind Pokerspieler).

Die dritte Anwendung von Derivaten ist die Absicherung. Der Absichernde wettet auf ein Ereignis, das ihm schaden würde. Falls der Schaden eintritt, wird er vom Wettgewinn kompensiert. Falls er verschont bleibt, hat er mit seinem Verlust, der „Versicherungsgebühr", wenigstens seine Ruhe erkauft. Der Absichernde spielt jedoch nicht, um zu gewinnen; es ist ihm lieber, wenn er die Wette verliert.

Schließlich, viertens, kann man aus Derivaten Gewinn erzielen, indem man sie vermittelt, einrichtet oder verkauft, mit oder ohne eigenem Engagement. Darin besteht das Geschäftsmodell von Kasinos, Versicherungsunternehmen und Investmentbankern. Am Charakter der Wette als solchem ändern derartige „Nebendienstleistungen" nichts.

2.3 „Swaps“ als Kern der Wette

Viele Finanzderivate beinhalten einen so genannten „Swap“. Swap ist Englisch für „Austausch“. Im Zusammenhang mit Finanzderivaten markiert der Swap die zugrunde liegende Wette. Diese entfaltet ihre Wirkung auf folgende Weise:

Am häufigsten werden Zins-„Swaps“ eingerichtet. In einem solchen Derivat leisten die Parteien während der Laufzeit des Swaps regelmäßige Zahlungen aneinander. Deren Berechnungsbasis wird unterschiedlich festgelegt. Bei einfachen Swaps (so genannten „plain vanilla swaps“) zahlt die eine Partei einen variablen Kurs (zum Beispiel den Satz für Tagesgeld), während die andere Partei einen zu Vertragsbeginn festgelegten Satz zahlt. Solche Zinsswaps werden oft aus Gründen der Planungssicherheit abgeschlossen: Die Partei, die fest zahlt, kann die Risiken von künftigen Zinsbewegungen neutralisieren, indem sie die vom Partner empfangenen variablen Zahlungen an den Darlehensgeber weiterreicht, während sich ihre eigene Pflicht auf die vorher vereinbarte Festzahlung beschränkt.

Swaps findet man ebenso bei Kreditausfallgeschäften („Credit Default Swaps“). Hier bezieht sich das Geschäft typischerweise auf Anleihen, die im Besitz eines der Vertragspartner sind. Das Geschäft besteht darin, dass der Anleiheeigner einen festen „Zins“ an seinen Gegner zahlt. Falls während der vereinbarten Laufzeit eine Anleihe notleidend werden sollte, etwa indem eine Kuponzahlung ausfällt, so muss der Gegner dem Anleiheeigner das betroffene Papier abkaufen. Da dieser Kauf zum anfangs festgelegten Preis erfolgt, hat der Anleiheeigner somit seinen Ausfallschaden ausgeglichen.

Wie ersichtlich ist „Swap“ eine irreführende Bezeichnung, weil tatsächlich nichts ausgetauscht wird. In den Derivaten der beschriebenen Art fehlt regelmäßig jede „effektive Leistung“. Es werden keine Zinszahlungen geleistet, sondern die Parteien rechnen an den vorgesehenen Zahlungstagen nur den Saldo ab – nämlich die *Differenz*, die entstanden wäre, falls beide tatsächlich geleistet hätten. Dieser Vorgang wird als „Netting“ (Saldieren) bezeichnet; er ist der Grund für die Bezeichnung solcher Geschäfte als „Differenzgeschäfte“ (§ 764 BGB a.F.). Bei den Kreditausfallgeschäften findet meistens ein ähnlicher Verzicht auf effektive Leistung statt: die notleidenden Papiere werden vom Anleiheeigner nicht tatsächlich an seinen Gegner verkauft und geliefert, sondern letzterer zahlt lediglich den Betrag, der die Differenz zwischen dem Wert der Papiere zu Beginn des Kontrakts und am Tag des Ausfalls darstellt.

Letztendlich bedeutet „Swap“ die Gegenüberstellung von zwei Zuständen – einmal mit und einmal ohne Eintritt des Wett-Ereignisses. Jede Wette ist ein „Swap“ zwischen den unterschiedlichen Verpflichtungen der Wettgegner. Verglichen wird beispielsweise der Zustand, wenn im Rennen das Wettobjekt zuerst ins Ziel kommt, mit dem Zustand, wenn es geschlagen wird. Der Kunde zahlt seinen Einsatz fest; das Wettbüro zahlt variabel je nachdem, ob das Pferd gewinnt oder nicht.

Pferderennen generieren allerdings lediglich binäre Ergebnisse („gewonnen/ verloren“). Finanzwetten haben die Eigenschaft, dass nicht nur ein Ergebnis, sondern auch ein Abstand (Kurs A zu Kurs B, zum Beispiel) beziffert werden kann; dieser kann für die Bemessung der Auszahlung verwendet werden. Dadurch, dass das Ergebnis einer solchen Wette quantifiziert wird, können komplexe Risiken abgebildet werden. Außerdem ist das Spiel damit für Spekulanten reizvoller[1].

2.4 Verlustpotenzial

Reine Finanzderivate bestehen ausschließlich aus diesem Swap- oder Differenzmechanismus. Dadurch können sie gefährlich werden, weil sich Kursdifferenzen theoretisch unbegrenzt ausweiten können. (Für ein Beispiel eines reinen Zinsderivates, siehe Anhang 1.)

Normale Wetten sind keine reinen Swap- oder Differenzgeschäfte dieser Art, weil das Risiko durch den Betrag des Einsatzes gedeckelt ist. Selbst im schlimmsten Fall beschränkt sich ein „Totalverlust“ auf den Einsatz. Viele Derivate machen es der traditionellen Wette nach, indem der Höchstverlust auf einen bestimmten ausgelegten Betrag beschränkt werden. Bei Kreditausfallgeschäften kommt dies häufig vor. Der Emittent verkauft Papiere, die Anleihen an einen roboterhaften „Spieler“ darstellen. Dieser ist ein so genanntes „Special Purpose Vehicle“ (SPV), das vom Emittenten in Form einer juristischen Person errichtet wird. Ausgestattet mit den Erlös der Anleihen wettet der Roboter-SPV nun mit Credit Default Swaps. So lange er wegen der von ihm getätigten Swaps nicht finanziell in Schieflage gerät, zahlt er Tantiemen an die Investoren. Wenn er seine Wetten verliert, drohen allerdings auch den Investoren Verluste. Diese können zwar niemals den Betrag übersteigen, den diese

1 Elaine Moore, „Risk techniques can help cut losses“, *Financial Times*, Dezember 10, 2010, Abschn. Trading Insight Special Report.

für die Ausstattung des Roboters ursprünglich eingezahlt haben. Unübersehbar ist jedoch, dass die Investoren am Ausfallrisiko des Roboters beteiligt sind; und angesichts der riskanten Swap-Geschäfte stellt dieses Risiko eine durchaus reelle Größe dar.

Strukturen mit SPVs („Roboter-Spielern") heißen beispielsweise CDO („Collateralised Debt Obligation"). Mit CDOs können aus derselben Grundstruktur unterschiedliche, den Wünschen des jeweiligen Anlegers angepasste Chancen-Risiko-Profile kreiert werden. Wer mehr riskiert, verdient mehr; wer konservativ denkt, begnügt sich mit niedrigeren Erträgen. Der CDO-Investor, der höhere Erträge sucht, schließt sich den riskantesten vom Roboter getätigten Ausfallwetten an. Für sicherheitsorientierte Interessenten gibt es aber auch entsprechende Wetten; beide können in der einen CDO untergebracht werden. Dieses so genannte „Tranchieren" der Risiken ist ein Beispiel für die vielfältigen Hebelungstechniken, die die Attraktivität und den Reiz der Derivate ausmachen. (Siehe Anhang 2.)

Zu den Derivaten mit gedeckeltem Verlust gehören auch einfachere Produkte, bei denen der Einsatz ohne Zwischenschaltung eines SPV (eines „Roboters") direkt an den Emittenten gezahlt wird. Bekannt geworden sind die unter Kleinanlegern beliebten Zertifikate. Zertifikate sehen zunächst aus wie Anleihen an den Emittenten. Wirtschaftlich betrachtet hält dieser jedoch das Geld als Einsatz für Wetten. Diese Wetten haben eine vertraute „Swap"-Struktur (auch wenn bei Zertifikaten der Begriff seltener verwendet wird): eine Seite zahlt fest (meistens der Anleger, der das Zertifikat „kauft"), die andere zahlt variabel, je nachdem, wie sich das Wettereignis entwickelt. Bei Zertifikaten werden Zustände von Zinssätzen, Aktienkursen und so weiter gegeneinander aufgestellt – einzige Einschränkung ist der Einfallsreichtum der Investment-Banker (siehe Anlage 3). Gewinne des Anlegers schreibt ihm der Emittent gut; Verluste (also die Gewinne des Emittenten) werden aus der eingezahlten „Anleihe" entnommen.

In dieser Konfiguration muss der Anleger das Risiko eines Swap-Roboters nicht direkt tragen, dafür aber das Kreditrisiko des Emittenten. Dieses wird meistens sicherlich geringer sein. Dass es aber keineswegs zu vernachlässigen ist, zeigt nicht zuletzt das Beispiel der Lehman-Zertifikate, deren Käufer nach dem Zusammenbruch von Lehman Brothers hohe Schäden erlitten (siehe Anhang 3, unten).

2.5 Psychologie des Spiels; Quotenkenntnis

Von den vier Anwendungsmöglichkeiten der Derivate (siehe oben, Abschnitt 2.2) hat für den durchschnittlichen Geschäftsbetrieb nur die dritte, das Absichern, einen wirtschaftlichen Sinn. Die vierte Anwendungsmöglichkeit (das Einrichten von Derivaten und der Handel mit ihnen) kommt höchstens für Investment-Banken in Frage. Die ersten zwei Anwendungsmöglichkeiten – Vergnügen; das Erwirtschaften von Gewinn – sind das Feld von Spekulanten.

Bei allen Anwendungen lauern Gefahren, die für Unbedarfte weit über das gewöhnliche Risiko eines Kaufvertrags hinausgehen. Es handelt sich allerdings um Gefahren, die für das Glücksspiel generell typisch sind, nämlich: Unkenntnis des Chancen-Risiko-Profils einerseits, sowie psychologische Schwächen andererseits.

Am einfachsten zu verstehen sind die psychologischen Schwächen. Bei unerfahrenen Spielern liegt der klassische Fehler im Unvermögen, ein nachteiliges Spiel abzubrechen. Wer schon Geld „investiert“ hat, gesteht ungern ein, dass das Geld verloren ist. Lieber trotzt man dem Schicksal; damit ist wenigstens die Selbstachtung gerettet. Wer mit schlechten Karten weiterspielt, tut jedoch nur dem Gegner ein Gefallen. Über solche Spielgenossen freut sich der erfahrene Poker-Spieler.

Nichts anderes gilt bei Finanzderivaten. Anstatt offensichtlich schlecht laufende Finanzwetten abzubrechen, willigen Kunden allzu oft ein, sie zu „Restrukturieren“. Dadurch wird aber nicht nur das schlechte Spiel gefestigt; wenn der „Gegner“ (die Bank) das Restrukturieren besorgt, kassiert sie dafür eine zusätzliche Gebühr, was die Lage des Anlegers nur noch verschärft.

Letztendlich ist es für die erfolgreiche Teilnahme an allen Spielen entscheidend, dass man das Chancen-Risiko-Profil richtig einschätzt. Manchmal muss nicht nur die Ausgangslage erfasst werden; bei komplexeren Spielen ist eine kontinuierliche Auswertung erforderlich, da sich das Profil laufend ändert. Dafür ist Poker ein Beispiel; mit jeder neuen Wettrunde ändert sich die Informationsbasis für den Spieler. Bei Finanzinstrumenten ist es ähnlich: die Märkte, und mit ihnen die Chancen und Risiken, sind ständig in Bewegung.

Poker und andere Glücksspiele wie Roulette haben den Vorteil, dass sich das Chancen-Risiko-Profil unmittelbar aus der Struktur des Spielgeräts berechnen lässt. Andere Wetten, wie beispielsweise Sportwetten, können sich auf arithmetischen Regeln dieser Art nicht stützen. Bei Sportwetten entwickeln sich die Quoten jedoch auf dem offenen Markt. Wettbüros haben schon immer anhand von Wettquoten untereinander konkurriert. In letzter Zeit ist das Internet zur Handelsplattform geworden, wo Wettkunden Angebot, Nachfrage und Quoten miteinander direkt abstimmen.

Ungewohnt an Finanzderivaten ist also nicht, dass der Anleger seine Chancen ständig überwachen muss; das gilt auch für das Pokerspiel. Auch die Tatsache, dass Wettquoten ihren Ursprung am Zusammenspiel der Marktteilnehmer haben, ist nicht an sich neu – siehe den Markt für Sportwetten. Bei Finanzderivaten fremd und verwirrend ist, dass Risiken einer verbindlichen Bewertung unterzogen werden, *obwohl die direkten Wege – ob über die Arithmetik oder durch Marktbeobachtung – verschlossen sind.*

Dafür sind die Methoden der modernen Finanzmathematik entscheidend. Sie kann Preise für Werte ableiten selbst dann, wenn sie nicht direkt am Markt gehandelt werden. In diesem Sinne sind die „Quants“ (Finanzmathematiker) die Nachfolger der Aktuare, die früher den Preis für Versicherungsrisiken berechnet haben. Solche Aufgaben fallen heutzutage der Statistik zu.

2.6 Kausale und statistische Gesetzmäßigkeiten

Über natürliche Phänomene lassen sich zwei Arten von Aussagen machen, die beide auf anerkannte Gesetzmäßigkeiten rekurrieren: kausale und statistische Aussagen.

Bei kausalen Aussagen handelt es sich um die grundsätzliche Methode der traditionellen Physik, das beobachtbare Geschehen auf Abhängigkeiten zurückzuführen, das gegenwärtige Geschehen als Wirkung eines früheren und als Ursache eines folgenden darzustellen. Die Kausalketten, die dabei entstehen, gelten als eindeutig-bestimmte Funktionalzusammenhänge, und auch dort, wo es nicht gelingt, derartige Kausalketten aufzufinden, wird an ihrer prinzipiellen Existenz und schließlichen Auffindbarkeit festgehalten[2].

2 Hans Reichenbach, „Philosophische Kritik der Wahrscheinlichkeitsrechnung“, *Naturwissenschaften* 8, Nr. 8 (1920): 146.

2.6 Kausale und statistische Gesetzmäßigkeiten

Kausalität ist jedoch nur eine Form von Gesetzmäßigkeit, die von der modernen Wissenschaft in Ansatz gebracht wird. Die andere ist die statistische Gesetzmäßigkeit. Es handelt sich hierbei um eine Aussage über Wahrscheinlichkeit; Wahrscheinlichkeit ist ein Hauptbestandteil der *statistischen* Methode. In solchen Aussagen wird die *kausale* Verknüpfung gerade *ausgeschlossen*; die Wahrscheinlichkeitsrechnung fordert als Bedingung ihrer Gültigkeit die *kausale Unabhängigkeit ihrer Objekte* (nämlich die *Zufälligkeit*; Reichenbach, aaO).

Insofern ist es für die statistische Methode eine Voraussetzung, kausale Zusammenhänge *auszuschließen*. Wenn jedoch die Gesetze der Statistik von *anderer Art* sind als die Kausalgesetze,

> so folgt aus dieser Tatsache allein noch nicht, dass sie in einen Widerspruch zur Kausalität treten. Gesetzlichkeit ist ein allgemeinerer Begriff als Kausalität. Dass beim Würfeln ein Gesetz existiert, welches die Verteilung der Würfe bestimmt, ohne jedoch dem einzelnen Wurf eine Ursache zuzuordnen, ergibt keinen Widerspruch zum Kausalprinzip. (Reichenbach, aaO)

Reichenbachs Feststellungen datieren aus dem Jahre 1920. Die Physik ist bereits kurz danach den Statistikern gefolgt; die moderne Quantenmechanik geht davon aus, dass die Wirklichkeit in ihren tiefsten Wurzeln stochastisch ist[3]. Heute ist die Logik der statistischen Induktion in den Naturwissenschaften eine Selbstverständlichkeit. In der Finanzwelt haben sich diese Techniken seit 1990 ebenfalls fest etabliert.

2.6.1 Mittelwert und Standardabweichung in der statistischen Gesetzmäßigkeit

Bei *kausalen* Gesetzmäßigkeiten geht es um notwendige Folgen. Zum Beispiel: „der Luftdruck sinkt, also wird das Wetter unruhiger".

Bei *statistischen* Gesetzmäßigkeiten geht es um relative Wahrscheinlichkeiten innerhalb einer Grundgesamtheit von Ereignissen. Zum Beispiel: „Die Wahrscheinlichkeit, dass es morgen regnet, ist 75 %. Die Wahrscheinlichkeit, dass es trocken bleibt, ist 10 %, und die Wahrscheinlichkeit, dass es schneit, ist 15 %.".

3 Ian Hacking, *The taming of chance* (Cambridge [England]; New York: Cambridge University Press, 1990), 20.

Grammatikalisch beziehen sich beide Arten von Behauptung auf die Zukunft; vom Wahrheitsanspruch her richten sie sich jedoch auf die *Gegenwart* (nämlich, im obigen Beispiel, über den aktuell festgestellten Zustand des Wetters und dessen Implikationen). Logisch gesehen handelt es sich in beiden Fällen *nicht um Prognosen.* Eine Prognose entsteht erst mit der Entscheidung, ob man sich im jeweiligen Fall auf die behauptete Gesetzmäßigkeit verlassen möchte – was in der Tat eine subjektive Sache ist.

Selbstverständlich können sowohl kausale als auch statistische Aussagen von künftigen Ereignissen widerlegt („falsifiziert") werden. Die Art der Widerlegung unterscheidet sich darin, dass bei kausalen Gesetzmäßigkeiten ein Gegenbeispiel reichen kann, während es bei statistischen schon viele sein müssen.

Der Inhalt einer statistischen Aussage ist nicht direkt vergleichbar mit dem Inhalt einer kausalen Aussage. Statistisch geht es nämlich nicht darum, dass ein irgendwie isoliertes Ereignis stattfinden wird. Es geht um die Wahrscheinlichkeit von Ereignissen *im Vergleich zu anderen Ereignissen innerhalb der ausgewählten Grundgesamtheit.*

Für vorliegende Zwecke haben statistische Feststellungen grundsätzlich zwei Komponenten. Erstens: wo unter den erwarteten Ereignissen liegt der Durchschnitt (also dasjenige Ergebnis, das im Verhältnis zur Grundgesamtheit in der Mitte liegt)? Zweitens: wie wahrscheinlich sind im Vergleich dazu die anderen Ereignisse?

Die genannten Komponenten werden in den beiden Größen *Mittelwert* und *Varianz* (bzw. *Standardabweichung*) erfasst, die für die meisten Zwecke den wesentlichen Gehalt der statistischen Behauptung tragen. Mit ihnen kann abgestuft quantifiziert werden, ob man sich auf den Mittelwert verlassen sollte, oder ob der Eintritt der minder wahrscheinlichen Ergebnisse im Verhältnis dazu noch zu hoch ist. Zum Beispiel: ist es angesichts des Wetters und des morgigen Auswärtstermins ratsam, noch bis zum Wochenende zu warten, bevor ich meine Winterreifen aufziehe?

Im Ergebnis beinhalten sowohl kausale als auch statistische Aussagen objektive, belastbare Feststellungen über die reale Welt. Beide Arten von Gesetzmäßigkeit sind von der modernen Wissenschaft – zu denen auch die Finanzwissenschaft gehört – nicht mehr wegzudenken.

2.6.2 Statistische Gesetzmäßigkeiten sind keine Prognosen!

Statistische Sätze als „Prognosen" zu bezeichnen, ist irreführend. Wenn hinsichtlich des Würfelspiels festgestellt wird: jede Fläche kommt durchschnittlich einmal alle sechs Würfe vor, oder (bei zwei Würfeln) der Durchschnitt der Augen ist sieben, so sind dies keine „Prognosen". Was künftig passieren wird, steht in keinerlei kausalen Verknüpfung mit dem, was bisher passierte. Falls nicht nur nächstes Mal, sondern über viele Würfe hinweg die Summe der Augen *nicht* sieben beträgt, so ist dies noch keine Entwertung der statistischen Aussage, die weiterhin ihre Verbindlichkeit behält. Verbindlich ist die Aussage vor allem in solchen Zusammenhängen, wo über längere Zeiträume hinweg geplant wird. Das Kasino weiß, dass die Göttin Fortuna möglicherweise den einen oder anderen Gast kurzfristig favorisieren wird. Über einen längeren Zeitraum hinweg kann es jedoch den bekannten Erwartungen hinsichtlich des Spielgerätes vertrauen.

Nichts anderes gilt für exotische Finanzinstrumente. Diese sind wie eigens hergestellte Rouletteräder.

2.6.3 Statistik und „außergewöhnliche Bedingungen"

Mehr oder weniger explizit gehen einige Gerichte davon aus, dass mit Hilfe der Statistik gewonnene Aussagen zu den Swaps durch abweichende tatsächliche Entwicklungen widerlegt werden[4]. Die 2005 eingetretenen Zinsentwicklungen seien unerwartet; die Statistik habe sie nicht vorausgesehen; also seien alle Feststellungen der Statistik in diesem Bereich erwiesenermaßen falsch.

Dies ist ein Missverständnis.

Kausale Aussagen werden durch abweichende Einzelfälle falsifiziert. Wenn ich behaupte, A-Ereignisse verursachen B-Ereignisse, und es tritt der Fall auf, dass ein A-Ereignis kein B-Ereignis verursacht, dann habe ich gute Gründe, an meiner Behauptung zu zweifeln.

Dies gilt nicht für statistische Sätze. Wenn ich sage, die Eins des Würfels wird durchschnittlich einmal alle sechs Würfe auftreten, so wird dieser Satz nicht dadurch falsifiziert, dass die Eins tatsächlich in sechs Würfen gar nicht auftritt, oder wenn sie in jedem der sechs Würfe erscheint. Ein statistischer Satz besagt

4 *OLG Bamberg v. 11.05.2009, WVV*, 4 U 92/08: Rn 196.

nicht: auf A folgt B, sondern er besagt: auf A folgen mit abgestuften Wahrscheinlichkeiten B, C, D usw. Auch aus länger währenden Abweichungen vom Erwarteten (so genannte „Random Walks“) kann keineswegs per se auf die Falschheit der statistischen Gesetzmäßigkeit geschlossen werden[5].

Insofern ist die Frage, ob „außergewöhnliche wirtschaftliche Rahmenbedingungen“ vorliegen und statistisch relevant sind[6], nicht anhand von einzelnen Ereignissen zu beantworten.

2.7 Bewertung von Derivaten mit statistischen Techniken

Moderne finanzmathematische Bewertungen sind keine „Prognosen“ und haben nichts mit „Erfolgsaussichten“ zu tun. Sie sind Aussagen mit dem selben Wahrheitsanspruch wie wahrscheinlichkeitstheoretische Sätze zum Würfelspiel, zu Rouletterädern, oder zu quantenmechanischen Elementarteilchen. Dass das „Modellieren“ von Gesetzmäßigkeiten im Finanzmarkt komplizierter ist als das Modellieren von Würfeln oder Rouletterädern, ändert daran nichts – man vergleiche die Komplexität von physikalischen Modellen! Ebenfalls ohne Belang ist es, dass die einzupflegenden Variablen – nämlich bei jedem Swap-Abschluss die tagesaktuellen Indexwerte – veränderlich sind.

Sicherlich gibt es auch Branchen der Finanzmathematik, die sich mit Prognosen befassen (z.B. das von Hobbyinvestoren verwendete „Charting“). Damit hat die Aktivität der Quant-Abteilungen der Banken nichts zu tun. Quants befassen sich mit Preisen, die sich auf der Basis von aktuellen Daten verbindlich festsetzen lassen.

Alle relevanten Risikogeschäfte besitzen eine empirisch feststellbare, objektive Struktur, die von den subjektiven Entscheidungen einzelner Beteiligter unabhängig ist und allen spekulativen Einsätzen *vorgelagert* ist. Für alle relevanten Risikogeschäfte lassen sich im Hinblick auf die objektive Struktur präzise quantifizierte Werte ableiten. Diese sind genau so objektiv wie beispielsweise die Feststellung, dass die Alphaform AG (ATFX:GER) am 24. November 2009 um 11:00 Uhr bei 1,68 € notiert. Es stimmt zwar, dass ein Anleger, der etwa diese Aktie kauft, vorher über den Preis eine subjektive „Prognose“ fas-

5 Amir Aczel, *Chance: a guide to gambling, love, the stock market and just about everything else* (London: High Stakes, 2005), S. 41–52.

6 *OLG Bamberg v. 11.05.2009, WVV*, 4 U 92/08: Rn 197.

sen wird. Dass beim einzelnen Anleger der Schritt zum Kauf ein subjektives Element enthält, bedeutet aber nicht, dass die Marktinformation, die die objektive Grundlage der Kaufentscheidung bildet, ebenfalls subjektiv oder wenig zuverlässig ist. Im Gegenteil: der notierte Preis ist die Grundlage für alle Geschäfte, die zwischen Marktteilnehmern in Bezug auf die Alphaform-Aktie abgeschlossen werden, und insofern verbindlich.

Speziell bei Risikogeschäften der streitgegenständlichen Art ist folgendes festzuhalten.

Typische und vertraute Risikogeschäfte basieren auf Spielmaschinen (etwa Würfel, Roulette, einarmige Banditen). Die Verteilung der Ergebnisse, die von diesen Maschinen erwartet werden (sofern sie korrekt austariert sind), lässt sich ohne Kontroverse erstellen.

Seit der Entwicklung der modernen Finanzmathematik gilt dasselbe für alle Finanzprodukte, mit denen – aufsichtsrechtlich gesehen – die Kreditinstitute handeln dürfen. Auch für „exotische", nur mit Simulationen zu bewertende Derivate lässt sich die erwartete Verteilung der Ergebnisse verbindlich feststellen.

Dass die Ergebnisse für Marktteilnehmer verbindlich sind, lässt sich unter anderem daran bestätigen, dass:

1.) der Rahmenvertrag für Finanztermingeschäfte ein festes Prozedere für die Feststellung von aktuellen Marktwerten vorsieht[7];

2.) Banken nach eigenem Bekunden jederzeit in der Lage sind, solche Preise nach allgemein anerkannten Bewertungsmodellen (wobei grundsätzlich zumindest immer Black-Scholes und Heath-Jarrow-Morton erwähnt werden) zu generieren und bei der Gegenpartei einzufordern.

Diese Preise haben mit subjektiven Prognosen nichts zu tun. Sie sind Ausdruck von finanzmathematischen Ergebnissen. Das Vorgehen – wie ein Privatgutachter einer deutschen Großbank bestätigt – beruht auf statistischen *Simulationen*[8].

7 Bankenverband, „Rahmenvertrag für Finanztermingeschäfte" (Bank-Verl. Köln, 2001), Abs. 8 (1).

8 Lutz Johanning, „Beurteilung der Swapgeschäfte zwischen H und C. Privatgutachten im Auftrag von C, LG Frankfurt Az. 2-21 O 226/09.", September 27, 2009, 6 f.

2.7.1 Exotische Finanzinstrumente; Simulation

Bei Swaps mit Optionselementen (vgl. Anhang 1) handelt es sich um exotische Finanzinstrumente. „Exotisch" bedeutet nicht – anders als das OLG Bamberg scheinbar gedacht hat[9] – verwirrend oder schwer verständlich. Es bedeutet lediglich, dass bei diesen Produkten Simulationen erforderlich sind[10]. Bei einfacheren Produkten – wie auch bei Spielmaschinen – reicht zwar die Wahrscheinlichkeitstheorie mit Arithmetik. Bei plain-vanilla-Instrumenten wie einfachen Optionen genügen closed-form Berechnungen (d.h. mit Eingabe von historischen empirischen Werten, ohne Experimente; vgl. etwa das Black-Scholes-Verfahren für Aktienoptionen). Simulationen, die angesichts der Verwendung von Zufallsergebnissen einen „experimentellen" Gehalt besitzen, sind jedoch im Ergebnis nicht weniger aussagekräftig, sondern genauso „objektiv" und verbindlich wie andere Methoden.

2.7.2 Parametrisierung

Parameter sind (sofern sie anwendbar sind) Konstanten, die Häufigkeitsverteilungen beschreiben. Insofern sind es die Parameter, die das „Verbindliche" an einer statistischen Feststellung ausmachen.

Grafisch können parametrisierte Häufigkeitsverteilungen mit der bekannten „Glockenkurve" dargestellt werden. Der Wert auf der Horizontalachse, der dem höchsten Punkt auf der Kurve entspricht, kommt am haüfigsten vor (er nennt sich *Modalwert*). Die Fläche unter der Kurve repräsentiert die Gesamtheit aller möglichen Ergebnisse: derjenige Wert, der diese Fläche genau in zwei gleiche Hälften rechts und links trennt, nennt sich der *Mittelwert*. Je nachdem, wie spitz oder flach die Kurve ist, sind die Ergebnisse rechts und links vom Modalwert mehr oder weniger wahrscheinlich im Vergleich zur Wahrscheinlichkeit des Modalwertes; diese Abstufung nennt sich *Varianz*.

In einer Normal- (auch Gauß-) Verteilung ist die Kurve symmetrisch; Modalwert und Mittelwert sind identisch. Die Verteilung wird durch die beiden Parameter Mittelwert und Varianz vollständig beschrieben.

---

9 *OLG Bamberg v. 11.05.2009, WVV*, 4 U 92/08: Rn 179.

10 John Hull, *Optionen, Futures und andere Derivate*, 6. Aufl. (München; Boston [u.a.]: Pearson Studium, 2006), 636 f.

Anders mit einer asymmetrischen („schiefen") Verteilung. Hier ist der Modalwert (derjenige Wert, der am häufigsten erwartet wird) nicht identisch mit dem Mittelwert (demjenigen Wert, der die Ergebnisse insgesamt halbiert). Trotzdem lässt sich eine schiefe Verteilung ohne weiteres parametrisieren; erforderlich ist lediglich die Einfügung zusätzlicher Parameter.

2.8 Spielerei und quantifizierbare Wetten

Wetten sind Vereinbarungen, wonach ein Zufallsereignis bestimmt, wer eine vorab bestimmte Leistung empfängt. Eine solche Wette kann mehr oder weniger „spielerisch" gemeint werden. Wenn die Zufallsbedingungen unsicher sind, lässt sich das Risiko wenig oder gar nicht quantifizieren; es ist insofern lediglich Spleen und Spielerei der Teilnehmer[11]. In dem Maße aber, dass sich diese Zufallsereignisse als Häufigkeitsverteilung erfassen lassen, entstehen objektive Bedingungen, die von den Spielern beachtet werden können und für die gegenseitigen Pflichten einen quantitativen Rahmen herstellen.

Beispielsweise ist es aus statistischer Sicht eine objektive Gegebenheit, dass die Chance eine beliebige Fläche eines sechsseitigen Würfels zu werfen bei eins zu sechs liegt. Gleiches gilt für die Feststellung, dass die Chance, die vorab spezifizierte Fläche zweimal hintereinander zu werfen, eins zu sechsunddreißig beträgt. Auch die Feststellung, dass (bei zwei Würfen) die am häufigsten zu erwartende Summe der Punkte sieben ist, und dass die Mengen der Ergebnisse „rechts" und „links" von der sieben den gleichen Umfang haben, ist eine objektive Gegebenheit. (Im letzten Fall ist die sieben der Mittelwert der Verteilung.)

Beim Würfeln lässt die Häufigkeitsverteilung das „Zufallsereignis" weit weniger spielerisch erscheinen. Für Kasinos ist diese Verteilung in der Tat durchaus nicht spielerisch; darauf lässt sich ein sicheres Geschäftsmodell aufbauen. Wie gesagt: die Ergebnisse im Einzelfall spielen keine Rolle (sofern das Kasino Anstalten trifft, das Risiko von „Outliers" abzufangen, etwa indem Wetteinsätze der Höhe nach begrenzt werden). Entscheidend ist die Verteilung, die durchweg parametrisiert werden kann.

11 Horace C. Levinson, *The Science of Chance: From Probability to Statistics* (London: Faber & Faber, 1967), 74.

2.8.1 Wahre Odds und Wettquoten; die „faire“ Wette

In den Chancen, die in der Verteilung sichtbar werden, kommen objektive Odds („Quoten“) zum Vorschein. Mit einer Verteilung der „Zufallsereignisse“ hat man allerdings noch keine Wette. Die Wette identifiziert nicht nur die eine Leistungspflicht der Spielenden auslösenden Zufälle, sondern sie regelt auch die Höhe der Leistung. Hierbei handelt es sich um die Auszahlungsregeln.

Die Auszahlungsregeln können den wahren Odds entsprechen, oder davon abweichen. „Entsprechen“ heißt, dass die Gewinne jedes Spielers so geregelt werden, dass sie seine Verluste (statistisch, auf längere Sicht) ausgleichen. Eine Wette, die dieser Vorgabe entspricht, heißt „fair“. Zum Beispiel: eine Wette auf eine Münze ist fair, wenn die Auszahlungsodds 2:1 betragen (der Gewinner gewinnt das doppelte von seinem Einsatz; wenn er verliert, ist der Einsatz verloren). Bei einer Wette auf eine Würfelzahl betragen die fairen Odds 6:1; oder, anders formuliert, wenn ein Spieler auf eine einzige Zahl wettet, bekommt er das Sechsfache des Einsatzes; wenn sein Gegner auf die fünf restlichen Zahlen wettet, bekommt er (wenn er gewinnt) eine 1,2-fache Auszahlung. Diese Wettquoten sind alle „fair“, weil sie den Chancen und Risiken des Underlying entsprechen; langfristig besteht die Erwartung, dass die Spieler bei Null zu Null enden werden.

> „Ein faires Spiel wird definiert als eins, in dem die erwartete Auszahlung Null beträgt. Es handelt sich um eine Erweiterung des bekannten Begriffs Nullsummenspiel“ („*A fair game is defined as a game in which the expected payoff is zero. It is an extension of the popular idea of a zero-sum-game.*“)[12].

„Fair“ ist eine Wette also unter folgenden Bedingung: Die Wettquoten widerspiegeln die objektiven Odds („*In a fair game, the given odds reflect the true odds*“[13]).

2.8.2 Parameter der Finanzinstrumente

In Anwendung auf die Swaps bedeutet dies folgendes:

Ein („exotisches“) Finanzprodukt, das im Wege der Simulation erfasst wird, konkretisiert sich als Häufigkeitsverteilung. Zum Beispiel: Der Swap, nachdem alle Zahlungen im Verlaufe des Instrumentes hin und her geflossen sind, wird mit

12 Aczel, *Chance: a guide to gambling, love, the stock market and just about everything else*, 90.
13 Ebd., 138.

einem saldierten Gewinn/Verlust von x enden. Um eine Häufigkeitsverteilung von Werten für dieses x zu generieren, wird mehrere tausend Mal „gewürfelt“.

Die Häufigkeitsverteilung, die dann entsteht, erlaubt es nicht, einen bestimmten Wert zu „prognostizieren“. Sondern: ein Wert wird als Mittelwert erscheinen und andere Werte werden mit abgestufter Wahrscheinlichkeit rechts und links davon abfallen. Die Häufigkeitsverteilung ist nicht Gauß-normal und nicht symmetrisch; wegen der Komplexität wird eine Vielzahl von Parametern benötigt.

Ob die durch diese Parameter vorgegebene Verteilung das Instrument gut erfasst, entscheidet über die Güte und Objektivität des Modells. Jedenfalls ist die parametrische Erfassung des Instruments keine „Prognose“, sondern eine Projektion, die eine Verteilung von möglichen Ausgängen untereinander wahrscheinlichkeitstheoretisch gewichtet, zum Beispiel: „Mit 95%-iger Wahrscheinlichkeit werden die Werte innerhalb des Spektrums $ 95 bis $ 105 liegen“; oder, „der Mittelwert liegt bei $ 100“. Diese Aussagen werden nicht, oder nicht ohne weiteres von nicht-konformen Ergebnissen falsifiziert. Trotzdem sind sie präzise und belastbar genug, um bei entsprechenden Finanzprodukten allgemein verbindliche Marktnotierungen zu erzeugen.

Ein perfektes Modell gibt es bei komplexen Vorgängen nicht. Dennoch gibt es sehr gute Modelle. Die Bank, die ihre Finanzinstrumente bastelt, wird davon ausgehen, dass ihr Modell sehr gut ist. Sonst würde sie das Geschäft nicht riskieren.

Dieses Modell wird dann folgende Elemente generieren:

- den fairen Wert, sowie
- Chancen und Risiken der Teilnehmer.

Es ist wichtig zu beachten, dass aus der Simulation *alle* Parameter abgelesen werden können. Es ist also nicht notwendig, für den Mittelwert oder für die Standardabweichung eigene Berechnungen aufzustellen, wenn der andere Parameter bereits berechnet wurde. Dies muss berücksichtigt werden, wenn beispielsweise suggeriert wird, die Berechnung des Risikos erfordere zusätzlichen Aufwand. Wenn der Marktwert berechnet wurde, lassen sich die Risikoparameter implizit auch ablesen, und umgekehrt.

2.8.3 Der faire Marktwert

Der *faire Wert ist bei exotischen Finanzinstrumenten nichts anderes als der Mittelwert* der Verteilung. Insofern ist dieser terminus technicus zunächst einmal *moralisch neutral* (was gelegentlich missverstanden wird[14]).

Die Ermittlung des fairen Wertes ist von zentraler Wichtigkeit für den Umgang mit komplexen Finanzinstrumenten. Zumindest für Emittenten und Großhändler ist Kenntnis des fairen Wertes unverzichtbar, wenn ein Instrument in den Handel gegeben werden soll[15].

Wie wir gesehen haben (oben, S. 11), bezeichnet der Begriff „fair" die Auszahlungsregel, die gewährleisten würde, dass die Kontrahenten *innerhalb des aktuell gegebenen Erwartungshorizonts* gegeneinander auf Null zu Null enden. Zum Teil werden faire Marktwerte öffentlich notiert – etwa für „plain vanilla" Zins-Swaps, dessen Notierungen den festen Zinssatz beziffern, der für die zeitlich begrenzte Übernahme einer spezifizierten variablen Verpflichtung gehandelt wird. Die Projektion des Swap-Marktes ist, dass ein Tausch zwischen fest und variabel zu den notierten Konditionen nach Ablauf der Laufzeit bei Null zu Null enden wird. Der Markt erarbeitet diese Konditionen mit Hilfe von statistischen Projektionen; sie dienen als objektive Grundlage für den Handel – wie alle anderen Marktnotierungen auch.

„Fair" bei exotischen Finanzinstrumenten ist der Mittelwert – nämlich derjenige Wert, der die Gesamtheit der möglichen Ausgänge (die Grundgesamtheit) in zwei gleich große Bereiche trennt. Wenn das Instrument eine asymmetrische Verteilung hat, dann ist der Mittelwert nicht mehr der höchste Punkt der Kurve. Trotzdem lässt er sich mit Hilfe der statistischen Projektion ohne weiteres feststellen. Endergebnisse, die auf der einen Seite vom Mittelwert entstehen, favorisieren den einen Vertragspartner, und umgekehrt.

---

14 *OLG Bamberg v. 11.05.2009, WVV*, 4 U 92/08: Rn 118.

15 Peter Mülbert, „Beratungspflichten, Offenlegungspflichten bei Interessenskonflikten und die Änderungen durch das Finanzmarkt-Richtlinie-Umsetzungsgesetz (FRUG)", *Wertpapier-Mitteilungen* 61, Nr. 25 (2007): 1151, 1158, 1160, 1163.

Bei exotischen Zinsswaps wird die Grenze zwischen dem Gewinnbereich des einen Partners und demjenigen seines Gegners mit so genannten „Strikes" festgelegt. Wenn die Strikes mit dem Mittelwert korrespondieren, sind die Instrumente „fair": projektiert ist, dass beide bei Null enden. Unfair ist der Swap, wenn die Strikes die Mittelwertgrenze nicht markieren. Im Beispielswap (Anlage 1) wurde die Grenze so gesetzt, dass die emittierende Bank deutlich im Vorteil war.

2.8.4 Abweichungen vom fairen Wert

Im tatsächlichen Handel kann vom fairen Wert abgewichen werden. Dies geschieht jedoch nicht, weil die zugrunde liegenden Phänomene (die „Underlyings") für chaotisch und regellos gehalten werden, sondern aus dem einfachen Grund, dass jeder Marktteilnehmer seinen eigenen Vorteil sucht.

Bei Wetten erreicht man eine Abweichung vom fairen Wert entweder durch eine Manipulation der Auszahlungsregel oder durch eine Änderung der objektiven Odds, ohne dass die Auszahlungsregel dies berücksichtigen würde.

Eine solche Manipulation ist nicht ohne weiteres akzeptabel. Zumindest im Bereich der Spiele ist sie ganz offensichtlich *nicht* akzeptabel. Jedenfalls konkludent bringt jeder Wettspieler zum Ausdruck, dass er davon ausgeht, dass die objektiven Odds nicht zu seinem Nachteil von der Wettquote verfälscht werden[16]. Heimliche Manipulationen der objektiven Odds – bei gleich bleibender Wettquote – sind beim Glücksspiel sehr bedenklich (beispielsweise, wenn Würfel oder Karten gezinkt werden).

Im Spielbereich sind Manipulationen der Odds nur dann hinnehmbar, wenn dies ausdrücklich vereinbart oder zumindest deutlich erkennbar ist. Ein Beispiel wäre die grüne „Null"-Tasche im Roulettespiel, wobei ein Rad mit reell 37 Fächern nach der Auszahlungsregel so behandelt wird, als habe es nur 36 Fächer (im Ergebnis zum Vorteil des Kasinos). Für die Gäste im Kasino wird das Roulettespiel mathematisch gesehen „unfair". Moralisch bzw. rechtlich ist dies jedoch nicht der Fall, weil die Abweichung vom Mittelwert (vom „fairen Wert") klar und präzise gekennzeichnet wird – am auffälligsten durch die abweichende Farbe der Nulltasche.

---

16 Levinson, *The Science of Chance: From Probability to Statistics*, 74.

Ob für Finanzinstrumente mit einer objektiven Chancen-Risiko-Verteilung (also für solche, die keine „Spielerei" sind und von ordentlich geführten Finanzhäusern modelliert werden) vergleichbare Regeln existieren, ist rechtlich unklar. Viele exotische Swaps der Jahre 2004-6 sind vom „fairen" Marktwert abgewichen, indem sie bereits bei Beginn einen „negativen Marktwert" hatten. Darüber wurde zum Zeitpunkt des Abschlusses nicht aufgeklärt, sondern erst später, als der Kunde über die bedrohliche Entwicklung seines Engagements aufgeklärt werden musste.

An dieser Stelle wollen wir jedenfalls einige Elemente ansprechen, die *nicht* zur Aufklärung des Kunden beitragen.

2.8.5 Asymmetrie und fairer Wert

Einige Gerichte haben behauptet, das von den Klägern monierte „Ungleichgewicht" zwischen der Bank und ihrem Kunden liege einfach daran, dass die Swaps eine „Optionsstruktur" hätten. Das daraus resultierende Ungleichgewicht sei dafür „typisch" und „keine spezielle Eigenschaft des [streitgegenständlichen] Swaps". Die Optionsstruktur sei erkennbar gewesen: insofern könne sich der Kläger über unvermeidliche Begleiterscheinungen nicht beschweren[17].

Dieser Behauptung liegt ein Missverständnis zugrunde.

Der Vorwurf lautet nicht, dass die *Risiken* der Swaps asymmetrisch sind, sondern dass die *Auszahlungsregelung* diese Risikostruktur nicht fair abbildet. Auch asymmetrische Swaps haben einen fairen Wert (den Mittelwert der Verteilung). Von diesem fairen Wert *weichen einige Swaps zu Lasten des Kunden auf massive Weise ab.*

2.8.6 Prognosen

Statistische Aussagen sind keine „Prognosen", wenn der Begriff als „subjektive Mutmaßung" verstanden werden soll.

Statistische Aussagen setzen voraus, dass einzelne Ereignisse *zufällig* sind in dem Sinne, dass eine kausale Bestimmung nicht feststellbar ist (siehe oben, S. 7). Kausale und statistische Erklärungen schließen sich in dem Sinne sogar gegenseitig aus.

17 *OLG Bamberg v. 11.05.2009, WVV,* 4 U 92/08: 114.

Das bedeutet jedoch nicht, dass statistische Aussagen weniger objektiv sind als kausale. Eine statistische Feststellung beruht nicht weniger als eine kausale Feststellung auf empirischen Daten. Die von der Statistik festgestellte Gesetzmäßigkeit ist nicht weniger zwingend als die deterministische. Darauf beruht die von den Banken gehandhabte Bepreisung von Derivaten.

2.8.7 „Worst Case lässt sich nicht bestimmen"

Diese in Termsheets häufig vorkommende Aussage ist irreführend. Sinn und Zweck von statistischen Feststellungen – so, wie sie der Bepreisung der Banken zugrunde liegen – ist es, eine Werteverteilung zu generieren. Risiken lassen sich aus der Wahrscheinlichkeitsdichte bei nachteiligen Werten ablesen, Chancen aus der Dichte bei vorteilhaften. Der Preis ist der Mittelwert. Die Struktur einer statistischen Gesetzmäßigkeit besteht im Verhältnis der diversen Wahrscheinlichkeiten zueinander.

Insofern hat eine Bank, die ein exotisches Derivat bepreist, zwangsläufig auch die Möglichkeit, dessen Chancen und Risiken zu beurteilen. Diese Information kann sie an einen Kunden weitergeben. Ob jetzt ein „worst case" in irgendeinem absoluten Sinne angegeben wird, spielt an sich keine Rolle. Die typische Angabe wäre: die Erwartung ist, dass innerhalb der nächsten Tage oder des nächsten Jahres mit 99 % Wahrscheinlichkeit eventuelle Verluste die Grenze von x nicht übersteigen werden. Eine solche Angabe entspricht der vom Deutschen Derivate Verband propagierten „Value at Risk"-Berechnung und ist ein in der Finanzwelt unkontroverses Risikomaß.

2.8.8 „Theoretisch unbegrenztes Risiko"

Auch diese häufig anzutreffende Aussage ist stark irreführend. Reine Swaps im oben besprochenen Sinn (siehe 2.3, oben), haben in der Tat ein unbegrenztes Verlustpotenzial. Statistisch formuliert bedeutet die Aussage aber lediglich, „Es kann nicht mit 100%-iger Wahrscheinlichkeit ausgeschlossen werden, dass der Spieler ruiniert wird." 100 %-ige Wahrscheinlichkeiten, also Gewissheit, sind statistisch gesehen der Grenzfall. Die Stärke der Statistik ist, dass sie nicht auf Gewissheit beschränkt ist, und auch außerhalb der Gewissheit verbindliche Ergebnisse liefert. Wie es in einem Standardlehrbuch für die Finanzbranche heißt:

> Warum wird nicht einfach der maximal mögliche Verlust bestimmt, der mit einer Wahrscheinlichkeit von 100 Prozent nicht überschritten wird? Dies würde zu Aussagen führen wie etwa den folgenden: Mit einer Wahrscheinlichkeit von 100 Prozent ist der Maximal mögliche Verlust nicht größer als das Eigenkapital der Bank. Oder: *Mit einer Wahrscheinlichkeit von 100 Prozent ist der maximal mögliche Verlust nicht größer als unendlich – eine theoretisch absolut korrekte Feststellung, aber offensichtlich ohne praktikablen Inhalt.* Im Unterschied zwischen 99 Prozent und 100 Prozent Sicherheit verbergen sich extreme Ereignisse, die sehr unwahrscheinlich aber dennoch immerhin möglich sind. Diesbezügliche Risiken aufsichtsrechtlich auszuschließen würde dem Verbot jeglicher Risikoübernahme gleichkommen[18]. (*Meine Hervorhebung*)

Es wäre verlogen, Gewissheit zu suggerieren, wo keine besteht. Dies als Vorwand zu missbrauchen, um gar nichts über das Risiko mitzuteilen, ist jedoch kaum besser.

2.9 Optionsstruktur und fairer Wert

Der in Anlage 1 dargestellte Swap gibt der emittierenden Bank die Möglichkeit, nach Ablauf des ersten Jahres alle sechs Monate kostenfrei auszusteigen. Diese Möglichkeit heißt „Call Option".

Die asymmetrische Risikostruktur, die aus der Call-Option resultiert, ist nicht an sich verwerflich oder unfair. Unfair ist es, wenn die angebotene Wettquote diese Struktur verfälscht. Bei der asymmetrischen Risikostruktur, die aus einer Option entsteht, lässt sich das Maß der Benachteiligung der einen Partei nicht direkt aus einem Vergleich der Risiken ablesen. Dennoch – wie bereits in einem Privatgutachten einer Bank dargelegt – beeinflusst ein eingebauter „negativer Marktwert" das Risikoprofil erheblich[19]; seine Offenlegung hat insofern einen entscheidenden Informationswert.

---

18 Martin Schmidt, *Derivative Finanzinstrumente: eine anwendungsorientierte Einführung*, 3. Aufl. (Stuttgart: Schäffer-Poeschel, 2006), 51.

19 Johanning, „Beurteilung der Swapgeschäfte zwischen H und C. Privatgutachten im Auftrag von C, LG Frankfurt Az. 2-21 O 226/09.", 13 f.

2.10 Eigenschaften eines typischen Zinsswaps

Der in Anhang 1 dargestellte Swap hat im Hinblick auf die oben genannten Überlegungen und mit Rücksicht auf eine finanzmathematische Analyse folgende Eigenschaften:

Es handelte sich um eine Wette auf die Steilheit der Zinskurve.

Um diese Wette eingehen zu dürfen, hat der Kunde zu Beginn Verpflichtungen übernommen, die einen Marktwert von € 732.000 hatten. Das heißt: die Bank hätte den Vertrag für € 732.000 sofort weiterverkaufen können; die Klägerin wiederum hätte diesen Betrag zahlen müssen um den Vertrag aufzulösen. Die Leistung der Bank zu diesem Zeitpunkt bestand im wesentlichen darin, dass ihre „Quants" (finanzmathematische Abteilung) das Papier strukturiert hatten. Aus Sicht des Kunden (wenn er es denn gewusst hätte) war dieser Betrag die Zahlung für den Einlass ins Kasino.

Die Risiken und Chancen der Vertragspartner verhielten sich wie folgt:

Es bestand ein reales Risiko für den Kunden, € 7.197.000 zu verlieren. Anders formuliert: es konnte mit 99-prozentiger Wahrscheinlichkeit ausgeschlossen werden, dass seine Verluste sieben Millionen übersteigen würden. (Diese Formulierung stellt eine Value-at-Risk-Berechnung dar – siehe oben, 2.9.7.) In einer einfachen Wette ist das Verlustrisiko der Einsatz. Analog dazu kann man den Betrag von sieben Millionen als den „Einsatz" des Kunden verstehen.

Die *Chancen* des Kunden waren identisch mit dem *Risiko* der Bank, nämlich € 1.070.000. Es konnte mit 99-Prozentiger Wahrscheinlichkeit ausgeschlossen werden, dass er mehr als diesen Betrag gewinnen würde.

2.11 Offene Fragen

Für die rechtliche Beurteilung stellen sich somit folgende Fragen:

Die Bank hätte ohne weiteres den Kunden über sein anfängliches (und in der Realisierung nicht überschrittenes) Risiko aufklären können. Sie hat dies nicht getan. Infolgedessen konnte sie sich einen Wettabschluss sichern, in dem der Einsatz des Gegners nicht erkennbar und nicht offen gelegt war. Die Frage der Beratungsintensität zum Risiko erörtern wir an mehreren Stellen, insbesondere in Kapitel 5, unten.

Angesichts der starken und nicht offen gelegten Abweichung vom Mittelwert ist diese Wette im mathematischen Sinne nicht „fair". Im Kontext des Spiels wäre diese Abweichung vermutlich betrügerisch. Welche Regeln sollten für wettähnliche Finanzgeschäfte gelten? In Kapitel 6, unten, gehen wir dieser Frage nach.

3 Aufbau des deutschen Derivaterechts

3.1 Systematik der Derivate

Finanzderivate sind ein relativ neues Phänomen. Sie sind allerdings längst nicht so neu, wie vielerorts unterstellt. Letztendlich sind sie ein altes Produkt, nämlich die Finanzwette (auch „Differenzgeschäft"), das mit Hilfe der modernen Finanztechnologie zu einer bisher nie gesehenen Verbreitung gefunden hat.

Wir wollen dieses Produkt rechtlich und – soweit erforderlich – technisch durchleuchten. Eine weniger attraktive Eigenschaft der neueren Finanzwetten ist es, mit enorm komplexen Verträgen gekoppelt zu werden. Prospektmaterial, Zahlentabellen und allerlei Warnungen in großer Ausführlichkeit wurden geliefert. In ihrem Kern sind Finanzwetten aber nicht schwieriger als andere Wetten auch; am Ende zählt, dass man versteht, wie und woraus die Gewinne und Verluste entstehen sollen. Die meisten Schäden, die Derivate in der Finanzkrise angerichtet haben, wären bei sachlicher und nüchterner Aufklärung nie entstanden.

3.1.1 Definitionen

Der Ausdruck „Finanzderivat" wird verschiedentlich verwendet. Es gibt im Wesentlichen zwei Bereiche, in denen der Ausdruck „Derivat" zur Anwendung kommt: bedingte, zeitverzögerte Kaufverträge einerseits und reine Wetten andererseits.

Keine Derivate im Sinne der vorliegenden Diskussion sind *unbedingte* zeitverzögerte Verträge, in denen die Konditionen für eine künftige Lieferung vereinbart werden. Am Finanzmarkt gehören die so genannten „Forwards" dazu. Vereinbarungen dieser Art sind eine klassische Form des Risikomanagements. Schon im 19. Jahrhundert war es damit für die Bauern möglich, ihre angebauten Bodenfrüchte noch vor der Ernte zu verkaufen; dadurch konnten sie eine gewisse Unabhängigkeit von Marktturbulenzen erlangen. Forwards konnten zwar immer auch für Spekulationen verwendet werden – siehe das Schicksal von Thomas Buddenbrooks, der sich in Thomas Manns gleichnamigem Roman am Lübecker Getreidemarkt verspekulierte. Sie unterscheiden sich aber von den eigentlichen Derivaten dadurch, dass sie immer eine tatsächliche, „effektive" Lieferung vorsehen.

Mit Forward-Geschäften vergleichbar sind bedingte zeitverzögerte Kaufverträge – Optionen. In einem Optionsgeschäft wird vereinbart, dass der Erwerber der Option von der anderen Partei zu einem zukünftigen Zeitpunkt einen Wert kaufen („Call") oder verkaufen („Put") darf. Der Preis für diese Transaktion (der „Strike") wird – wie bei Forward-Geschäften – bereits jetzt festgelegt. Damit kann sich der Erwerber der Option gegen künftig schwankende Preise absichern. Er muss zwar – jetzt – für diese Sicherheit eine Gebühr zahlen. Wenn er eine Call-Option erwirbt, weiß er aber, das das künftige Geschäft nicht mehr kosten wird als der jetzt vereinbarte Transaktionspreis. Mit einer Put-Option weiß er, dass er für seine Ware mit dem bereits jetzt vereinbarten Erlös rechnen darf. Derjenige, der das Optionsrecht verkauft – also derjenige, der das Produkt künftig zum jetzt vereinbarten Preis kaufen oder verkaufen muss – heißt „Stillhalter". Die Position des Stillhalters ist spekulativ; wenn sich die Marktpreise des Basiswertes ungünstig bewegen und er sich zum Leistungszeitpunkt damit eindecken muss, wird er einen Verlust erleiden.

Einem so gestalteten Optionsgeschäft fehlt jedoch das Entscheidende am Derivat im hier besprochenen Sinn, nämlich die Entkoppelung vom materiellen Handel. Zum *Derivat* wird ein Optionsgeschäft erst dann, wenn die Vereinbarung keine effektive Lieferung, sondern nur einen Barausgleich vorsehen. In dem Fall wird nicht die Ware ausgehändigt, sondern es wird – sofern erforderlich – lediglich ein Geldbetrag ausbezahlt, dessen Höhe sich nach den aktuell eingetretenen Marktverhältnissen richtet.

Ein Derivat wirkt also wie eine Wette, dessen Auszahlungsregel vom Verhältnis zweier Parameter abhängt. Wenn beispielsweise am Stichtag einer Put-Option der Marktpreis der Ware höher ist, als der Strike, hat der Käufer gewonnen, ansonsten nicht. Entscheidend ist nur der Abstand dieser beiden letztendlich abstrakten Werte zueinander. Um einen tatsächlichen Handel mit der Ware geht es nicht; es ist nicht erforderlich, dass Käufer oder Verkäufer jemals selbst in Besitz der gehandelten Ware kommen. (Zum Vergleich: Die Kunden des Wettbüros müssen selbst keine Rennpferde besitzen!)

Ein einfaches Forward-Geschäft hängt nicht von Marktpreisen ab. Wer seine Ernte verkauft hat, erfüllt das Geschäft dadurch, dass er sie liefert; für diese Leistung spielt der Marktpreis keine Rolle. Im Gegensatz dazu hängen Derivatgeschäfte von der Verfügbarkeit von verbindlichen Marktpreisen ab. Der Barausgleich kann nämlich nur dann stattfinden, wenn die Parameter, nach denen der Abwicklungspreis berechnet wird, unstreitig sind. Deswegen verweisen die klassischen Definitionen nicht nur auf die Tatsache, dass das Geschäft erst zeitverzögert abgewickelt wird, sondern auch darauf, dass auf objektive Preise Bezug genommen wird. Damals ergab sich die Verbindlichkeit aus Börsennotierungen oder aus einem geregelten Terminmarkt[1]; heute, wie wir sehen werden, können Preise aus einer Vielzahl von öffentlichen Fakten abgeleitet werden.

So gesehen ist jedenfalls ein Derivat das, was früher allgemein als „Differenzgeschäft" bekannt war. Differenzgeschäfte waren in Deutschland lange Zeit unwirksam; vielleicht wird der Begriff deswegen in Deutschland nicht häufig verwendet. Differenzgeschäfte werden vom Gesetzgeber auch jetzt nur als eine Variante des „Derivats" angeführt. Für unsere Zwecke gehen wir jedoch davon aus, dass Differenzgeschäfte letztendlich paradigmatisch sind für Derivate insgesamt.

3.2 Legitimität von Derivaten

Positiv am Kauf ist, dass beide Seiten gewinnen. Für den Käufer ist der gekaufte Gegenstand subjektiv mehr wert, als das Geld, das er dafür hergibt. Das gleiche gilt – spiegelverkehrt – für den Verkäufer. Zum Beispiel: der Hungrige braucht die Semmel mehr als die von ihm ausgelegten 30 c. Und der Bäcker braucht die 30 c mehr als die feil gebotene Semmel. Beide sind nach dem Kaufvorgang „glücklicher", als vorher[2]. Durch den Austausch nimmt also das allgemeine Wohlbefinden in der Summe zu. Deswegen die moralische Hochachtung des Handels, die Max Weber zufolge für die „protestantische Ethik" charakteristisch sein soll[3]. Handel bedeutet stetigen Zuwachs an Glück.

1 *Börsengesetz 1896*, § 48; *BGH v. 14.12.1987*, II ZR 89/87 Juris, Rn 18; *BGH v. 22.10.1984*, II ZR 262/83 Juris, Rn 9.

2 Im Sinne der utilitaristischen Maxime, „das größte Glück der größten Zahl", vgl. Jeremy Bentham, *The Principles of Morals and Legislation* (Nabu Press, 2010).

3 Max Weber, *Die protestantische Ethik und der Geist des Kapitalismus* (Erftstadt: Area, 2005).

Dies gilt auch für den Kauf von Wertpapieren. Wer auf seinem Girokonto Geld hat, das seinen Liquiditätsbedarf übersteigt, wird dafür gerne etwas kaufen, das höhere Zinsen abwirft. Das gekaufte Wertpapier ist ihm dann „wertvoller" als sein dafür ausgegebenes Kontensaldo. Auf der anderen Seite freut sich das Unternehmen, dass die von ihm aufgelegte Anleihe liquide Mittel verschafft. Insgesamt also mehrt sich der volkswirtschaftliche Gesamtnutzen.

Derivate – zumindest in der Gestalt von Differenzgeschäften – sind jedoch Nullsummenspiele. Genau das, was die eine Partei gewinnt, verliert ihr Gegenspieler. In dem Maße, wie sich der eine freut, grämt sich der andere. Es findet also *kein* Zuwachs des volkswirtschaftlichen Gesamtnutzens statt. Im Gegenteil: der Gesamtnutzen bleibt unverändert oder sinkt sogar, weil der Verlierer unter Umständen existenzielle Schäden erleidet.

Auf solchen grundsätzlichen Erwägungen beruht die historische Ablehnung von Differenzgeschäften durch den Gesetzgeber, der den Handel bestenfalls als *Spiel* gelten lassen will:

> Wird ein auf Lieferung von Waren oder Wertpapieren lautender Vertrag in der Absicht geschlossen, dass der Unterschied zwischen dem vereinbarten Preise und dem Börsen- oder Marktpreise der Lieferungszeit von dem verlierenden Teile an den gewinnenden gezahlt werden soll, so ist der Vertrag als Spiel anzusehen (§ 764 BGB).

Uneingeschränkt ist dieser Ablehnung jedoch nicht beizupflichten. Obwohl gerade in letzter Zeit der Finanzmarkt sicherlich einer überhöhten Einschätzung seiner eigenen Wichtigkeit verfallen ist, kann nicht bestritten werden, dass technische Entwicklungen für die Fortschritte der Zivilisation entscheidend sind. Jeder Fortschritt aktiviert Ressourcen, die sonst gebunden bleiben. Zum Beispiel: Nur mit der Erfindung des Geldes kann der Markt entstehen, denn nur durch die Vermittlung von Geld kann der Mensch den Überfluss, den er über seine eigenen Bedürfnisse hinaus erzeugt, losschlagen und gegen den Überfluss, den andere erzeugen, austauschen. Ohne Geld produziert der primitive Mensch nur für das eigene Überleben, überflüssige Gegenstände kann er mit Anderen tauschen, aber nur dann, wenn sich zufällig die Gelegenheit ergibt. Mit Geld hingegen wird der Markt zum universellen Tauschmedium. Eine Gesellschaft, die nur über den direkten Tausch verfügt, bleibt arm, weil die produktiven Kräfte sich nur in äußerst geringem Maße gegenseitig befruchten können. Die auf die marktmäßige Herstellung bezogene Arbeitsteilung ermöglicht nun einen enormen Zuwachs an der Produktivität der Wirtschaft[4].

Die Entwicklung der Märkte bringt es mit sich, dass immer komplexere Entitäten in den Kreislauf einbezogen werden. Insbesondere die Aktien- und Anleihemärkte haben es ermöglicht, dass Produktionsunternehmen nicht vom Schicksal individueller Eigner abhängig sein müssen. Gleichzeitig wird Eigentum am Vermögen der Unternehmen auf eine Weise gestückelt, dass über einzelne Wertgegenstände nicht mehr verfügt werden muss.

Im Zuge dieser Fortschritte wird von einzelnen Gegenständen zunehmend abstrahiert, während gleichzeitig immer mehr Werte in den liquiden Austausch fließen. Durch die Entkoppelung der Menschen vom unmittelbaren und vollendeten Handwerk entsteht zwar eine „Entfremdung" (Marx), aber gleichzeitig eine immens gesteigerte Ausbeute an neu aktivierten Werten. Maßgeblich für Eigentum ist nun Kapital, das nicht nur alle gegenständlichen Wertobjekte enthält sondern auch *die Arbeitskraft der Menschen.* Kapital berücksichtigt keine einzelnen Erzeugnisse oder Arbeiter mehr. Eigentum wird zu einem Geflecht an Rechten, das gegenüber der jeweils konkreten Ausgestaltung weitgehend indifferent ist. Als Ware hat sich nun das Werk den Erfordernissen des Kapitals anzupassen; der Mensch nimmt die ihm zugedachten Aufgaben als „Arbeitnehmer" entgegen.

Dieser fortschreitenden Abstrahierung vom Gegenständlichen entsprechen gestiegene Fertigkeiten, Erfahrungen und Kenntnisse in der Arbeitswelt. Im gegenständlichen Tausch ging es nur darum, ob der erworbene Gegenstand benötigt wird und ob auf den abgegebenen verzichtet werden kann. Dessen Beliebigkeit ist Thema für Märchen – etwa im unbeholfenen Handel des Helden von „Hans und die Bohnenstange", der eine Kuh gegen Bohnen eintauscht. Der Teilnehmer an einem mit Geld vermittelten Markt hingegen ist auf komplexere Kenntnisse angewiesen. Ein adäquat funktionierender Markt muss liquide sein – das heißt, die feil gebotenen Gegenstände erhalten ihren verbindlichen Preis. Damit – mit der Ermittlung und Umsetzung dieser Preise – ist der Teilnehmer auf elementare Weise befasst. Rein gegenständliche Austauschbarkeit ist irrelevant, die Propagierung von exakten Preisen, Kursen und Indices wird zur primären Funktion des entwickelten Marktes.

4 Adam Smith, *An inquiry into the nature and causes of the wealth of nations* (Chicago: University of Chicago Press, 1976), Kap. 4.

Wovon niemals abstrahiert wird, ist das Risiko. Jedes Geschäft zwischen zwei Personen geht einher mit Risiken und Chancen. Bei jedem Austausch besteht die Gefahr, dass der jeweils erworbene Gegenstand doch nicht den subjektiven Nutzen hat, der dem objektiv dafür gegebenen Wert entsprechen würde. (Gleichzeitig besteht auch die Chance, dass der subjektive Nutzen höher ist, als erwartet.)

Auf der Ebene des Derivats findet die Abstraktion ihren Höhepunkt, indem das Gegenständliche sich vollends verflüchtigt und nur das Risiko übrig lässt. Mit Derivaten werden Risiken und Chancen verschoben – nun allerdings gänzlich ohne den Rückhalt eines Tausch- oder Kaufvorgangs. Erworben wird nun kein Gegenstand mehr, sondern ausschließlich die vom Besitz des Gegenstandes bereinigten Risiken und Chancen.

Ein solcher Handel mit reinen Risiken bringt zwei Besonderheiten mit sich.

Erstens übersteigen die für den Derivatehandel notwendigen Kenntnisse bei weitem diejenigen des traditionellen Markthändlers. Weil ein Derivat erbarmungslos gegenüber dem „Verlierer" ist – die reine Risikoverschiebung hinterlässt keinen gegenständlichen „Rest", der noch subjektiven Wert haben könnte – kann nur derjenige erfolgreich handeln, der Werte und Risiken genau berechnet. Der Wert eines Derivates ist der „Barwert" eines Zahlungsstromes, nämlich der aktuelle Gegenwert von Zahlungen, die in der Zukunft anfallen. Beispielsweise ist der Barwert einer Reihe von Zinszahlungen derjenige Betrag, der bei heutiger einmaliger Auszahlung eine adäquate Alternative darstellen würde. Der Barwert einer künftigen Reihe ist nicht einfach deren Summe, da die späteren Zahlungen weniger Wert sind als die früheren. € 1.000 heute sind mehr wert als € 1.000 in fünf Jahren. Um zu einem angemessenen aktuellen Barwert zu kommen, muss man die spätere Zahlung „diskontieren" – d.h., die Zinsen berücksichtigen, die der Barempfänger (in diesem Beispiel) fünf Jahre lang auf sein Geld verdient hätte. Diskontierung ist nicht schwer; bei einem unterstellten Zinssatz von 2,5 % ist der heutige Barwert von € 1.000, sofern dieser Betrag erst in fünf Jahren ausgezahlt wird, € 883,33. Das lässt sich mit jedem Finanztaschenrechner feststellen. Die Techniken, die bei Optionen und anderen komplexen Geschäften anfallen, sind jedoch technisch bedeutend anspruchsvoller und erfordern umfangreiches – und sehr teures – Datenmaterial.

Zweitens kennen Derivate ein Phänomen, das beim gewöhnlichen Kauf keine Rolle spielt – nämlich die Hebelung („leverage"). Beim Kauf werden vorliegende Werte (Ware, Preis) getauscht. Selbst darin lauern Risiken, aber der Wirtschaftswachstum zeigt, dass der Handel die neuen Werte – im Wesentlichen: Naturreichtümer, menschliche Arbeit – auf sanfte Art aktiviert und in den Kreislauf einfließen lässt. Bei Derivaten jedoch entfesselt diese „Aktivierung" eine rohe Gewalt, die sich zu Lasten des Verlierers austobt. Die von Derivaten aktivierten Werte sind infolge der Hebelung weitaus größer als in jeder bisherigen Form des Handels. Während beim Kauf nur das bewusst Angebotene geliefert werden muss, haften die Verlierer in Derivategeschäften in beliebiger Höhe – also mit Werten, die zumindest subjektiv gar nicht für die Abgabe vorgesehen sind.

Für den Arglosen bergen diese beiden Besonderheiten der Derivate erhebliche Risiken. Die Kraft der modernen Derivate ist so groß, dass ihr destruktives Potenzial Unbeteiligte mit sich ins Verderben reißen kann. Die Finanzkrise von 2007 hat gezeigt, dass bei großen Verwerfungen nicht immer nur „neue" Werte in den wirtschaftlichen Kreislauf geworfen werden, sondern dass Werte entgegen ihrer Bestimmung abgeschöpft werden. Die Spielverluste des Sohnes wurden, so zu sagen, vom Vater bezahlt – was bei öffentlich geführten oder „systemrelevanten" Finanzinstituten immer dann vorkam, wenn der Steuerzahler für die Verluste zur Kasse gebeten wurde.

Andererseits ist es inkonsequent das Hedging (die Nutzung von Derivatgeschäften zur Absicherung) mit der Begründung zu loben, es würden davon „nützliche Anreize auf das Investitionsverhalten an den Kapital- und Leistungsmärkten" ausgehen, während gleichzeitig die Gegenparteien dieser Hedges als „Spekulanten" verworfen werden[5]. Das Disfunktionale am Derivatehandel ist eine Folge der Unwissenheit, die auf teilweise skandalöse Art ausgenutzt worden ist. Wenn man weiß, was Derivate sind, und wie sie rechtlich einzuordnen sind, müssen sie nicht gefährlicher sein, als ihre Vorgänger auf den Finanzmärkten. Bei entsprechendem Gebrauch haben sie ihre eigene Daseinsberechtigung – auch wenn ein gewissenhaft aufgelegtes Derivat für den Bankberater kaum aufregender sein dürfte, als die traditionelle Produktpalette.

---

5 Jens Ekkenga, „Effektengeschäft", in *Münchner Kommentar zum Handelsgesetzbuch*, 2009, Rn 48.

3.3 Rechtsnatur von Derivaten

Obwohl Derivate in der Bankenkrise von 2007 eine beträchtliche Rolle gespielt haben, ist ihre Rechtsnatur unklar.

Der Gesetzgeber beschränkt sich auf eine deskriptive oder katalogmäßige Erfassung von Derivaten[6]. Dem fügt die Literatur einige Differenzierungsmerkmale hinzu, wie beispielsweise die Unterscheidung zwischen Festgeschäft und Option[7], schließt sich aber insgesamt der bereits 1999 zu Börsentermingeschäften geäußerten Auffassung an, diese seien „nicht abstrakt abschließend als Begriff zu definieren, sondern lediglich als Typus zu beschreiben"[8]. Ein Vorteil soll darin liegen, dass ein Abschluss der Entwicklung von neuen Finanzmarktprodukten nicht absehbar ist[9]; die Kreativität der Banker wolle man nicht bändigen[10].

Ein Derivat ist ein Finanzgeschäft, dessen Ergebnis für alle Beteiligten von künftigen Entwicklungen abhängig ist.

Alle Derivate sind im Sinne des deutschen Rechts „Termingeschäfte", nämlich standardisierte Verträge, die von beiden Seiten erst zu einem späteren Zeitpunkt, dem Ende der Laufzeit, zu erfüllen sind und einen Bezug zu einem Terminmarkt haben[11]. Die späte Erfüllung – wichtigstes Merkmal der Derivate – ist unter anderem daran erkennbar, dass alle im Wertpapierhandelsgesetz aufgelisteten Katalogformen entweder ausdrücklich als „Termingeschäft" bezeichnet werden (§ 2 Abs. 2 Nr. 2, 5) oder zeitlich verzögert zu erfüllen sind (Nr. 1, 4). Einzige Ausnahme ist das Differenzgeschäft (Nr. 3), das schon vom Begriff her eine Spekulation auf die Zukunft ist[12].

---

6 *2004/39/EG (MiFID)* Anhang I, Abschnitt C, Nr. 3 ff.; § 2 Abs. 2 *Wertpapierhandelsgesetz*, 1998.

7 Heinz-Dieter Assmann und Uwe H Schneider, *Wertpapierhandelsgesetz: Kommentar*, 5. Aufl. (Köln: O. Schmidt, 2009) § 2 Rn 44; Jürgen Ellenberger u. a., *Praktikerhandbuch Wertpapier- und Derivategeschäft*, 3. Aufl. (Heidelberg: Finanz Colloquium, 2010) Rn 993.

8 Irmen, in Frank Schäfer, *Wertpapierhandelsgesetz mit Börsengesetz: Kommentar* (Stuttgart: Kohlhammer, 1999), 795.

9 Detlef Irmen, „Terminhandel – §§ 50–70 BörsG 1989", in *Schäfer WpHG*, 791; in Schäfer, *Wertpapierhandelsgesetz mit Börsengesetz: Kommentar*.

10 Vgl Helmut Balthasar, „§ 104 InsO", Rn 21; in Jörg Nerlich und Volker Römermann, *Insolvenzordnung: Kommentar*, 18. Aufl. (München: Beck, 2010); Rolf Sethe, „Insiderrecht", in *Assmann/Schütze, Kapitalmarktrecht*, Rn 25.

11 *BGH v. 13.07.2004*, XI ZR 178/03 Juris, Rn 13.

12 Otto Palandt, *Bürgerliches Gesetzbuch, 61. Aufl.* (München: C.H. Beck, 2002), § 764 a.F. Rn 6.

Es wird gelegentlich behauptet, Derivate könnten auch als Kassageschäfte, d.h. mit sofortiger Erfüllung, stattfinden[13]. In dem Fall wären sie nicht zwingend als Termingeschäfte zu behandeln. Das ist jedoch ein Irrtum: alle Derivate sind Termingeschäfte[14]. Wenn in der finanzmathematischen Literatur Derivate gelegentlich ohne Hinweis auf die verzögerte Erfüllung definiert werden, so liegt das am nicht-juristischem Ansatz. Tatsache ist, dass die dort behandelten Instrumente ausschließlich Termingeschäfte sind[15]. Aus Gründen, die wir nachstehend näher erklären, gehört es zum Wesen des Derivats, *kein* Kassageschäft zu sein[16].

Wirtschaftlich gesehen sind Derivate Wetten auf künftige Entwicklungen auf dem Finanzmarkt. Von traditionellen Sportwetten unterscheiden sie sich in zweifacher Hinsicht:

- Sie beziehen sich nicht auf Pferde oder Fußballspiele, sondern auf Ereignisse, die die Finanzmärkte interessieren, wie etwa Aktienkurse oder Insolvenzen;
- für viele Finanzereignisse können Statistiker auch ohne einschlägige Marktpreise „faire" Wettquoten präzise und verbindlich ermitteln[17].

Diese Unterschiede sind jedoch nur graduell. Wette bleibt Wette – seien die Ereignisse, auf die spekuliert wird, noch so komplex.

---

13 Schmidt, *Derivative Finanzinstrumente: eine anwendungsorientierte Einführung*, 2; Jean-Claude Zerey, *Außerbörsliche (OTC) Finanzderivate: Rechtshandbuch*, 1. Aufl. (Baden-Baden: Nomos, 2008), 34 f.

14 Umgekehrt gilt der Satz nicht, denn es gibt durchaus Termingeschäfte, die keine Derivate sind – zum Beispiel Warentermingeschäfte ohne die Wahlmöglichkeit des Barausgleichs (§ 2 Abs. 2 Nr. 2 lit a) WpHG).

15 Hull, *Optionen, Futures und andere Derivate*, 893.

16 Ellenberger u. a., *Praktikerhandbuch Wertpapier- und Derivategeschäft*, Rn 334; vgl. auch Ekkenga, „Effektengeschäft", Rn 38, 40.

17 Bei Sportwetten ergeben sich „faire" Quoten dadurch, dass die Kunden die Angebote der Buchmacher vergleichen und sich entscheiden können, wo und auf welcher Seite sie wetten wollen. Im Internet können die Kunden die Wetten sogar direkt miteinander verhandeln und abschließen; der Buchmacher muss deswegen selbst keine Quoten mehr anbieten, sondern er (die Webseite) nimmt für seiner Vermittlertätigkeit einen festen Aufschlag („Spread"). Finanzwetten sind von diesen Fortschritten unabhängig, denn sie lassen sich (wie wir sehen werden) auch ohne Marktgeschehen recht genau bewerten.

3.3.1 Termingeschäfte und der Schutz der Arglosen: das Prinzip „Aufklärung"

Leitender Gedanke bei der gesetzlichen Behandlung von Derivaten (bzw. von Termingeschäften) war immer deren Gefährlichkeit für arglose Personen. Obwohl man aus der neueren Rechtsprechung zu Derivaten gelegentlich den Eindruck gewinnen könnte, naive Spekulanten seien wegen sittlicher Verrohung eher zu bestrafen als zu schützen[18], ist die Einschränkung des „Spiels" und der Schutz der „Spieler" in jeder Form grundsätzlich das vorrangige Anliegen gewesen[19]. Der Gesetzgeber, so das Reichsgericht, habe bei der Verabschiedung des ersten Börsengesetzes im Jahre 1896 bedacht, dass viele Kleinanleger

> zum börsenmäßigen Terminhandel verleitet werden, obwohl sie nicht die zur Beurteilung der Gewinn- und Verlustchancen erforderliche Fachkenntnis besitzen und regelmäßig Kontrahenten gegenüberstehen, die mit dem Börsenwesen vertraut und ihnen überlegen sind. Erwogen wurde, dass infolgedessen die Beteiligung am börsenmäßigen Terminhandel für das Privatpublikum in hohem Maße verhängnisvoll geworden sei und jährlich zahlreiche Existenzen vernichtet habe[20].

Die Mittel, die hierfür angewandt werden sollten, haben sich allerdings in den etwas über hundert Jahren, in denen der Gesetzgeber sich mit dem Problem befasst hat, mehrmals geändert[21]. Der Ansatz des ursprünglichen Börsengesetzes aus dem Jahre 1896 bestand darin, die Arglosen dadurch vor den Raubtieren zu schützen, dass jene sich notfalls immer durch das Schlupfloch des „Spieleinwands" retten konnten. Termingeschäfte, die ausschließlich als Finanzwetten ausgestaltet waren, galten als Differenzgeschäfte (§ 764 BGB) und insofern als unklagbar. Dem Raubtier wurde in solchen Fällen die Beute vorenthalten.

Verbindlich waren Termingeschäfte nur dann, wenn die Beteiligten sich in das Börsenregister hatten eintragen lassen[22]. Dafür wurde einmalig eine Gebühr von 150 RM erhoben; danach waren 25 RM jährlich fällig[23].

---

18 *BGH v. 05.10.1999*, XI ZR 296/98 Juris, Rn 32.
19 Otto Palandt, *Bürgerliches Gesetzbuch 69. Aufl.*, 69. Aufl. (München: Beck, 2010), § 762 Rn 1.
20 *RG v.* 28.10.1899, I 242/99 RGZ 103, 109.
21 Für einen hilfreichen Überblick der Situation vor der MiFID siehe Frank Schäfer, „Finanztermingeschäfte", in *Assmann/Schütze, Kapitalmarktrecht*, Rn 1–16.
22 § 66 *Reichsbörsengesetz 1896*.
23 § 57 ebd.

Weil diese Gebühren als hoch empfunden wurden, und weil Termingeschäfte auch ohne Eintragung zumindest nicht verboten waren, haben viele Anleger auf die Eintragung verzichtet und konnten trotzdem Wege finden, mit Termingeschäften zu spekulieren[24]. Das Börsengesetz 1908 hat die Statusvoraussetzung dann so umgestellt, dass eingetragene Kaufleute generell als „börsentermingeschäftsfähig" zu gelten hatten; Kosten waren damit nicht mehr verbunden[25].

Das Börsengesetz 1908 hat ausdrücklich darauf hingewiesen (was das Börsengesetz 1896 stillschweigend vorausgesetzt hatte), dass die Sanktion für Geschäfte mit Nicht-Terminfähigen in den Vorschriften §§ 764, 762 BGB lag[26]. Die Eigenart von Termingeschäften lag in ihrer Nähe zum Spiel. Dem entsprachen die Sanktionen.

Infolge des Börsenkrachs 1929 wurde der Terminhandel in Deutschland eingestellt. Als er in den 70er und 80er Jahren wieder stufenweise eingeführt wurde, erschien der Statusgedanke nicht mehr zeitgemäß. Das Börsengesetz 1989 hat die „Termingeschäftsfähigkeit kraft Information" eingeführt: Soweit einer der Vertragsteile Finanzdienstleistender war und seinem Kunden die vorgegebenen schriftlichen Warnungen gegeben hatte, war das Geschäft verbindlich (§ 53 Abs. 2 BörsG 1989). Damit, so die Kommentatoren, ziele man auf den „mündigen Anleger" ab[27].

Der Gedanke, man müsse nicht auf den beruflichen Status des Anlegers achten, sondern nur gewährleisten, dass er richtig aufgeklärt werde, ist seitdem maßgeblich für die Gesetzgebung. Mit dem 4. Finanzmarktförderungsgesetz 2002 wurde der starre Warnkatalog des § 53 BörsG durch ausführliche Verhaltenspflichten ersetzt, die nunmehr für den Verkauf aller Finanzinstrumente gelten sollten[28]. Aufgeklärt werden sollte künftig mit „allen zweckdienlichen Informationen" (§ 31 Abs. 2 Nr. 2 WpHG). Diese Vorschrift rezipiert die sich seit 1993 entwickelnde *Bond*-Rechtsprechung des BGH[29], die grundsätzlich von einem Beratungsverhältnis zwischen Finanzinstitut und Anlagekäufer ausging. Der Anleger sollte nicht mehr statusmäßig bevormundet werden,

24 Schäfer, „Finanztermingeschäfte", Rn 7.
25 § 53 Abs. 1 *Börsengesetz 1908*.
26 § 58 Ebd.
27 Klaus Hopt, *Baumbach/Hopt, HGB, 30.* Aufl. (München: C.H. Beck, 2000), BörsG 53, Rdnr. 7.
28 § 31 ff. *WpHG*.
29 *BGH v. 06.07.1993, Bond*, XI ZR 12/93 Juris.

sondern auf Augenhöhe mit den anderen Marktteilnehmern Finanzgeschäfte tätigen. Gleichzeitig sollte die Bank dafür sorgen, dass dem Anleger alle Informationen vorliegen, die für die Anlage relevant sind. Das ursprüngliche System, wonach Abschlüsse mit geschützten Anlegern unverbindlich sein sollten (sofern §§ 762 bzw. 764 BGB anwendbar wäre), ist damit entfallen.

Seinen Abschluss hat diese Entwicklung nun auf europäischer Ebene mit der Finanzmarktrichtlinie 2007 („MiFID") gefunden[30]. Auch hier wird letztendlich auf Information abgestellt, obwohl die Bedürfnisse der einzelnen Anlegertypen nun vom Gesetzgeber festgelegt werden (was insofern einer Rückkehr zum Statusprinzip entspricht).

Der Übergang von „Status" zu „Information" hat allerdings ein wichtiges Element der ursprünglichen Gesetzgebung in den Hintergrund treten lassen. Für den Gesetzgeber von 1896 waren Differenzgeschäfte (und im Ergebnis also die meisten Termingeschäfte) wirtschaftlich unfruchtbar und sozial gefährlich. Grundsätzlich war ihnen der Schutz des Gesetzes zu versagen: §§ 762, 764 BGB. Davon ausgenommen waren nur solche Differenzgeschäfte, die von einschlägig Erfahrenen getätigt wurden, sowie (selbstverständlich) der gewöhnliche Effektenhandel, der mit dem Spiel nichts zu tun hatte.

Mit der Verschiebung in Richtung „Information" hat der Gesetzgeber die Unterscheidung zwischen Effektenhandel und Differenzgeschäft jedoch verwischt. Das Erfordernis, Käufer seien über den Kaufgegenstand adäquat zu informieren, ist ein Motiv aus dem Verbraucherschutz und somit sicherlich (unter entsprechenden Umständen) auf den *Effektenkauf* anwendbar. Ob dieses Prinzip unverändert auf *Spekulation* anwendbar ist, ist jedoch zweifelhaft. 1896 hat der Gesetzgeber den Termingeschäften nicht deswegen den Schutz versagt, weil sie schwer zu verstehen waren, sondern weil sie riskant waren. Auf der anderen Seite hat sich der Gesetzgeber dazu verleiten lassen, die spezifischen auf das Spiel zugeschnittenen Schutzvorschriften auszublenden. 2002 hat das 4. Finanzmarktförderungsgesetz die Sanktion des Differenzeinwands gänzlich beseitigt[31] und den Spieleinwand nur mehr gegen Verträge gelten lassen, bei denen beide Partner keine Finanzdienstleister waren. Damit steht dem verlustleidenden Derivatekäufer die Flucht in die Unverbindlichkeit des „Spiels" nun grundsätzlich nicht mehr offen. Seit der Aufhebung des § 37d WpHG mit Inkrafttreten der MiFID im November 2007 sind in der deutschen

30 *2004/39/EG (MiFID).*

31 Mit der Aufhebung von § 764 BGB.

und europäischen Gesetzgebung fast gar keine Normen geblieben, die Derivate als eigene Kategorie erfassen würden[32].

3.3.2 Abgrenzung zu Umsatzgeschäften

Diese Situation steht im Widerspruch zum ursprünglichen Ansatz des deutschen Gesetzgebers, der in den ersten Fassungen des Börsengesetzes einen speziellen Schutz im Hinblick auf Termingeschäfte aufbauen wollte. Er stellte dabei ab auf eine genaue Abgrenzung der Termingeschäfte von den „Umsatzgeschäften".

Termingeschäfte sind im Prinzip nicht nur Derivate („Differenzgeschäfte"), sondern auch Verträge, die eine tatsächliche künftige Lieferung vorsehen („Fixgeschäfte"). Fixgeschäfte sind nicht minder gefährlich als Differenzgeschäfte. Eine aktuell kontroverse Variante ist der ungedeckte Leerverkauf („short selling"), wo der Verkäufer für künftige Lieferung Wertpapiere veräußert, die er zum Zeitpunkt des Vertragsabschlusses (noch) nicht besitzt[33]. Wenn die Lieferung scheitert, kann dies nicht nur für den Verkäufer existenzgefährdend sein, sondern das gesamte Geschäft kann als Kursmanipulation auch möglicherweise betrügerisch sein[34]. In Form von Warentermingeschäften haben solche riskanten Abschlüsse eine längere Geschichte.

Das besondere Augenmerk des Gesetzgebers richtet sich jedoch nicht auf derartige Fixgeschäfte, sondern auf solche, die trotz anders lautendem Vertragsinhalt für eine „Umgehung der Effektiverfüllung" geeignet sind[35] oder die von vornherein ausdrücklich auf Barausgleich etwaiger Unterschiede zwischen Kursen und Preisen ausgelegt sind (also Differenzgeschäfte). Man ist immer davon ausgegangen, dass effektive Erfüllung bei Termingeschäften eher untypisch ist. Dies gilt selbst dann, wenn der Vertrag ein Fixgeschäft vorsieht, denn das Termingeschäft setzt vom Begriff her die Möglichkeit voraus, jederzeit zum amtlich festgestellten Preis ein Gegengeschäft abzuschließen (womit die Notwendigkeit für den Verkäufer, selbst Ware in die Hand zu nehmen, so gut

32 Mit Ausnahme von „komplexen Finanzinstrumenten", Art. 38 *MiFID-Durchführungsrichtlinie, 2006/73/EG,*; in Verbindung mit Art. 19 Abs. 6 *2004/39/EG (MiFID)*.

33 Sebastian Mock, „Das Gesetz zur Vorbeugung gegen missbräuchliche Wertpapier- und Derivategeschäfte", *WM* 64, Nr. 48 (Dezember 4, 2010): 2248–2256.

34 „The Big Picture – Short selling – legitimate trading or market abuse?", *FT.com*, August 1, 2010.

35 *RG v. 28.10.1899*, I 242/99: 114.

wie ausgeschlossen ist)[36]. Bereits 1899 stellten die Richter fest, dass der Fixcharakter von Börsentermingeschäften „im weiteren Sinne unwesentlich" sei: Vertragsfloskeln aus dem Fixgeschäft wie beispielsweise eine Nachfristklausel könnten „nicht ernst gemeint sein ... , da der Lieferungspflichtige auch nach Ablauf der Nachfrist regelmäßig nicht liefern [wird], von vornherein dazu nicht gewillt, und dies dem anderen Teile bekannt [ist]"[37]. Für Börsentermingeschäfte wirtschaftlich prägend, so das Reichsgericht, sei in jedem Fall der Barausgleich; dass im Einzelfall die Parteien mit Effektiverfüllung rechneten, würde nicht dagegen sprechen, weil Effektiverfüllung „keineswegs grundsätzlich ausgeschlossen" sei[38]. Verträge über Gegenstände, für die es weder Börsenpreise noch einen liquiden Markt gibt, können vielleicht nicht ohne weiteres als Differenzgeschäfte qualifiziert werden. Trotzdem: „Die Voraussetzungen des Differenzgeschäfts werden bei Börsentermingeschäften über Effekten in aller Regel erfüllt sein"[39]

Der vorrangige Vorwurf gegenüber Termingeschäften ohne effektive Lieferung ist, dass sie zum Wirtschaftsleben nichts beitragen. Jedenfalls Differenzgeschäfte seien „ohne Beziehung zum Güterumsatz des Wirtschaftslebens und der mit ihm verbundenen wirtschaftlichen Tätigkeit"[40]. Für wirtschaftlich wertvolle Geschäfte sei der Ernst des Austausches charakteristisch. Im echten Geschäft würden mit Rücksicht auf die „Bedürfnisse" der Kontrahenten Leistungen ausgetauscht[41]. Diese spezifischen Bedürfnisse drücken sich darin aus, dass jede Leistung nicht nur im Hinblick auf die Person des jeweiligen Kontrahenten, sondern auch nach Menge, Preis und Lieferzeit „individuell" ist. Bei Verträgen, die sich auf den tatsächlichen Austausch von Leistungen beziehen,

> wird der gesamte Inhalt des Geschäfts, Objekt, Quantum und der Termin, durch das Bedürfnis und die Mittel der Kontrahenten in jedem einzelnen Falle bestimmt. Jedes Geschäft ist dadurch anderen, gleichartigen Geschäften gegenüber nach Menge, Preis, Lieferzeit individualisiert[42].

Alles, was die beiden Seiten leisten, wurzelt letztendlich im persönlichen Einsatz des Einzelnen. Mit Rücksicht auf seine jeweiligen „Mittel", berechnet

---

36 § 48 *BörsG 1896*.
37 *RG v. 28.10.1899*, I 242/99: 106.
38 *RG v. 25.02.1921*, II 200/20 RGZ 361, 363.
39 Claus-Wilhelm Canaris, *Handelsgesetzbuch, Bankvertragsrecht*, 2. Aufl. (Berlin: de Gruyter, 1981), Rn 1877.
40 *RG v. 08.12.1934*, I 143/34 RGZ 190, 191; *BGH v. 18.12.2001*, XI ZR 363/00: Rn 11.
41 *RG v. 01.12.1900*, I 272/00 RGE 104, 111; *RG v. 25.02.1921*, II 200/20: 362.
42 *RG v. 28.10.1899*, I 242/99: 110 f.

der Zahlende, was er sich leisten kann; der Leistungserbringer befriedigt die Bedürfnisse des Gegners mit den Früchten seiner Arbeit. Der somit erfolgte Umsatz schafft Wohlstand, weil nach dem Tausch beide Kontrahenten aus der eigenen Perspektive mehr besitzen als vorher. Echte Geschäfte haben an der „wirtschaftlichen Wertschöpfung des Verkehrs" (*Habersack*) teil[43].

Unechte hingegen abstrahieren von diesem tatsächlichen Verkehr, dem „Zusammentreffen und Zusammenwirken" reeller Marktteilnehmer, und beziehen sich nur noch auf ein isoliertes Ergebnis dieses Wirkens – den allgemeinen Marktpreis[44]. Differenzgeschäfte sind Spekulationen auf Preise. Weil der allgemeine Marktpreis nur ein Gespenst ist, nur ein Echo des reellen Geschehens, wird es mit entsprechend abstrakten Mitteln beschwört. Im Gegensatz zu Umsatzgeschäften sind Terminverträge blutleer; sie beziehen sich nicht auf konkrete Bedürfnisse und individuelle Verhandlungsergebnisse. Ihr Inhalt ist nur mehr „schablonenhaft" – willkürlich gewählte Warenkategorien und Mengen, beliebig gesetzte Termine, alle nach standardisierten Vorgaben um die Anwendbarkeit der amtlichen Börsenpreise zu gewährleisten[45]:

> Wesentlich ist nur, dass das Geschäft zu einem festen Termine, ohne Rücksicht auf besondere persönliche Bedürfnisse der Parteien, also mit typischem Inhalt und zu einem Preise geschlossen wird, der sich an der Börse infolge des Zusammentreffens und Zusammenwirkens der Börsenbesucher bildet[46].

Den Kern der Angelegenheit bildet die Standardisierung, die Gleichartigkeit. Auf der Gleichartigkeit der Ware beruht die Austauschbarkeit der Ware – hier, der sichere Abschluss des Gegengeschäfts zum vorgesehenen Termin:

> Auf dieser Gleichartigkeit aller Geschäfte nach Menge, Termin, Terminspreis beruht die Möglichkeit der Deckung jedes Kontrahenten durch Gegengeschäft, der Lösung durch bloße Differenzzahlung, die Möglichkeit der Beteiligung weiter Kreise an den Geschäften ohne den Besitz der Mittel zur Effektiverfüllung, die stets umgangen werden kann, die Möglichkeit der Benutzung dieser Geschäfte zu einfachen Differenz- und Spielgeschäften[47].

Die „Währung" der Differenzgeschäfte bilden nicht die einzelnen Zahlungsmittel, die in jedem individuellen Vertrag zur Geltung kommen. Differenz-

43 Mathias Habersack, „§ 764 BGB", in *Münchner Kommentar zum BGB, §§ 705–853,* 3. Aufl., Rn 1.
44 *RG v. 25.02.1921,* II 200/20: 362.
45 *RG v. 28.10.1899,* I 242/99: 111; Habersack, „§ 764 BGB", Rn 26.
46 *RG v. 01.12.1900,* I 272/00: 111.
47 *RG v. 28.10.1899,* I 242/99: 111.

geschäfte beruhen auf der universellen Äquivalenz der Märkte selbst, auf der Gleichartigkeit der Handelsobjekte, die Tausch und Liquidität ermöglicht:

> Die Eigentümlichkeit des Börsentermingeschäfts besteht in seiner Beziehung zum Terminmarkt, auf dem jederzeit ein völlig gleiches Geschäft als Gegengeschäft abgeschlossen werden kann. Mit dieser Einrichtung ist für das außen stehende Publikum die Möglichkeit gegeben, sich an einem leicht zu Spielzwecken zu missbrauchenden Umsatzverkehr zu beteiligen[48].

3.4 Grundstruktur des Termingeschäfts

Der Begriff „Derivat" fand in der Rechtsprechung bis jetzt kaum Eingang. Strukturell äquivalent sind jedoch die Börsentermingeschäfte, die als „standardisierte Verträge, die von beiden Seiten erst zu einem späteren Zeitpunkt, dem Ende der Laufzeit, zu erfüllen sind und einen Bezug zu einem Terminmarkt haben" definiert worden sind[49]. Seit „Börsentermingeschäfte" als solche keine Rolle in der Gesetzgebung mehr spielen, ist diese Definition zwar hinfällig. In Bezug auf Finanzwetten geleitet sie aber diejenige ständige Rechtsprechung, die wir jetzt darstellen wollen.

3.4.1 Herausgeschobener Erfüllungszeitpunkt

Die erste Komponente der Definition ist der *hinausgeschobene Erfüllungszeitpunkt*. Hier sind zwei Elemente zu beachten: erstens, das Element der zeitlichen Verschiebung, und zweitens, die Folgen hiervon für die Erfüllung.

In der zeitlichen Verschiebung liegt der Kern dessen, was das Reichsgericht als Abstraktion geißelte. Die Leistungen erfolgen nicht als unmittelbar motivierter Tausch zwischen reellen und komplementären „Bedürfnissen", sondern im Hinblick auf künftige Bedingungen, die beiden Seiten aktuell unbekannt sind, und die keine Rücksicht mehr auf den dann konkreten Bedarf nehmen. Gerade die Beliebigkeit des Anlasses im Verhältnis zur „Erfüllung" ist zumindest beim ersten Blick störend. Mit Termingeschäften kann auf Ereignisse spekuliert werden, die keinerlei Verbindung zum eigenen Geschäfts- oder Tätigkeitskreis haben[50]. Dass die Begriffe „Differenzgeschäft" und „Termingeschäft" sich zunächst auf finanzielle Größen beziehen, ist unwesentlich.

48 *RG v. 25.02.1921*, II 200/20: 362.
49 *BGH v. 13.07.2004*, XI ZR 178/03: Rn 13.
50 *RG v. 08.12.1934*, I 143/34: 193; *RG v. 15.06.1927*, 117 Nr. 52 RGZ 267, 269.

Wie in Sportwetten kann der Spekulant letztendlich beliebige Phänomene als Bezugswert („Underlying") wählen. Aus dieser Perspektive sind Aktienkurse oder Zinssätze nicht anders als Pferderennen. Nicht nur das: die Gestaltung der Verbindung zwischen dem Bezugswert und der Gewinnberechnung ist beliebig. Hier liegt die große Versuchung der Hebelung („Leverage"): ausgezahlt wird nicht zwangsläufig nur ein tatsächlicher Wertzuwachs, sondern es kann auch ein Mehrfaches desselben sein, oder das Ergebnis der Verrechnung von zwei Kursen, oder ein sonstiger Einfall des Verkäufers. In der Praxis ist nur entscheidend, dass die jeweiligen Werte statistisch prognostizierbar sind (weil sich das Produkt sonst nicht bewerten lässt). Ansonsten bilden diese Werte, wie der BGH es verächtlich formuliert, nur „irgendein[en] Umstand", der entscheidet, „was und wem zu zahlen sei"[51].

Im Gegensatz dazu ist für das Termingeschäft Einigkeit über den genauen Erfüllungszeitpunkt, bzw. „die Abrede, dass der Vertrag mit der Einhaltung der Frist stehen und fallen soll" von grundlegender Wichtigkeit[52]. Exakte Zeitbestimmungen – auch grenzüberschreitend – sind nach wie vor für Derivate maßgeblich (siehe unten, Anhang 1).

Wichtig ist zweitens, dass die Verschiebung der Erfüllung auf eine künftige Zeit für beide Teile gilt. In Kombination mit einem Differenzgeschäft bedeutet dies nicht nur, dass die Erfüllung hinausgeschoben ist, sondern dass der schlussendliche Inhalt des Geschäfts so lange noch offen bleiben muss. Bis 2002 wurde das Differenzgeschäft wie folgt definiert:

> § 764 BGB: Wird ein auf Lieferung von Waren oder Wertpapieren lautender Vertrag in der Absicht geschlossen, dass der Unterschied zwischen dem vereinbarten Preise und dem Börsen- oder Marktpreise der Lieferungszeit von dem verlierenden Teile an den gewinnenden gezahlt werden soll, so ist der Vertrag als Spiel anzusehen.

In einem Differenzgeschäft gibt es also einen „Gewinner" und einen „Verlierer". Wer jedoch an wen zahlen muss, ist zum Zeitpunkt des Abschlusses unbekannt. Auch die Höhe der Zahlung ist unbekannt, da sie sich nach dem Abstand zwischen einem beliebigen, zum Zeitpunkt des Abschlusses gesetzten Preis (Strike) und dem Marktpreis, der sich zu einem beliebig gesetzten künftigen Termin ergibt, bemisst.

---

51 *BGH v. 18.01.1988*, II ZR 72/87 Juris, Rn 16; vgl. auch *RG v. 26.02.1935*, II 241/34 RGZ 112, 114 (Reichsgericht 1935): „die zufällige Gestaltung des Preises an einem späteren Tage".

52 *RG v. 25.02.1921*, II 200/20: 363.

Die anfängliche Unbestimmtheit der konkreten Leistungen ist für Differenzgeschäfte grundlegend. Nicht nur das: Wie aus der gesetzlichen Definition erkennbar, besteht die Erfüllung letztendlich nur aus *einer* Leistung – nämlich aus der Zahlung, die der „verlierende Teil" zur „Lieferzeit" an den Gegner leisten muss. Sowohl deren Höhe als auch die Zuordnung, wer schließlich als „Gewinner" und wer als „Verlierer" enden wird, sind zum Zeitpunkt des Abschlusses unbekannt. Erst die „Lieferzeit" führt diese Entscheidung herbei.

Die enorme Flexibilität moderner Derivate darf vom Merkmal der beidseitigen Erfüllungsverschiebung nicht ablenken. Termingeschäfte aller Art können ohne weiteres so strukturiert werden, dass Zahlungen lange *vor* dem eigentlichen Erfüllungstermin fließen. Es kommt zum Beispiel häufig vor, dass Derivate eine „Frontladung" enthalten. Einer der Partner bekommt vom Gegner eine Zahlung, die den Abschluss oder die erste Periode des Geschäfts markiert. Ob diese Zahlung dem Empfänger per Saldo, als „Erfüllung" verbleibt, wird sich jedoch erst beim Endtermin herausstellen, denn das Derivat wird so strukturiert, dass die späteren Auszahlungsbedingungen den ursprünglich Zahlenden für seinen „Vorschuss" kompensieren.

Solche Zahlungen werden manchmal als „Barwertvorteil" angeboten. Diese haben allerdings kaum einen legitimen Nutzen, sondern dienen entweder dazu, um Arglose in ein nachteiliges Geschäft zu ködern (siehe die Thematik „Zinsswaps für Kommunen"), oder um illegitime Transaktionen (z.B. nichtzulässige Darlehen an kommunale oder staatliche Einrichtungen) zu kaschieren.

Eher legitim sind „Frontladungen" bei Optionen, wo der Optionskäufer seinen maximalen Verlust bereits bei Abschluss an den Gegner zahlt. Eine solche Zahlung heißt „Prämie". Ob es bei dieser Prämie bleibt, oder ob der Käufer nicht per Saldo Gewinne, die seine Prämie weit übersteigen, von seinem Geschäftspartner einfordern kann, wird sich erst bei Fälligkeit zeigen. Jedenfalls ist die Prämie nach höchstrichterlicher Rechtsprechung keine „Leistung" im Sinne einer abschließenden Erfüllung des Termingeschäfts (hier im Zusammenhang mit § 57 BörsG 1908):

> Leistung im Sinne von § 57 BörsG ist beim Optionsgeschäft nicht die Zahlung des Optionspreises. Sie erfolgt zwar „aufgrund des Geschäfts" und fällt deshalb unter § 55 BörsG, stellt sich aber nicht als effektive Erfüllung des Termingeschäfts dar. Nach dem Zweck des § 57 BörsG kann unter „Bewirkung der vereinbarten Leistung" beim Optionsgeschäft nur die effektive Lieferung der den

Gegenstand des Geschäfts bildenden Aktien oder die Gegenleistung in Geld verstanden werden[53].

Wenn man Termingeschäfte unter dem Aspekt des Spiels betrachtet, ergeben sich ähnliche Überlegungen. Der Einsatz beim Kartenspiel ist keine „Leistung“ an den Gegner. Die Hoffnung ist, dass das Geld zurückgewonnen wird – zusammen mit den Einsätzen der anderen Spieler. Erst zum Abschluss der Runde wird der Einsatz Teil einer „Leistung“. Vorher jedoch – solange der Gewinner noch nicht feststeht und der Einsatz noch im Topf liegt – kann er als solche nicht bezeichnet werden.

Die während des Spielablaufs getätigten Zahlungen sind keine Leistungen. Wer gewonnen und wer verloren hat, weiß man erst, wenn das Spiel aus ist.

3.4.2 Bezug auf einen Terminmarkt

Die zweite Komponente von Termingeschäften und Derivaten ist der *Bezug auf einen Terminmarkt.*

Das ursprüngliche Börsengesetz 1896 bezog sich auf den zugelassenen Terminhandel, weil dort amtlich festgestellte Terminpreise jederzeit abrufbar waren. Insofern ging der Gesetzgeber wohl zunächst davon aus, dass Terminspekulanten auf diese Einrichtung angewiesen waren, weil man sich ohne die amtliche Terminbörse womöglich nicht auf den Schlusspreis hätte einigen können. Im Übrigen bietet diese Annahme eine weitere Rechtfertigung dafür, dass für die „Börsentermingeschäftsfähigkeit“ den Anlegern ein Obolus abverlangt wurde.

Es wurde jedoch schnell deutlich, dass die amtlichen Terminbörsen keine so unverzichtbare Rolle spielten. Termingeschäfte lassen sich auch im Hinblick auf andere „Terminpreise“ abschließen; sie gelten auch dann als solche, selbst wenn das zugrunde liegende Papier nicht notiert ist[54].

Wichtiger ist die Frage, wie der „Bezug“ auf den Terminmarkt aussehen musste. Das ursprüngliche Börsengesetz definierte Börsentermingeschäfte als solche, die „auf eine festbestimmte Lieferungszeit oder mit einer festbestimmten Lieferungsfrist“ lauteten[55]. Wie wir oben gesehen haben, hat man dies damals keineswegs als Vorgabe für Fixgeschäfte – also mit Effektiverfüllung – ver-

---

53 *BGH v. 22.10.1984*, II ZR 262/83: Rn 13.
54 *RG v. 01.12.1900*, I 272/00: 112.
55 § 48 *BörsG 1896*.

standen. Im Gegenteil: man ist davon ausgegangen, dass „der Fixcharakter von Börsentermingeschäften „im weiteren Sinne unwesentlich" sei[56]. Im Jahre 1984 hat der BGH allerdings die Beziehung zum Terminmarkt so definiert, dass dieser es den Vertragspartnern ermöglichen müsse, *jederzeit ein Gegengeschäft abzuschließen.* Mit dem Aufkommen neuer, individualisierter Finanzprodukte, die so nicht mehr am allgemeinen Markt verfügbar waren, stellte sich die Frage, ob diese trotz fehlender Glattstellungsmöglichkeit immer noch als Termingeschäfte im Sinne des BörsG privilegiert waren (also verbindlich, trotz Differenzeigenschaft). Der daraufhin entbrannten Diskussion[57] setzte der BGH ein Ende, indem es darauf hinwies, dass der 1989 neu eingeführte § 50 Abs. 1 Satz 2 BörsG a.F. ausdrücklich auch solche Finanzinstrumente erfasste, die „wirtschaftlich gleichen Zwecken dienen, auch wenn sie nicht auf Erfüllung ausgerichtet sind". Die Folge ist: auch Instrumente ohne Glattstellungsmöglichkeit können Termingeschäfte und damit (unter den Voraussetzungen des damaligen BörsG) verbindlich sein[58].

Diese Diskussion spielt heutzutage keine direkte Rolle, weil sich die Gesetzeslage grundlegend geändert hat. Seit 2002 versucht man nicht mehr, aus den Eigenschaften der Finanzprodukte Rechtsfolgen abzuleiten, sondern es ist letztendlich nur mehr relevant, dass die Finanzinstitute ihre Kunden adäquat über die Produkte informieren. Wichtig ist jedoch, dass mit der erwähnten Tendenz in der Rechtsprechung die ursprüngliche Derivate-Gesetzgebung weiter an Klarheit verloren hat. Entscheidend am Bezug zu einer Terminbörse war nicht primär die Möglichkeit der Effektiverfüllung, die von Anfang an eher theoretisch gemeint war, sondern Verbindlichkeit der dort verfügbaren Preise – nicht nur zum Auflösungszeitpunkt, sondern auch vom Abschluss an. Mit der Aufgabe der „Glattstellungsmöglichkeit" hat man die zentrale Rolle der präzisen Bepreisung aus dem Auge verloren. Bei neueren komplexen Finanzinstrumenten – insbesondere bei den OTC-Varianten – ist eine Toleranz dafür entstanden, dass Emittenten (die Banken) und ihre Vermittler den Preis beim Abschluss nicht benennen, und dass eine Bepreisung während der Laufzeit dem Kunden entweder gar nicht oder erst bei drohenden Verlusten ange-

56 *RG v. 28.10.1899*, I 242/99: 106.

57 Vgl. Stefan Allmendinger und Andreas Tilp, *Börsentermin- und Differenzgeschäfte: Unverbindlichkeit, Aufklärungspflichten* (Köln: RWS-Verl. Kommunikationsforum, 1998), Rn 105 ff.

58 *BGH v. 13.10.1998*, XI ZR 26/98 Juris, Rn 20; Jürgen Ellenberger, „Die neuere Rechtsprechung des Bundesgerichtshofes zum Börsenterminhandel", *Wertpapier-Mitteilungen* 1999, Nr. 2 (Januar 1999): 5.

boten wird (siehe unten, Kapitel 4.4). Der arglose Anleger weiß nicht, dass sein Einkauf einen Marktpreis hat, und erst recht nicht, woher er diesen Preis herausfinden könnte.

Tatsächlich ist es für professionelle Marktteilnehmer nach wie vor unverzichtbar, Derivate jederzeit mathematisch bepreisen zu können. Von den Finanzhäusern werden dafür eigene Abteilungen – „Quants" – eingesetzt. Wer nicht in der Lage ist, auf mathematische Bewertungen zugreifen zu können, ist auf verbindliche Zusicherungen des Emittenten angewiesen. Wenn auch diese fehlen, ist der Abschluss von Derivaten ein Glücksspiel im Dunkeln.

3.4.3 Exkurs: „Unkündbarkeit" von Derivaten

Gewissermaßen ein Scheinproblem ist die Tatsache, dass Derivate nicht vorzeitig gekündigt werden können. Wie alle Termingeschäfte knüpfen Derivate an ein künftiges Ereignis an. Gewinner und Verlierer sowie die allfällige Leistung entscheiden sich erst dann, wenn das Spiel vorbei ist. Insofern widerspiegelt die Unkündbarkeit nur die Grundstruktur des Geschäfts.

Weil jedoch moderne Finanzrisiken bewertet werden können, ist für sie ein liquider Markt entstanden. Demzufolge kann ein Geschäftspartner unter normalen Umständen jederzeit aussteigen („glattstellen", bzw. vorzeitig erfüllen), indem er ein Gegengeschäft (Hedge) abschließt. Bei „Maßanfertigungen" (OTC-Verträgen) wird das zwar nicht ohne weiteres passgenau möglich sein; aber grundsätzlich lassen sich derartige Maßanfertigungen in Teilrisiken zerlegen, die einzeln gehedgt werden können.

Bedenklicher ist die Tatsache, dass das Hedgen von komplexen Risiken die meisten Kunden faktisch weit überfordert. Psychologisch glaubt der Käufer eines exotischen Finanzinstruments, das schlecht läuft, er sei in der Falle. Dann ist er natürlich dankbar, dass seine Bank ihm entweder ausdrücklich (durch vorherige Einbeziehung der Bestimmungen zu vorzeitiger Erfüllung[59]) oder, wie häufig geschehen, formlos zusichert, sie würde den Ausstieg für ihn übernehmen. Leider gestaltet sich dieser „Ausstieg" erfahrungsgemäß nicht selten so, dass die Bank die Gelegenheit ergreift, weitere Geschäfte – so genannte „Restrukturierungen" – anzubieten. Dabei wird der Kunde von seiner ersten Wette eben nicht befreit, sondern kauft sich frei, indem er eine zweite, noch

59 Bankenverband, „Rahmenvertrag: Anhang vorzeitige Erfüllung" (Bank-Verl. Köln, 2001).

wesentlich unvorteilhaftere abschließt. Zu den ursprünglichen Verlusten kommen somit neue „Gebühren" („anfängliche negative Marktwerte") hinzu; die Misere wird nicht gekappt, sondern kaschiert; am Ende ergeben sich Schulden, die erst recht schmerzen[60].

3.5 Relevanz des Spielbegriffs für Derivate

Wie wir gesehen haben, wurde mit dem 4. Finanzmarktförderungsgesetz die bisherige Verbindung zwischen Termingeschäften und Spiel- oder Differenzgeschäften gestrichen. § 764 BGB wurde gänzlich aufgehoben; die Berufung auf § 762 BGB wurde für alle Kunden regulärer Finanzhäuser unterbunden (§ 37e WpHG). Für „Derivat-geschädigte" Anleger soll nur noch die Vollständigkeit der Aufklärung maßgeblich sein. Seit dem FRUG sind die Vorschriften über besondere Informationen bei Termingeschäften aufgehoben (§ 37 d WpHG a.F.). Weil aber die gesetzlichen Aufklärungskataloge (§31 WpHG) ohnehin nicht als Schutzgesetze gelten sollen[61], wird der Maßstab für die Aufklärung im Wesentlichen von der Rechtsprechung („Bond"[62]) vorgegeben. Damit wird die Behandlung von Derivat-bezogenen Ansprüchen denen aller anderen Ansprüche im Wertpapierbereich grundsätzlich angeglichen.

Ein solcher Schritt bewegt sich sehr weit vom ursprünglichen Schema des Börsengesetzes in seinen Fassungen bis 1989. Damals war der Spielbegriff noch zentral für die Regelung der Rechtsfolgen aus gescheiterten Finanzgeschäften. Für die Rechtsfolgen spielt er heute so gut wie keine Rolle mehr; vor allem die klassische Sanktion der Unverbindlichkeit (§ 762 BGB) ist nun nicht mehr anwendbar.

3.5.1 Spiel und Leistung

Es wäre allerdings ein Irrtum daraus zu folgern, der Spielbegriff an sich sei für die Abwicklung von Termingeschäften nicht mehr relevant. In Ermangelung einer systematischen Definition seitens des deutschen Gesetzgebers bleibt die Lage unverändert: Termingeschäfte – und damit Derivate – sind von ih-

60 Siehe, als Beispiel solcher „Restrukturierungen", das Schicksal des Kommunalversorgers in *LG Würzburg v. 31.03.2008, WVV*, 62 O 661/07 Juris.

61 *BGH v. 19.12.2006, Kickbacks II*, XI ZR 56/05.

62 *BGH v. 06.07.1993, Bond*, XI ZR 12/93.

rer Grundstruktur her Spiele[63]. In anderen Rechtsordnungen gehören Spiele sowie auch Versicherungsverträge und ähnliches zur Kategorie der „aleatorischen“ Verträge[64].

Von reinen Spielen weichen Derivate nur insofern ab, dass sie zu wirtschaftlich sinnvollen Zwecken eingesetzt werden können. Ansonsten bleibt es dabei, dass beide ein Vertrag sind, in dem sich die Vertragsparteien gegenseitig verpflichten, dass in Abhängigkeit von einem ungewissen Ausgang der sich dann herausstellende Gewinner an den Verlierer eine Leistung erbringen wird. Wie es das Reichsgericht im Zusammenhang mit der Wette definiert hat:

> Danach ist als Wette ein Vertrag anzusehen, bei dem die Parteien ... sich gegenseitig verpflichten, dass dem, dessen Behauptung sich als richtig erweist, vom anderen eine bestimmte Leistung gemacht werden soll[65].

Das Eigenartige an der Struktur des Wett- oder Spielvertrags tritt bereits mit dieser Definition klar zutage. Wichtig ist zum einen, dass es sich um einen gegenseitigen Vertrag handelt. Zum anderen ist die Leistung, die sich aus dem Vertrag ergibt, *eine einzige* ist („eine bestimmte Leistung“). Was darüber entscheidet, und wie diese Leistung zu berechnen ist, ist aus dem Vertrag deutlich. Wer die einzige Leistung aber erbringen soll, ist ungewiss.

In der einfachsten Form des Spiels ist dies unverkennbar: Das vorher ungewisse Ereignis tritt ein, und danach zahlt der Verlierer an den Gewinner. Diese Einfachheit der Leistung gilt aber nicht weniger, wenn die Spielregeln vorherige Handlungen oder Zahlungen verlangen. Oft wird beispielsweise die Zahlung eines Einsatzes verlangt. Das ist aber keine Leistung im eigentlichen Sinne, weil sie (zunächst jedenfalls) keinen Empfänger hat. Dies ergibt sich aus einem vom EuGH entschiedenen Fall, wo der Generalanwalt (dem das Gericht folgte), folgendermaßen argumentierte:

> Das Glücksspiel um Geld erfordert zwar Ausgaben der Spieler, führt aber in seiner einfachsten Form nicht zum Verbrauch von Gegenständen oder Dienstleistungen. Nehmen wir z. B. an, daß A mit B eine private Wette abschließt, wobei beide ihre Wetteinsätze auf den Tisch legen. A gewinnt die Wette und nimmt das auf dem Tisch liegende Geld an sich. In einem solchen Fall wäre es unsinnig,

63 Henssler behandelt Spiel als „Paradigma“ des „Risikovertrags“, worunter er zumindest teilweise auch Finanztermingeschäfte versteht. Martin Henssler, *Risiko als Vertragsgegenstand* (Mohr Siebeck, 1994), 419.

64 Ebd., 425.

65 *RG v. 28.06.1905*, 61 RGZ 153, 155.

> anzunehmen, dass A und B einander Dienstleistungen für eine Gegenleistung in Höhe ihrer jeweiligen Wetteinsätze erbringen. *Die Zahlung der Einsätze und das Einsammeln der Gewinne ist lediglich Teil des Spielvorgangs* (meine Hervorhebung)[66].

3.5.2 Close-out netting; Einheitlichkeit der Leistung

Nichts anderes gilt für die vielfältigen Zahlungspflichten, die bei Derivaten vereinbart werden können. Mit Derivaten können Zahlungsflüsse nach Belieben gestaltet werden – zum Beispiel durch das anfängliche Auskehren von Vorteilen, die später wieder zurückgeholt werden (zum „Barwertvorteil" bzw. dem „garantierten Zinsvorteil" siehe unten, Kap. 8.5.4). Entscheidend ist aber letztendlich nur der Saldo, der nach Eintritt des ungewissen Ereignisses verbleibt. Auch wenn über mehrere ungewisse Ereignisse gewettet wird, wie etwa bei Zinsswaps, lassen sich die saldierten Gewinne und Verluste erst nach Abschluss der kompletten Laufzeit feststellen.

Diese Einfachheit spielt in der Insolvenz eine wichtige Rolle. Um zu verhindern, dass der Insolvenzverwalter zum Nachteil der Gegenpartei nur die vorteilhaften Bestandteile eines noch offenen Finanztermingeschäfts erfüllt („cherry-picking"[67]), wird in den einschlägigen Rahmenverträgen bestimmt, dass die einzelnen unter dem Rahmenvertrag ausgeführten Transaktionen eine Einheit bilden[68]. Dies hat der deutsche Gesetzgeber in der Insolvenzordnung anerkannt:

> Sind Geschäfte über Finanzleistungen in einem Rahmenvertrag zusammengefasst, für den vereinbart ist, dass er bei Vorliegen eines Insolvenzgrundes nur einheitlich beendet werden kann, so gilt die Gesamtheit dieser Geschäfte als ein gegenseitiger Vertrag (§ 104 Abs. 2 S. 3 InsO)

Die Folge ist, dass dieser einheitliche gegenseitige Vertrag mit der Entrichtung des entsprechenden Differenzbetrages erfüllt und abgeschlossen wird. Es fließt eine Zahlung, in eine Richtung.

Für die meisten einschlägigen Rechtsordnungen gelten vergleichbare Bestimmungen. Die Wichtigkeit dieses Grundsatzes lässt sich daran ablesen, dass ISDA (die „International Swaps and Derivatives Association") eine Vielzahl

66 *C-38/93 (Glawe) Schlussanträge GA Jacobs*, Rn 20.
67 Ulrich Bosch, „Finanztermingeschäfte in der Insolvenz – zum ‚Netting' im Insolvenzverfahren", *WM* 1995 (März 4, 1995): 367.
68 Bundesverband deutscher Banken, „Rahmenvertrag für Finanztermingeschäfte" (Bank-Verl. Köln, 2001), § 1 Abs. 2, § 7 Abs. 3; „ISDA 2002 Master Agreement", para 6 (a), (e).

von Rechtsgutachten in Auftrag gegeben hat (die allerdings nur für ISDA-Mitglieder einsehbar sind)[69]. Dieses so genannte „close-out netting" – nämlich, dass der Insolvenzverwalter die unter dem Finanzinstrument geleisteten und fälligen Zahlungen nicht als isolierte „Leistungen" behandeln darf, sondern sie zu einem einheitlichen Geschäft saldieren muss – ist kein willkürliches Zugeständnis des Gesetzgebers zugunsten der Finanzbranche, sondern eine Anerkennung der dogmatischen Struktur von Finanztermingeschäften.

3.6 Derivate kein Austausch

Der Effektenkauf ist ein normaler, gegenseitiger „Austausch"-Vertrag – Wertpapiere gegen Geld. Austauschverträge sind „synallagmatisch"[70]. Für im Gegenseitigkeitsverhältnis stehende Leistungen gelten ausführliche gesetzliche Bestimmungen (§ 320 ff. BGB), die von reichhaltiger Rechtsprechung flankiert sind.

Wie wir gesehen haben, ist der Spielvertrag jedoch *kein* Austauschvertrag. Er ist zwar ein gegenseitiger Vertrag. Jeder verpflichtet sich, in Abhängigkeit von der Leistungspflicht des Kontrahenten selbst zu leisten[71]. Aber sie tauschen nichts aus[72]. Insofern ist es ein Irrtum, Spielverträge und alle Verträge, die als Spielverträge strukturiert sind, als synallagmatisch zu bezeichnen (selbst dann, wenn sie üblicherweise auch als „atypisch" qualifiziert werden)[73].

Im praktischen Sinne ist diese Frage aus zwei Gründen wichtig – einmal rechtsdogmatisch, einmal wirtschaftlich.

---

69 Paul Harding, *Mastering the ISDA master agreements (1992 and 2002) : a practical guide for negotiators*, 2. Aufl. (London ; New York: Financial Times Prentice Hall, 2004), 358–361; 726.

70 Hansjörg Otto, „§§ 315–326 BGB, Leistungsstörungsrecht 2, Staudinger 2009", in *Staudinger: Kommentar zum BGB*, Rn 6; Volker Emmerich, „§§ 320–322 BGB", in *MüKo BGB 5. Aufl.*, Vor § 320, Rn 5.

71 Otto, „§§ 315-326 BGB, Leistungsstörungsrecht 2, Staudinger 2009", Rn 5.

72 Siehe, für Zinssatzswaps, Reinhold Roller, Thomas Elster, und Jan Christoph Knappe, „Spread-abhängige Constant Maturity Swaps – Funktionsweise, Risikostruktur und rechtliche Bewertung", *ZBB* 2007, Nr. 5: 353.

73 Uwe Jahn, „§ 114 Außerbörsliche Finanztermingeschäfte (OTC-Derivate)", in *Schimansky, Bankrecht*, Rn 75; Wilhelm A. Kewenig und Hannes Schneider, „Swap-Geschäfte der öffentlichen Hand in Deutschland", *Wertpapier-Mitteilungen* 1992, Nr. 2 (April 11, 1992): 3.

3.6.1 Synallagma und Äquivalenzkontrolle

Bei synallagmatischen Verträgen erfolgen immer *zwei* Leistungen, die miteinander rechtlich verknüpft sind und die ausgetauscht werden. Es ist allerdings ein Kernprinzip des Kaufrechts, als Paradigma des synallagmatischen Vertrages, dass diese rechtliche Verknüpfung keine wirtschaftliche Gleichwertigkeit impliziert[74]. *Caveat emptor!* – der Käufer nehme sich in Acht! Abgelegt wird diese Kontrollverweigerung lediglich in solchen Randbereichen, wie sie etwa von § 138 Abs. 2 BGB – Wucher – vorgesehen werden. Auf der Basis dieser Vorschrift ist in der Tat ein Vergleich möglich zwischen der Leistung, die von der einen Seite erbracht wird, mit den „Vermögensvorteilen", die sie dafür erhält. Ein neuerlicher Versuch beruht sogar darauf, im Rahmen dieser so genannten Äquivalenzkontrolle objektive Grenzen für eine nicht mehr zumutbare Risikoübernahme zu ermitteln. Wie der Autor jedoch selbst zu bedenken gibt, sind die quantitativen „Bewertungsschwierigkeiten" groß[75].

Tatsache ist jedoch, dass die Regeln des „normalen" gegenseitigen Vertrags – des Austauschvertrags – nicht auf Spielverträge anwendbar sind. Letztere sind nicht nur „atypisch", sondern bilden eine eigene Unterart von gegenseitigen Verträgen, mit eigenen *essentialia negotii* (siehe dazu unten, Kap. 5).

3.7 „Umsatz" bei Risikoverträgen; steuerrechtliche Aspekte

Die Frage nach der inneren Struktur von aleatorischen Verträgen ist wichtig, um den entsprechenden Umsatz wirtschaftlich korrekt zu erfassen. Im Steuerrecht hat dies zu interessanten Erkenntnissen geführt.

„Umsatz" im steuerrechtlichen Sinne ist für Termingeschäfte eher nebensächlich, da die betreffenden Transaktionen normalerweise nach § 4 Nr. 9 UstG befreit sind – insbesondere dann, wenn die anfallenden Zahlungen (wie im Falle von Zinsswaps) als „Zinsen" deklariert werden.

Hier geht es aber nicht um die Steuerpflicht als solche, sondern um die Frage, wie Zahlungen an die Bank zu qualifizieren sind. Vor allem geht es um die Frage, welchen Anteil der Zahlungen – sofern im Hinblick auf „Netting" überhaupt per Saldo Zahlungen fließen – als „Entgelt" zu verstehen ist. Entgelt ist

74 Otto, „§§ 315–326 BGB, Leistungsstörungsrecht 2, Staudinger 2009", vor § 320, Rn 7.
75 Martin Henssler, *Risiko als Vertragsgegenstand*, 274.

die Bemessungsgrundlage für die Umsatzsteuer und beinhaltet „alles, was der Leistungsempfänger aufwendet, um die Leistung zu erhalten..." (§ 10 Abs. 1 UStG).

> Entgelt setzt einen Leistungsaustausch voraus, in dem Leistung und Gegenleistung in einem wechselseitigen Zusammenhang stehen. Ein Leistungsaustausch kann nur zu Stande kommen, wenn sich die Leistung auf den Erhalt einer Gegenleistung richtet und damit die gewollte, erwartete oder erwartbare Gegenleistung auslöst, so dass schließlich die wechselseitig erbrachten Leistungen miteinander innerlich verbunden sind (R1 Abs. 1 UstR 2008).

Weil das Glücksspiel keinen Austausch von Leistungen darstellt, wird es von der Umsatzsteuer grundsätzlich befreit (§ 4 Nr. 9 lit b UStG). Das ist keine Privilegierung des Glücksspiels, sondern geschieht mit Rücksicht darauf, dass das Schema „Leistung gegen Entgelt" nur mit großen Schwierigkeiten auf Spiele angewandt werden kann[76]. Wie wir oben gesehen haben (Kap. 3.5.1), sind weder die Einzahlung der Einsätze, die im privaten Spiel zwischen den Spielern erfolgt, noch die Auszahlung des Gewinns „Leistungen" im Sinne des Umsatzsteuergesetzes.

In kommerziellen Spielen dagegen findet sehr wohl eine Leistung statt. Diese beschränkt sich allerdings auf den statistischen „Aufpreis", mit dem sich der Veranstalter seine Dienste vergüten lässt:

> Insoweit lässt sich vielleicht sagen, dass die Person, die das Glücksspiel veranstaltet, nicht nur selbst daran teilnimmt, sondern den übrigen Spielern auch eine Dienstleistung erbringt, die in der Durchführung des Glücksspiels besteht. Bei dieser Sichtweise wäre ihre Vergütung für diese Dienstleistung jedoch nicht der Gesamtbetrag der von den Spielern erbrachten Einsätze. Wie ich bereits ausgeführt habe, bilden die Zahlung der Einsätze und die Auszahlung der Gewinne den Kern des Spielvorgangs. Die vom Veranstalter erbrachte Dienstleistung besteht darin, dass er den Rahmen zur Verfügung stellt, in dem dieser Vorgang ablaufen kann, wobei seine Vergütung für diese Dienstleistung der ihm verbleibende Gewinnüberschuss zuzüglich einer von ihm möglicherweise erhobenen Provision ist[77].

Die Entscheidung des EuGH in der Sache *Glawe* ist nach wie vor maßgeblich für die Analyse des Begriffs „Umsatz" im Rahmen des Glücksspiels.

---

76 *Proposal for a Sixth Directive (VAT); Bulletin of the European Communities, Supplement* 11/73, 16; *C-86/99 (Freemans) Judgment* Rn 30 (ECJ 2001); *C-89/05 (United Utilities) Judgment* Rn 23 (ECJ 2006).

77 *C-38/93 (Glawe) Schlussänträge GA Jacobs*, Rn 21.

Glawe gilt allerdings nur dann, wenn die Gewinnchancen, also die Auszahlungsquote, genau berechnet werden können (es handelte sich im genannten Fall um Spielautomaten, deren Auszahlungsquote gesetzlich fixiert ist). Im „informellen" Spiel ist dies nicht immer der Fall, wie sich an der Entscheidung *Town & Country* erkennen lässt[78]. Dort ging es um das Ratespiel „spot the ball", wo der Zeitungsleser auf dem präparierten Foto einer Fußballszene den Punkt markieren soll, wo sich gerade der Ball befindet. In diesem Spiel, so das Gericht, lässt sich die Grenze zwischen „Einsatz" und „Entgelt" nicht präzise bestimmen. Die Gewinne konnten in Form von Sachpreisen erfolgen. Eine genaue Aufteilung zwischen ausgekehrten Gewinnen und einbehaltenem „Entgelt", wie bei *Glawe*, konnte nicht festgestellt werden. Insofern durfte der Veranstalter über sämtliche eingenommenen Teilnahmegebühren frei verfügen. Damit war die Entscheidung *Glawe* auf dieses Spiel nicht anwendbar: die Teilnahmegebühren waren in ihrer Gesamtheit als umsatzsteuerpflichtiges Entgelt zu bewerten[79].

Moderne Derivate entsprechen dagegen dem Modell *Glawe*. Die genaue Bewertung von Finanzinstrumenten ist die Voraussetzung dafür, dass Banken damit handeln. Jede Bank kann zwischen „Einsatz" und „Entgelt" unterscheiden. Ein Geschäft ohne Entgelt wäre eins, wo ein Produkt zum Börsenpreis abgeschlossen wird. Bei börsennotierten Derivaten, z.B. bei „plain vanilla" Zinsswaps, ist der Börsenpreis der so genannte „faire" Preis – nämlich der Preis, der nach Auffassung des Marktes weder die eine noch die andere Seite bevorzugt – also ohne „Entgelt". Bei nicht börsennotierten Produkten, wie beispielsweise bei allen OTC-Derivaten, lässt sich der faire Preis (der effektive Börsenpreis) finanzmathematisch ableiten. Allerdings ist der Abschluss eines Derivat-Geschäfts zum „fairen" Preis – also ohne, dass die Chancen verschoben würden – faktisch ein Spiel ohne Entgelt. In privaten Spielen mag das gewissermaßen selbstverständlich sein (siehe unten, Kap. 6.3.3). Kommerzielle Anbieter arbeiten jedoch nur gegen Entgelt. Dieses wird eingepreist, indem die Chancen zum eigenen Vorteil verschoben werden.

3.7.1 Chancenverschiebung: Gewinn oder Umsatz?

Derivate sind strukturell mit dem Glücksspiel zu vergleichen. Inwieweit bei Derivaten die nicht offen gelegte Verschiebung von Chancen als Aufklärungs-

78 C-498/99 *(Town & Country) Schlussanträge* Curia, Rn 84.
79 C-498/99 *(Town & Country) Urteil* Juris, Rn 30.

defizit oder sogar als Betrug zu bewerten ist, wird uns später beschäftigen. An dieser Stelle jedoch stellt sich eine andere Frage.

Häufig wird das Entgelt für Derivate – d.h. die zum Vorteil der Emittenten eingepreiste Chancenverschiebung – als „Gewinnmarge“ beschrieben[80]. Aus Sicht vieler Banken sind Gewinnmargen Geschäftsgeheimnisse und daher nicht offenlegungspflichtig. Wenn beispielsweise im Eigengeschäft eine Bank aus eigenen Beständen eine Aktie verkauft, muss sie dem Käufer nicht offenlegen, was sie selbst für diese Aktie bezahlt hat. Folglich, so wird argumentiert, muss eine Bank, die selbst ein Derivat strukturiert, die eingepreiste „Marge“ ebenfalls nicht zum Zeitpunkt des Abschlusses deklarieren – ein Beratungsfehler liege jedenfalls nicht vor, wenn die Marge nicht offen gelegt wird.

Dieses Argument geht aus folgenden Gründen fehl.

Erstens trifft es nicht ohne weiteres zu, dass in allen Fällen ein Derivat den Eigengeschäften (Geschäften im eigenen Namen und für eigene Rechnung) zuzuordnen sind. Gerade in streitigen Fällen wird von den Banken selbst häufig vorgetragen, sie würden im Wege des „market-making“ Risikogeschäfte lediglich vermitteln. Im Sinne eines Hedging-Dienstes und auf Initiative der Kunden würden sie einem ein Risiko abkaufen, um es einem anderen zu verkaufen. Einen eigenen spekulativen Einsatz würden sie nicht anstreben – auch deswegen, weil es mit der Pflicht zur Wahrung des Eigenkapitals nicht vereinbar sei.

Wenn diese Darstellung tatsächlich zutrifft, wären die Geschäfte jedoch nicht als Eigengeschäft, sondern als Kommission (Geschäftsbesorgung) zu verstehen. In diesem Fall wäre die „Gewinnmarge“ offenzulegen und ggf. herauszugeben (§ 667 BGB).

Ganz unabhängig davon ist jedoch das Element, das als „Gewinnmarge“ bezeichnet wird, kein Gewinn, sondern Umsatz. Wie der EuGH in *Glawe* festgestellt hat, sind Zahlungsflüsse wie Spieleinsatz und Gewinnauszahlung (der „Kern des Spielvorgangs“) *kein* Umsatz. Umsatz ist nur der Aufschlag, den kommerzielle Veranstalter für die Bereitstellung des Spielrahmens erheben[81]. Der Grundsatz lässt sich auf Derivate genau übertragen. Anders als in *Town & Country*, aber konform mit *Glawe*, ist bei einem modernen Derivat der Wert der

80 Julia Anders und Kay Rothenhöfer, „Anlegerschutz im Wertpapiergeschäft – Bericht über den Bankrechtstag 2010“, *WM* 2010, Nr. 31 (August 7, 2010): 1433.

81 *C-38/93 (Glawe) Schlussänträge GA Jacobs*, Rn 20 f.

Chancenverschiebung von Anfang an präzise bestimmt. Das ermöglicht eine klare Trennung zwischen dem Spielvorgang und dem Umsatz.

Der Wert der Chancenverschiebung ist also keine „Gewinnmarge", sondern der Umsatz – nämlich das Entgelt für die Bereitstellung des Spielrahmens durch die Bank. Daraus folgt, dass der von der Bank erhobene Aufschlag nicht als „Gewinnmarge" verheimlicht werden darf. Im Gegenteil: dieser Aufschlag sollte am ehesten mit den Gebühren verglichen werden, die im herkömmlichen Bankgeschäft als Aushang in jeder Filiale einsehbar sind.

3.7.2 Entgelt als vertragsbestimmendes Merkmal

Zweitens wirft der Charakter des Aufschlags als Umsatz bzw. als Entgelt eine grundsätzliche Frage auf.

Der Preis für eine Leistung gehört grundsätzlich zu den bestimmenden Vertragsmerkmalen, denjenigen *essentialia negotii*, worüber sich die Parteien einigen müssen, damit der Vertrag überhaupt als geschlossen gelten kann (§ 154 Abs. 1 BGB). Das BGB sieht zwar vor, dass gerade die „Gegenleistung" (hier, das Entgelt), obwohl sie zu den *essentialia* gehört, nach billigem Ermessen vom Forderungsberechtigten bestimmt werden kann (§ 316 BGB). Dieses als „Leistungsbestimmung" bezeichnete Recht[82] gilt aber nur, wenn die Vereinbarung eine entsprechende Auslegung zulässt. Dagegen sprechen bei den meisten Derivaten drei Gründe.

Erstens bezieht sich die Anwendung von § 315 ff. BGB auf Fälle, wo die einschlägige Leistung im Augenblick der Vertragsschließung tatsächlich noch unbestimmt ist. Grundsätzlich verlangt das allgemeine zivilrechtliche Bestimmtheitserfordernis die Bestimmtheit des Rechtsgeschäfts in der Sekunde des Wirksamwerdens. Aufgelockert wird diese Norm in entsprechenden Fällen dadurch, dass die Parteien die Bestimmung des Vertragsinhaltes auf einen „späteren Konkretisierungsakt" (Rieble) übertragen können[83]. Die von der einen Partei vorzunehmende Leistungsbestimmung ist vom Begriff her jedoch notwendigerweise „zeitlich nachfolgend"[84], was bei Derivaten dem Sachverhalt widerspricht. Dort ist das Entgelt nämlich Teil der fertigen Pro-

82 Volker Rieble, „Staudinger BGB: §§ 315–319", in *Staudinger: Kommentar zum BGB*, 2009, § 315, Rn 7.

83 Ebd., § 315, Rn 6.

84 Ebd., § 315 Rn 10.

duktstruktur; es kann von einer späteren Leistungskonkretisierung nicht mehr die Rede sein. Die Bestimmung ist bei Vertragsschluss bereits im Derivat enthalten; für eine nachträgliche Leistungsbestimmung bleibt kein Raum.

Zweitens gehen die meisten Banken offensichtlich selbst nicht von einer Leistungsbestimmung im Sinne der §§ 315 ff. BGB aus. Das Leistungsbestimmungsrecht erfolgt nämlich durch Erklärung (§ 315 Abs. 2 BGB). Die Banken hingegen bestreiten, dass ihr „Entgelt" dem Kunden überhaupt offen gelegt werden muss. Ein „negativer Marktwert" wird oft erst dann mitgeteilt, wenn nunmehr eingetretene Verluste zum Anlass genommen werden, dem Kunden ein neues, „besseres" Produkt zu verkaufen (siehe oben, Kap. 3.4.3). Ansonsten hoffen sie wohl, der Kunde würde gar nicht merken, dass er schon bei Abschluss zur Kasse gebeten wurde. Ein nachträgliches Leistungsbestimmungsrecht gemäß § 316 BGB ist jedoch mit schlichtem Verschweigen nicht vereinbar. Wenn die Bank niemals die Absicht hatte, diese Erklärung abzugeben, kann sie sich auch nicht auf §§ 315 f. berufen.

Schließlich muss beachtet werden, dass bei Wertpapieren die Wertelemente keiner späteren Bestimmung zugänglich sind: in der Sekunde des Abschlusses muss feststehen, welchen Inhalt das verbriefte Recht hat[85]. Derivate sind zwar keine „Wertpapiere", sondern lediglich „Finanzinstrumente" (§ 2 Abs. 2b WpHG). Analog dürfte dieses Prinzip jedoch auch für sie gelten.

3.8 Status und Information

Die früheren Vorbehalte gegenüber Börsenspiele, dass sie „wirtschaftlichen Unwert und ... Gefährlichkeit" manifestieren würden[86], überzeugen nicht mehr[87]. Der heutige Ansatz, der sich am Verbraucherschutz orientiert, konzentriert sich auf die Herstellung des mündigen Anlegers durch Aufklärung.

Dem ist im Grundsatz zuzustimmen. Nur hat man in der Lostrennung von §§ 762, 764 BGB wichtige Elemente aus dem Auge verloren.

---

85 Ebd., Rn 144.

86 *RG v. 19.12.1898*, Rep. VI. 272/98 RGZ 148, 152 (Reichsgericht 1898).

87 Noch 2001 sprach der BGH allerdings von der „volkswirtschaftlich sinnlosen Differenzspekulation" – *BGH v. 18.12.2001*, Rn 11.

3 Aufbau des deutschen Derivaterechts

Der dogmatische Hintergrund zum früheren Ansatz ist von moralischen Werturteilen unabhängig. Er besteht darin, dass

- zwischen Börsentermingeschäften (ob verbindlich oder nicht) und Differenzgeschäften eine Wesensverwandtschaft besteht[88]
- dass Differenzgeschäfte „als Spiel anzusehen" sind (§ 764 BGB),
- und: „Der Spielvertrag untersteht seinen eigenen Regeln"[89]

Die Folge dieser „eigenen Regeln" war ursprünglich, dass solche Verträge unverbindlich waren, sofern nicht bestimmte Voraussetzungen in der Person der Geschäftspartner erfüllt waren.

Heute gilt dies nicht mehr; die Regeln sind im Wesentlichen nur noch die allgemeinen Regeln des Verbraucherschutzes, verbunden lediglich mit der Folge des Schadensersatzes (und der damit einhergehenden Pflicht für den Geschädigten, beim Gegner schuldhaftes Verhalten nachzuweisen). Die grundsätzlich erhöhte Schutzbedürftigkeit bei Derivaten hat man aus den Augen verloren; Termingeschäfte werden gleichgestellt mit allen anderen Wertpapiergeschäften[90]. Stattdessen muss der Geschädigte aus einem unübersichtlichen Katalog von umstrittenen Aufklärungspflichten diejenigen heraussuchen, die auf sein Wertpapier passen[91].

Der Derivatevertrag hat jedoch nach wie vor einige unübersehbare Eigenarten, die gegen eine Vermengung mit dem allgemeinen Effektenkauf sprechen. Derivate sind Spiele; und bevor man entscheiden kann, wie eine angemessene Aufklärung aussehen soll, muss man die „eigenen Regeln" des Spiels verstehen und beachten.

---

88 *RG v. 26.02.1935*, II 241/34: 115; Siehe auch *BGH v. 05.10.1999*, XI ZR 296/98: Rn 16 sowie oben.

89 *RG v. 19.12.1898*, Rep. VI. 272/98: 152.

90 Roman Jordans, „Die Umsetzung der MiFID in Deutschland und die Abschaffung des § 37d WpHG", *Wertpapier-Mitteilungen* 2007, Nr. 39: 1831.

91 Sebastian Weber, „Aufklärungs- und Beratungspflichten der Bank bei Zinsswap-Geschäften", *ZIP* 2008, Nr. 47: 2199–2202.

4 Der Streit um Derivate in Großbritannien und den USA

4.1 Finanzinnovationen und Rechtsprechung

Einfache Differenzgeschäfte und Optionen sind für deutsche Gerichte langjährig bekanntes Terrain. Weniger vertraut sind Auseinandersetzungen über Finanzinstrumente, deren wesentliche Eigenschaften (Marktwert, Risikoverteilung) sich nur finanzmathematisch feststellen lassen. In England und in den USA gab es jedoch bereits in den 90er Jahren eine Welle von einschlägigen Streitigkeiten, die zu drei „leading cases" geführt haben. Aus heutiger Sicht wurde das juristische Problemfeld durch diese Entscheidungen keineswegs erschöpft. Dennoch ist der in ihnen aufgeworfene Sachverhalt auch für die neueren Diskussionen erhellend. In diesem Kapitel wollen wir die Urteile prüfen.

4.2 Derivate und ihr Preis

Derivate werden in allen möglichen Variationen auf den Markt geworfen. Weil sie typischerweise keine Eigentumsübertragung beinhalten, sondern lediglich eine Wette auf beliebige Phänomene darstellen, sind ihrer Vielfalt kaum Grenzen gesetzt. Es gibt nur eine unverrückbare Grenze: Finanzderivate müssen einen Preis haben. Die Voraussetzungen dafür – nämliche die moderne Finanzmathematik – sind erst in den letzten Jahrzehnten entstanden.

Der Preis eines Derivats ist das Eintrittsgeld, das das Finanzhaus für das Ausrichten des Produkts erhebt. Normalerweise wird es nicht separat berechnet, sondern durch Verschiebung der Gewinnerwartungen in das Derivat eingebaut.

Diese Verschiebung wird dadurch erreicht, dass von „fairen" Konditionen abgewichen wird. Fair sind die Konditionen, wenn beide Seiten dieselbe Gewinnerwartung haben. Zum Beispiel:

- zwei Spieler werfen eine Münze, einer wettet Kopf, der andere Zahl. Fair ist die Wette dann, wenn die Auszahlung im Erfolgsfall (wir unterstellen, dass die Spieler einen „Topf" eingerichtet haben) für beide gleich ist, d.h., wenn der Gewinner das Doppelte des Einsatzes erhält.

- Zwei Spieler werfen einen Würfel, Spieler A wettet sechs, Spieler B 1 bis 5. Fair ist die Wette dann, wenn A im Erfolgsfall das sechsfache von dem gewinnt, was Spieler B im Erfolgsfall gewinnt.

In beiden Fällen ist die *Erwartung* der Spieler identisch. Dass in den meisten Fällen der eine zumindest kurzfristig *tatsächlich* besser fährt, als sein Gegner, ist irrelevant; in einer fairen Wette (wenn lang genug gespielt wird) gleichen sich die Ergebnisse immer weiter an.

Weil in einer fairen Wette die Erwartungen der Spieler identisch sind, ist ihr Wert im Ergebnis Null. Der Pächter einer Konzession, Wetten zu fairen Quoten zu veranstalten, könnte von den Wetten jedenfalls nicht leben.

Nur dann, wenn die Konditionen von einer fairen Verteilung der Gewinnerwartungen abweichen, hat die Wette einen Wert. Eine Konzession, wobei der Veranstalter immer auf die sechs (des Würfels) wettet und dafür das siebenfache dessen gewinnt, was sein Gegner gewinnt, hätte dank der Abweichung von der fairen Quote einen Wert. Auf Dauer wird der Konzessionär daran verdienen.

Der Emittent eines Derivats ist wie der Inhaber einer Konzession, Spiele auszurichten. Für den Wert seiner Konzession entscheidend sind nicht Einzelergebnisse, sondern die statistische Erwartung, die sich über viele Spiele verteilt. Damit diese Erwartung für den Emittenten auf Dauer vorteilhaft ist, werden die Spielchancen auf genau berechnete Weise vom fairen Wert weg *verschoben*.

In diesem Spiel mit der Statistik liegt für die Rechtsprechung viel Verwirrendes, wie wir jetzt sehen werden.

4.3 Zinsswaps I: Hazell v Hammersmith

Der erste Streitfall in der Geschichte der modernen Derivate war der Streit zwischen Herrn Anthony Hazell, Vertreter der für den Londoner Stadtteil Hammersmith zuständigen Finanzaufsicht, und diversen Banken, unter anderem

Barclays, Midland (jetzt HSBC), Chemical Bank (jetzt JP Morgan Chase), Security Pacific (später Bank of America).

Die Gemeinde Hammersmith hatte vom Dezember 1983 an mit den Banken Derivate abgeschlossen, vor allem Zinssatz-Derivate[1]. Bis März 1987 erfolgten 17 Geschäfte mit einem Nennwert von insgesamt £ 117 Mio. In der darauf folgenden Periode stieg die Geschäftstätigkeit rasant an. Nach der Intervention der Finanzaufsicht im Juli 1988 hat man von neuen Spekulationen abgesehen und – jedenfalls nach der eigenen Darstellung – sich darauf beschränkt, die alten zu hedgen (abzusichern)[2]. Im März 1989, als die Gemeinde die Geschäfte schließlich eingestellt hat, hatten alle noch offenen Derivatgeschäfte – nämlich die spekulativen sowie deren „Hedges" – zusammen einen Nennwert von insgesamt £ 2,99 Milliarden und einen negativen Marktwert von über £ 100 Mio. Zum Vergleich: die jährlichen Ausgaben der Gemeinde betrugen zu dieser Zeit £ 85,7 Mio[3].

Die Urteile enthalten Hinweise darauf, dass zumindest einige der Swaps „Frontlader" waren – d.h., dass der Kunde beim Abschluss eine Prämie (in anderen Fällen auch „Barwertvorteil" genannt) bekam[4]. Dieses sieht zwar aus wie ein Gewinn und hilft daher, zweifelnden Vorgesetzten das Geschäft schmackhaft zu machen. Der Nachteil ist nur, dass dieses *amuse guele* sich eins zu eins auf den Marktwert niederschlägt (obwohl diese Tatsache kaum jemals von Verkäufern offen gelegt wird).

Die Geschäfte wurden von Verwaltungsangestellten getätigt, die in diesem Bereich weder Ausbildung noch Erfahrung besaßen[5] – was unter anderem daran erkennbar war, dass sie Derivate *verkauften, um die Risiken aus anderen Verkäufen zu hedgen* [6]! Vom Gemeinderat waren die Geschäfte nicht genehmigt worden[7]. Die Rechtsabteilung der nationalen Audit Commission hatte allerdings im Juli 1987 die Meinung geäußert, Zinsswaps gehörten „als Teil des normalen Schuldenmanagements" zu den regulären Kompetenzen einer Gemeinde[8]. Von insgesamt 450 Kommunen auf dieser Verwaltungsebene („principal lo-

1 Man bezeichnete sie auch als „Swaps". Für eine Erklärung dieses Begriffes siehe Kapitel 2 und Anhang 1.
2 *Hazell v Hammersmith QBD, CA*, [1990] 3 AER 33, 39 j, 44 d (QBD, CA 1989).
3 Ebd., [1990] 3: 40 b.
4 Ebd., [1990] 3: 56 c; *Hazell v Hammersmith HL*, [1991] 1 AER 545, 553 e (HL 1990).
5 *Hazell v Hammersmith QBD, CA*, [1990] 3: 55 f.
6 Ebd., [1990] 3: 66 b.
7 Ebd., [1990] 3: 54 c, 55 d.
8 Ebd., [1990] 3: 56 b.

cal authorities") hatten zur damaligen Zeit 77 Swapgeschäfte getätigt[9]. Selbst wenn man berücksichtigt, dass nur zehn dieser Kommunen jeweils mehr als zehn Swaps abgeschlossen hatten, handelte es sich um eine folgenreiche Auseinandersetzung (die anschließend unter verschiedenen Aspekten die Gerichte jahrelang beschäftigte).

Klage wurde von der Finanzaufsicht erhoben. Beklagte war die Gemeinde Hammersmith; das Verfahren lief verwaltungsrechtlich ab. Die Banken waren lediglich Nebenintervenienten, was dazu führte, dass Fragen der Falschberatung („misselling") – die sich andernfalls beim vorliegenden Sachverhalt durchaus aufgedrängt hätten – keine Rolle gespielt haben.

Der Streit ging über drei Instanzen (High Court, Court of Appeal, House of Lords). Kernpunkt der Auseinandersetzung war die Frage, ob die Kommunen überhaupt die juristische Fähigkeit hatten, die betreffenden Geschäfte abzuschließen. Die Frage wurde in allen drei Instanzen verneint, vom Court of Appeal allerdings unter dem Vorbehalt, dass es nicht grundsätzlich unmöglich sei, dass Swaps in die Kompetenz einer Kommune fallen.

Die Thematik präsentiert sich auf zwei Ebenen:

- Erstens: *Darf* eine Kommune Swaps abschließen? Gehört der Abschluss von Derivaten zu denjenigen Kompetenzen, die ihr vom Gesetzgeber zugeteilt werden? (Die Frage der „Konnexität")

- Zweitens: *Kann* eine Kommune, auch wenn sie es eigentlich nicht darf, trotzdem wirksam Swaps abschließen? (Frage der „Überschreitung des Wirkungskreises")

Zulässigkeit von Swaps. Ausgangspunkt ist, dass Spekulationsgewinne nicht zu den zulässigen Einnahmequellen von Kommunen gehören. Das folgt aus dem staatsrechtlichen Grundsatz, dass die Einnahmen der *Exekutive* dem strikten Gesetzesvorbehalt der *Legislative* unterliegen[10]. Diese Einnahmen beschränken sich prinzipiell auf Steuern, Entgelten und Darlehen[11]. Folglich darf eine Kommune kein reines auf Gewinn ausgerichtetes Gewerbe betreiben[12]. Gewinne

9 *Hazell v Hammersmith HL*, [1991] 1: 552 a.

10 *McCarthy & Stone v Richmond LBC*, [1991] 4 AER 897, 900 c-e (HL 1991).

11 „A local authority shall not by virtue of this section raise money, whether by means of rates, precepts or borrowing ... except in accordance with the enactments relating to those matters respectively" – Local Government Act 1972, s 111 (3).

12 *Hazell v Hammersmith QBD, CA*, [1990] 3: 79 g.

aus spekulativen Geschäften, so sie anfallen, sind einer Kommune verwehrt[13]. Dieser Grundsatz wurde im Verfahren von den Banken nicht in Frage gestellt:

> „Von den Banken und Barclays wurde von Anfang an akzeptiert – aus unserer Sicht mit Recht –, dass Gemeinden nicht ermächtigt sind ein Gewerbe oder Geschäft derart zu betreiben, dass Zinsswaps und vergleichbare Transaktionen abgeschlossen werden, selbst dann nicht, wenn das Ziel darin besteht etwaige Gewinne, die sie zu erwirtschaften hoffen, zur Reduzierung ihrer Zinsbelastung anzuwenden.“ [*„It was accepted by the banks and Barclays, in our view rightly so, that local authorities are not empowered to carry on a trade or business of entering into interest rate swaps and related transactions, even if the object is to apply the profits which they hope to earn in reducing their cost of borrowing.“*][14]

Andererseits gehört die Aufnahme von Krediten – unter entsprechenden Voraussetzungen – durchaus zu den Kompetenzen von Kommunen. Ferner ist ihnen alles erlaubt, was sie bei der Ausführung der ihnen zugewiesenen Aufgaben unterstützt oder sonst dabei anfällt (*„a local authority shall have power to do any thing ... which is calculated to facilitate, or is conducive or incidental to, the discharge of any of their functions“*)[15].

Auf dieser Grundlage argumentierten die Banken wie folgt: Es ist zulässig, dass Gemeinden Kredite aufnehmen um ihre Aufgaben durchzuführen. Dabei steht es ihnen frei, wie sie die Konditionen aushandeln. Sie dürfen beispielsweise zwischen einem festen und einem variablen Zinssatz wählen, denn solche Entscheidungen fallen bei der Darlehensaufnahme grundsätzlich immer an (sie sind dazu *zugehörig* – „incidental“).

Ein Zinsswap ist aber nichts anderes als ein Wechsel zwischen diesen beiden Möglichkeiten. Wenn man beispielsweise ein Darlehen zum festen Zinssatz abgeschlossen hat, kann man jederzeit mit Hilfe eines Swaps die Belastung „synthetisch“ (d.h. ohne am Grundgeschäft irgendwas zu ändern) in eine variable verwandeln.

Eine solche nachträgliche Umwandlung, so die Banken, sei genauso durch die Ermächtigung gedeckt wie das ursprüngliche Geschäft und die seinerzeit an-

---

13 Ebd.; Die Lage ist in Deutschland vergleichbar. Siehe Martin Bauer, Thomas Böhle, und Gerhard Ecker, *Bayerische Kommunalgesetze : Gemeindeordnung, Landkreisordnung, Bezirksordnung Kommentar*, 4. Aufl. (München: Boorberg, 2000), Art. 62, Rn 2 ff.; Werner Hoppe, *Handbuch kommunale Unternehmen*, 2. Aufl. (Köln: Schmidt, 2007), § 3 Rn 8.

14 *Hazell v Hammersmith QBD, CA*, [1990] 3: 79 g.

15 *Local Government Act 1972*, 1972, s 111 (1).

fallende Entscheidung zwischen fest oder variabel. Nicht nur das: Hedging-Geschäfte – also diejenigen Abschlüsse, mit denen die Risiken aus anderen Swapabschlüssen gedeckelt werden können – seien auch zulässig. Diese Argumente wollte die *zweite* Instanz (das Court of Appeal) zunächst einmal gelten lassen. „Zinsrisikomanagement“, so das Gericht, sei in der Tat zur allgemeinen Kreditaufnahmeermächtigung inzident[16]. Obwohl freistehende Zinsgeschäfte einer Kommune nicht erlaubt seien, seien auf bereits existierende Kredite bezogene Abschlüsse wirtschaftlich nicht zu unterscheiden vom Wechsel zwischen festen und variablen Konditionen[17]. Ein solcher Wechsel wäre mit traditionellen Mitteln aufwendig und teuer gewesen[18]. Mit Swaps stehe aber nun ein „neues Instrument“ zur Verfügung, womit Kreditkonditionen „wirtschaftlich und rasch“ verwaltet werden könnten[19]. Wichtig sei lediglich eine „klare Zuordnung“ (*clear linkage*) zwischen dem Swap und einer bestimmten Verbindlichkeit bzw. Verbindlichkeiten[20]. Auch das Hedgen von bestehenden Swaps sei legitim, da es sich um zum Schutz der Steuerzahler unternommene „Abwehrmaßnahmen“ handele[21].

Das Argument, dass Swaps unter bestimmten Umständen – als Konditionenwechsel oder als Hedge – für Kommunen zulässig seien, hat in dritter Instanz das House of Lords komplett verworfen (und sah sich darin einig mit der ersten Instanz). Sekundäres „Hedging“ – also der Versuch, Swapverluste durch den Abschluss von weiteren Swaps aufzufangen – sei offensichtlich illegal. Wenn schon der erste Swap unzulässig war, dann erst recht die Weiterverwendung derselben Mittel in einem zweiten Durchlauf[22]. Im Hinblick auf Swaps, die die Konditionen eines zugrunde liegenden Kredits ändern sollten, hob das Gericht hervor, dass der Begriff der „Zuordnung“ (*linkage*) sehr undeutlich sei[23]. Außerdem seien Swaps niemals zur Kreditaufnahme selbst „inzident“[24]; höchstens nachträglich würde die Überlegung eine Rolle spielen, ob die Konditionen angepasst werden sollten. Zum Zeitpunkt der Kreditaufnahme müsse die Kommune jedoch sowieso im Rahmen ihrer finanziellen Befugnisse bleiben; eine Spekulation auf künftige Zinsbewegungen wäre alleine deswe-

16 *Hazell v Hammersmith QBD, CA*, [1990] 3: 80 h.
17 Ebd., [1990] 3: 80 e.
18 *Hazell v Hammersmith HL*, [1991] 1: 558 d.
19 *Hazell v Hammersmith QBD, CA*, [1990] 3: 80 j.
20 Ebd., [1990] 3: 83 b.
21 Ebd., [1990] 3: 90 h.
22 *Hazell v Hammersmith HL*, [1991] 1: 561 g, 569 g.
23 Ebd., [1991] 1: 568 g.
24 Vgl. *Hazell v Hammersmith QBD, CA*, [1990] 3: 50 g.

gen pflichtwidrig[25]. In der großen Mehrzahl seien die Swaps der Kommune spekulativ gewesen, weil sie die günstigen Festzinsen, die sie vom öffentlichen Darlehensvermittler (Public Works Loan Board) erhielt, gegen variable Zinsen tauschte[26]. Schließlich entspreche das tatsächliche Verhalten der Gemeinde Hammersmith kaum den theoretischen Argumenten der Anwälte. Zum einen sei höchst zweifelhaft, ob sie wirklich die Mechanismen der Swaps und die Interessen der Gegenpartei überhaupt verstanden hätten[27]. Zweitens habe man zu keinem Zeitpunkt eine Zuordnung der Swaps zu einzelnen Krediten vorgenommen oder überhaupt vornehmen können[28]. Wie die Anwälte der Banken selbst zugeben mussten, überstieg das Volumen der Swaps ohnehin um ein mehrfaches den gesamten Kredithaushalt der Gemeinde[29] – insofern ließ sich in den meisten Fällen keine Zuordnung herstellen[30].

Die Banken argumentierten schließlich, Swaps könnten als „Versicherung" dienen. Das sah das House of Lords anders: wenn überhaupt, seien solche Geschäfte „eher mit Glücksspiel als mit Versicherung verwandt"[31].

4.3.1 Überschreitung des Wirkungskreises; Ultra vires

Dass die Gemeinde ihre Kompetenzen überschreitet, bedeutet nicht zwangsläufig, dass ihre Handlungen gegenüber Dritten unwirksam sind.

Grundsätzlich ist es nach englischem Recht unbestritten, dass Körperschaften des öffentlichen Rechts, im Gegensatz etwa zu bürgerlichrechtlichen Gesellschaften[32], nur in denjenigen Bereichen „geschäftsfähig" sind, die ihnen durch Gesetz ausdrücklich zugewiesen werden. Diese „Geschäftsfähigkeit" drückt ein Können, kein Dürfen aus und ist daher auch gegenüber Dritten maßgeblich. Was das Gesetz für die von ihm geschaffene Körperschaft nicht vorsieht, *kann* diese auch nicht vollbringen. Solche Handlungen übersteigen

25 *Hazell v Hammersmith HL*, [1991] 1: 554 h.
26 *Hazell v Hammersmith QBD, CA*, [1990] 3: 40 e; siehe auch *Hazell v Hammersmith HL*, [1991] 1: 569 a.
27 *Hazell v Hammersmith HL*, [1991] 1: 551 h, j.
28 *Hazell v Hammersmith QBD, CA*, [1990] 3: 88 b.
29 Nämlich £ 390 Mio., *Hazell v Hammersmith HL*, [1991] 1: 548 j.
30 *Hazell v Hammersmith QBD, CA*, [1990] 3: 43 b.
31 *Hazell v Hammersmith HL*, [1991] 1: 559 b.
32 Damals: Companies Act 1985, s 35; jetzt Companies Act 2006, s 39.

die „Macht“ der Körperschaft. Sie sind, wie es heißt, *ultra vires*[33]. Sie sind unwirksam, weil sie sich als Handlungen nie verwirklicht haben.

Körperschaften kommunaler Selbstverwaltung werden überwiegend auf der Grundlage gesetzlicher Bestimmungen geschaffen. Insofern umreißen die im Gesetz enthaltenen Ermächtigungen genau den Bereich, wo eine solche Körperschaft tätig werden kann. Maßgeblich ist das Gemeindegesetz (Local Government Act), das die erwähnten Bestimmungen zu Einnahmen enthält. Es besteht kein Zweifel, dass Kommunen, die diesem Gesetz unterliegen, auch die finanziellen Beschränkungen etwa des section 111 beachten müssen, und dass nicht-konforme Maßnahmen für alle Zwecke unwirksam sind. Von einer auf gesetzlicher Grundlage errichteten englischen Kommune abgeschlossene Geschäfte sind also, wenn sie gegen das „Spekulationsverbot“ verstoßen, nichtig.

Jedoch haben nicht alle englischen Kommunen diese Form. Auch möglich ist die Gründung per Carta (*Charter*), die ein eigener unmittelbarer Akt des Souveräns darstellt. Solche Körperschaften sind nicht für all ihre Fähigkeiten vom Gesetz abhängig, sondern – umgekehrt – sie heißen „Borough“ (statt „Council“) und besitzen zunächst alle Rechte und Pflichten einer natürlichen Person. Einschränkungen können sich durch die sie gründende *Charter* ergeben; in Ermangelung derselben sind sie jedoch in allen Bereichen geschäftsfähig. Die Folge ist: im Gegensatz zu rein gesetzlichen Gebilden sind Boroughs voll geschäftsfähig, sofern keine Einschränkungen vorliegen. Während gesetzliche Gründungen nichts können, solange es ihnen nicht zugewiesen wurde, können Boroughs – Charter-Gründungen – alles, sofern es ihnen nicht weggenommen wurde[34]. Tendenziell heißt das: zu den Rechtsfolgen eines Verstoßes

---

33 Ultra vires ist auch ein Institut des deutschen Rechts. Kewenig und Schneider, „Swap-Geschäfte der öffentlichen Hand in Deutschland“ In Deutschland spricht man allerdings eher vom „Überschreiten des Wirkungskreises“ einer Kommune.

34 „A corporation created by the King‘s charter has ... the power to do with its property all such acts as an ordinary person can do, and to bind itself to such contracts as an ordinary person can bind himself to ... When you come to corporations created by statute, the question seems to me entirely different ... [T]o say that you must assume that it has got everything which it would have at common law unless the statute takes it away is ... to travel on a wrong line of thought. What you have to do is find out what this statutory creature is and what it is meant to do; and to find out what this statutory creature is you must look at the statute only, because there, and there alone, is found the definition of this new creature. ... Looking at this statutory creature one has to find out what are its powers, what is its vitality, what it can do.“ Bowen LJ in *Baroness Wenlock v River Dee Co* (1883) 36 Ch D 675 at 685, zitiert in *Hazell v Hammersmith*, QBD, 45 h.

gegen Vorschriften – auch gegen solche, die in der Charter enthalten sind – gehört nicht automatisch die Nichtigkeit.

Hammersmith ist ein Borough. Folglich – so die Banken – habe Hammersmith alle Rechte und Pflichten einer natürlichen Person. Auf sie sei die *ultra-vires*-Lehre nicht anwendbar[35].

Dieses Argument hatte den Makel, dass Hammersmith, obwohl mit einer königlichen „Charter" ausgestattet, faktisch erst 1964 und zwar gemäß den Vorgaben eines Gesetzes gegründet worden war. Insofern, so das Gericht, könne die Gemeinde auch in Gestalt eines Borough nicht die im Gesetz angelegten Befugnisse und Ermächtigungen überschreiten[36].

Interessanter allerdings ist der von allen Parteien akzeptierte Grundsatz, dass selbst eine mit allen Rechten und Pflichten einer Privatperson ausgestattete „Chartered Corporation" ihre Einnahmen im Sinne des Gesetzes nur für gesetzlich abgesegnete Zwecke ausgeben darf[37]. Grundsätzlich fließen sämtliche Einnahmen einer englischen Gemeinde in bestimmte „Funds"[38]. Seitens der Banken wurde argumentiert, dass eine Borough trotzdem Eigentum besitzen könnte – vielleicht von einer großzügigen Person gespendet –, das nicht in den „Funds" verschwunden war und zur Spekulation freigegeben werden könnte. Darauf entgegnete Lord Templeman: „Dieses Argument erscheint mir nicht so sehr obskur als geradezu absurd" (*This argument strikes me as being not so much arcane as absurd*)."[39]

4.4 Zinsswaps II: Bankers Trust v Procter & Gamble

Obwohl der klassische Fall *Hammersmith* für die Banken weitreichende Folgen hatte, waren die Eigenarten von Derivaten für den Ausgang des Verfahrens eher nebensächlich. Es genügte, dass spekulative Gewinne nicht zu den für eine Gemeinde zulässigen Gewinnarten gehörten sowie andererseits, dass nicht erkennbar war, aus welchem „Topf" Verluste legitim hätten bezahlt wer-

35 *Hazell v Hammersmith QBD, CA,* [1990] 3: 45 f. Siehe auch das Zitat von Lord Haldane, S. 47 h.

36 *Hazell v Hammersmith HL,* [1991] 1: 565 g; William Wade, *Administrative law*, 7. Aufl. (Oxford; New York: Clarendon Press; Oxford University Press, 1994), 134 Fn 71.

37 *Hazell v Hammersmith HL,* [1991] 1: 562 j.

38 Siehe, zum Zeitpunkt der Entscheidung in *Hammersmith*, Local Government Act 1972 s 148 (4), Local Government Finance Act 1988 s 91 (4).

39 *Hazell v Hammersmith HL,* [1991] 1: 563 b.

den können. Weil dieser Londoner Vorort juristisch ein vom Gesetzgeber geschaffenes Gebilde war, hatten Handlungen jenseits des satzungsmäßig Vorgegebenen keine Wirksamkeit – sie waren *ultra vires*. Allerdings sind am Rande Themen aufgekommen, die in einem zwischen Gemeinde und Banken ausgerichteten Verfahren sicherlich eine zentrale Rolle gespielt hätten. Anzumerken sind insbesondere folgende Elemente aus dem vom Gericht festgestellten Sachverhalt, denn sie lassen sich auch in neueren Fällen wiederfinden:

- Die Vertriebsabteilung der Bank hat offensichtlich gar nicht erst versucht, die ursprünglichen Swaps als Hedges einzurichten (die Nominalbeträge waren dafür viel zu hoch). Man war sich auf Bankseite bewusst, dass es sich um ein offenes Risikogeschäft handelte.

- Es wurde nicht versucht, die Geschäfte vom Gemeinderat genehmigen zu lassen; die Mitarbeiter der Gemeinde waren überfordert; es drängt sich der Verdacht auf, dass die Verkäufer dies zunutze gemacht haben.

- Es wurde Druck ausgeübt, Geschäfte, die sich bereits als Fehler erwiesen hatten, zu „restrukturieren“ anstatt sie glattzustellen. Selbst bewussten Spekulanten fällt es schwer, Verluste einzugestehen. Die Gemeindemitarbeiter waren diesem Druck erst recht nicht gewachsen – insbesondere deswegen nicht, weil sie die Verluste durch „Restrukturierung“ zeitweilig kaschieren konnten.

Nicht thematisiert wurde vor allem der finanzielle Aspekt. Die Beteiligten scheinen es als erwiesen angesehen zu haben, dass die Swaps moderne Techniken darstellten, um schnell und preisgünstig allfällige Aufgaben in der Finanzverwaltung zu bewältigen. Umstritten war höchstens die Frage, ob nicht unvorhergesehene Risiken eintreten könnten. Unbeachtet blieb jedoch ein Problem, das fast unvermeidbar den Kunden belasten musste, nämlich dass der Derivatehandel der Banken zur Arbitrage ausgelegt ist: d.h. Risiken einkaufen und mit einer möglichst hohen Spanne weiterverkaufen. Dabei sind die Spreads, die sie gegen wenig informierte Kunden durchsetzen können, so hoch, dass selbst ein erfolgreicher Derivateverwender per Saldo kaum Aussicht auf Gewinne hat.

Die nächste Auseinandersetzung zwischen Banken und Unternehmen, die aus Derivaten hohe Verluste erlitten hatten, entfaltete sich in den USA Mitte der 90er Jahre. Verkäuferin in denjenigen Fällen, die das meiste Aufsehen erregten, war die US-Bank Bankers Trust, die sich Anfang der 90er Jahre einen Ruf als besonders fortschrittliche Anbieterin von Derivaten erworben hatte. Infolge ihres Marktauftrittes geriet sie jedoch in Streit mit neun von ihren Kunden. Am Ende musste sie geschätzte $ 423 Millionen zur Streitbeilegung aufwenden, einschließlich $ 10 Millionen Strafe an die Finanzaufsicht wegen betrügerischer Verkaufspraktiken[40]. Von diesen Skandalen hat sich Bankers Trust nie wieder erholen können; nach weiteren unerquicklichen Auseinandersetzungen mit der Obrigkeit wurde sie schließlich 1999 von der Deutschen Bank übernommen.

Soweit bekannt, hat sich Bankers Trust mit sechs von ihren Kunden gerichtlich auseinandergesetzt[41]. In allen Fällen hat sie sich außergerichtlich verglichen; insofern ist der genaue Ausgang unsicher. In zwei Fällen hatten die Gerichte jedoch Gelegenheit sich zu äußern – mit einem Rechtsgutachten („Opinion“) des U.S. District Court in *Procter & Gamble*[42], sowie mit einem erstinstanzlichen Urteil des englischen High Court in *Dharmala*[43]. Beide Stellungnahmen sind ausführlich. Das U.S.-Verfahren hatte für die Nachwelt außerdem den Vorteil, dass die Ergebnisse der Urkundenvorlegung („Discovery“) an die Öffentlichkeit gelangten, einschließlich 6.500 Transkripte von internen Telefonaten des auf Bankseite tätigen Verkäuferteams[44].

In beiden Fällen ging es um komplexe Swaps, deren Wert im wesentlichen von der Differenz zwischen kurz- und langfristigen Zinssätzen abhing. Die indonesische Firma Dharmala Sakti Sejahtera wurde auf Zahlung von $ 64 Mio. verklagt. Bei Procter & Gamble ging es um $ 54 Mio.

Für beide Verfahren zentral war die Frage, ob der negative Marktwert – sowohl zum Zeitpunkt des Abschlusses als auch später – dem Kunden hätte mitgeteilt werden sollen. Da in *Procter & Gamble* die Stellungnahme des Gerichts sich auf rechtliche Vorfragen beschränkt hat, kommt dies nur indirekt zum Vorschein. Aus den im Wege der „Discovery“ offen gelegten Telefonmitschnitten wird aber deutlich, dass die Frage des Marktwertes intern bei Bankers Trust selbst eine wichtige Rolle gespielt hat. Der Verkäufer von Bankers Trust, ein gewisser

---

40 *OTC Derivatives: Additional Oversight could Reduce Costly Sales Practice Disputes* (U.S. General Accounting Office, Oktober 1997), 72 f., 78.

41 *OTC Derivatives Losses Involving Sales Practice-Related Lawsuits* (U.S. General Accounting Office, 1998).

42 *Procter & Gamble v Bankers Trust* Westlaw (S.D. Ohio 1996).

43 *Bankers Trust v Dharmala*, [1996] CLC 518 (QB 1995).

44 John Thackray und Carol Bere, „The two faces of Kevin Hudson“, *Derivatives Strategy* 1995.

Kevin Hudson, hatte – wie später bei anderen Banken üblich – seinem Kunden eine Excel-Tabelle zur Verfügung gestellt. Damit erprobten sie gemeinsam „Szenarien" – unterschiedliche Prognosen für künftige Zinsbewegungen – und plauderten fachmännisch. Den tatsächlichen Marktwert („mark-to-market", in den Mitschnitten häufig einfach „mark" genannt) der Instrumente hat Hudson aber nie preisgegeben. Von besorgten Kollegen darauf angesprochen, antwortete er nur, dass er „jede Nacht bete, der Preis möge sich am nächsten Tag erholen". Mit seinem Gesprächspartner bei Procter fand folgendes Gespräch statt:

> *Parker* [Finanzabteilung Procter & Gamble]: „Ich werde mich jetzt nicht hinsetzen und versuchen, die Optionen und alles zu bewerten... ich glaube, das ist unmöglich."
>
> *Hudson*: „Ich stimme Ihnen 100 % zu. Sie wollen die Optionen nicht bewerten, weil das absurd wäre. Ich meine, das ist nicht Ihr Job."[45]

Ob Procters Verwaltungsangestellte von der Möglichkeit einer Bewertung nichts wusste oder dies schlicht aus Angst verdrängte, ist nicht klar. Jedenfalls kam die schlussendliche Forderung – Procter schulde der Bank insgesamt $ 195 Mio. – mehr als unerwartet.

In seiner rechtlichen Analyse hat das Gericht hervorgehoben, dass Procter & Gamble kein Kunde von Bankers Trust im verbraucherrechtlichen Sinne war. Sie waren Gegenparteien auf Augenhöhe[46]. Auch ergaben sich keine Pflichten aus anderen Vorschriften, die einem Anleger gewisse Vorteile zugestehen könnten, wie beispielsweise aus den Wertpapierhandelsvorschriften, aufgrund eines Geschäftsbesorgungsverhältnisses („fiduciary duty"), oder aus dem Verbot arglistiger Täuschung („Misrepresentation")[47]. Trotzdem war das Gericht der Meinung, dass die Bank die Unkenntnis des offensichtlich überforderten Procter-Angestellten nicht hätte ausnutzen dürfen. Sicherlich auch mit Blick auf die Telefonmitschnitte hat das Gericht betont, nach dem Recht des Bundesstaates New York schulde jeder Vertragspartner seinem Gegenüber ein Mindestmaß an gutem Glauben und „fairer Behandlung" („fair dealing")[48]. Dies sei eine freischwebende Pflicht, die auch zwischen geschäftserfahrenen Kontrahenten gelte. Das Gebot fairer Behandlung sei ein elementarer vertragli-

45 Ebd. Abschnitt „Valuation impossible".
46 *Procter & Gamble v Bankers Trust*, Abschn. 7, 16.
47 Ebd., Abschn. 20, 24.
48 Ebd., 1290.

cher Bestandteil („implied contractual duty") in allen Vertragsverhandlungen. Ohne dass ein Beratungsverhältnis, ein Geschäftsbesorgungsverhältnis oder ähnliches vorliege, verlange das Gebot fairer Behandlung in geeigneten Fällen eine Offenlegungspflicht. Diese Pflicht entstehe dann, wenn 1.) eine Partei einen Wissensvorsprung besitze, der 2.) von der anderen nicht leicht einholbar sei, und 3.) wo die erste Partei weiß, dass die zweite auf der Basis irrtümlicher Informationen handle („mistaken knowledge"[49]). Obwohl es nicht ausdrücklich vom Gericht gesagt wurde, darf man angesichts dessen, was in den Telefonmitschnitten angesprochen wurde, davon ausgehen, dass die pflichtwidrig unterdrückte Information in diesem Fall der negative Marktwert war.

4.5 Zinsswaps III: Bankers Trust v Dharmala

Umso deutlicher tritt diese Thematik hervor – allerdings unter umgekehrtem Vorzeichen – im zweiten gerichtlich behandelten Fall, *Bankers Trust v Dharmala Sakti Sejahtera.* In diesem Fall hat das englische High Court den Kunden antragsgemäß verurteilt (man hat sich später außergerichtlich verglichen). Im Hinblick auf die umstrittenen Swaps, die beide Zinsderivate waren, unterscheidet sich der Fall nicht wesentlich von *Procter & Gamble.* Auch die Zeiträume – die erste Jahreshälfte 1994 – stimmen überein, sowie auch die Kunden, die in beiden Fällen substantielle Privatunternehmen waren. Allerdings hat in *Dharmala* (der wegen einer Rechtswahlklausel in London verhandelt wurde) der Kunde offensichtlich keine so effektive „Discovery" erwirken können. Im Gegenteil: der Zeuge der Bank hat dem Richter weit mehr imponieren können, als die Mitarbeiter des Kunden[50].

Im Gegensatz zu *Procter* sind die finanzmathematischen Eigenschaften der Swaps vom Gericht (jedenfalls teilweise) geprüft worden. Es handelte sich um zwei Deals; der zweite sollte das negative Ergebnis des ersten auffangen. Das Gericht zeigte sich überrascht über die sehr hohen negativen Marktwerte, die zulasten des Kunden in beiden Swaps beim Abschluss eingepreist worden waren. Unstreitig war, dass der erste Swap beim Abschluss einen negativen Marktwert in Höhe von $ 2 Mio. hatte und der nachfolgende, zweite Swap in Höhe von $ 8 Mio. Gegen den zweiten Wert muss der negative Endwert des ersten Swaps, der vom nachfolgenden Swap übernommen wurde ($ 3,75 Mio),

49 Ebd., Abschn. 21.
50 *Bankers Trust v Dharmala*, 1996: 535 D, 536 A.

aufgerechnet werden, sowie ebenfalls eine so genannte „Subvention" in Höhe von $ 1,75 Mio, die beim zweiten Abschluss an den Kunden gezahlt wurde. Der negative Endwert des ersten Swaps resultierte allerdings zu mehr als die Hälfte vom anfänglichen negativen Wert in Höhe von $ 2 Mio. Soweit erkennbar, hat Bankers Trust also dem Kunden ca. $ 4,5 Mio ($ 8 Mio abzüglich $ 1,75 Mio „Subvention" und $ 1,75 Mio aus der ungünstigen Wertentwicklung des ersten Swaps) rein an „Gewinnaufschlag" berechnet, ganz unabhängig vom ungünstigen Verlauf der Wette selbst[51]. Die hohen negativen Marktwerte seien, so das Gericht mit leichter Ironie, „überraschend"[52].

Trotzdem konnte das Gericht nicht akzeptieren, dass Bankers Trust die Pflicht gehabt hätte, diese negativen Marktwerte offen zu legen. Dies aus folgenden Gründen:

- der Kunde habe sehr wohl verstanden, dass es sich bei den Swaps nicht um absichernde „Hedges" handelte, sondern um reine Spekulationen[53], dies auch auf der Grundlage einschlägiger vorausgegangener Erfahrungen mit Swaps[54];
- der Kunde habe nie die Absicht gehabt, die Swaps gleich weiter zu veräußern; sie seien als langfristige Spekulationen gekauft worden; insofern wäre der Wert zum Zeitpunkt des Ankaufs irrelevant gewesen[55];
- es sei für Händler nicht üblich, den Marktwert ihrer Derivate offen zu legen (was sogar der Privatgutachter des Kunden zugeben musste)[56].

Infolgedessen seien die diversen Informationslücken, so „überraschend" sie für den Außenstehenden auch sein mögen, im Ergebnis für den missglückten Kauf nicht ursächlich[57]. Wie dem Kunden bewusst gewesen sei, habe nur diejenige Pflicht bestanden, die zwischen ebenbürtigen Gegenparteien mit gegensätzlichen Interessen besteht[58]; und diese Pflicht sei durch das Verhalten der Bank nicht verletzt worden.

51 Ebd., 1996: 560 A, 566 C, 575 D.
52 Ebd., 1996: 575 D.
53 Ebd., 1996: 555 D, 574 H.
54 Ebd., 1996: 543 A.
55 Ebd., 1996: 575 F.
56 Ebd., 1996: 554 G, 575E: „The fact remains that this is not information of a nature which anyone at the time would have expected to be disclosed before such a transaction."
57 Ebd., 1996: 573 H.
58 Ebd., 1996: 574 F.

Der Richter in *Dharmala* macht deutlich, dass er die Verkaufstaktiken der Bank, wie er sagt, „enthusiastisch" fand[59]. Über die Wichtigkeit der markt-to-market-Information für beide Parteien besteht kein Zweifel: Die Bank hätte die Werte im Zuge der eigenen Positionierung selbst mathematisch berechnet[60]; und wenn der Kunde den mark-to-market des zweiten Swaps gekannt hätte, hätte er vor der Unterschrift sicherlich „lange nachgedacht"[61]. Trotzdem: die Bank habe *keine* Beratungspflichten gegenüber dem Kunden, das Verhältnis sei ein Verhältnis zwischen kommerziellen Partnern, und solange die Bank nicht getäuscht habe (was der Richter auf der Basis der Beweisaufnahme ausgeschlossen hat), habe die Bank keine spontanen Offenlegungspflichten – auch nicht im Hinblick auf den negativen Marktwert, sei dieser noch so wesentlich für die Transaktion.

Am Gegensatz zwischen diesen beiden Entscheidungen erkennt man das Spannungsfeld: intuitiv, bzw. aus Sicht des Verbrauchers, hat die Bank den Kunden in einem nicht mehr unwesentlichen Maß übervorteilt. Rein *ex ante* betrachtet: Der Preis war hoch, es war keine faire Wette. Andererseits: es ist nicht Aufgabe des Rechts, in die Mechanismen des Marktes zu intervenieren. Die Effizienz des Marktes resultiert daraus, dass die Teilnehmer reelle Risiken eingehen.

Zwei Aspekte, die weder in *Procter* noch in *Dharmala* zum Ausdruck kommen, versprechen den besten Lösungsansatz.

Erstens fehlt eine Quantifizierung des Kernelements, nämlich des Verhältnisses von Risiken und Chancen. Wieviel hätte der Kunde realistischerweise gewinnen können, und welche Verlusterwartung hätte er dagegen setzen müssen? In *Dharmala* hat das Gericht diese Dimension angesprochen, aber offensichtlich ohne zu Wissen, dass man sie präzise quantifizieren kann[62]. Die so genannte value-at-risk-Berechnung generiert für komplexe Derivate diejenigen Werte, die man im traditionellen Glücksspiel unentwegt vor Augen hat – Einsatz und Gewinnmöglichkeit.

Zweitens: wenn, wie in *Procter* angesprochen wurde[63], die Zinsswaps strukturell wie eine *Wette* funktionieren, sind Offenlegungspflichten nach Maßgabe eines *Kaufvertrags* nicht relevant.

In Kapitel 5 werden wir auf beide Themen zurückkommen.

59 Ebd., 1996: 535 D.
60 Ebd., 1996: 554 G.
61 Ebd., 1996: 575 E.
62 Ebd.
63 Thackray und Bere, „The two faces of Kevin Hudson" Abschnitt „Life's a bet".

5 Auskunftspflichten nach dem Modell „Beratungsverhältnis“

5.1 Beratungsverhältnis

Grundlage eines Beratungsverhältnisses ist ein „besonderes Verhältnis“ bzw. – historisch – eine Fürsorgepflicht (Grimm, Deutsches Wörterbuch: „rat *war die fürsorge des geschlechtsoberhauptes durch anweisung und belehrung seiner geschlechtsgenossen. diese bedeutung ist auch in der neueren sprache reich entfaltet geblieben, und auf ihr ruhen alle folgenden.*“) Daraus entspringen weitere Pflichten, die im konkreten Fall der Finanzberatung folgende Elemente enthalten (wir beziehen uns zum einen auf die sogenannte Bond-Rechtsprechung (BGH vom 06.07.1993, XI ZR 12/93 – „*Bond*“ – Absatznummern nach Juris) sowie auf die damals geltende Fassung des WpHG (also vor Inkrafttreten der MiFID bzw. des FRUG):

Fürsorglichkeit. Grundsätzlich ist das Interesse des Kunden vorrangig zu beachten, zumindest in dem Sinne, dass etwaige gegenläufige Interessen der Bank erkennbar sein müssen (BGH vom 19.12.2006, XI ZR 56/05, Absatz 23). Die bis zur MiFID geltende Fassung des WpHG forderte, der Umfang der beratungstypischen Leistungen habe der „Wahrung der Interessen der Kunden“ zu entsprechen (§ 31 Abs. II Satz 1 WpHG aF). Die allgemeinen Wertpapierdienstleistungen sind weiterhin „im Interesse [der] Kunden“ zu erbringen (§ 31 Abs. I Nr. 1 WpHG). Der Vorrang vom Kundeninteresse drückt sich auch in der Forderung aus, das Wertpapierunternehmen habe bei der Beratung die Perspektive des Kunden einzunehmen (es teilt dem Kunden mit, „wie es selbst handeln würde, wenn es an der Stelle des Kunden stünde“[1]).

Individualität. Die konkrete Ausgestaltung der Beratungspflicht hängt von den Umständen des Einzelfalls ab (*Bond*, Abs. 14). Der Gedanke der Individualität bestimmt die beiden bekannten Forderungen des BGH im „Bond“-Urteil, die Beratung müsse sowohl „objektgerecht“ als auch „anlegergerecht“ sein. Eine fürsorgliche Beratung erschöpft sich nicht in irgendwelchen allgemeinen Hinweisen, sondern holt den Kunden dort ab, wo er als Individuum steht. Indivi-

1 Koller, in Assmann und Schneider, *Wertpapierhandelsgesetz: Kommentar*, § 31 Rn 54.

dualisierend ist die Beratung in zwei Hinsichten. Erstens muss die Beratung nicht nur allgemeine Risiken, sondern auch „spezielle Risiken", „die sich aus den individuellen Gegebenheiten des Anlageobjekts .... ergeben" berücksichtigen (*Bond*, Abs. 18). Zweitens muss die Beratung speziell für den jeweils Beratenen geeignet sein; um das zu gewährleisten, muss die Bank gegebenenfalls Informationsstand und Anlageziel des Kunden erfragen (*Bond*, Abs. 16). Das Element der Erfragung, das sich aus der Fürsorgepflicht des Beratenden ergibt, wird auch in den Verhaltenspflichten des WpHG statuiert (§ 31 Abs. II Nr. 1 WpHG aF; vgl. § 31 Abs. IV und V WpHG nF). Die erforderliche Abfolge wird als „Exploration" und „Information" bezeichnet (vgl. Kasten, BKR 2007, 261, 262). Die Tiefe der Exploration ist natürlich abhängig von den bereits vorhandenen Kenntnissen der Bank (*Bond* Abs. 16) sowie davon, was auch ohne Nachfrage beim Kunden vorausgesetzt werden darf (seit der MiFID gilt beispielsweise für „professionelle" Kunden § 31 Abs. 9 WpHG).

Vollständigkeit. Die Bank ist verpflichtet, eine „vollständige" Beratung zu erbringen (*Bond* Abs. 19). Sie muss also ungefragt über all „diejenigen Eigenschaften und Risiken" beraten, die „für die jeweilige Anlageentscheidung wesentliche Bedeutung haben oder haben können" (*Bond* Abs. 18). Davon ausgenommen sind solche Aspekte, die dem Kunden schon geläufig sind, oder angesichts seiner Erfahrung geläufig sein müssten. *Keineswegs ausgenommen sind aber entscheidungserhebliche Aspekte, von denen die Bank weiß oder wissen muss, dass der Kunde darüber nicht informiert ist.* Bei tatsächlicher Kenntnis seitens der Bank kann es nicht mehr darum gehen, wie „erfahren" der Kunde ist. Beratung ist nicht das mechanische Herunterspulen von Katalogpunkten, sondern sie besteht aus jenen Informationen, die speziell aus dem Blickwinkel des jeweiligen Kunden wichtig sind oder sein könnten. (Ob die Anforderungen seit Inkrafttreten der MiFID sich geändert haben, mag an dieser Stelle dahingestellt bleiben; vorliegend sind die alte WpHG und vor allem die Bond-Rechtsprechung einschlägig (vgl. Koller, in Assmann/Schneider, WpHG, 5. Aufl., § 31, Rn. 54).)

Praktikalität. Beratung mündet in einer Empfehlung der Bank (§ 31 Abs. 4 WpHG) oder zumindest in einer Entscheidung des Kunden (*Bond* Abs. 12). Der Sinn der Beratung ist nicht theoretisch, sondern praktisch. Die Informationen, die erteilt werden, sollen „zweckdienlich" sein (§ 31 Abs. 2 Nr. 2 WpHG aF). Infolge der Beratungssituation ist die Bank zwangsläufig immer auch kausal mitwirkend.

Zusammenfassend: der Berater hat nicht nur Aufklärungspflichten. Beratung ist auch daran gekoppelt, dass die individuelle Person des Beratenen berücksichtigt werden muss. Der Berater muss zwar nicht zudringlich „explorieren“; gerade bei erfahrenen Geschäftsleuten erübrigt sich dies. Das bedeutet aber nicht, dass er die Augen vor Wissenslücken verschließen darf, die er erkennt oder erkennen muss. „Erkennen“ bedeutet auch solche Lücken, auf die geschlossen werden muss, weil dem Kunden offensichtlich eigenes Rüstzeug – hier, die Fähigkeit zur Risikomodellierung[2] – fehlt, und der Berater selbst keinerlei entsprechende Parameter mitgeteilt hat.

5.2 Umfang der Beratung: Rechtsprechung vor *Ille*

Vor der *Ille*-Entscheidung[3] waren die Vorgaben für Beratung oder Aufklärung im Sinne der *Bond*-Entscheidung wenig systematisch[4].

Gegen die Ansprüche klagender Anleger haben folgende Erwägungen gesprochen (es handelte sich in den zitierten Fällen um Streitigkeiten über Zinsderivate wie in Anhang 1):

Erstens seien die beanstandeten Produkte ganz offensichtlich „spekulativ“. Das lasse sich an den Informationen der Bank in jedem Fall erkennen. Die Bank habe beispielsweise meistens betont, es bestehe ein „theoretisch unbegrenztes Verlustrisiko“. Die Bank habe „Szenarien“ vorgelegt, in denen unterschiedliche Marktentwicklungen nicht nur zu Gewinnen, sondern auch zu erheblichen Verlusten geführt haben. Ansonsten müsse jeder seine eigene Prognose wagen. Das Risiko, dass seine Prognose sich im Nachhinein nicht erfülle, trage nach der gefestigten Rechtsprechung des BGH der Anleger. An diesen Grundtatsachen würden mathematische Charts und Statistiken – so wie sie von einigen Klägern vorgelegt wurden – nichts ändern. Auch eine Aufklärung über die von der Bank ein behaltene „Marge“ sei unter solchen Umständen nebensächlich: wenn einer spielen will, so könne er demjenigen, der ihm dieses Spiel ermöglicht, nicht später entgegenhalten, er würde auch daran verdienen. Insofern sei die erfolgte Aufklärung durchaus „objektgerecht“, wie vom BGH gefordert.

2 Michael Dempster, Elena Medova, und Michael Villaverde, „Long-term interest rates and consol bond valuation“, *Journal of Asset Management* 11, Nr. 2/3 (2010): 126.
3 *BGH v. 22.03.2011, Ille*, XI ZR 33/10: Siehe ausführlich unten, Kapitel 10.
4 Weber, „Aufklärungs- und Beratungspflichten der Bank bei Zinsswap-Geschäften“, 2201.

Zweitens sei die Aufklärung – so die abweisenden Entscheidungen zumindest – für die jeweiligen Anleger angemessen. In den meisten Fällen handele es sich beim Kunden um erfahrene Geschäftsleute oder sogar um größere Unternehmen mit eigenen Finanzabteilungen.

Für die Kläger sprach nach Auffassung einiger Gerichte Folgendes[5]:

Die Komplexität der Produkte könne man nicht bestreiten. Insbesondere würden die Formeln überflüssige Elemente enthalten, die es dem Kunden erschweren, die tatsächliche Wirkungsweise des Produkts zu durchschauen. Insofern wären Elemente der Termsheets oder der sonstigen Präsentationen wegen der Regeln zu allgemeinen Geschäftsbedingungen unwirksam. Außerdem sei die Behauptung der Verkäufer, solche Swaps würden sich zur „Optimierung“ von Zinsbelastungen eignen, irreführend, weil sie einen risikolosen Gewinn suggerieren würde. Die Zinskurve würde regelmäßig flach oder invers werden, sich also gegen diesbezügliche Wetten drehen; das sei aus der Geschichte erkennbar, worüber die Banken aber nicht aufgeklärt hätten. Diese Risiken seien für gewisse Anleger, zum Beispiel kommunale Unternehmen, von vornherein ungeeignet; auch darüber hätte aufgeklärt werden sollen.

Des weiteren liege die Tatsache, dass die Banken über ihre eigene Gewinnspanne nicht aufgeklärt hätten, im Widerspruch zur Forderung des BGH, der Wertpapierhändler dürfe keine verdeckten Interessenskollisionen entstehen lassen.

Da diese Debatten den Hintergrund zur jetzt maßgeblichen BGH-Entscheidung in der Sache *Ille ./. Deutsche Bank* bilden und weiterhin in der sich fortbildenden Rechtsprechung zu Derivaten aktuell bleiben werden, kommentieren wir sie an dieser Stelle[6].

---

5 *LG Frankfurt v. 31.01.2008*, 2-04 O 388/06; *LG Würzburg v. 31.03.2008, WVV*, 62 O 661/07; *LG Hamburg v. 23.06.2009*, 310 O 4/09; *LG Hamburg v. 01.07.2009*, 325 O 22/09. Diese Urteile sind in 2. Instanz aufgehoben worden. Zum grundsätzlich anderen Ansatz des OLG Stuttgart, siehe Kap. 6, unten. *OLG Stuttgart v. 26.02.2010, Teamtechnik*, 9 U 164/08; *OLG Stuttgart v. 27.10.2010, Ravensburg*, 9 U 148/08.

6 Zu *Ille* selbst, siehe unten, Kap. 10.

5.3 Komplexe Finanzinstrumente

Allen Fällen gemeinsam ist die Tatsache, dass die streitgegenständlichen Produkte kompliziert waren. Die meisten werden erst seit wenigen Jahren auf dem Finanzmarkt angeboten. Weder der Gesetzgeber noch die Rechtsprechung haben sich bisher in größerem Umfang damit befassen müssen.

Seit Inkrafttreten der MiFID im November 2007 spielen zumindest „nicht komplexe" Finanzinstrumente eine Rolle im europäischen Normengefüge. „Komplexe" Finanzinstrumente – wie man im Umkehrschluss folgern kann – sind laut Gesetzgeber Produkte, zu deren wesentlichen Merkmale es gehört, dass für sie kein liquider Markt mit öffentlich zugänglichen Preisen existiert (Art. 38 lit. b MiFID-Durchführungsrichtlinie, § 7 WpDVerOV).[7]

Ob ein Produkt „komplex" oder nicht ist, hat zunächst nur begrenzte Rechtsfolgen. Im wesentlichen bestehen diese darin, dass Wertpapierhändler nur dann auf das Abfragen der Kenntnisse und Erfahrungen eines Privatkunden (Art. 19 Abs. 5 MiFID) verzichten dürfen, wenn das Geschäft sich auf die Ausführung einer kundenseitigen Order („execution only") beschränkt. Diese Order darf wiederum nur „nicht komplexe" Finanzinstrumente zum Gegenstand haben (Art. 19 Abs. 6 MiFID). Für andere Kunden läuft die Bestimmung leer, weil im Hinblick auf professionelle Anleger Wertpapierhändler ohnehin keine Erkundungspflicht haben (Art. 36 Satz 2 MiFID-Durchführungsrichtlinie; diese Vorschriften wurden in § 31 Abs. 5-9 WpHG auf eher verwirrende Weise umgesetzt – siehe insbesondere den in Abs 9 befindlichen ausschließlichen Hinweis auf Abs 4!), und weil „geeignete Gegenparteien" insgesamt aus dem Rahmen der Beratungspflichten herausfallen (§ 31b Abs. 1 Satz 1 WpHG).

Trotzdem ist der Begriff von „Komplexität", der zum ersten Mal in der MiFID statuiert wurde, aufschlussreich für die Systematik des Kundenschutzes in der neueren europäischen Rechtsprechung. Vor allem im vorliegenden Zusam-

7 Die Logik der Vorschrift ist wie folgt: „Nicht komplex" können nur Produkte sein, die sämtliche folgende Voraussetzungen erfüllen: 1. Es ist *Kein Derivat* im Sinne des § 2 Abs. 1 Satz 1 Nr. 3 lit b oder Abs. 2 WpGH, 2. Ein *Liquider Markt* mit Marktpreisen existiert, 3. Es drohen *weder Einschusspflichten noch sonstige Eventualverbindlichkeiten*, 4. Adäquate öffentliche *Informationen* sind verfügbar (Art. 38 MiFID-DurchführungsRiL; § 7 WpDVerOV). Ein Produkt, dass auch nur einen dieser Tatbestände erfüllt, kann damit nicht mehr als „nicht komplex" gelten – sie sind also „nicht nicht komplex". Der Kürze halber bezeichnen wir sie im Folgenden als „komplex".

menhang bezeichnet er sehr genau den Charakter der streitigen Finanzinstrumente. Typisch für sie war, dass sie

- strukturiert, und
- OTC

waren.

„Strukturiert" bedeutet, dass die Instrumente keine „natürlichen" Marktprodukte wie Aktien oder Anleihen zum Inhalt hatten, sondern dass sie sich auf den Markt nur indirekt bezogen haben und oft sogar mehrere „Underlyings" (Marktwerte) auf exotische Weise miteinander kombiniert haben. Durch Strukturieren konnte auch erreicht werden, dass der Anleger – zunächst jedenfalls – gar kein Geld anlegen musste. In solchen Fällen spricht man von einem „unfunded" Instrument: Der Anleger kann an Gewinnen partizipieren, ohne selbst ein Marktprodukt gekauft zu haben. (Allerdings muss er auch an Verlusten partizipieren, woraus sich die gefürchteten „Einschusspflichten" oder „Eventualverbindlichkeiten" entstehen, nämlich die Notwendigkeit zu zahlen, selbst wenn einem gar nichts gehört – § 5 Abs. 1 WpDVerOV.) Strukturierte Instrumente können auch „funded" sein. Ein Beispiel sind Anleihen, deren Zins weder fix noch marktgängig (z.B. „Euribor + 1,00 %") ist, sondern sich nach einer komplexen Struktur berechnen (etwa nach der Steilheit der Zinsstrukturkurve).

„OTC" (over the counter) bedeutet, dass die Instrumente individuell hergestellt wurden und auch deswegen – weil die Vergleichsbasis fehlte – keinen offen zugänglichen „Marktpreis" haben konnten.

Im Wesentlichen waren die meisten dieser Produkte Wetten auf irgendeine Preis- oder Indexentwicklung. Die häufigsten waren Zinswetten: man hat beispielsweise auf das Verhältnis zwischen lang- und kurzfristigen Zinsen gewettet. Wetten auf Wechselkurse, ggf. in Verbindung mit mehreren Währungen und mehreren Zinssätzen, gab es auch. Ebenfalls möglich waren Wetten auf die Kreditwürdigkeit von irgendwelchen Referenzunternehmen (die berüchtigten „Credit Default Swaps", oft in „Collateralised Debt Obligations" verpackt). Dass seriöse Anleger Wetten abgeschlossen hätten, klingt befremdlich. Allerdings geht es hier nicht um Pferderennen. Die Chancen, auf die gewettet wurde, waren wirtschaftliche Risiken, die im normalen unternehmerischen Tagesgeschäft ebenfalls eine Rolle spielen. Der Unterschied war, dass die Technik des Strukturierens solche Chancen und Risiken isolieren konnte, damit sie auch ohne Grundgeschäft wirken konnten. Solche „Wetten" können für die Absicherung von Risiken genutzt werden (als Art von Versicherung, oder „Hedging"). Sie können jedoch auch zur Spekulation verwendet werden – nämlich dann, wenn kein unternehmerisches Risiko besteht, zu dem die Wette gegenläufig wirkt. Auch das ist nicht an sich verwerflich; jeder Anleger „spekuliert" auf die Möglichkeit, den Wert seines Portfolios zu vergrößern. Ein strukturiertes Instrument ist nicht zwangsläufig dafür ungeeignet.

Charakteristisch für alle erwähnten Instrumente ist allerdings, dass ihre Wirkungsweise sich nicht ohne weiteres dem Interessenten erschließt. Zum Teil lag das an der Strukturierung. Underlyings, die für sich genommen verständlich und vertraut sind (etwa ein Zinsindex), sind es nicht mehr, wenn sie mit einem anderen *kombiniert* werden (etwa mit einem anderen Zinsindex, mit einem Wechselkurs oder mit einer Option). Auch *Hebel* lassen sich in strukturierten Instrumenten einbauen, ohne dass der Laie sie sofort als solche erkennt.

Zum Teil lag die mangelnde Transparenz jedoch auch an der umfangreichen Dokumentation, die in vielen Fällen den Kunden mit Informationen geradezu überschüttet hat. Die Termsheets und Verkaufspräsentationen selbst von „einfachen" Zinsswaps erstreckten sich über ein Dutzend Seiten und mehr. Bei Cross-Border-Leasing-Verträgen waren die (englischsprachigen) Verträge gewöhnlich über 1.000 Seiten lang.

Insgesamt scheint es unstreitig zu sein, dass die Instrumente recht teuer waren, auch wenn der „Preis" oder die „Gewinnspanne" der Bank zunächst nie erkennbar war oder bekannt gegeben wurde. Die Bank konnte oft gleich beim Abschluss einen Gewinn von mehreren hunderttausend Euro verbuchen – unabhängig vom weiteren Verlauf des Instruments. In diesem Zusammenhang ist nicht erkennbar, für welche Zwecke diese teuren „maßgeschneiderten" Derivate effektiver sein sollten, als eine Kombination von zwei oder drei marktgängigen („plain vanilla") Instrumenten, womit man dasselbe Risikoprofil zu einem sehr viel günstigeren Preis hätte abbilden können[8]. Möglicherweise hat

8 *OLG Düsseldorf v. 20.09.2007*, I-6 U 122/06 Juris, Rn 17 (OLG Düsseldorf 6. Zivilsenat 2007). Soweit erkennbar hat die beklagte Bank zugegeben, dass die „Marge" beim streitgegenständlichen Instrument ca. 5 % betragen habe, während die Gebühr für einfache Swaps („plain vanilla", also ohne „Strukturierung") bei 0,2 % liegt (wobei nicht klar ist, ob sich dies auf den Marktwert oder auf den Bezugswert bezieht). In einem vom LG Duisburg entschiedenen „Plain Vanilla"-Fall lag die „Handelsspanne" laut Vortrag der klagenden Bank bei 1 % des Marktwertes. *LG Duisburg v. 30.05.2005*, 23 O 9/03 Juris, Rn. 4.

die komplexe Dokumentation seinen Teil dazu beigetragen, dass sich die Kunden hierzu kaum nähere Gedanken gemacht haben.

5.4 Eigenschaften und Nutzen von strukturierten Instrumenten

5.4.1 Wertpapiere: sachenrechtliche und vertragsrechtliche Blickweise

Komplexe Finanzinstrumente sind ein neueres Phänomen, das zu einem nicht unbedeutenden Teil von technischen Entwicklungen abhängt.

Wie es die Begriffe auch nahe legen, beruht die traditionelle Vorstellung eines Investments auf dem Bild eines zum Gebrauch überlassenen Gegenstandes. Für diesen Gebrauch darf ein Entgelt erhoben werden. Man spricht vom Miet*zins* im Falle eines Grundstücks, ein Geldbetrag wird *angelegt*. Substrat ist das werthaltige Objekt oder der Geldbetrag; die abgeworfenen Zinsen sind dazu ein Akzidens. Wichtig ist, dass der Zins aus dem werthaltigen Objekt *abgeleitet* wird. Zins ist in einer ursprünglichen Bedeutung das „tributum soli" – eine Naturalabgabe als Anteil des Gutsherrn am Ertrag seines Bodens. „Zins", so lesen wir bei Grimm, „ist eine jährliche Entrichtung, so dem Grund- oder Lehnherrn von einem Gut gebühret, und an Gelde, Getreide, Flachs, Hühnern u. d. g. entrichtet wird" (Deutsches Wörterbuch, DTV-Nachdruck, Bd. 31, 1475). Dividenden aus einem Geschäftsanteil lassen sich ebenfalls diesem Bild zuordnen. Die Aktie bedeutet Eigentum an einer Sache; der Gewinn, den die Sache abwirft, steht dem Aktionär zu. Das Verhältnis zwischen Aktie und Dividende ist intuitiv, wie schon das Verhältnis zwischen Zins und Grund.

Die traditionelle Judikatur verlässt sich insofern darauf, dass eine Wesensverwandtschaft zwischen Leistung und Gegenleistung besteht. Zins ist ein angemessener Anteil am Ertrag eines Wertes; angemessen ist der Zins, insofern er sich aus den dort entstehenden Früchten generieren lässt. Anhand dieser intuitiven Wesensverwandtschaft können Gerichte beurteilen, ob Leistung und Gegenleistung ausgewogen sind oder ob sie nicht in einem „auffälligen Missverhältnis" zueinander stehen (§ 138 Abs. 2 BGB).

Dieses innige Verhältnis ist durch die Techniken der modernen Finanzmathematik gelockert, wenn nicht gar aufgelöst worden. Paradigmatisch für die neuere Finanztechnik ist nicht mehr Sachenrecht, sondern Vertragsrecht. Im Vertragsrecht spielt zwar die Wertäquivalenz der Leistungen noch eine Rolle, substanziell haben Leistung und Gegenleistung jedoch nichts mehr miteinander zu tun. Bei vertraglich ausgestalteten Geschäften werden Leistung und Gegenleistung nur dadurch miteinander vermittelt, dass beide Leistungen einen Preis haben.

Bei modernen Finanzdienstleistungen spielen vertraglich ausgestaltete Geschäfte eine immer größere Rolle[9]. Typisch sind vor allem solche Leistungen, die nicht in der Übergabe von Geld oder einer Sache und auch nicht in der Ausführung von Dienstleistungen bestehen (ohne Rücksicht darauf, ob die Gegenleistung in einer solchen Übergabe besteht). Dazu gehören Pflichten aus einer Option, Pflichten aus einem Warentermingeschäft, in dem die Lieferung der Ware nicht vorgesehen ist, sowie Pflichten aus einem Differenzgeschäft[10]. All diese Pflichten bestehen darin, unter bestimmten Umständen, also konditional, einen Zahlungsstrom zu erbringen.

An sich kann sogar jedes Finanzgeschäft als „Vertrag" verstanden werden. Dies liegt daran, dass jedes Finanzgeschäft als Verpflichtung angesehen werden kann, einen konditionalen Zahlungsstrom zu leisten. Selbst Sparverträge und ähnliche traditionelle Geschäfte bestehen aus konditionalen Zahlungsströmen – Ströme in dem Sinne, dass sie aus einer Reihe von mindestens einer künftigen Zahlung bestehen, und konditional in dem Sinne, dass jede künftige Zahlung auf die eine oder andere Weise unsicher ist. Die Unsicherheit entsteht entweder wegen des Ausfallrisikos, oder weil die Zahlung nur unter bestimmten Umständen stattfinden soll (wie im Fall einer Option).

In der modernen Finanz werden folgerichtig nicht mehr die zugrunde liegenden Werte betrachtet, sondern lediglich die Zahlungsströme. Der Sparer, der einen Geldbetrag „anlegt", erwirbt einen Zahlungsstrom, der aus einer Reihe von mehreren kleinen Zahlungen gefolgt von einer großen Zahlung besteht.

Dieser Zahlungsstrom lässt sich bewerten. Um beispielsweise festzustellen, wie das Erworbene sich zur Gegenleistung (nämlich zum „angelegten" Geldbetrag) verhält, bewertet man den Barwert des Zahlungsstroms. Die Barwertkalkulation berücksichtigt den Zeitwert der verschiedenen Zahlungen: die späteren sind naturgemäß weniger wertvoll als die früheren. Der Zahlungs-

9 In England ist die Kategorie „contractually based investments" nun gesetzlich verankert; *FSMA (Regulated Activities) Order 2001.*

10 Ebd., Artt. 3 (1), 83, 84, 85 Die Anwendung der Vorschrift auf Hedge-Geschäfte (im Gegensatz zu Spekulationen) wird ausdrücklich von der Anwendung der Vorschrift ausgenommen (Art. 85 (2) (a), FSMAO 2001).

strom kann auch für Risiko „diskontiert" werden: eine künftige Zahlungsverpflichtung von Siemens ist mehr wert als eine solche von einem Start-Up-Unternehmen. Die Summe sämtlicher diskontierter Zahlungen ist dann der Barwert des eingekauften Zahlungsstroms.

Für Barwertberechnungen stehen inzwischen zahlreiche Hilfsmittel zur Verfügung, sowohl auf dedizierten Taschenrechnern als auch auf Tabellenkalkulationsanwendungen wie Excel. Wenn Zahlungsströme für Risiko diskontiert werden sollen, sind empirische Daten erhältlich, entweder in der Form von aktuellen Marktdaten (Spreads der jeweiligen Unternehmensanleihen gegenüber Staatsanleihen) oder von historischen Risikoindikatoren. Daraus kann nicht nur die Wahrscheinlichkeit eines Zahlungsausfalls berechnet werden, sondern auch die Wahrscheinlichkeit, mit der eine Option zu einem beliebigen Zeitpunkt ausgeübt wird. Sogar für noch kompliziertere Instrumente, wo die Interaktion von mehreren stochastischen Vorgängen gleichzeitig simuliert werden muss, bietet heutzutage jedes Office-Paket geeignete Werkzeuge. Den Nutzern ist diese Technik allerdings vorausgeeilt; selbst in der Finanzwelt wissen nur die wenigsten Spezialisten, wie man mit Spreadsheets Risiken modellieren kann.

5.4.2 Strukturierte Finanzinstrumente, Gestaltungsmöglichkeiten und Bewertung

Strukturierte Finanzinstrumente eröffnen unbegrenzte Gestaltungsmöglichkeiten für den Emittenten, ohne jemals den Boden ordentlicher kaufmännischer Buchhaltung zu verlieren. Wesentlich ist: heutzutage lässt sich der Barwert (Net Present Value, NPV) von nahezu jedem Zahlungsstrom verbindlich und marktgängig feststellen.

Auch traditionelle Geschäfte können im Sinne der Barwertberechnung dargestellt werden. Der „traditionelle" Zahlungsstrom – etwa aus einer Darlehensverpflichtung – besteht aus einer Reihe von Zahlungen. Vom Darlehensnehmer fließen beispielsweise während der Laufzeit des Geschäfts monatliche Zinszahlungen („Kupons"), gefolgt am Ende von einer Zahlung in Höhe des Nominalbetrags. Der Zahlungsstrom des Darlehensgebers besteht aus einer einzigen Zahlung, nämlich der Auszahlung des Nominalbetrags zu Beginn des Darlehens. Zum Zeitpunkt der Darlehensvergabe sollte der Barwert beider Zahlungsströme ungefähr gleich sein. Für den Kunden kommen dann noch Bereitstellungsgebühren und Ähnliches noch hinzu. Unter der Voraussetzung, dass Börsenwerte vorliegen (etwa Kapitalmarkt-Swapsätze sowie Kreditratings für den Darlehensnehmer), können die Werte der jeweiligen Ströme mit einer Genauigkeit festgestellt werden, dass sie problemlos von den Teilnehmern am Markt weiter gehandelt werden können.

Nicht weniger gilt diese Darstellungsweise auch für Gestaltungen, die sich zunehmend vom „traditionellen" Modell entfernen. Es ist nicht notwendig, dass der „Darlehensnehmer" einen Kupon zahlt. Er kann beispielsweise bis zum Laufzeitende warten und dann den Nominalbetrag zahlen. Oder er beginnt erst nach einer gewissen Zeit mit Kuponzahlungen. In beiden Fällen wird der Betrag, der anfänglich ausgezahlt wird, entsprechend diskontiert sein.

Ein Zahlungsstrom kann so gestaltet werden, dass nicht nur positive Zahlungen (Ausflüsse), sondern auch negative Zahlungen (Eingänge) stattfinden. Zum Beispiel kann der Zahlungspflichtige für den Abschluss des Geschäfts „belohnt" werden, indem er zu Beginn Zahlungen erhält und erst nach einer gewissen Weile selbst zahlen muss. Auch diese Gestaltung lässt sich ohne Umstände strukturieren und bewerten.

In diesem Zusammenhang haben „Nennwerte" bzw. „Bezugswerte" an sich kaum wirtschaftliche Bedeutung und dienen vornehmlich dazu, Kalkulationsgrößen zu liefern. Durch Hebelung können sich die Werte, die im Zahlungsstrom tatsächlich entstehen, ohnehin weit entfernen von jedem Betrag, der in einem Geschäft mit Sachen relevant wäre. Hebeln entstehen durch einen einfachen Multiplikator, oder etwa auch durch Mechanismen, die Ausschläge verstärken (zum Beispiel durch die „Leiter" in einem „Spread Ladder Swap" oder den „Klippeneffekt" bei CDOs).

Die Basiswerte (Underlyings) für variable Zahlungen können variieren. Das einfachste Beispiel, das auch in „traditionellen" Anlagen zur Anwendung kommt, ist die Bemessung der Zahlungen nach einem Standardindex wie EURIBOR. Weil jedoch die Gestaltung eines Zahlungsstroms keineswegs von einem Grundgeschäft abhängig ist, haben diese Indices keine Bedeutung an sich: es handelt sich eben *nicht* um die Verzinsung einer Geldanlage, sondern nur um die Konkretisierung von vertraglichen Verpflichtungen. Die Indices können überdies beliebig manipuliert werden. Es lassen sich beispielsweise mehrere Indices wie 2-Jahres und 10-Jahres Swapsätze oder unterschiedliche Wechselkurse miteinander verknüpfen. Dadurch lassen sich mehrere Geschäftsrisiken in einem Instrument bündeln, je nach Bedarf des Anlegers.

All diese Verknüpfungen haben einen feststellbaren Barwert. Bei einer Kombination von stochastischen Bewegungen, wie etwa beim „Spread" zwischen zwei Indices, kann das Ergebnis allerdings nicht mehr statisch bzw. mit geschlossenen Formeln berechnet werden. Solche Szenarien erfordern eine „Simulation" – das heißt, die möglichen Ergebnisse müssen tausendfach getestet werden, damit sich eine brauchbare statistische Verteilung von Daten ergibt. Zumindest im Investment-Banking gehört der Bau von Simulationsmodellen heutzutage zum Standardgeschäft; es besteht kein Zweifel, dass dortige Spezialisten jederzeit belastbare Marktpreise generieren können.

Das Simulieren von stochastischen Bewegungen ermöglicht auch die Bewertung von komplexen Optionen. Eine Methode zur Bewertung von einfachen Optionen wurde bereits 1970 durch Black und Scholes vorgestellt. Diese erfordert keine Simulation. Heutzutage ist es jedoch möglich, den optimalen Zeitpunkt zum Ausüben selbst von komplexen Optionen zu simulieren. Auch dadurch entsteht eine Basis für belastbare Bewertungen.

5.4.3 Risiko als Ware

In traditionellen Instrumenten erscheinen Risiken und Chancen als Nebeneffekte. Ich hoffe, dass meine Anlage Gewinn abwirft, beziehungsweise ich mache mir Sorgen, dass ich Verluste erleiden werde. Bezugspunkt ist jedoch immer die Anlage und deren Stetigkeit im Wandel des Schicksals. Für ein Grundstück ist ein gewisser Betrag als Miete angemessen. Für die Anlage eines Geldbetrags ist ein gewisser Zinssatz marktgerecht. Der Wert der Anlage bleibt zunächst einmal eine gegebene Größe, unabhängig von dem, was künftig damit geschehen möge. Für die traditionelle Anlage ist der gegenwärtige Preis die eine Sache. Was hingegen in Zukunft aus der Anlage wird – die Chancen und Risiken, die der Anleger mehr oder weniger erfolgreich prognostiziert –, ist eine vom Wesen her andere Frage.

Im Gegensatz dazu *bestehen* vertraglich ausgestaltete Instrumente aus Chancen und Risiken. Strukturierte Instrumente sind reines Risiko, pure Zukunft. Chancen und Risiken (neudeutsch: „Exposure") ist nicht nur ein zu berücksichtigender Teilaspekt; es ist deren Wesen, Zweck und Daseinsberechtigung. Die Ware, die gehandelt wird, ist Risiko[11].

---

11 Kevin Buehler, Andrew Freeman, und Ron Hulme, „The New Arsenal of Risk Management", *Harvard Business Review*, Nr. September (2008): 92–100.

5 Auskunftspflichten nach dem Modell „Beratungsverhältnis“

Der Zusammenhang zwischen Risiko und Wesen zeigt sich am auffälligsten in den Techniken zur Bewertung von strukturierten Instrumenten, insbesondere im Hinblick auf die veränderte Bedeutung des Begriffes „Preis“.

Um einen Zahlungsstrom zu bewerten, muss ich die Chancen und Risiken bewerten, die in ihm abgebildet werden. Wie hoch ist die Wahrscheinlichkeit, dass mein Schuldner vor Laufzeitende insolvent wird und die letzten Zahlungen nicht leisten kann? Wie hoch ist die Wahrscheinlichkeit, dass die Zinsindices, nach denen mein Zahlungsstrom bemessen wird, sich während der Laufzeit zu meinen Ungunsten entwickeln werden? Wie weit verschieben sich meine Gewinnchancen, wenn ich meinem Geschäftspartner das Recht einräume, zu bestimmten Zeiten kostenlos zu kündigen? Alle Faktoren dieser Art sind wesentlich für den Wert des Instrumentes. Alles fließt ein in die Bestimmung des Barwertes. Das Instrument *besteht aus* solchen Faktoren; außerhalb ihrer „gibt es“ nichts, das wertbildend wäre.

Insofern ist bei strukturierten Instrumenten das Erfassen von Risiko gleichbedeutend mit Bewertung. Hier stellen sich nicht – wie traditionell – zwei Aufgaben, sondern nur eine einzige. Die Werteigenschaften eines Zahlungsstroms sind abhängig von seinem erwarteten Verlauf und können nicht losgelöst von der sich daraus ergebenden Risikostruktur beurteilt werden. Wer das Risiko kennt, kennt auch den Preis, und umgekehrt.

Wenn beispielsweise die Ergebnisse aus dem Werfen zweier Würfel „simuliert“ werden (durch eine hohe Anzahl wiederholter Würfe), entsteht eine statistische Verteilung, so wie sie in der berühmten Gaußschen „Glockenkurve“ dargestellt wird. Aus dieser Verteilung kann zweierlei abgelesen werden: erstens, der Mittelwert (nämlich diejenige Punktezahl, wovon rechts und links eine gleich große Häufigkeit liegt), sowie die Standardabweichung (nämlich wie „riskant“ es ist, auf die außen liegenden Punkte zu wetten). Am häufigsten (bei zwei normalen Würfeln) ist das Ergebnis sieben zu erwarten. Ein Ergebnis rechts von der Sieben (acht, neun, zehn, elf, zwölf) und links von ihr (sechs, fünf, vier, drei, zwei) ist gleich wahrscheinlich; insofern ist die Sieben nicht nur das wahrscheinlichste Ergebnis, sondern auch der Mittelwert. Wie „riskant“ es ist, auf die Extreme zu wetten (zwei und zwölf, ggf. drei und elf), kann man ebenfalls aus der Verteilung ablesen und mit geeigneten Mitteln bemessen (z.B. mit der Standardabweichung). Im Wesentlichen lässt sich das Würfelspiel jedoch mit zwei Angaben beschreiben: Mittelwert und Standardabweichung[12]. Spieler, denen diese Faktoren bekannt sind, können vor Beginn des Spiels eine faire Vereinbarung über Einsatz und Gewinn treffen. Wichtigste Regel ist, dass der Gewinn dem Risiko entsprechen muss. Wer auf zwei wettet und gewinnt, muss mehr gewinnen, als derjenige, der auf sieben wettet. Alles andere wäre ein unfaires Spiel – *ganz unabhängig davon, wie gnädig sich das Schicksal im tatsächlichen Ablauf zeigt.*

Nichts anderes gilt für Finanzinstrumente und für die Verteilungen, die im Hinblick auf sie generiert werden können. Der einzige Unterschied zu den Würfeln besteht darin, dass im Würfelbeispiel die erwarteten Ergebnisse sich symmetrisch um den Mittelwert verteilen, während bei Finanzinstrumenten – insbesondere bei solchen, die Optionselemente beinhalten – die Verteilung asymmetrisch sein kann. In der grafischen Darstellung ist die Kurve dann nicht mehr eine Glocke (wie bei Gauß), sondern eher ein schiefer Pudding. Das Risiko ist für die eine Seite höher als für die andere. Insofern genügt die Angabe von Mittelwert und Standardabweichung nicht mehr. Dennoch: Um ein asymmetrisch verteiltes Instrument adäquat zu erfassen ist normalerweise nur eine zusätzliche Angabe erforderlich, sodass insgesamt drei entstehen: Mittelwert, sowie Risikostruktur „rechts" und Risikostruktur „links". Aus dem Mittelwert ergibt sich der sogenannte „faire" Preis bzw. der Parwert. Aus der Risikostruktur rechts und links ergeben sich die Chancen und Risiken für die beiden Parteien[13].

Asymmetrische Risikostrukturen sind nicht per se „unfair". Auch asymmetrische Verteilungen haben einen Mittelwert. Solange sich der Tausch der Risiken und Chancen sich nach diesem richtet, ist das Geschäft mathematisch „fair". (Ob es auch zweckmäßig ist, ist eine andere Frage; aber auch diese Frage kann nur beantwortet werden, wenn die Risikostruktur genau bekannt ist.)

Bei gegenseitigen Geschäften mit Zahlungsströmen, die gegeneinander in Position gebracht werden, stellt sich die Frage, ob die Ströme den gleichen Barwert haben. Wenn dies der Fall ist, dann hat keiner gegenüber dem anderen

12 Eine gelungene Darstellung befindet sich im klassischen Werk Warren Weaver, *Lady Luck. the Theory of Probability* (Harmondsworth: Penguin, 1977), 236.

13 Am besten lassen sich diese Verhältnisse in einer Kurve darstellen. Die symmetrische Normalverteilung ist die bekannte Gaußsche „Glockenkurve". Für Beispiele von asymmetrischen Kurven vgl. Michael Dempster, Elena Medova, und Julian Roberts, „Regulating Complex Derivatives: Can the opaque be made transparent?", *Journal of Banking Regulation* 2011, Nr. 4 (September 2011).

einen Vorteil; der Tausch der Ströme ist „fair", sie stehen bei „Par". Aus Sicht der Risikobewertung zum Zeitpunkt des Vertragsschlusses besteht die Erwartung, dass die Ströme sich im Gesamtverlauf aufheben werden; am Ende wird keiner dem anderen was gezahlt haben. „Am Wahrscheinlichsten" heißt hier: der Mittelwert der statistischen Verteilung liegt bei einem Ergebnis, wo am Ende keiner der Beteiligten dem anderen per Saldo etwas gezahlt haben wird.

Erst an dieser Stelle kommt das Phänomen „Preis" ins Spiel. Die Zahlungsströme lassen sich natürlich so strukturieren, dass der eine Strom mehr wert ist als der andere. Die Simulierung beider Ströme zusammen ergibt dann, dass mehr Ergebnisse auf der einen Seite (z.B. „links") zu erwarten sind als auf der anderen („rechts"). Damit weicht die Grenze zwischen den beiden vom Mittelwert ab. Zu erwarten ist nun, dass der Tausch der Zahlungsströme nicht ausgeglichen endet, sondern dass die eine Partei per Saldo mehr an die andere gezahlt haben wird.

Damit wird allerdings nicht nur eine Ungleichheit der Barwerte bewirkt, sondern die Risikoeigenschaften verschieben sich ebenfalls. Der „Preis", den die eine Seite „zahlt", besteht nicht aus einem festgestellten Entgelt oder aus einem Aufpreis gegenüber dem „Marktpreis". Er besteht darin, dass das Risiko zum Nachteil dessen, der den „Preis" zahlt, verschoben wird. Seine Chancen, aus diesem Chancen-Risiko-Gebilde vorteilhaft herauszukommen, haben sich zu seinen Ungunsten verschoben.

Insofern ist ein mit diesen Mitteln eingeführter „Preis" weniger ein eigenständige Gegenleistung für den Wert einer Sache (wie man es sich traditionell vorstellen würde), als ein Handicap, das in die Dynamik des Geschäftsablaufes eingreift. Um wenigstens auf Null zu kommen, muss der Preiszahler ein Handicap überwinden, das sein Gegenüber nicht erleiden muss.

Wichtig ist dies aus folgenden Gründen.

Einen Preis im traditionellen Sinn kann jeder Marktteilnehmer erkennen und (sofern es für ihn wichtig ist) abschätzen. Der Vorteil der Marktwirtschaft ist, dass offene Preisvergleiche möglich sind; die Marktteilnehmer definieren ihre Ware über den Preis; jedes Angebot wird vermittelt durch die allgemeine Äquivalenz des Geldes. Die Ware selbst ist allerdings unabhängig von den Eigenschaften, die in Geld ausgedruckt werden können; der Tauschwert ist vom Nutzwert zu unterscheiden. Der Nutzen einer Ware ist davon unberührt, wie sie auf dem Markt vermittelt wird. Sie ist grundsätzlich auch dann nutzbar, wenn sie überteuert ist.

5.4 Eigenschaften und Nutzen von strukturierten Instrumenten

Bei einem strukturierten Instrument gehört „Preis“ jedoch tatsächlich zum Wesen des Geschäfts, sobald die Struktur des Risikos verändert wird.

Erstens ist – zumindest bei „komplexen“ Instrumenten – der Wert von Zahlungsströmen gerade *nicht* über den offenen Markt erkennbar. Für Investment-Banken mag die Bewertung eines Instruments kein großes Hindernis darstellen. Sie beschäftigen Finanzmathematiker „in-house“ und haben Zugriff auf teure Datenbanken, die für Bewertungen unverzichtbar sind. Jeder Laie – und in diesem Fall sind fast alle Individuen und Institutionen außerhalb des engen Kreises der Investment-Banken Laien – muss jedoch bei einer solchen Aufgabe passen.

Zweitens ist der „Preis“ eines komplexen Instruments keineswegs losgelöst von der Ware selbst. Das Handicap, das die Chancen des gehandicapten Spielers einschränkt, wirkt unmittelbar ein in die Struktur des Spiels. Ein Instrument, das zum Parwert verkauft wird, ist ein anderes Erzeugnis als eins, wo die Werte der Ströme nicht zueinander im Par stehen. Ein Spiel mit getürkten Würfeln ist nicht nur teurer für den, der dies nicht weiß, sondern es ist ein anderes Spiel. Handicaps gehören nicht nur im Sport, sondern in allen Formen des Spiels zu den Elementen, die deutlich herausgestellt werden (man bedenke das auffallende grüne Feld auf dem Roulette-Rad). Wie man aus zahlreichen Western-Filmen weiß: der Versuch, den Lauf des Zufalls ohne Wissen des Gegners zu beeinflussen gehört zu den Todsünden überhaupt[14].

Der Tausch von strukturierten Zahlungsverpflichtungen ist zwar kein Spiel; dennoch hantieren auch dort die Teilnehmer mit Gestaltungen des Zufalls. Preise für Sachen und Entgelte für Dienstleistungen werden im „traditionellen“ Rahmen als Selbstverständlichkeit erhoben; es führt nicht ohne weiteres zur Unwirksamkeit des Geschäfts, wenn sie nicht offen deklariert werden. Das Verschweigen eines Handicaps bei einer Zufallsgestaltung ist mit traditionellen Gebühren und Entgelten nicht vergleichbar.

14 Siehe *RG v. 10.10.1890, Glücksspiel*, 1806/90 RGSt 107 „Ist ein Spiel, bei welchem Gewinn und Verlust an sich vom Zufalle abhängen, noch dann ein Glücksspiel, wenn der Spieler es in der Hand hat, durch eine ihm bekannte Manipulation den Ausgang nach seinem Willen zu bestimmen, und ist es Betrug, wenn er unter Verschweigung dieses Umstandes das Spiel als Glücksspiel ausgiebt und des Gewinnes wegen betreibt?“ Die Antworten lauteten selbstverständlich jeweils: nein, und ja.

5.4.4 Anwendung von bewerteten Positionen

Strukturierte Instrumente haben keinen „Nutzen“ außerhalb der Risiken und Chancen, die sie bergen, und die mit Barwertberechnungen erfasst werden.

Die praktische Anwendung solcher Instrumente ist dreifach[15]:

- Spekulation, ob mit Gewinnabsicht oder nur zum Vergnügen
- Hedging
- Arbitrage

5.4.4.1 Spekulation

Spekulation ist das Spiel mit offenen Risiken. Es ist die Hoffnung, dass sich der Zufall gnädig zeigt, oder dass sich ein gerade vorhandener Wissensvorsprung gegenüber dem Markt auszahlt.

Wenn überhaupt, findet Spekulation bei Hedge-Funds statt. Sie ist jedoch kein Bestandteil der Geschäftsmodelle der Banken selbst. Spekulatives Exposure wird direkt auf das regulatorische Eigenkapital der Banken angerechnet.

Es ist fraglich, ob Hedge Funds strukturierte Instrumente für spekulative Zwecke nutzen würden, da sie komplexe Gestaltungen aus marktgängigen „plain vanilla“-Produkten selbst preisgünstig zusammensetzen können.

5.4.4.2 Hedging

Hedging ist für Emittenten der erste wichtige Anwendungsbereich strukturierter Instrumente. Wirtschaftlich gesehen ist Hedging eine Form von Versicherung. Bestehende Geschäftsrisiken können mit geeigneten Instrumenten neutralisiert werden.

Gerade für Finanzinstitute ist Risikomanagement mit strukturierten Instrumenten sinnvoll. Ein Beispiel sind Marktrisiken, etwa das Risiko, dass kurzfristige Refinanzierungskosten der Bank teurer werden als ihre Erträge aus langfristigen Krediten. Ein solches Risiko kann mit einer „Wette“ auf das Abflachen der Zinskurve abgesichert werden. Wenn nämlich die Zinskurve flacher wird, steigen die kurzfristigen Refinanzierungskosten im Verhältnis.

15 Siehe auch oben, Kapitel 2.2.

Wenn die Bank jedoch gerade auf dieses Ergebnis gewettet hat, wird der Verlust durch den Wettgewinn kompensiert.

Auch Kredit- bzw. Adressrisiken lassen sich absichern. Forderungen gegenüber Geschäftspartnern lassen sich mit Credit Default Swaps absichern. Sogar solche Forderungen, die bereits abgesichert wurden, lassen sich doppelt absichern, indem die Gegenpartei des ersten Versicherungsgeschäfts ihrerseits zum Gegenstand eines CDS wird (so häufig in Cross-Border-Leasing-Geschäften geschehen, wo Banken die Kreditwürdigkeit des Versicherers AIG durch Swap-Partner haben absichern lassen).

Hedging ist ein komplizierter Vorgang, in dem eine Vielzahl von Einzelrisiken in einem Gesamtportfolio zum Ausgleich gebracht werden. Unausgewogenheit im Portfolio der Bank nimmt regulatorisches Kapital in Anspruch und soll deshalb möglichst vermieden werden. Präzise quantitative Bewertung der Risiken ist selbstverständlich eine Voraussetzung für diese Maßnahmen.

Für Kunden der Bank geht es meistens nicht um regulatorisches Kapital. Dennoch spielt es für Unternehmer zumindest aus steuerlichen Gründen eine wichtige Rolle, ob ein Instrument Geschäftsrisiken gegenläufig abbildet oder nicht. In diesem Fall stehen entsprechende bilanzielle Regeln zur Verfügung.[16]

5.4.4.3 Arbitrage

Arbitrage ist der Handel mit Positionen, die zu einem günstigen Preis eingekauft werden und zu einem teuren weiterverkauft werden. Der entsprechende Handel ist nicht nur risiko*neutral* (wie Hedging) sondern ermöglicht risiko*freie* Gewinne.

Hierfür können zwei Beispiele genannt werden.

Wirtschaftliche gleichlaufende Positionen können unter Umständen an unterschiedlichen Märkten gehandelt werden. Dasselbe Risiko kann beispielsweise mit geeigneten Mitteln sowohl am Anleihe-Markt als auch am CDS-Markt abgebildet werden. Die Preise können dabei differieren; Kauf an einem Markt und Weiterverkauf am anderen können unter solchen Umständen einen Arbitrage-Gewinn generieren.

16 Siehe FASB-Statement Nr. 133, IASB-Statement Nr. 39; Financial Times 13.08.2009, „The Derivatives Dilemma“

Ein im vorliegenden Zusammenhang eher relevantes Beispiel ist der Einkauf von Risikopositionen zu Preisen, die unter dem Marktwert liegen. Ein informierter Marktteilnehmer wird sich auf ein solches Geschäft nicht einlassen. Da jedoch die Preise von strukturierten Instrumenten nur für diejenigen erkennbar sind, die über finanzmathematische Ressourcen verfügen, kann es vorkommen, dass der Wertpapierhändler gegenüber dem Anleger im Vorteil ist. Chancen dieser Art ergeben sich typischerweise für Emittenten, wenn es sich um Kunden handelt, die zwar erfahrene Geschäftsleute sind aber keine Kenntnisse der modernen Finanzmathematik besitzen.

Jeder Swap, der vom Barwert Null (also Gleichwertigkeit der Zahlungsströme, Par) zu Ungunsten des Kunden abweicht, stellt einen Arbitrage-Gewinn der Bank dar, denn ein solches Instrument kann unmittelbar im Großhandel zum „richtigen“ Preis weiterverkauft werden.

5.5 Geschäftsrelevante Informationen bei strukturierten Instrumenten

Ein perfekt funktionierender Markt ist vollständig transparent. Insbesondere veranlasst die Dynamik des Marktes, dass sich zu jeder Ware auf transparente Weise ein Preis bildet.

Mit Rücksicht auf diesen Grundsatz hat die Angebotsseite normalerweise *keine* Pflicht, über Preis und Preisbildung aufzuklären. Preise werden nicht festgesetzt, sondern sie entstehen „wie von selbst“ durch die kollektive Weisheit der Nachfrageseite. Märkte, in denen Preise aus politischen oder sozialen Gründen festgesetzt werden (zum Beispiel im Arzneimittelmarkt), sind ineffizient und hindern den wirtschaftlichen Kreislauf. Gerade in den Finanzmärkten sollte ein solches Prinzip selbstverständlich sein.

Dieser Grundsatz setzt allerdings voraus, dass die wesentlichen Informationen, die von den Marktteilnehmern im Hinblick auf die jeweilige Ware eingesetzt werden und sich in der Preisbildung niederschlagen, auch allgemein erhältlich sind. Ein intransparenter Markt – also einer, wo Informationen nicht generell zugänglich sind – ist nicht weniger ineffizient, als einer, in dem die Preise per Fiat festgesetzt werden.

Was sind also die Informationen, die für Kontingenzverträge im Allgemeinen und für strukturierte Instrumente im Besonderen wesentlich sind?

5.5 Geschäftsrelevante Informationen bei strukturierten Instrumenten

Mit strukturierten Instrumenten werden Risiken gehandelt. Diese Eigenschaft teilen sie mit Glücksspielen und mit Versicherungsgeschäften.

Dass alle Risiken vom Zufall abhängen, ist selbstverständlich. Allerdings gibt es zahlreiche Möglichkeiten, die Auswirkung des Zufalls einzugrenzen. „Purer" Zufall ist ein seltenes Phänomen. Besonders bei menschlich erzeugten Risiken ist es unwahrscheinlich, dass der reine Zufall walten wird. Wenn ich eine Münze werfe, ist unter normalen Umständen damit zu rechnen, dass sich die Hälfte der Zeit Zahl ergibt und die andere Hälfte Kopf. Wenn ich einen Würfel werfe, dann ist unter normalen Umständen damit zu rechnen, dass eine beliebige Seite einmal alle sechs Würfe erscheint.

Ohne diese Informationen ist es nicht nur, dass ein Spieler im Nachteil ist, sondern man kann kaum behaupten, dass er überhaupt das jeweilige Spiel spielt. Es ist dem Würfelspiel wesentlich, dass die sechs Seiten symmetrische Wahrscheinlichkeiten haben. Ein sechsseitiger Würfel, der signifikant abweichende Eigenschaften aufweisen sollte, wäre ein Element aus einem anderen Spiel oder – bei einseitigem Wissensstand – Betrug.

Entsprechend wichtig ist es, dass Informationen über die Art und Weise, in der Zufall in einem Kontingenzvertrag begrenzt oder kanalisiert wird, genau festgelegt und abgestimmt sind. Manipulationen solcher Begrenzungen gehören nicht zur Zufallsverfallenheit des Spiels, sondern sie sind wesentliche Abweichungen. Es ist ein ganz wesentlicher Unterschied, ob ein Roulette-Rad ein oder zwei grüne Felder hat. Es ist ein wesentlicher Unterschied, ob ein Pferd mit 5:1 oder 6:1 vom Wettbüro angeboten wird. Es ist ein wesentlicher Unterschied, ob Karten gezinkt sind oder nicht.

Strukturierte Finanzinstrumente sind in gewissen Hinsichten eher vergleichbar mit Versicherungsverträgen. Beide unterscheiden sich vom Glücksspiel darin, dass sich die möglichen Verluste nicht automatisch auf einen festen Einsatz beschränken.

Bei kontingenten Verträgen bestehen die wesentlichen Informationen aus folgenden Elementen:

- Maximal wahrscheinliche Gewinnchancen
- Maximal wahrscheinliches Verlustrisiko
- Abweichung vom Par (Mittelwert)

5.5.1 Maximal wahrscheinliche Gewinnchancen

Die maximalen Gewinnchancen sind der Anreiz für das Geschäft.

Absolut bezifferte maximale Gewinnchancen sind meistens nicht relevant. Dass ein Geschäft zwanzig Millionen abwerfen könnte, ist wirtschaftlich unbeachtlich, wenn die Wahrscheinlichkeit davon im niedrigen Promillebereich liegt. Auf die Chance, in Lotterien den Jackpot zu knacken, kann kein sinnvolles Geschäftsmodell aufgebaut werden. Wirtschaftlich relevante Gewinnchancen lassen sich nur mit entsprechenden quantifizierten *Wahrscheinlichkeitsangaben* beurteilen – anhand des Mittelwerts der statistischen Verteilung sowie anhand der Standardabweichung oder eines anderen vergleichbaren Maßstabes (etwa „Value at Risk“).

5.5.2 Maximal wahrscheinliches Verlustrisiko

Das Verlustrisiko ist der „Einsatz“, mit dem die Gewinnchance erkauft wird.

Auch hier gilt: absolute Maximalangaben sind wirtschaftlich irrelevant. Dass ein Terrorist das Finanzsystem der Welt mit einer Atombombe auslöschen könnte, kann niemals ausgeschlossen werden. Absolut gesehen besteht diese Möglichkeit immer. Für praktische Zwecke muss man jedoch davon ausgehen, dass diese Eventualität innerhalb der geschäftlich relevanten Zeit nicht eintreten wird, bzw. dass die Wahrscheinlichkeit so gering ist, dass sie vernachlässigt werden kann.

Um so wichtiger ist die reelle Chance eines Verlusts – also der Verlust, den man in der Lage zu verkraften sein muss, falls sich die eigenen Hoffnungen nicht realisieren. Diese Gefahr ist die Leistung, die erbracht werden muss, um die Gewinnchance zu ermöglichen. Es ist der eigentliche „Preis“ der Gewinnchance.

Beim Glücksspiel ist dieser Preis immer offen ausgewiesen; es ist der jeweilige Einsatz. Im Glücksspiel kann der Spieler nie mehr als seinen Einsatz verlieren. Der Vorteil ist, dass der Umfang des Verlustrisikos damit klar zu Tage liegt. Ein weiterer Aspekt ist, dass das wahrscheinliche und das absolute Verlustrisiko für praktische Zwecke gleich ist. Der Verlust des gesamten Einsatzes – also das absolut maximale Verlustrisiko – ist nicht eine weit entfernte Promille-Chance, sondern durchaus reell wahrscheinlich (also nicht außerhalb der Grenzen eines Vielfachen der Standardabweichung, wenn man es so quantifizierten will).

5.5 Geschäftsrelevante Informationen bei strukturierten Instrumenten

Problematisch an Finanzinstrumenten ist, dass der wahre Einsatz oft verschleiert ist. Bei „unfunded" Instrumenten (also bei solchen, die keinen Einsatz von Kapital vorsehen) kann der Zahlungsstrom so eingerichtet werden, dass nicht nur kein Einsatz notwendig ist, sondern dass im Gegenteil übergangsweise *negative* Zahlungen (also Einnahmen) gewährleistet sind. Damit gewinnt der weniger informierte Kunde den Eindruck, dass er gar keinen Einsatz erbringen muss (weil er eventuell darauf spekuliert, bei späteren ungünstigen Entwicklungen aussteigen zu können). Aber auch für den erfahrenen Kunden ist es bei strukturierten Instrumenten ohne Finanzmathematik so gut wie niemals möglich, an Hand der Auszahlungsformel das tatsächliche Risiko zu erkennen.

Wie bei den Jackpot-Chancen können auch bei Finanzinstrumenten die absoluten und die wahrscheinlichen Ergebnisse weit auseinander liegen. Viele Finanzinstrumente haben unbegrenzte Einschusspflichten; absolut („theoretisch") gesehen ist also der „Worst Case" sehr hoch oder gar unendlich. Es liegt in der Natur von Laufzeit-Verträgen, dass der Zahler variabler Beträge ein unbegrenztes Risiko eingeht. In solchen Fällen ist also die häufig angebotene Information, irgendein Finanzinstrument berge ein „unbegrenztes Verlustrisiko", an sich trivial.

Sehr relevant ist allerdings die Angabe des reellen Verlustrisikos, denn dieses kann, auch wenn viel niedriger als „unbegrenzt", häufig in beachtlicher Höhe vorliegen. „Reelles" Risiko bemisst sich nach denselben Kriterien wie reelle Gewinnchancen, nämlich anhand des Mittelwerts der statistischen Verteilung und anhand der Standardabweichung (bzw. des Value-at-Risk).

5.5.3 Abweichung vom Mittelwert – „Preis" und „negativer Marktwert"

Der „Preis" für eine Chance ist zunächst einmal das mit der Chance einhergehende Risiko eines Verlusts. Dennoch gibt es Wege, direkt aus dem Handel mit Risiken Gewinne zu erzielen.

Bei einem „fair" bepreisten Tausch ist der Zahlungsstrom auf der einen Seite gleich viel wert wie derjenige auf der anderen; im Saldo steht das Geschäft also auf Null (siehe oben, 5.4.3). Es ist allerdings möglich, durch Verschiebung der Werte der Zahlungsströme ein gegenseitiges Geschäft so zu strukturieren, dass der Gesamtwert im Saldo von Null abweicht. Ein solches Geschäft ist nicht automatisch „unfair"; aber dessen Wert für die eine Seite reduziert sich dadurch, dass ihr eigenes Verlustrisiko in gleichem Maße steigt wie die Chancen der Gegenseite. Da strukturierte Zahlungsströme einen klaren Marktwert haben, bedeutet die Abweichung vom Mittelwert („par“), dass das Geschäft insgesamt nun einen Veräußerungswert erhält. Mit anderen Worten: ein Emittent, der zu seinen Gunsten eine Abweichung vom Mittelwert einbaut, realisiert damit einen Gewinn. Dieser wird häufig „anfänglicher negativer Marktwert“ genannt. Negativ ist der Wert dabei nur für den Kunden – für die Bank ist er positiv.

Ob eine Abweichung noch mit dem vom Schuldner gewünschten „Spiel“ vereinbar ist, kann von diesem nur beurteilt werden, wenn er davon weiß.

Dabei ist zu beachten, dass der Wert einer Abweichung keineswegs im Verhältnis zum „Bezugswert“ eines strukturierten Instruments beurteilt werden kann, sondern nur im Verhältnis zu den realistischen Gewinn- und Verlustchancen. Wenn beispielsweise der Bezugswert € 15 Mio. beträgt und die Abweichung von par zu Gunsten der Bank 750.000 €, könnte man die „Marge“ als 5 % beziffern. Ob eine „Marge“ in dieser Höhe gerechtfertigt wäre, mag zunächst dahingestellt bleiben. Wenn man nämlich die zu erwartenden Chancen und Risiken als „Wert“ des Geschäfts zugrunde legt, sieht das Bild anders aus. Nicht untypisch in einem solchen Fall[17] sind nämlich Gewinnchancen in Höhe von ca. € 1,0 Mio., denen Verlustrisiken in Höhe von ca. € 7,5 Mio. gegenüberstehen. Dass die Verlustrisiken so hoch sind, ist bedenklich genug. Nicht weniger zu beachten ist jedoch die Tatsache, dass die Gewinnchance im günstigsten Fall (€ 1,0 Mio.) nur geringfügig höher ist als der „Preis“, der zum Abschlusszeitpunkt anfällt (€ 0,75 Mio.). Diese Informationen sind aussagekräftiger als ein nach dem Bezugswert berechneter Prozentsatz (5 %), der – selbst wenn man ihn offen gelegt hätte – eher verharmlosend gewirkt hätte.

Dass eine Bank an ihren Dienstleistungen verdient, ist selbstverständlich. Auch ein „Spread“ als Gewinnaufschlag des Dienstleisters (bid-offer-spread) ist bei traditionellen Finanzinstrumenten (Anleihen, Sortenkauf) nicht ungewöhnlich. Dort wird es immer offen ausgewiesen. Bei Risikoverträgen ändert ein bid-offer-Spread jedoch das Wesen des Geschäfts: dasjenige, was verkauft wird (Risiko), wird verändert. Um so mehr ist dort eine klare Information unerlässlich.

17 Diese Werte wurden für das in Anhang 1 dargestellte Produkt berechnet.

5.5.4 Zusammenfassung der wesentlichen Informationen

Eine adäquat informierte Gegenpartei muss zum Zeitpunkt des Vertragsabschlusses zumindest von folgenden Elementen aktive Kenntnis besitzen. Sie bildet die Grundlage für eine Beurteilung, ob ein das Risiko rechtfertigender Gewinn möglich ist. Erst auf dieser Basis lässt sich überhaupt eine „Prognose" erstellen.

Die Elemente sind bei komplexen Finanzinstrumenten nur mit den Mitteln der Finanzmathematik zu ermitteln. Die einmal erreichten Ergebnisse sind jedoch ohne weiteres intuitiv begreiflich, zum Beispiel als Geldbeträge.

Die Gegenpartei:

1. muss wissen, wie hoch ihr maximal wahrscheinliches Verlustrisiko ist;
2. muss wissen, wie hoch ihr maximal wahrscheinlicher Gewinn ist; und
3. muss wissen, ob das Geschäft zu ihrem Nachteil vom Mittelwert abweicht, und wenn ja, um wie viel.

Darüber hinaus muss die Gegenpartei Kenntnis haben von anderen Elementen, die die Risikostruktur beeinflussen – zum Beispiel davon, dass der Emittent das Recht hat, während der Laufzeit des Instruments feindliche Switches vorzunehmen (siehe unten, Absatz 5.6.3.2).

5.6 Charakteristische Beratungsfehler bei strukturierten Instrumenten

Die Finanzinstrumente, die in letzter Zeit zu Streitigkeiten geführt haben, hatten ohne Ausnahme eine Eigenschaft: Die Kunden haben, wirtschaftlich gesehen, Optionen an die Emittenten verkauft.

Der Verkäufer von Optionen erlaubt dem Käufer, seine Risiken bei ihm abzusichern. Der Käufer wälzt Gefahren auf den Verkäufer ab. Weil bei solchen Geschäften der Käufer meistens einen Wissensvorsprung gegenüber seinem Absicherer besitzt (er weiß selbst am besten, welche Gefahren ihm drohen), werden die Offenlegungspflichten des Käufers in traditionellen Geschäften – etwa in der Versicherungswirtschaft – streng gehandhabt. Lückenhafte Aufklärung durch den Versicherungsnehmer – ob vor oder während der Laufzeit des Vertrags – berechtigen in der Regel zu Leistungsverweigerung oder sogar Rücktritt durch den Versicherer (§§ 19 ff VVG).

In wie weit Grundsätze aus der Versicherungswirtschaft auf den Verkauf von Finanzoptionen übertragbar sind, mag dahin gestellt bleiben. Wichtig ist jedenfalls, dass Geschäfte, die den Transfer von Gefahren zum Inhalt haben, die Frage der Offenlegung pointiert aufwerfen. Sie hat bei den neuerlichen Streitigkeiten eine zentrale Rolle gespielt.

5.6.1 Quellen von Missverständnissen

Die Missverständnisse und Täuschungen, die bei komplexen Instrumenten in Streitfällen aufgekommen sind, haben zwei mögliche Quellen, die häufig auch gleichzeitig auftauchen.

Handel mit Risiken. Die eine Quelle ist das grundsätzliche Fehlen eines Verständnisses dafür, dass der Inhalt eines strukturierten Finanzinstruments der Risikotransfer ist. Das Risiko ist nicht mehr eine Begleiterscheinung des Geschäfts, sondern das Geschäft selbst.

Aufklärung mit Irreführung. Die zweite Quelle liegt in der nutzerfeindlichen Handhabung der Vertragsdokumentation durch die Emittenten.

5.6.2 Handel mit Risiken

Gegenüber dem traditionellen Handel stellt die moderne Finanz einen Paradigmenwechsel dar, der in seinen praktischen Auswirkungen kaum weniger epochal ist als der Übergang von der Newtonschen Physik zur modernen Relativitätstheorie.

Wie wir gesehen haben (oben, 5.4.1), ist im neuen Paradigma nicht Sachenrecht, sondern reines Vertragsrecht maßgeblich. Im früheren Modell ging es den Geschäftspartnern darum, die Früchte eines präsenten Gegenstandes aufzuteilen. Die Risiken und Interessen waren symmetrisch, deren Ursprung ein Objekt im gemeinsamen wirtschaftlichen Raum.

Im neuen Modell geht es jedoch darum, die in einem Vertrag angesiedelten Verpflichtungen *isoliert* zu bewerten. Die Risiken und Chancen, die sich aus einem Zahlungsstrom ergeben, sagen noch nichts aus über diejenigen, die in einem anderen entstehen. Ein strukturierter Zahlungsstrom hat einen Wert, der unabhängig ist vom Wert eines anderen Zahlungsstroms, der vom Geschäftspartner erbracht wird. Transferierte Risiken besitzen einen handelbaren Marktwert. Mit modernen statistischen Mitteln lassen sich alle modernen Finanzinstrumente, die kaufmännisch gehandelt werden, präzise auf einen Barwert (Net Present Value) berechnen. Dies können aber nur entsprechend ausgestattete Spezialisten. Und meistens wissen nur Spezialisten, dass es diese Möglichkeit gibt – obwohl sie die unverzichtbare Grundlage des gesamten modernen Derivatehandels bildet.

Ein solcher Paradigmenwechsel kann gravierende Missverständnisse verursachen. Während das alte Modell im neuen dargestellt werden kann, ist dies umgekehrt nicht der Fall. Wenn ein strukturiertes Instrument mit den Begrifflichkeiten der alten Welt erklärt und verkauft wird, wird der Käufer eine unangenehme Überraschung erleiden.

5.6.3 Irrtum trotz Aufklärung

Es kann nicht behauptet werden, dass neue Finanzinstrumente zu wenig dokumentiert werden. Häufig entstehen Irrtümer allerdings trotz – oder infolge – des Umfangs der Dokumentation.

5.6.3.1 Irrtum 1 – Derivat und Grundgeschäft

Vielleicht aus Rücksicht auf die „traditionellen“ Erwartungen ihrer Kundschaft neigen Emittenten dazu, die Begrifflichkeit des Risikohandels zu vermeiden und stattdessen die Sprache vertrauter Finanzgeschäfte zu verwenden.

So haben die Banken, die sich von Mittelständlern und kommunalen Unternehmen Zinsoptionen haben verkaufen lassen, dieses Geschäft als Mittel der „Zinsoptimierung“ angepriesen. Der Begriff suggeriert, dass man mit dem Geschäft seine Zinslast in irgendeiner Form „verbessern“, also verringern können. Dieser Eindruck wurde durch eine Struktur des Zahlungsstroms verstärkt, wodurch in den ersten zwölf Monaten negative Zahlungspflichten (d.h. Eingänge beim Kunden, die als „Zinszahlungen“ beschrieben wurden) entstanden sind.

Eigentlich hatte der Zahlungsstrom jedoch mit der gewöhnlichen Zinsbelastung einer Kommune oder eines Mittelständlers nichts zu tun; und „optimieren“ konnte er die Situation des Kunden höchstens dann, wenn bestimmte

Zinsrisiken nicht eintraten. Ein positiver Zahlungsstrom – wenn er so eintrat – wäre korrekterweise als Prämieneinnahme für eine Versicherungsleistung zu bezeichnen gewesen. Mit Zinsoptimierung – jedenfalls aus Sicht des Kunden – hatte das Ganze nichts zu tun.

Vergleichbares lässt sich über die sogenannten „Cross-Border-Leasing“-Verträge feststellen. Diese Verträge wurden den Geschäftspartnern (überwiegend Kommunen und Unternehmen in öffentlicher Trägerschaft) als Steuersparmodell angepriesen. Grundlage war angeblich eine Realisierung des Wertes von Kapitalanlagen verbunden mit einem „Leaseback“ derselben. Leaseback ist nichts Ungewöhnliches. Auch das Steuersparmodell war zumindest nicht unplausibel. Aber der eigentliche Kern dieser Geschäfte war der Verkauf durch die Kommunen von einer Option auf die Kreditwürdigkeit von gewissen US-Unternehmen[18]. Dafür haben die Kommunen eine Prämie erhalten (als „Barwertvorteil“ bezeichnet). Das Problem war nicht nur, dass der Barwertvorteil zu niedrig war, sondern dass Risikotransfers dieser Art für Kommunen denkbar ungeeignet waren.

5.6.3.2 Irrtum 2 – Risiken als offener Zufall

Ein Instrument mit komplexen stochastischen Elementen ist mit den Mitteln der traditionellen Finanz nicht einzuschätzen. Ein Zahlungsstrom, der sich nach der Steilheit der Zinskurve bemisst, wird den meisten Menschen ohnehin eher beliebig vorkommen. Weder widerspiegelt er normale Geschäftsrisiken, noch vermittelt er den Eindruck, dass sein Verlauf auf irgendeine Weise vorhersehbar wäre. Angesichts einer solchen Struktur – wie häufig vorzufinden in den sogenannten „Spread Ladder Swaps“ – liegt die Schlussfolgerung nahe, hier liege ein Spiel mit offenem Ausgang vor. Es sei eine Wette mit beliebigem Gegenstand, dessen Ergebnis sei vollkommen dem Zufall überlassen, man könnte höchstens mehr oder weniger subjektive „Prognosen“ erstellen. Geradezu verstärkt wird dieser Eindruck durch Warnungen vor einem „theoretisch unbeschränkten Verlustrisiko“ und einem „nicht bestimmbaren Worst Case“[19].

18 *Hoosier Energy Rural Cooperative v John Hancock Life Insurance Company* (US District Court, SD Indiana 2008) Beschluss vom 25.11.2008.

19 *OLG Bamberg v. 11.05.2009, WVV*, 4 U 92/08: Siehe auch Anhang 1, unten.

5.6 Charakteristische Beratungsfehler bei strukturierten Instrumenten

Bei einem Spiel mit dem Zufall – wenn es so wäre – kann der Verlierer natürlich nicht klagen, wenn seine „Prognose“, sofern er überhaupt eine hatte, sich später als irrig erweist.

Nur handelte es sich hier nicht um ein Spiel. Mit den Spread Ladder Swaps konnten sich die Banken absichern lassen gegen eigene Geschäftsrisiken – nämlich gegen das Risiko, dass die Refinanzierung von langfristigen Kundendarlehen mit kurzfristigen Krediten plötzlich teurer wird. Obwohl ein solches Risiko für normale gewerbliche Unternehmen relativ fremd ist, trifft dies für Finanzhäuser nicht zu. Der Spread Ladder Swap, mit dem der Kunde seine Zinsbelastungen mit spekulativen Gewinnen kompensieren sollte, war für die Bank selbst eine nüchterne Absicherungsstrategie.

Irreführung lässt sich sogar dann feststellen, wenn die Geschäftspartner zum Kreis der finanzmathematisch Aufgeklärten gehörten. Käufer von CDOs (Collateralised Debt Obligations) waren normalerweise nur Finanzinstitutionen und andere professionelle Anleger. CDOs sind Geschäfte, in denen eine Partei vom Partner die Option erhält, bei Ratingabfall, Zahlungsunfähigkeit oder Insolvenz eines Portfolios von Referenzunternehmen pekuniären Ersatz – Ausgleichszahlungen – zu verlangen. Auch hier waren es nicht die Emittenten, sondern die Anleger, die in die Rolle des Optionsverkäufers versetzt wurden. Wie bei den Cross-Border-Leasing-Verträgen stellte sich heraus, dass die auf die Anleger transferierten Risiken jedenfalls nicht von der Qualität waren, dass die Instrumente (wie in vielen Fällen) eine AAA-Rating verdient hätten.

Ob die Rating-Agenturen für ihre locker vergebenen Qualitätsprädikate künftig gerade stehen müssen, wird sich noch zeigen[20]. Davon einmal abgesehen, lauerten in vielen dieser Produkte zusätzliche Risiken. Die unausgesprochene Voraussetzung bei einer CDO ist, dass die beim Start identifizierten Risiken während der Laufzeit konstant bleiben. Die Referenzunternehmen selbst müssen nicht gleich bleiben; es kommt regelmäßig vor, dass Referenzen ausgetauscht werden, auch wenn der Schadensfall nicht eingetreten ist – etwa bei Rückzahlung einer zum Portfolio gehörenden Anleihe. Um dafür Ersatz zu finden, sehen die Verträge einen „Portfolio Manager“ vor. Von jeder Verschiebung der Kreditwürdigkeit des Portfolios profitiert eine der Parteien. Insofern bleibt der Portfolio Manager grundsätzlich von den Parteien unabhängig und ist verpflichtet, den Inhalt des Portfolios risikoneutral zu verwalten.

---

20 *CALPERS v Moody's* Klageschrift vom 09.07.2009.

Es kommt allerdings vor, dass bestimmte CDO-Verträge diese Neutralität konterkarieren. Bei einigen Verträgen darf der Optionskäufer (in den CDOs heißt er „Protection Buyer“) selbst Referenzen austauschen. Eingeschränkt wird dieses Recht nur vage – etwa dadurch, dass das Rating der eingewechselten Referenzen nicht schlechter sein darf als die alten. Innerhalb einer Ratingkategorie gibt es jedoch eine große Bandbreite von Kreditrisiken. Ein findiger Protection Buyer wird bei gewissen Vertragsgestaltungen das Kreditrisiko des Referenzkorbes zu schädigen wissen.[21] Wir nennen das Recht, im eigenen Interesse den Referenzkorb zu manipulieren, ein Switch-Recht.

Die Chance Switches zu Gunsten des Protection Buyer auszuführen findet man sogar in Verträgen, wo nominell ein unabhängiger Portfolio Manager besteht.

In allen Fällen gilt das alte Prinzip. Derjenige, der glaubt, Zufall würde dort walten, wo in Wirklichkeit sein Gegenüber das Geschehen beeinflussen kann, ist wesentlich im Nachteil.

5.6.4 Versäumte Informationen 1: Vorgetäuschte Vollständigkeit

Bei Derivaten wurden oft die entscheidenden Elemente durch unverständliche Darstellungen und umfangreiche Trivialinformationen verdeckt.

Vertragsunterlagen für komplexe Finanzinstrumente sind in der Regel sehr ausführlich. Bei CDOs sind die Verträge und Termsheets zusammen normalerweise mindestens 50 Seiten. Hinzu kommen gegebenenfalls Rahmenverträge. Alle Verträge sind zunächst ausschließlich auf Englisch verfügbar. Das anwendbare Recht ist typischerweise ebenfalls englisch.

Börsennotierte CDOs werden typischerweise an kleinen und weniger liquiden Börsen wie Dublin notiert. Dort entsteht jedoch kein liquider Markthandel. Die Verträge bzw. Prospekte sind nicht standardisiert und bleiben trotz der Börsennotierung für Dritte schwer erhältlich. Faktisch sind sie in vielen Fällen OTC-Papiere, die nur für einen oder sehr wenigen Kunden aufgelegt werden. Damit wird verhindert, dass sich die Kenntnis dieser Instrumente in der Allgemeinheit ausbreitet. Von der Wissenschaft werden sie nicht berücksichtigt;

21 So geschehen im Fall *HSH Nordbank ./.* Barclays. Vgl. FAZ vom 26.02.2008, „Erbitterter Streit um Verluste“, sowie The Guardian, 15.02.2005, „Barclays ‚toxic waste‘ row with German bank settled“. Der Streit mit Barclays wurde verglichen. Zu den Vorwürfen der HSH Nordbank, vgl. http://archives.econ.utah.edu/archives/a-list/2004w42/msg00018.htm.

einschlägige Literatur kann nicht entstehen. Selbst institutionelle Anleger sind durch die Überprüfung solcher Verträge überfordert.

Besonders bedenklich sind „Cross-Border-Leasing"-Verträge der umstrittenen Art. Diese bestehen aus einer großen Anzahl miteinander verknüpfter Verträge, die zusammen auf weit über 1.000 Seiten kommen. Auch diese Verträge sind ausschließlich in Englisch verfasst; vereinbartes Recht und Gerichtsstand sind New York oder London. Vertraulichkeitsvereinbarungen gewährleisten, dass keine Standardisierung entsteht und dass die Geschäfte in der Literatur unerwähnt bleiben. Kommunale Rechtsabteilungen sind chancenlos.

Selbst die viel kürzere Vertragsdokumentation, die im Zusammenhang mit den Zinskurvenswaps verwendet wurde, benebelt mit ihrer vorgeblichen Ausführlichkeit mehr, als sie aufklärt. Statt auf reelle Risiken und Chancen einzugehen weisen sie darauf hin, dass das Verlustrisiko theoretisch unbegrenzt sei, und dass ein „Worst Case" sich nicht beziffern lasse[22]. Ebenfalls verschleiernd wirken die „Szenarien", vereinzelte Beispielrechnungen für künftige Zinskurvenentwicklungen unter bestimmten Annahmen, die bestenfalls die Wirkungsweise der Berechnungsformel (nicht aber der Optionsstruktur) veranschaulichen. Marktwert und eingebaute Risikoverteilung finden keine Erwähnung.

5.6.5 Versäumte Informationen 2: Abwehr von nachvertraglichen Verlusten

Schließlich verstehen viele Kunden nicht, dass mit Derivaten die Anforderungen an den Anleger erst dann beginnen, wenn der Kauf stattgefunden hat. Bei traditionellen Geschäften spielt der Verkäufer keine Rolle mehr, nachdem er den Wert übertragen hat. Beim Derivat dagegen entwickelt sich das gegnerische Verhältnis der Vertragspartner erst ab dem Zeitpunkt des Kaufes. Gerade dann ist vollständige und zutreffende Information unverzichtbar.

Es trifft sicherlich zu, dass einmal geschlossene Verträge nicht ohne weiteres rückgängig gemacht werden können und dass Kaufverträge keine nachträglichen Beratungspflichten mit sich ziehen. Sobald der Kunde sein Risikopapier gekauft hat, muss er (abgesehen von Ansprüchen gegenüber dem Verkäufer) selbst dafür sorgen, dass er daran möglichst wenig Schaden erleidet.

22 *OLG Bamberg v. 11.05.2009, WVV*, 4 U 92/08: Rn 34.

Dennoch: eine Schadensbegrenzung bietet sich immer darin an, indem das Papier weiter veräußert wird oder bei der Bank gegen Zahlung des Marktwertes glatt gestellt wird. Selbst wenn die Bank die Glattstellung verweigern sollte, besteht grundsätzlich immer die Möglichkeit, den Verlust durch passende Gegengeschäfte mit anderen Finanzinstituten „einzusperren“.

Gerade dies wird jedoch von Kunden übersehen, die sich fatalistisch in ihr Schicksal fügen.

Dass ein Marktwert jederzeit festgestellt werden kann, ergibt sich aus dem Rahmenvertrag[23]. Diesen noch vor Vertragsabschluss dem Kunden offen zu legen, lehnen die Banken ab. Erkennbar ist jedoch, dass die Banken irgendwann damit beginnen, den Marktwert (als drohende Kosten der Glattstellung) mitzuteilen. Spätestens ab diesem Zeitpunkt kann ihn der Kunde auch selbst erfragen. Wenn er es allerdings nicht tut, entsteht die Gefahr, dass er erst zu spät über die riskante Entwicklung seiner Geschäfte informiert wird und Ausstiegsmöglichkeiten verstreichen lässt.

5.7 Sachverhalt: Zusammenfassung

Komplexe Finanzinstrumente werden nach Maßgabe genau berechneter Werte strukturiert. Fehler in der Bepreisung bergen unmittelbare Verlustrisiken für den Emittenten. Korrekte Preise sind darüber hinaus zur Bilanzierung und für die Einhaltung der Kapitaladäquanz-Regeln („Basel“) wesentlich.

Letzteres gilt auch für die Risiken eines Instruments.

Ein komplexes Finanzinstrument definiert sich über die Elemente Marktwert und Risikostruktur. Die Berechnung des einen impliziert die Berechnung des anderen (siehe oben, 5.4.3). Marktwert und Risikostruktur sind die „wesentlichen Umstände“ eines komplexen strukturierten Finanzinstruments in dem Sinne, dass ein zweckmäßiger Umgang mit dem Produkt unmöglich ist, wenn man diese Elemente nicht weiß.

23 Bundesverband deutscher Banken, „Rahmenvertrag für Finanztermingeschäfte“, Abs. 8 (1). Zur Berechnung des Betrages zur Glattstellung einer Position kann die Bank „denjenigen Betrag der Schadensberechnung zugrunde legen, den sie für solche Ersatzgeschäfte auf der Grundlage von Zinssätzen, Terminsätzen, Kursen, Marktpreisen, Indices und sonstigen Wertmessern sowie Kosten und Auslagen zum Zeitpunkt der Kündigung ... hätte aufwenden müssen“. Die Preisberechnung bei Glattstellung liegt nicht im Ermessen der Bank; es handelt sich um den Marktpreis.

Es gibt keinen Grund, diese Elemente nicht offen zu legen; sie lassen sich für jeden verständlich in Geldbeträgen darstellen. Ein Beispiel wäre:

Das Instrument wird zum Parwert herausgegeben, sein Marktwert ist insofern null. Die Chancen liegen bei 100.000 €, die Risiken bei 120.000 €. Die Strukturierungsgebühr ist 2.000 €.

Wenn der Kunde ein eigenes Risiko mit dem Instrument absichern will, muss er lediglich entscheiden, ob ihm die Gebühr zu hoch ist. Ansonsten (wenn er also ein offenes Risiko eingehen will) muss er entscheiden, ob seine Prognose zu den relevanten Basiswerten einen Einsatz von 120.000 € bei Chancen von 100.000 € rechtfertigt. Selbst dann muss er natürlich die Gebühr berücksichtigen.

Ein Beispiel für die weniger attraktiven Zinsswaps, die 2005 und 2006 am OTC-Markt vertrieben wurden, sieht so aus:

Das Instrument weicht um 732.000 € zu Lasten des Kunden vom Parwert ab. Die Chancen des Kunden liegen bei 1.070.000 €. Sein Risiko liegt bei 7.197.000 €[24].

Es fehlt ein relevantes Grundgeschäft auf Kundenseite; für ihn sichert das Instrument keine Risiken ab. Er muss also entscheiden, ob seine Prognose zur künftigen Steilheit der Zinskurve es rechtfertigt € 7 Mio. für eine Gewinnchance in Höhe von € 1 Mio. zu riskieren, wobei er € 700.000 gleich Eingangs zahlen muss.

Die Frage ist, ob man auch nur eine dieser Angaben unberücksichtigt lassen kann, wenn man die Angemessenheit des Produkts beurteilen will. Die Antwort wird wohl negativ sein. Im letzten Beispiel sind sowohl der riskierte Einsatz, (7 Mio. €), als auch die Chance (1 Mio. €) und die Marktwertverschiebung (700.000 €) wesentliche Aspekte. Alle drei sind essenziell; das Wissen lediglich von zwei müsste man als unzulänglich zurückweisen. Insbesondere sind alle „Prognosen" blind, solange man über diese Risikostruktur nicht vorher aufgeklärt wurde.

24 Ergebnisse des Parteigutachtens in *LG Essen v. 03.09.2008*, 42 O 16/08 (Gerichtsausfertigung). Siehe unten, Anhang 1, für die Termsheets.

5.8 Angemessene Beratungsinhalte

5.8.1 Quantifizierte Informationen

Den meisten Oberlandesgerichten, die in den oben genannten Streitigkeiten mit komplexen Finanzinstrumenten geurteilt haben (siehe oben, Abschnitt 5.2), standen mehr oder weniger vollständige finanzmathematische Privatgutachten der Kläger zur Verfügung. Auf diese Einlassungen haben sie jedoch nur widerwillig reagiert. Keins der Gerichte hat einen eigenen Sachverständigen beauftragt. Im Gegenteil: die Gerichte haben in ihren Darstellungen Wert darauf gelegt, dass auch sie (trotz: „iudex non calculat") mit den Komplexitäten der Instrumente umgehen konnten[25]. Es besteht allerdings ein gewisser Kontrast zwischen der Ablehnung der quantitativen Analyse und den Kriterien, die in den Urteilen zur Anwendung kommen.

Der grundsätzliche Ansatz der Gerichte besteht in der Feststellung, dass es sich bei den streitgegenständlichen Instrumenten um „spekulative" Produkte handle. Zu solchen Produkten gebe es letztendlich nicht viel zu sagen. Der Anleger lasse sich auf eine Prognose ein. Da jedoch niemand die Zukunft voraussagen könne, sei es seine eigene Verantwortung, wenn die Prognose sich nicht realisiert[26].

Dennoch gestehen die Gerichte zu, dass man gewisse Eigenschaften berücksichtigen müsse, wenn es um die Beurteilung der Rechtmäßigkeit solcher Verträge geht.

25 Mit zuweilen etwas naiven Ergebnissen. So wiederholt das OLG Bamberg den Vortrag der Bank, der Anleger habe einen Vorteil, weil er „ohne jeden Einsatz von Eigenkapital" während der Anfangsperiode Gewinne „garantiert" bekäme; siehe *OLG Bamberg v. 11.05.2009, WVV*, 4 U 92/08: Rn 115. Dass ein Wirtschaftsprüfer dieser Auffassung von „Eigenkapital" folgen würde, darf bezweifelt werden.

26 Siehe etwa *OLG Frankfurt v. 29.07.2009*, 23 U 76/08 Juris, Rn 31. „Dass das Geschäft rein spekulativ war, lag auf der Hand, denn niemand kann die Entwicklung der Referenzzinssätze vorhersagen. Die fehlende Möglichkeit einer zuverlässigen Prognose ist auch klar erkennbar." Ebenfalls *OLG Bamberg v. 11.05.2009, WVV*, 4 U 92/08: Rn 175. „Denn jedes Swap-Geschäft hat spekulativen Charakter, weil bei derartigen Finanzprodukten eine wirklich sichere Prognose auch bei sorgfältiger Verwertung aller Informationen nicht möglich ist."

5.8.1.1 Preis; „anfänglicher negativer Marktwert"

Die Gerichte scheinen den Vortrag der klagenden Anleger akzeptiert zu haben, dass die Emittenten ihre Instrumente mit einem anfänglichen negativen Marktwertes strukturiert hatten. Die Gerichte legen dies als „Gewinnaufschlag" aus. Dies sei jedenfalls „geschäftsüblich"[27].

Ob mit „geschäftsüblich" die Höhe des „Gewinnaufschlags" gemeint ist, ist nicht klar. Jedenfalls ist wohl davon auszugehen, dass Aufschläge nicht in beliebiger Höhe „geschäftsüblich" wären. Insofern liegt die Notwendigkeit, einen Aufschlag unter Umständen ermitteln zu können, auf der Hand. Womit wieder die quantitative Betrachtung ins Spiel kommt: eine Alternative zur statistischen Ermittlung wird nicht genannt.

Wichtiger allerdings ist die Weigerung der Gerichte, den Zusammenhang zwischen „Gewinnaufschlägen" dieser Art und der Grundstruktur des Produkts zu erkennen. Insofern ignorierten sie nicht nur die wesentlichen Eigenschaften von komplexen Instrumenten (wie oben beschrieben), sondern auch die Rechtsprechung des BGH. Bei optionsstrukturierten Instrumenten, so der BGH bereits 1981, ist der Marktwert – die am Markt gängige „Prämie" – von „ausschlaggebender Bedeutung"[28]. Ein Aufschlag auf diese Prämie verändert die gesamte Risikostruktur. Es war für den Kläger, so das Gericht,

> nicht ersichtlich, dass sich die Chancen- und Risikoeinschätzung durch den Aufschlag der Beklagten gegenüber der Beurteilung durch den Börsenfachhandel in London grundlegend änderte. Insgesamt folgt daraus, dass es hier nicht um eine – wie die Revision meint – unberechtigte und im Wirtschaftsleben unzumutbare Aufdeckung der Kalkulation geht, sondern um die notwendige Aufklärung über eine wesentliche Grundlage eines Geschäfts, deren Kenntnis in den Kreisen, in denen die Beklagte ihre Werbung angesetzt hat, nicht vorausgesetzt werden kann[29].

27 *OLG Bamberg v. 11.05.2009, WVV*, 4 U 92/08: Rn 221.

28 *BGH v. 16.02.1981, Silberoptionen*, II ZR 179/80 Juris; Siehe auch *BGH v. 06.04.1981*, II ZR 84/80 Juris. Man sollte im Übrigen berücksichtigen, dass es in diesen Fällen um den Kauf von Optionen durch die Anleger ging, nicht (wie im vorliegenden Beispiel) um den ganz wesentlich gefährlicheren Verkauf. *BGH v. 14.05.1996*, XI ZR 188/95 Juris.

29 *BGH v. 16.02.1981, Silberoptionen*, II ZR 179/80: Rn 9.

Des weiteren bemerkte das Gericht:

> Der Umstand, dass eine solche Aufklärung zahlreiche Kunden abhalten würde, die Angebote der Beklagten anzunehmen, und die Geschäftstätigkeit der Beklagten schwer beeinträchtigt würde, ist kein Argument gegen die Aufklärungspflicht, sondern gegen die Geschäfte selbst[30].

Zu diesem Thema ist im Übrigen zu bemerken: Die Kläger hatten vorgetragen, die Mitteilung des „Aufschlages“ sei in Anlehnung an die Rechtsprechung zur Vermeidung von Interessenskollisionen geboten. Der BGH hat in mehreren Urteilen festgelegt, dass „Kick-Backs“ des Emittenten an die Vermittler offen gelegt werden müssen, weil sonst die Gewinninteressen des Vermittlers unerkannt seine Beratung zum Nachteil des Anlegers beeinflussen könnten[31]. Diese Argumentation ist auch in Landgerichtsurteilen auf Situationen übertragen worden, wo nur zwei Parteien im Spiel waren[32]. Die Übertragbarkeit zumindest der BGH-Rechtsprechung hat das OLG Bamberg abgelehnt[33]. In dieser Hinsicht ist dem OLG Bamberg zu folgen: die BGH-Rechtsprechung zu Kick-Backs beruht zumindest teilweise auf der Annahme eines Mäkler- oder Geschäftsbesorgungsverhältnisses zwischen Anleger und Vermittler[34]. Die Offenlegungspflicht der Bank kein fiduziarisches Verhältnis, sondern allein die vertragsrechtlichen Inzidenzien eines Beratungsvertrags[35].

5.8.1.2 Chancen-Risiko-Verteilung

Im Hinblick auf die Chancen-Risiko-Verteilung hat das OLG Düsseldorf bestätigt, dass maßgeblich sei, „ob auf der Grundlage einer vertretbaren Prognose ein das Risiko rechtfertigender Gewinn“ möglich erscheint[36]. Nach welchem Maßstab das Verhältnis von Gewinn zu Risiko zu bemessen ist, ließ das Gericht allerdings offen. Das OLG Frankfurt sowie das OLG Bamberg haben beide die Darstellung der Kläger akzeptiert, wonach ein „signifikantes“ (OLG

---

30 Ebd.

31 *BGH v. 19.12.2000, Kickbacks I*, XI ZR 349/99 Juris; *BGH v. 19.12.2006, Kickbacks II*, XI ZR 56/05; *BGH v. 20.01.2009, Kickbacks III*, XI ZR 510/07 Juris.

32 *LG Hamburg v. 23.06.2009*, 310 O 4/09: Rn 47; *LG Hamburg v. 01.07.2009*, 325 O 22/09: Im zweiten Fall stützte sich das LG zusätzlich auf Art. 19, Richlinie 2004/39/EG.

33 *OLG Bamberg v. 11.05.2009, WVV*, 4 U 92/08: Rn 227; ebenfalls *OLG Düsseldorf v. 20.09.2007*, I-6 U 122/06: Rn 29.

34 *BGH v. 20.01.2009, Kickbacks III*, XI ZR 510/07: Rn 12 mit Hinweis auf § 654 BGB.

35 St. Rspr. seit *RG v. 19.12.1898*, Rep. VI. 272/98: 131. Die so genannte „Bond“-Rechtsprechung ist hiervon nur die neuere Rezeption.

36 *OLG Düsseldorf v. 29.06.2009*, I-9 U 187/08 Juris.

Bamberg) Ungleichgewicht zu Lasten der Kläger bestehe[37]. Dieses sei jedoch im Rahmen der Sittenwidrigkeitskontrolle (§ 138 BGB) unbeachtlich. Ob es aber nicht zu den im Rahmen einer Beratung aufklärungspflichtigen „wesentlichen Umständen" gehört, wurde vom Gericht nicht erwogen. Jedenfalls – so wohl abschließend zum Thema „Ungleichgewicht" zwischen Chancen und Risiken – seien asymmetrische Risiken ohnehin typisch für Optionen.

5.8.1.3 Spekulation und Risikobereitschaft

Schließlich ist der Umgang der Oberlandesgerichte mit dem Begriff „Spekulation" in der unquantifizierten Form unbefriedigend.

„Spekulation" wird in den Entscheidungen als bedeutungsgleich mit „Verlust-trächtig" verwendet. Der Begriff wird dadurch jedoch extrem verkürzt. Jede Finanzentscheidung birgt die Gefahr von Verlusten. Auch dann, wenn das Geld zu Hause im Schrank bleibt, kann Inflation dessen Wert aufzehren. In der korrekten Verwendung ist das Eigentümliche an der Spekulation lediglich, dass der Spekulant offene Risiken eingeht (also keine Absicherungsgeschäfte tätigt – siehe oben, Abschnitt 5.4.4). Das relevante Maß ist die Risikobereitschaft: wie viel der Anleger schlimmstenfalls bereit ist, zu verlieren. Diese wiederum will quantitativ bewertet werden, wie es auch in den von den Banken für ihre Kunden vorgesehenen „Risikoprofilen" tatsächlich praktiziert wird.

In dieser Hinsicht ist nicht klar, wie ohne die entsprechenden quantitativen Informationen ein komplexes Instrument einzuordnen wäre.

5.8.2 Anlegergerechte Beratung

Wenn man nun voraussetzt, dass die erwähnten Informationen für den Kauf eines komplexen Finanzinstruments zu den „wesentlichen Umständen" gehören, stellt sich die Frage, inwiefern der Verkäufer diese seinen Kunden mitteilen muss.

37 *OLG Frankfurt v. 29.07.2009*, 23 U 76/08: Rn 31; *OLG Bamberg v. 11.05.2009, WVV*, 4 U 92/08: Rn 109.

5.8.2.1 Normativer Hintergrund: MiFID, WpHG, Rechtsprechung

Im Bereich des Wertpapierhandels existiert ein dichtes aufsichtsrechtliches Netz, das zuletzt durch die Finanzmarktrichtlinie (EU-Richtlinie 2004/39, „MiFID") mit Wirkung ab November 2007 weiter ausgebaut wurde. Aufsichtsrechtliche Normen sind für die vorliegenden Fälle jedoch nur indirekt relevant. Positive Ansprüche werden durch die in der MiFID statuierten Aufklärungs- und Beratungspflichten nicht unterstützt, weil die betreffenden Normen keinen Schutzgesetzcharakter im Sinne des § 823 Abs. 2 BGB entfalten[38]. Die Pflichten der Wertpapierhändler werden allerdings dadurch einschränkend berührt, dass sie bei „professionellen" Kunden und „geeigneten Gegenparteien" davon ausgehen dürfen, dass diese mit den Risiken der von ihnen eingegangenen Geschäfte vertraut sind[39].

Diese Vorschriften sind für den oben besprochenen Swap weniger relevant, weil man angesichts seiner Komplexität davon ausgehen muss, dass der Hersteller des Produkts nicht ernsthaft erwartete, dass sein Kunde die wesentliche Struktur des Instruments versteht.

In diesem Fall greift die von der MiFID vorgesehenen Entlastung des Wertpapierhändlers nicht. Es gelten die normalen zivilrechtlichen Kriterien, inwiefern er gegenüber seinem Kunden aufklärungs- oder beratungspflichtig ist.

Eine allgemeine Pflicht zur Offenbarung von Mängeln und Nachteilen besteht für die Vertragspartner nicht. Etwas anderes gilt jedoch unter anderem dann, wenn die Parteien in einem besonderen Vertrauensverhältnis zueinander stehen. Das gilt in europäischen Rechtsordnungen seit jeher für das Verhältnis zwischen Bank und Kunden[40]. Im Rahmen des Verhältnisses zwischen Wertpapierhändler und Kunden ergibt sich nach der Bond-Rechtsprechung des BGH nicht nur eine Aufklärungs- sondern sogar eine Beratungspflicht alleine daraus, dass ein entsprechendes Gespräch zustande kommt[41]. Je nach Wissensstand und Risikobereitschaft des Kunden hat der Wertpapierhändler sich auf diejenigen Eigenschaften und Risiken des Geschäfts zu beziehen, die für die jeweilige Anlageentscheidung wesentliche Bedeutung haben oder haben kön-

38 *BGH v. 19.12.2006, Kickbacks II*, XI ZR 56/05: Rn 18.
39 *MiFID-DRiL*, Art. 36 S. 2; *WpHG*, § 31 Abs. 9, § 31a Abs. 2 S. 1.
40 Canaris, *Handelsgesetzbuch, Bankvertragsrecht*, Rn 12, 18, 20; *Hedley Byrne v Heller*, [1963] 3 AER 891; Erman/Arnold, § 123 Rn 15 f.
41 *BGH v. 06.07.1993, Bond*, XI ZR 12/93.

nen[42]. Dabei hat die Bank „vollständig“ zu beraten, sie hat über „alle Umstände“ zu unterrichten, „die für das Anlagegeschäft von Bedeutung sind“[43].

Diese Pflichten fanden in der alten Fassung des WpHG ihren Niederschlag in der Vorschrift, die Bank habe ihren Kunden „alle zweckdienlichen Informationen mitzuteilen, soweit dies zur Wahrung der Interessen der Kunden und im Hinblick auf Art und Umfang der beabsichtigten Geschäfte erforderlich ist“ (§ 31 Abs. 2 WpHG).

Ob die Pflichten der Banken nun infolge der MiFID gesunken sind, ist streitig[44]. Wenn laut BGH das WpHG ohnehin kein Schutzgesetz ist und nur aufsichtsrechtlich eine Wirkung entfaltet, wäre diese Frage wohl aus Sicht des Anlegers wohl mit nein zu beantworten (so auch Podewils/Reisich, aaO).

5.8.2.2 Beratung von erfahrenen Anlegern

In den vorliegenden Fällen spielt die Anwendbarkeit der aufsichtsrechtlichen Normen zum Schutz der geschädigten Anleger jedoch keine Rolle.

Wir unterstellen, dass die Anleger erfahrene Kaufleute sind. Mehr als das – sie wären „professionelle Anleger“ oder sogar „geeignete Gegenparteien“ im Sinne der MiFID [45]. Entscheidend für die Behandlung aller Nicht-Privatanleger ist, dass die Wertpapierhändler davon ausgehen dürfen, dass Fachleute dieser Art in der Lage sind, Finanzinstrumente ohne fremde Hilfe selbst einzuschätzen. Die sogenannte „Explorationspflicht“ besteht in solchen Fällen also nicht[46].

Das bedeutet aber nicht, dass die normalen Fürsorgepflichten aus dem Vertragsverhältnis nicht mehr gelten.

---

42 Ebd., XI ZR 12/93: Rn 18.

43 Ebd., XI ZR 12/93: Rn 19.

44 Felix Podewils und Dennis Reisich, „Haftung für „Schrott“-Zertifikate? – Aufklärungs- und Beratungspflichten nach BGB und WpHG beim Erwerb von Zertifikaten“, *NJW* 2009: 120 mwN.

45 In *OLG Bamberg v. 11.05.2009, WVV*, 4 U 92/08: hätte das Gericht die Klägerinnen – größere kommunale Versorgungsunternehmen – als „geeignete Gegenparteien“ eingestuft. Es ist zweifelhaft, ob dies ohne deren Zustimmung zuträfe – vgl. § 31a Abs. 4 Satz 2 WpHG.

46 *MiFID-DRiL*, Art. 36 S. 2.

Insbesondere:

Tatsächliche Kenntnis. Ein Verkäufer, der weiß, oder bei gehöriger Aufmerksamkeit wissen müsste, dass der zu Beratende über wesentliche Umstände nicht informiert ist, kann sich nicht darauf berufen, dass er berechtigt ist „davon auszugehen“, dass der Partner informiert ist.

Aktive Täuschung. Ein Verkäufer, der ausführlich berät aber durch seine Informationstaktik darauf hinarbeitet, dass wesentliche Umstände nicht thematisiert werden, kann sich nicht darauf berufen, dass er „davon ausgehen“ darf, dass die Umstände dem zu Beratenden bekannt sind.

Laien sind nicht in der Lage komplexe Instrumente ohne Hilfe von Spezialisten finanzmathematisch zu beurteilen. Insofern muss jede Bank davon ausgehen, dass dies wenn überhaupt nur in den seltensten Fällen vorkommen wird.

Der Gebrauch von sehr langen, fremdsprachigen Verträgen darf nicht dazu dienen, ungewöhnliche und nachteilige Klauseln zu verbergen. Dies gilt auch zwischen Kaufleuten.

Ansprüche aus Täuschung, ob im Rahmen einer Anfechtung nach § 123 BGB oder im Rahmen von c.i.c., werden durch die Erleichterungen der MiFID im Hinblick auf professionelle Kunden und geeignete Gegenparteien *nicht* eingeschränkt.

5.9 Fazit

Komplexe Finanzinstrumente sind für den normalen kaufmännischen Verkehr noch weitgehend intransparent. Erstens ist die Einschätzung von Chancen und Risiken ohne finanzmathematisch erstellte Angaben nicht möglich. Zweitens werden bestimmte Instrumente – vor allem im Kreditrisikobereich – in zunehmen komplexen Vertragsgestaltungen eingewickelt.

Jedenfalls bei allen komplexen Instrumenten ist eine präzise bezifferte Risikoangabe notwendig. Diese muss auch ungewöhnliche Vertragsgestaltungen (z.B. Portfolioänderungsrechte beim Emittenten einer CDO) berücksichtigen. Das von MiFID statuierte Recht, Kompetenz bei Vertragspartnern zu unterstellen, gilt nur dann, wenn dessen Wissenslücken für den Verkäufer tatsächlich nicht erkennbar sind. Es gelten die etablierten Rechtssätze zu Pflichten innerhalb eines Vertrauensverhältnisses sowie zur Täuschung des Vertragspartners über wesentliche Umstände.

6 Finanzderivate als Spielvertrag

6.1 Einleitung

Wie wir im vorangegangenen Kapitel gesehen haben, beschränkte sich die frühere Diskussion weitgehend auf das aus der *Bond*-Rechtsprechung vertraute „Beratungs"-Modell. Demzufolge jedoch sind Ansprüche wegen Fehlverkaufs so gut wie ausgeschlossen, wenn der Käufer ein erfahrener Geschäftsmann ist. Den Finanzinstituten sei es schließlich nicht verboten, schlechte Deals anzubieten. Der Geschäftsmann hätte die Risiken erkennen müssen – oder, wenn er sie nicht erkannte, vom Geschäft Abstand nehmen sollen. Auf dieser Basis befindet sich der Käufer in „Catch 22".

Es entsteht der Verdacht, dass die *Bond*-Rechtsprechung, so fair und ausgewogen sie zunächst erscheinen mag, im Hinblick auf Derivate in eine Sackgasse geführt hat. Wie wir gesehen haben, wurden Differenzgeschäfte früher nach eigenen Maßstäben behandelt. Eine Rückbesinnung auf die Gründe dafür ist notwendig.

Dass Finanzderivate keinen normalen Effektenkauf darstellen, sondern wie ein Glücksspiel funktionieren, wurde schon länger vermutet. Der Anleger gewinnt, wenn er auf künftige Marktentwicklungen richtig tippt, andernfalls verliert er (oder zumindest gewinnt er nicht). Dieser Verdacht ist in letzter Zeit auch verschiedentlich von Gerichten geäußert worden[1]. Allerdings werden daraus selten rechtliche Konsequenzen gezogen.

---

1 Viele Gerichte haben Zinsswaps ausdrücklich als „Wette" oder „Spiel" bezeichnet – siehe *OLG Frankfurt v. 30.12.2009*, 23 U 175/08 Juris, Rn 37; *LG Wuppertal v. 16.07.2008, Stadt Hagen*, 3 O 33/08 Gerichtsausfertigung, Rn 142; *LG Ulm v. 22.08.2008*, 4 O 488/07 Gerichtsausfertigung, 19; *LG Ulm v. 10.07.2008*, 2 O 101/08 Gerichtsausfertigung, 13; *LG Krefeld v. 11.09.2008*, 3 O 48/08 Gerichtsausfertigung, 18; *LG Berlin v. 30.11.2009*, 38 O 16/09 Gerichtsausfertigung, 17; In einem Fall hat die beklagte Bank sogar selbst erklärt, es sei „offensichtlich", dass der Swap „die Grundstruktur einer Wette habe" *LG München I v. 20.07.2009*, 10HK O 24464/07 Gerichtsausfertigung, 20.

6 Finanzderivate als Spielvertrag

Das Oberlandesgericht Stuttgart hat die Einordnung eines Finanzderivats als Glücksspiel in mehreren Fällen zur Grundlage seiner Auffassung gemacht[2]. Es handelte sich um die bereits besprochenen Zinsswaps: wenn die kurzfristigen Zinsen im Verhältnis zu den langfristigen gesunken wären, hätte der Anleger gewonnen, sonst die Bank. Die Verträge waren „unfair", so das OLG Stuttgart, weil die Banken den Anleger darüber hätten informieren sollen, dass sie in diesen Swaps zu ihren eigenen Gunsten Risiken und Chancen verschoben hatten[3]. Der daraus resultierende „anfängliche negative Marktwert", den die Kläger erst durch aufwendige Finanzmathematik aufdecken konnten, galt zwar anderen Gerichten lediglich als „Gewinnmarge" oder „Vorfälligkeitsentschädigung", die für die Bank ein Betriebsgeheimnis darstellte und die sie nicht verpflichtet war, offen zu legen[4]. Dieser Auffassung konnte sich das OLG Stuttgart nicht anschließen[5].

Die Darstellung einer Finanzanlage als Glücksspiel, das sich an die Regeln der Fairness zu halten hat, ist für die Aufarbeitung der Kreditkrise und darüber hinaus von Bedeutung. Bekanntlich waren Finanzderivate – insbesondere Kreditwetten, so genannte CDOs – ganz erheblich an den Turbulenzen beteiligt. CDOs wurden überwiegend nur von institutionellen Investoren gekauft; aber inzwischen spielen Derivate auch für Kleinanleger, insbesondere die so genannten Zertifikate, eine wichtige Rolle.

Problematisch an Derivaten ist die Art von Informationen, die ein Anleger braucht, um damit sicher umgehen zu können. Einige Derivate – vor allem CDOs – zeichnen sich durch außerordentlich komplexe Verträge aus, die meistens hunderte von Seiten lang sind. Andere, wie die vom Stuttgarter Gericht mehrfach behandelten Zinsswaps, enthalten mathematische Formeln, die zwar nur die „Grundrechenarten" enthalten, deren praktische Auswirkungen aber schwer einzuschätzen sind. Die meisten Gerichte gehen davon aus, dass es reicht, wenn der Anbieter das Risiko des Geschäfts offen anspricht. Dabei übersehen sie, dass es nicht nur um die Höhe des Risikos geht. Eine riskante Anlage ist *qualitativ anders*, als eine riskante Wette.

---

2 *OLG Stuttgart v. 03.02.2010*, 9 U 111/08 Gerichtl. Vergleichsprotokoll; *OLG Stuttgart v. 26.02.2010*, 9 U 164/08; *OLG Stuttgart v. 27.10.2010, Ravensburg*, 9 U 148/08.

3 *OLG Stuttgart v. 26.02.2010*, 9 U 164/08: Rn 114.

4 *OLG Bamberg v. 11.05.2009, WVV*, 4 U 92/08.

5 *OLG Stuttgart v. 26.02.2010*, 9 U 164/08: Rn 108.

6.2 Glücksspiel

Ein Glücksspiel ist ein Vertrag zwischen Spielern, die mit Blick auf die zufallsbedingte Möglichkeit eines Gewinns einen Einsatz riskieren[6].

Das Glücksspiel ist vom Gesetzgeber immer mit Argwohn behandelt worden. Einerseits ist es wirtschaftlich gesehen nutzlos; es ist ein Nullsummenspiel, das nichts zum Wohlstand beiträgt[7]. Andererseits gefährdet dieses nutzlose Tun das Vermögen der Spieler[8]. Veranstaltern von unerlaubten Glücksspielen drohen insofern empfindliche Strafen (§§ 284 ff. StGB).

Die Emittenten von Finanzderivaten, selbst wenn diese als Glücksspiele gelten sollten, sind vor solchen Sanktionen vermutlich sicher. Im Zuge der weltweiten Liberalisierung der Finanzmärkte um die Jahrtausendwende wurde 2002 mit dem 4. Finanzmarktförderungsgesetz auch in Deutschland die Basis für Derivate gelockert. Einerseits sind Derivate als Teil des Handels mit „Wertpapieren" nun ausdrücklich vorgesehen (§ 2 Abs 2 WpHG); damit dürften Derivate im Sinne des Strafrechts nicht mehr „unerlaubt" sein. Andererseits wurden zivilrechtliche Hürden beseitigt: gegen Verträge, die mit geregelten Kreditinstitutionen abgeschlossen werden, kann der Spieleinwand (§ 762 BGB) nicht mehr geltend gemacht werden (§ 37 e WpHG)[9].

Wenn also das Glücksspiel in Form von Finanzderivaten nicht verboten ist und darauf bezogene zivilrechtliche Ansprüche durchsetzbar sind: wie sind die Auskunftspflichten der Emittenten darauf anzuwenden? Wir wenden uns zunächst einigen grundsätzlichen Fragen zu und prüfen anschließend die Ergebnisse des OLG Stuttgart.

---

6 *RG v. 19.11.1926*, I 682/26 RGSt 12, 15; *BGH v. 29.09.1986*, 4 StR 148/86 Juris, Rn 14; Mark Jens Hoffmann und Andreas Mosbacher, „Finanzprodukte für den Fußballfan: strafbares Glücksspiel?", *NStZ* 2006: 251.

7 *BVerfG v. 18.03.1970, Spielbank*, 2 BvO 1/65 Juris, Rn 100.

8 Hoffmann und Mosbacher, „Finanzprodukte für den Fußballfan: strafbares Glücksspiel?", 250 mwN.

9 Für Maßnahmen mit vergleichbarer Wirkung, siehe in den USA, das *Commodity Futures Modernisation Act 2000*, 2000; in Großbritannien s 10 Abs 1 des *Gambling Act 2005*, Für weitere Argumente, die gegen die Strafbarkeit von Kreditinstituten, die Derivate auflegen, vgl. Hoffmann und Mosbacher, „Finanzprodukte für den Fußballfan: strafbares Glücksspiel?", 252.

6.3 Der Finanzmarkt und das Glücksspiel

6.3.1 Das bisherige Modell: Beratungspflichten und Äquivalenz

Sowohl die deutsche Rechtsprechung als auch der europäische Gesetzgeber haben umfangreiche Kataloge erstellt von Elementen, die im Zuge des Handels mit Wertpapieren offen gelegt und erklärt werden müssen. Bekannt ist vor allem die so genannte *Bond* Rechtsprechung[10], die in Deutschland den Banken die Pflichten auferlegt, sowohl „objektgerecht" als auch „anlegergerecht" zu beraten. Es muss zwar ein Beratungsverhältnis entstanden sein; sofern es der Kunde aber nicht ausdrücklich ablehnt, ist zwischen Bank und Kleinanlegern diese Voraussetzung in den meisten Fällen erfüllt[11]. Einmal in der Beraterrolle versetzt muss die Bank „über alle Umstände unterrichten, die für das Anlagegeschäft von Bedeutung sind"[12].

Allerdings variiert der genaue Inhalt der geforderten *Bond*-Beratung stark je nachdem, wie die Gerichte das Verhalten und die Qualifikationen des Kunden einschätzen. Gerade Kaufleute und Betriebswirte, die typischerweise für Unternehmen Derivatgeschäfte abschließen, werden von Richtern oft als genügend versiert betrachtet, um auch komplexe Finanzanlagen selbst bewerten zu können[13]. Aus dieser Perspektive kann selbst eine relativ magere Aufklärung der „Anlegergerechtigkeit" im Sinne von *Bond* genügen. Dem häufig vorkommenden Warnhinweis auf ein „theoretisch unbegrenztes Risiko" oder einen „nicht zu beziffernden Worst Case" sei eigentlich nichts mehr zuzufügen. Und im Hinblick auf die angebliche Komplexität der Produkte sei letztlich entscheidend, dass ein kompetenter Kunde zumindest auch verstehen kann, dass er nicht verstanden hat – und damit die Finger vom Produkt lassen sollte.

Hintergrund zu diesen Überlegungen ist wohl der Grundsatz, dass letztendlich die Käufer darauf achten müssen, dass das Gekaufte ihren Erwartungen entspricht – *caveat emptor!* Ein moderner Markt funktioniert nur, wenn die Nachfrageseite durch ihr eigenverantwortliches Engagement die Preise bestimmt. (Wenn es die Angebotsseite tun darf, hat man Sozialismus – angeblich jedenfalls.) Folglich ist das Kriterium der „Äquivalenz" – die ausgetauschten Leistungen haben einander zu entsprechen – zunächst einmal nur *subjektiv*.

10 *BGH v. 06.07.1993, Bond*, XI ZR 12/93.
11 Ebd., XI ZR 12/93: Rn 11.
12 Ebd., XI ZR 12/93: Rn 19.
13 *OLG Bamberg v. 11.05.2009, WVV*, 4 U 92/08.

Hinterher akribisch über den gezahlten Preis zu streiten ist nicht Aufgabe des Rechts; der Käufer wird wohl gewusst haben, was er tat, selbst bei einer objektiv „überteuerten" Gegenleistung. Nur wenn das objektive Missverhältnis auffällig ist, greifen die Gerichte ein – § 138 BGB.

Nichts anderes gelte auch in Swap-Fällen, bei denen die Anleger viel Geld verloren hätten. Angesichts der in allen Vertragsunterlagen gestreuten Warnungen war davon auszugehen, dass nur spekulationswillige Anleger die angebotenen Zinsswaps gekauft hätten. Diesem Wunsch hätten die Banken entsprochen. Nicht nur das: die Banken hätten diese Spekulation sogar gewährt, ohne vom Kunden einen Einsatz zu fordern. Insofern hätten die Anleger das bekommen, was sie haben wollten. In den Worten des OLG Bamberg:

> [Das] vorliegende Austauschmodell beinhaltet zum einen den besonderen Vorzug einer Aussicht, ohne jeden Einsatz von Eigenkapital auf längere Sicht Gewinne erzielen zu können; darüber hinaus sind für die ersten beiden Geschäftsperioden Überschüsse in einer bestimmten und keineswegs unbeachtlichen Größenordnung „garantiert", mit denen also „fest" geplant werden kann[14].

Die Aussicht, Gewinne ohne Eigenkapital zu erzielen, sei speziell für denjenigen, dessen Schulden eine „normale" Anlage verbieten würden, eine besondere Attraktion:

> Denn angesichts der hohen Verschuldung der Stadt, des nicht vorhandenen Eigenkapitals und der damit verbundenen Unmöglichkeit, durch „normale" Anlagegeschäfte (Aktien, Renten, etc.) Gewinne zu erzielen, war – wie aufgezeigt – ein Zinsswap der vorliegenden Art gerade ein probates Mittel, dennoch Erträge erlangen zu können[15].

Dass man im Zuge einer gewagten Spekulation („theoretisch unbegrenztes Verlustrisiko") auch viel Geld verlieren könne, gehöre ja schließlich dazu. Insofern liege keine Äquivalenzstörung im Sinne des § 138 BGB vor.

Aus diesem Ansatz folgt zum einen, dass genaue Bewertung der Finanzinstrumente hinfällig sei. Solange die Risiken nicht verharmlost würden, sei es nicht die Aufgabe der Verkäufer, die von den Klägern regelmäßig geforderten finanzmathematischen Analysen bei zu steuern.

---

14 Ebd., 4 U 92/08: Rn 115.

15 *LG Wuppertal v. 16.07.2008, Stadt Hagen*, 3 O 33/08: Rn 106; siehe auch *LG Hamburg v. 23.01.2009*, 418 O 10/08 Gerichtsausfertigung, 17; *LG Hamburg v. 14.08.2009*, 418 O 26/09 Gerichtsausfertigung, 20; Aussicht für den Kunden auf Gewinne „ohne Belastung der Kreditlinie" *LG München I v. 20.07.2009*, 10HK O 24464/07: 26.

Zweitens: sofern hier Missverständnisse durch das schuldhafte Vorenthalten von Informationen entstehen würden, sei der Bank höchstens Täuschung durch Unterlassung vorzuwerfen. Dem könne sie unter anderem dadurch begegnen, dass ihr nicht bekannt sei, dass solche Informationen erforderlich sind.

Drittens: *Bond* beruht letztendlich auf dem Grundsatz, dass eine spontane Aufklärungspflicht den Verkäufer nur dann trifft, wenn ein besonderes Verhältnis zwischen den Vertragspartnern entstanden ist. Dieses besondere Verhältnis sieht die *Bond*-Rechtsprechung im Umgang zwischen Kreditinstituten und ihren Kunden. Die somit entstandenen Pflichten stellen jedoch trotzdem eine Ausnahme dar, die im Einzelfall durchaus negiert werden kann. Die Bank darf davon ausgehen, dass ein Kunde, der sich geschäftskundig gibt, seinen eigenen Ansprüchen genügt[16]. Dieser Ansatz wurde nun in der europäischen MiFID-Richtlinie systematisiert. Entscheidend für den Umfang der Beratung ist demnach die Kategorie des Beratenen – ob Kleinanleger, Professioneller Anleger oder geeignete Gegenpartei. Daran könnten jedoch die Ansprüche vieler Geschädigter – zum Beispiel institutionelle Anleger – scheitern.

Das OLG Stuttgart hat zwar die *Bond*-Rechtsprechung zum Leitfaden der eigenen Argumentation erklärt[17]. Es ist allerdings fraglich, ob es sich daran hält, und ob dieser Ansatz zur Einordnung von Derivaten als Glücksspiel überhaupt noch passt. Wir geben zu bedenken:

6.3.2 Glücksspiel kein Austauschverhältnis

Der Spielvertrag ist kein Austauschverhältnis, und rechtliche Kriterien wie „Äquivalenz" sind auf ihn nicht anwendbar. Daraus folgt, dass das Gebot *caveat emptor* ebenfalls hier nicht anwendbar ist.

Spielverträge sind keine Austauschverhältnisse, weil es nur eine Leistung gibt und weil es zu dieser einen Leistung keine „Gegenleistung" gibt. Ein Spielvertrag kann gegenseitig verpflichtend sein, es findet aber kein Tausch im Sinne der Äquivalenz statt. Das Erfordernis einer beiderseitigen Risikoübernahme

16 Bamberger/Roth, „Beckscher Online-Kommentar BGB", § 123 Rn 11; Schadensersatzpflicht bei fahrlässiger Auskunft setzt auch im Common Law die Existenz eines „besonderen Verhältnisses" voraus; vgl. *Hedley Byrne v Heller*, [1963] 3.

17 *OLG Stuttgart v. 26.02.2010*, 9 U 164/08: Rn 72.

macht aus einem Glücksspiel keinen gegenseitigen Vertrag im Sinne der §§ 320 ff. BGB[18].

Entscheidend ist vielmehr, dass infolge des dem Rechtsgeschäft eigenen Unsicherheitselements die Person desjenigen, der letztlich effektiv zu leisten hat, bei Abschluss des Vertrags ungewiss ist. Dementsprechend haben Gerichte betont, dass der Wetteinsatz nicht nach Maßgabe eines Austausches als „Leistung" zu verstehen ist. Derjenige Teilnehmer, der nach Beendigung eines Glückspiels den Gewinn einstreicht, hat dafür an seine Mitspieler *keine* „Gegenleistung von Vermögenswert ... erbracht"[19]. Im Kasino stellt der „Umsatz" keine „Lieferungen oder Leistungen" eines Gewerbetreibenden dar, sondern ist lediglich „das Zufallsprodukt des wechselnden Spielverlaufs, der nur dadurch zustande kommt, dass die Bank gegenüber der Gesamtheit der Spieler, aus deren Einsätzen sich das Spielkapital zusammensetzt, die besseren Chancen hat"[20]. Im Hinblick auf Optionen (die zur Herstellung von Derivaten häufig verwendet werden) hat der BGH schon früh erkannt, dass die geleisteten Prämien nicht im üblichen Sinn als „Leistung" verstanden werden können[21].

Infolgedessen ist der Grundsatz der Äquivalenz auf Spielverträge nicht anwendbar. Es ist nicht möglich, die Leistung des Einen mit der Leistung des Anderen zu vergleichen. Das wiederum bedeutet, dass *caveat emptor!,* die an den Käufer gerichtete Warnung, dass die Äquivalenz nur dann gestört ist, wenn das objektive Missverhältnis auffällig ist, ebenfalls nicht anwendbar ist. *Caveat emptor* ist nur auf Austauschleistungen anwendbar. Diese sind typisch für den Markt – aber eben nicht für das Glücksspiel. Die Vertragsbedingungen für Glücksspiele müssen wir andernorts suchen[22].

---

18 Mathias Habersack, „§ 762 BGB", in *Münchner Kommentar zum BGB, §§ 705–853, 5. Aufl.*, 5. Aufl. (München: Beck, 2009), Rn 5.

19 *BGH v. 12.07.1962*, VII ZR 28/61 Juris, Rn 26.

20 *BVerfG v. 18.03.1970, Spielbank*, 2 BvO 1/65: Rn 100.

21 *BGH v. 22.10.1984*, II ZR 262/83: 636.

22 Die Tatsache, dass viele Derivate „Swaps" heißen, darf nicht dazu verleiten, den zugrunde liegenden Vertrag als Tausch zu verstehen (engl. *Swap* = „Tausch"). In Swaps werden die zufallsbedingten Pflichten zwar als gegenläufige Zahlungsströme dargestellt und berechnet. Gezahlt wird aber immer nur der Saldo („netting"). Wirtschaftlich gesehen handelt es sich um eine Wette: nur eine Leistung wird erbracht.

6.3.3 Zufälligkeit als Geschäftsgrundlage

Glücksspiele basieren, nicht weniger als Kauf oder Tausch, auf Verträgen[23].

Der Abschluss eines jeden Rechtsgeschäfts enthält die Erklärung jener Umstände, die den Geschäftstyp ausmachen, d.h. die Geschäftsgrundlage bilden. Abschluss sowie Erklärung können durch schlüssiges Verhalten erfolgen. Gerade bei Glücksspielen kommt dies nicht selten vor[24].

Zu den vertragswesentlichen Umständen bei Spiel- oder Risikoverträgen gehört insbesondere das Vorhandensein der Risikosituation bzw. der *Zufälligkeit.* Dadurch, dass er sich auf das Glücksspiel einlässt, erklärt der Spieler, dass der Ausgang *zufallsbedingt* ist[25]. Der Spieler darf „die Möglichkeit seiner willkürlichen Einwirkung auf den Ausfall" nicht verschweigen[26]. Beim Spiel muss „die Entscheidung über Gewinn oder Verlust allein oder hauptsächlich vom Zufall abhängen"[27].

Zufall heißt, so schon das Reichsgericht, dass die Entscheidung über Gewinn oder Verlust nicht von „Fähigkeiten und Kenntnissen" der Spieler abhängt (sonst wäre es nämlich ein Geschicklichkeitsspiel), sondern „allein oder hauptsächlich vom Zufall, d.h. vom Wirken unberechenbarer, dem Einfluss der Beteiligten entzogener Ursachen"[28].

Die Zusicherung von Zufälligkeit hat zwei Aspekte.

Erstens widerspricht es der Zufälligkeit, wenn der in Bezug genommene Vertragsgegenstand vorsätzlich zum eigenen Vorteil manipuliert wird[29]. Das kann beispielsweise dadurch geschehen, dass Sportler bestochen werden[30] oder Spielapparaturen geändert werden[31].

---

23 *RG v. 19.11.1926,* I 682/26: 15.
24 Ebd.; *BayObLG v. 11.02.1993,* 5 St RR 170/92 BayObLGSt 1993 8, 9; vgl. auch *BGH v. 15.12.2006,* 5 StR 181/06 Juris, Rn 22 f..
25 Adolf Schönke und Horst Schröder, *Strafgesetzbuch (StGB), Kommentar,* 26. Aufl. (C.H. Beck, 2006), § 263 Rn 16 e.
26 *RG v. 10.10.1890, Glücksspiel,* 1806/90: 108.
27 *RG v. 19.11.1926,* I 682/26: 15.
28 Ebd.
29 *BGH v. 15.12.2006,* 5 StR 181/06: Rn 22.
30 *BGH v. 15.12.2006,* 5 StR 181/06.
31 *BayObLG v. 11.02.1993,* 5 St RR 170/92.

Zweitens widerspricht es der Zufälligkeit, wenn ein Spieler Sonderwissen über die Einschränkung oder Ausschaltung des Zufalls erlangt, das dem anderen nicht zugänglich ist[32]. Angreifbar ist Sonderwissen dieser Art jedenfalls dann, wenn es unbefugt erlangt wird, etwa entgegen § 17 Abs 2 Nr. 2 UWG oder entgegen ein Verbot technischer Hilfsmittel (§ 9 BaySpielbankO). Die Ausnutzung zum eigenen Vorteil ist dann Betrug[33]. Sonderwissen, das nicht nachweislich unbefugt erlangt wurde und das der Kunde eines Wettbüros[34] oder der Besucher eines Spielotheks[35] ausnutzt, verstößt andererseits nicht gegen den jeweiligen Spielvertrag.

Der rechtmäßige Gebrauch von Sonderwissen ist in Spielverträgen allerdings vermutlich sehr beschränkt. Zum einen ging es in den bekannten „Spätwette"-Fällen nicht um denjenigen, der die Wette eingerichtet und angeboten hat, sondern um den Kunden. Es ist schwer vorstellbar, dass ein Buchmacher, der zum eigenen Vorteil Wetten auf ein bereits abgeschlossenes Ergebnis akzeptierte, nicht betrügerisch handelte[36]. Zweitens ist im Hinblick auf Sonderwissen zwischen Wette und Glücksspiel zu unterscheiden[37]. Eine Wette kann auch dazu dienen, die Behauptungen der Teilnehmer über bereits bestehende Tatsachen zu bekräftigen[38]; insofern wäre es grundsätzlich widersinnig, „Spätwetten" als vertragswidrig einzuordnen. Bei Behauptungen, die der Zukunft angehören, handelt es sich jedoch in der Regel nicht um Wette, sondern um Spiel[39]. Für das Spiel gilt nach wie vor die Auffassung des Reichsgerichts im ersten „Spätwette"-Fall, dass „die noch mögliche Spekulation auf den Zufall" Beweggrund und Inhalt des Geschäfts sei:

> Ohne sie wäre der Vertrag gegenstandslos, da bei tatsächlich schon entschiedenem Gewinnfall bloß eine grund- und sinnlose Bereicherung des einen Teils auf Kosten des anderen übrig bliebe[40].

---

32 Habersack, „§ 762 BGB", Rn 20.
33 *LG Freiburg v. 17.04.1990*, IV Qs 33/90 NStZ 343, 354; *LAG Hamm v. 02.02.2004*, 8 Sa 1169/00 Juris, Rn 3.
34 *BGH v. 20.06.1961, Spätwette*, 5 StR 184/61 NJW 1934, 1935.
35 *LG Freiburg v. 17.04.1990*, IV Qs 33/90: 344.
36 So auch die Vermutung des BGH im Spätwetten-Fall: *BGH v. 20.06.1961, Spätwette*, 5 StR 184/61: 1935.
37 Habersack, „§ 762 BGB", Rn 20.
38 Palandt/Sprau, § 762 Rn 3.
39 Ebd.
40 *RG v. 17.12.1928*, V 314/33 RGSt 415, 416.

6.3.4 „Ausschalten des Zufalls"; Quoten

Derjenige, der ein Glücksspiel anbietet, sichert also konkludent zu, dass er den Zufall nicht „ausgeschaltet" hat[41].

„Ausschalten" des Zufalls ist allerdings ein etwas komplizierterer Begriff, als aus der Vorstellung der „Manipulation" erscheinen mag. Brachiale Interventionen wie die Bestechung von Schiedsrichtern oder das Lähmen von Rennpferden sind eher Randerscheinungen in der Welt des Falschspiels. Wichtiger ist, dass der Zufall sehr sensibel auch auf feine Variationen im Vertragsgegenstand reagiert. Er gibt sich anders, je nachdem wie die Spielregeln ausgestaltet sind. Beispielsweise macht es für den Zufall einen großen Unterschied, ob die einzelne Zahl, auf die der Spieler tippt, auf einer Münze, auf einem Würfel, oder auf einem Rouletterad erscheint. Bei letzterem macht es überdies einen Unterschied, ob der Spieler europäisch (ein grünes Nullfeld für die „Bank") oder amerikanisch (zwei Nullfelder) spielt.

Zentral ist, dass Zufall nicht mit Regellosigkeit gleichzusetzen ist[42]. Zufall ist das Feld der Wahrscheinlichkeit und der Statistik. Die Regelmäßigkeiten, die sich dort ergeben, treten in der modernen Wissenschaft mit kausal-deterministischen Regeln der traditionellen Art gleichberechtigt auf[43]. Die Gesetze, die für das Glücksspiel bestimmend sind, werden von der Wahrscheinlichkeitstheorie erfasst, die präzise und (etwa für Kasino-Betreiber) wirtschaftlich verbindliche Ergebnisse liefert.

„Den Zufall ausschalten" heißt also nicht – oder nicht zwangsläufig –, dass ein Spieler ein bestimmtes Ergebnis ursächlich herbeiführt. Wer mit gezinkten Karten spielt, wird nicht alleine deshalb jedes mal gewinnen. Verwerflich an einem solchen Falschspiel ist, dass der Spieler die Chancenstruktur des Spiels ändert, ohne dass seine Gegner dies erkennen, und *ohne dass die Quoten entsprechend geändert werden*.

Falschspiel kristallisiert sich an der Schnittstelle zwischen dem Vertragsgegenstand (Pferde, Münzen, Würfel) und den ihm zugeordneten Auszahlungsregeln. Diese Schnittstelle heißt die „Quote": für ein bestimmtes Ergebnis wird ein bestimmter Gewinn ausgezahlt. Mit der Quote berücksichtigen die

---

41 *BayObLG v. 11.02.1993*, 5 St RR 170/92: 10.

42 Hierzu können Missverständnisse leicht auftreten. Siehe Fußnote 22 in Hoffmann und Mosbacher, „Finanzprodukte für den Fußballfan: strafbares Glücksspiel?".

43 Reichenbach, „Philosophische Kritik der Wahrscheinlichkeitsrechnung".

Spieler die Chancen des Vertragsgegenstands[44]. Zum Beispiel: weil die Chance von gewissen Ergebnissen (etwa eine einzelne Zahl bei Roulette) geringer ist als von anderen (z.B. Farbe), kann die Quote kompensieren, indem auf die weniger wahrscheinlichen entsprechend mehr ausgezahlt wird als auf die „sichereren". Somit kann der *erwartete* Gewinn justiert werden, dass er in beiden Fällen gleich ist. Ein *faires* Spiel ist eins, in dem die Gewinnerwartungen der Spieler gleich sind (und insofern Null: keiner gewinnt, keiner verliert!)[45].

Spiele müssen nicht immer fair sein. Fast alle kommerziell angebotenen Spiele beinhalten eine Verschiebung zugunsten des Veranstalters: die Quote kompensiert nur teilweise die Chancen. Im gesetzlich zugelassenen öffentlichen Glücksspiel ist eine solche Verschiebung für die Kunden ohne weiteres erkennbar (grüne Taschen auf dem Rouletterad!). Dagegen besteht *Falschspiel darin, dass eine Chancenverschiebung, die der andere Spieler nicht erkannt hat, von der Quote unberücksichtigt bleibt*[46]. Wie es der BGH in einem Fall beschrieb:

> Weil die [vom Betrüger] geplante und ins Werk gesetzte Manipulation der Fußballspiele das Wettrisiko ganz erheblich zu seinen Gunsten verschoben hatte, entsprachen die bei dem Vertragsschluss vom Wettanbieter vorgegebenen Quoten nicht mehr dem Risiko, das jeder Wettanbieter seiner eigenen kaufmännischen Kalkulation zugrunde gelegt hatte[47].

Grundsätzlich darf der Spieler von einem fairen Spiel ausgehen. Es gehört zur Grundlage des Spielvertrags bzw. wird schlüssig erklärt, dass die Quote von einem fairen Auszahlungsfaktor nicht abweicht. Es handelt sich dabei um die „konkludente Erklärung" von „Negativtatsachen"[48].

---

44 „Die Quote bestimmt, mit welchem Faktor der Einsatz im Gewinnfall multipliziert wird."*BGH v. 15.12.2006*, 5 StR 181/06: Rn 32.

45 Levinson, *The Science of Chance: From Probability to Statistics*, 54; Aczel, *Chance : a guide to gambling, love, the stock market and just about everything else*, 138; Der Begriff „fair" wird entsprechend auf Finanzinstrumente angewandt; siehe Mülbert, „Beratungspflichten, Offenlegungspflichten bei Interessenskonflikten und die Änderungen durch das Finanzmarkt-Richtlinie-Umsetzungsgesetz (FRUG)", 1151.

46 Betrogen wurde der Spieler, so bereits das Reichsgericht, durch die „Belassung von Einsätzen, denen die vorgespiegelte Gewinnaussicht nicht gegenübersteht" *RG v. 19.11.1926*, I 682/26: 16.

47 *BGH v. 15.12.2006*, 5 StR 181/06: Rn 32.

48 Ebd., 5 StR 181/06: Rn 22.

Wenn diese stillschweigende Erklärung nicht zutrifft, muss dies offen gelegt werden. Die Quoten derjenigen Glücksspiele, die auf rechtmäßige Weise von Fairness abweichen (nämlich der staatlich geregelten Glücksspiele), unterliegen ausnahmslos der Offenlegungspflicht.

6.4 Darstellung des OLG Stuttgart

Inwiefern lassen sich die Grundsätze des Glücksspielvertrags auf Finanzinstrumente übertragen?

Zwei Aspekte hat das Urteil des OLG Stuttgart ausführlich beachtet: Erstens, kein Kunde ist in der Lage, die Chancen eines komplexen Derivats selbst einzuschätzen. Zweitens, die Bank müsse das Einbauen einer „Marge" zu ihren Gunsten offenlegen.

6.4.1 Komplexe Produkte und Finanzmathematik

Obwohl die Bank die Swaps auf der Basis von bestimmten „Zinsmeinungen" angeboten hatte, sei dies, so das OLG Stuttgart, als Entscheidungsgrundlage für den Abschluss eines solchen Geschäfts untauglich. Es komme letztendlich auf den „Gesamtsaldo" der Zahlungen zum Laufzeitende an. Dieser sei jedoch unter Berücksichtigung der Komplexität der Instrumente – insbesondere von Kündigungsoptionen, sofern vorhanden – für den Laien nicht mehr einzuschätzen[49]. „Eine derart präzise Vorhersage kann nicht auf der Basis von Marktkenntnissen und Zinsmeinungen getroffen werden."[50].

Anders jedoch bei der Bank, die „über finanzmathematisch ausgebildetes Personal und hoch entwickelte Risikomodelle und Bewertungsmethoden" verfügt[51]. Im vorliegenden Fall sowie in einem anderen, parallel laufenden haben die Stuttgarter Richter „informierte" Bankmitarbeiter im Termin als Zeugen aussagen lassen. Diese haben bestätigt, dass die Banken standardmäßig bei allen Derivaten bestimmte rechnerische Verfahren durchlaufen, vor allem zur Berechnung des so genannten „fairen" Marktpreises – nämlich diejenigen Anfangskonditionen, die statistisch berechnet dazu führen würden, dass der Gesamtsaldo zum Laufzeitende für beide Vertragspartner 0 € wäre. Diese

49 *OLG Stuttgart v. 26.02.2010, Teamtechnik*, 9 U 164/08: Rn 81.
50 Ebd.
51 Ebd., 9 U 164/08: Rn 93.

Konditionen würden dann den Ausgangspunkt bilden für eine ganz bewusste Abweichung vom fairen Zustand, damit die Bank einen Gewinn einstreichen könne[52].

Zur Kalkulation der Swaps würden die Banken allgemein genehmigte statistische Modelle und Techniken. Diese Werkzeuge seien keineswegs beliebig und dienten nicht nur dazu, intern Preise zu berechnen, sondern auch, um aufsichts- und bilanzrechtliche Vorgaben zu erfüllen[53]. All dies sei meilenweit entfernt von den kruden Zinsmeinungen, die angeblich für den Kunden ausreichten, und ließe letztendlich auf eine gravierende „Wissensasymmetrie" zugunsten der Bank schließen[54].

6.4.2 Glücksspiel und „Gewinnmarge"

Ein Glücksspiel ist „dadurch geprägt, dass beide Seiten ein Risiko übernehmen und das Pflichtenprogramm bzw. die Zahlungen der Parteien vom Zufall ... abhängen"[55]. Grundlegend ist diese Feststellung aus mehreren Gründen.

Erstens warfen die Richter der Bank vor, den Glücksspiel-Charakter des Geschäfts zu *verschleiern*, indem sie eine nicht bestehende Grundgeschäftsbezogenheit vortäuschte (insbesondere durch die Behauptung, der Kunde könne Zinszahlungen auf seine Geschäftskredite „optimieren"[56]). Eine adäquate Einschätzung des Geschäfts wäre für den Kunden jedoch nur dann möglich, wenn er erkennen kann, „dass der Swap-Vertrag ein Glücksspiel ist, das nach den Regeln der Risikomodelle gespielt und bewertet wird" (ebd.). Erst Verständnis für den spielerischen Charakter des Geschäfts würde verdeutlichen, dass vage Hinweise auf „Zinsmeinungen" bei weitem nicht ausreichen.

Zweitens würde der nicht offen gelegte Spielcharakter des Swaps eine besondere Gefahrenquelle verbergen, nämlich das von der Bank bereits zu Beginn einstrukturierte Verlustrisiko, den so genannten „negative Marktwert". Das OLG Stuttgart widersprach der Auffassung mehrerer vorangegangener Oberlandesgerichte, wonach der „negative Marktwert" eine Art „Vorfälligkeitsentschädigung" sei, der lediglich im Falle eines vorzeitigen Aussteigens anfalle und davon abgesehen keine feste Größe darstelle. Im Gegenteil, so die Richter: „Es

52 Ebd., 9 U 164/08: Rn 94; *OLG Stuttgart v. 03.02.2010*, 9 U 111/08: 3.
53 *OLG Stuttgart v. 26.02.2010*, 9 U 164/08: Rn 93, 145.
54 Ebd., 9 U 164/08: Rn 141.
55 Ebd., 9 U 164/08: Rn 97.
56 Ebd., 9 U 164/08: Rn 102.

handelt sich um eine objektiv ermittelbare Größe, die bereits zum Abschluss des Vertrages feststeht“[57]. Diese objektive Größe stelle für jeden bilanzpflichtigen Kunden bereits bei Vertragsabschluss einen gemäß HGB zu berücksichtigenden Zeitwert dar. Alleine mit Rücksicht darauf sei die wiederholte Behauptung der Bank, der „negative Marktwert“ sei ihre „Gewinnmarge“ und insofern ein schützenswertes betriebliches Geheimnis, verfehlt.

6.5 Bond gegen „Glücksspiel“

Auf der Tatsachenebene hat das OLG Stuttgart somit zweierlei festgestellt: Erstens: Zinsswaps haben objektive Eigenschaften, die sich mit mathematischen und statistischen Mitteln präzise feststellen bzw. herstellen lassen – unter anderem die „Gewinnmarge“. Zweitens: Existenz und Höhe der so hergestellten „Gewinnmarge“ seien kein schutzwürdiges Betriebsgeheimnis der Bank.

Daraus folgert der Senat, die Gewinnmarge hätte offen gelegt werden müssen. Wie lautet hier das rechtliche Argument?

Das Gericht weist zwar auf die Beratungspflichten aus der *Bond*-Rechtsprechung hin. Dennoch: zahlreiche Entscheidungen haben bei vergleichbarem Sachverhalt und mit Blick auf *Bond* die Auskunftspflicht zur „Gewinnmarge“ verneint[58]. Selbst unter der Annahme einer *Bond*-Beratungspflicht ist schuldhaftes Unterlassen einer Information nicht einfach nachzuweisen.

Anders sieht es jedoch aus, wenn man „Glücksspiel“ als Geschäftsgrundlage konsequent durchdenkt. Erstens scheint es einleuchtend, dass die objektive, statistisch präzise zu ermittelnde Risikostruktur eines Derivats (OLG Stuttgart) grundsätzlich nicht zu unterscheiden ist von der Chancenverteilung anderer Glücksspiele wie etwa Roulette. Zweitens stellt die „Strukturierung“ eines Derivats eine „Manipulation“ im Sinne des Spiels dar – vergleichbar etwa mit der Entscheidung, wie viele Nullfelder das Rouletterad enthalten soll. Demnach obliegt es dem Anbieter des Derivats eine „faire“ Risikostruktur herzustellen (gemäß seiner eigenen schlüssigen Behauptung als Spielanbieter) – oder, andernfalls, die Verschiebung der Chancen (den „anfänglichen negativen Marktwert“ – OLG Stuttgart) vom Kunden absegnen zu lassen.

57 Ebd., 9 U 164/08: Rn 108.

58 Siehe etwa *OLG Bamberg v. 11.05.2009, WVV*, 4 U 92/08:; *OLG Celle v. 30.09.2009*, 3 U 45/09 Juris; *OLG Düsseldorf v. 29.06.2009*, I-9 U 187/08.

In diesem Fall liegt das schuldhafte Verhalten nicht darin, dass die Bank etwas versäumt hätte – etwa, eine Information preiszugeben. Schuldhaft ist vielmehr ihr *positives* Tun, indem sie schlüssig eine Behauptung aufstellt (nämlich, dass keine den Kunden benachteiligende Manipulation des Zufalls vorlag), die falsch war und nicht korrigiert wurde[59]. Angesichts der Tatsache, dass die Bank im Stuttgarter Fall dem Kunden ausdrückliche eine „Optimierung“ seiner Zinsen in Aussicht gestellt hatte, durfte dieser mit einer erhöhten eigenen Erfolgswahrscheinlichkeit rechnen. Als Minimum, so das Gericht, durfte er ein faires Spiel erwarten, nämlich „ein ausgewogenes Chancen-Risikoverhältnis [...], das einem Marktwert von 0 € entspricht“. Andernfalls:

> „Wenn die Bank jedoch wegen der eigenen Gewinnerzielungsabsicht so strukturiert, dass die Verlustwahrscheinlichkeit des Kunden höher ist als die Gewinnwahrscheinlichkeit, dann ist diese Risikostruktur wegen des Risikomodell-geprägten Charakters des Vertrages und des Widerspruchs zu der bewusst beim Kunden erzeugten Erwartung aufklärungspflichtig“[60]

Die Anspruchsgrundlage dafür, dass das OLG Stuttgart schließlich zum Schadensersatz verurteilt, ist im Ergebnis zweideutig. Liegt ein Beratungsfehler im Sinne der *Bond* Rechtsprechung vor? Das wäre mit den Pflichten eines Teilnehmers im Glücksspiel schlecht zu vereinbaren. Oder liegt das Verschulden der Bank darin, dass sie unter Vorspiegelung falscher Tatsachen den Anleger geschädigt hat? In diesem Fall wären wir bei § 826 BGB – vorsätzlicher sittenwidriger Schädigung. Der Senat bekennt sich zwar nicht ausdrücklich zu dieser Anspruchsgrundlage. Seine Darstellung des Sachverhalts legt es aber nahe; und er beruft sich auf eine Entscheidung des XI. Senats des BGH, der den Vermittler von „im Ergebnis praktisch chancenloser“ Optionen wegen vorsätzlicher sittenwidriger Schädigung verurteilt hat[61].

Für den geschädigten Anleger wäre die somit geschaffene Rechtsgrundlage vermutlich vorteilhafter, als *Bond* (sofern diese Rechtsprechung im Lichte der europäischen Gesetzgebung seit 2007 überhaupt noch Geltung hat[62]). Erstens ist die Beweislastverteilung für den Geschädigten einfacher: der Emittent des Papiers muss nachweisen, dass seine eigene (schlüssige) Erklärung, den Zufall nicht „ausgeschaltet“ zu haben, zutreffend war, andernfalls dass seine abwei-

---

59 *BGH v. 15.12.2006*, 5 StR 181/06: Rn 27.
60 *OLG Stuttgart v. 26.02.2010*, 9 U 164/08: Rn 105.
61 *OLG Stuttgart v. 26.02.2010*, 9 U 164/08; *BGH v. 22.11.2005*, XI ZR 76/05 Juris.
62 Podewils und Reisich, „Haftung für „Schrott“-Zertifikate? – Aufklärungs- und Beratungspflichten nach BGB und WpHG beim Erwerb von Zertifikaten“, 121.

chende „Manipulation“ der Chancen erkennbar und vereinbart war. Zweitens erübrigt sich die Frage nach dem besonderen Verhältnis, das etwaige Beratungspflichten – und ggf. deren Einschränkungen – begründen soll. Drittens ist bei vorsätzlicher sittenwidriger Schädigung ein Mitverschulden des Geschädigten grundsätzlich ausgeschlossen[63]. Unter Umständen stellt sich weiterhin die Frage, inwiefern der Anbieter eines Glücksspiels schlüssig erklärt, die Chancenverteilung sei fair. Es dürfte allerdings nicht ganz einfach sein, diese Annahme zu entkräften.

6.6 Fazit

Bisher wurden Anlegerklagen hauptsächlich nach Maßgabe der *Bond*-Rechtsprechung beschieden. *Bond* unterstellt regelmäßig ein Beratungsverhältnis zwischen dem Anleger und seinem Wertpapierhändler. Die daraus entspringenden Pflichten sind jedoch nicht immer leicht zu identifizieren – besonders nicht im Falle mathematisch hoch komplexer Derivate.

Mit seiner Entscheidung, ein Zinsswap sei als „Glücksspiel“ einzuordnen, geht das OLG Stuttgart einen anderen Weg. Im Glücksspielvertrag sichern sich die Spieler zu, den Zufall nicht ausgeschaltet zu haben. Dieser (konkludenten) Behauptung widersprechen Manipulationen, mit denen die gegenseitigen Chancen und Risiken unerkannt verschoben werden. Wenn ein Finanzderivat Verschiebungen zugunsten der Bank enthält (etwa einen „anfänglichen negativen Marktwert“), besteht eine Offenlegungspflicht – nicht als „Beratung“, sondern um dem sonst unvermeidlichen Vorwurf der Täuschung zu begegnen.

Wenn man diesen Weg konsequent verfolgt, gelangt man zu Positionen, die speziell für die Ansprüche „professioneller“ Anleger – Unternehmen, Institutionen – relevant sein könnten. Jedenfalls weichen die juristischen Folgen erheblich ab von der bisherigen Rechtsprechung.

63 *BGH v. 03.02.1970*, VI ZR 245/67 Juris, Rn 49; *BGH v. 09.10.1991*, VIII ZR 19/91 Juris, Rn 23 Theoretisch gilt dies auch bei Fahrlässigkeit; gerade in Derivate-Fällen haben erstinstanzliche Gerichte jedoch ein Mitverschulden der Anleger festgestellt.

7 Finanzderivate als Versicherungsvertrag

7.1 Einleitung

Die „Massenvernichtungswaffen“ (Warren Buffett) der Finanzkrise waren die ungedeckten Leerverkäufe – d.h. Geschäfte mit Marktwerten, die dem Spekulanten nicht gehörten. Gefährlich sind Leerverkäufe, weil mit ihnen Verluste drohen, die von reellen Vermögenswerten losgelöst sind. Die dadurch ermöglichte Hebelung des Risikos wirkt bis ins Unendliche; der Schaden erreicht am Ende vernichtende Dimensionen. Dass daran ganze Konzerne scheitern können, lehrt das Beispiel AIG. Nicht nur das: das Volumen der jährlich abgeschlossenen Derivatgeschäfte übersteigt das tatsächliche Weltvermögen um ein mehrfaches[1]. Im ungünstigen Fall muss also damit gerechnet werden, dass sogar auf volkswirtschaftlicher Ebene die Werte fehlen, um die Spekulationsverluste zu begleichen. Die Finanzkrise zeigt, dass dies nicht nur ein böser Traum ist.

Ungedeckte Leerverkäufe sind jedoch nichts neues. Spekulationen mit Werten, die dem Spekulanten nicht gehören, hießen früher Differenzgeschäfte (bzw. „reine Differenzgeschäfte“) und waren in allen Rechtsordnungen Einschränkungen unterworfen. Im Zuge der internationalen Deregulierung der Finanzmärkte meinte man jedoch, solche Einschränkungen seien nicht mehr „zeitgemäß“[2]. In Deutschland wurde § 764 BGB (der „Differenzeinwand“, wonach Differenzgeschäfte als Spiel und insofern tendenziell als unverbindlich anzusehen waren) durch das 4. Finanzmarktförderungsgesetz 2002 aufgehoben; vergleichbare Schritte erfolgten auch in anderen Ländern.

Die Flut neuer Erfindungen, die daraufhin eingesetzt hat, versuchen die Behörden nun wieder einzudämmen, indem Leerverkäufe kurzerhand verboten werden. Ob diese brachiale Maßnahme funktionieren kann, ist zweifelhaft[3]. Aufsichtsrechtliche Maßnahmen allein wirken ohnehin nur für die Zukunft. Zumindest auch erforderlich wäre es, den vertragsrechtlichen Hintergrund die-

1 Hull, *Optionen, Futures und andere Derivate*, 26.
2 Staudinger/Engel, § 764 Rn 2.
3 Floyd Norris, „Naked Truth on Default Swaps,“ *The New York Times*, May 20, 2010; Marc Beise, „Merkel und die Märkte – Ökonomisch falsch“ *sueddeutsche.de*, 23 Mai, 2010.

ser Geschäfte zu untersuchen. Erstens wäre ein solcher Schritt für die Aufräumarbeiten nützlich, zweitens haben zivilrechtliche Sanktionen wie Schadensersatz eine kräftige Abschreckungswirkung. Man darf vor allem nicht vergessen, dass die Gerichte bereits langjährige Erfahrung mit Differenzgeschäften haben – jedenfalls bis zum Ausbruch der letzten großen Weltwirtschaftskrise Ende der 20er Jahre, in deren Folge man gern auf sie verzichtet hat[4]. In der damaligen Rechtsprechung liegt Rüstzeug, von dem man heute wieder profitieren kann.

7.2 Differenzgeschäfte, Hedging, Margin

Differenzgeschäfte heißen heute anders. In der neueren Nomenklatur sind sie „synthetische Finanzderivate", wobei der Begriff „synthetisch" darauf hinweist, dass die Übereignung der zugrunde liegenden Werte nicht zwingend vorgesehen ist. Dazu können Credit Default Swaps, Collateralised Debt Obligations, sowie eine Vielzahl von anderen Swaps, Optionen usw. gehören. Auf den Namen kommt es nicht an, ebenso wenig wie es auf die vordergründige Vertragsstruktur ankommt. Selbst Pachtverträge können Leerverkäufe enthalten, wie beispielsweise „Cross-Border-Leasing"-Geschäfte der späten 90er Jahre. Grundsätzlich zählt immer nur, dass die Vertragspartner im operativen Teil des Vertrags „leer", also ohne die zugrunde liegenden Werte, handeln.

Synthetische Derivate sind von Natur aus gehebelt, weil das Spiel mit Wertentwicklungen, deren zugrunde liegende Werte dem Spieler nicht gehören, immer einen Hebel darstellt (genauso, wie wenn ich im Kasino mit geliehenem Geld spiele). Für neuere synthetische Instrumente ist charakteristisch, dass der Hebel verlängert wird: d.h., eine Vielfalt von Mechanismen wird eingesetzt, um das Risiko über den „natürlichen" Grad hinaus noch weiter zu erhöhen. Dazu gehört beispielsweise die „Leiter" bei Zinsswaps oder auch die Tranchierung bei CDOs.

Synthetische Risikogeschäfte können auf zweierlei Weise entschärft werden.

Erstens können synthetische Geschäfte so eingerichtet werden, dass ihr Risiko zu einem bereits übernommenen Risiko gegenläufig ist. Dann stellen sie ein „Hedge" dar. Hedges neutralisieren das bestehende Risiko oder sichern es ab. Den entsprechenden Gebrauch eines Differenzgeschäfts hat die Rechtspre-

4 Staudinger/Engel, § 764 Rn 10 ff.

chung als nützlich und wirtschaftlich sinnvoll anerkannt[5]. Versicherungsgeschäfte können generell als Differenzgeschäfte mit Sicherungsfunktion verstanden werden (siehe jedoch unten, Abschnitt 7.6.2).

Zweitens kann die Gefahr von Differenzgeschäften dergestalt eingeschränkt werden, dass Verluste auf einen vorher festgelegten Betrag limitiert werden. Die traditionelle Methode ist die Verwendung einer „margin“, wonach nach Bedarf eingezahlte Sicherheiten gewährleisten, dass dem Spieler für Verluste eine Liquiditätsreserve bleibt; falls der Spieler Aufforderungen zur Erhöhung der margin nicht nachkommt, wird sein Spiel sofort glattgestellt[6]. Eine Variante der margin ist es, wenn Differenzgeschäfte in eine Finanzanlage „eingebettet“ werden. In solchen Fällen investiert der Kunde in ein Papier, dessen Ertrag durch Differenzmechanismen bestimmt wird. Weil der Kunde selbst kein Vertragspartner des Differenzgeschäfts ist, sondern immer nur ein dafür eigens eingerichtetes „Vehikel“, hat er kein Nachschussrisiko. Der trotzdem verbleibende Hebel zeigt sich in der gesteigerten Gefahr des Totalverlusts – so gesehen mit etlichen CDOs. Auch so genannte „Zertifikate“ gehören zu den Differenzgeschäften mit „eingebauter margin“.

7.3 Moderne Differenzgeschäfte und die Diskussionshemmnisse

Gehemmt wurde die neuere rechtliche Diskussion zu Finanzderivaten durch eine Reihe von Umständen[7].

Erstens: Differenzgeschäfte haben ein intimes Verhältnis zum Spiel – daher der systematisch vollkommen gerechtfertigte Entschluss des bürgerlichen Rechts, sie so zu behandeln (§ 764 BGB). Wie Henssler jedoch bereits Anfang der 90er Jahre feststellte, genießt das Recht der *Glücksspiele* keinen sehr hohen Stellenwert unter Juristen und wird in Wissenschaft und Rechtspre-

5 „Ob ein solches Sicherungsgeschäft oder ein reines Differenzgeschäft vorliegt, hängt von den Umständen des einzelnen Falles ab. Gegenüber Sicherungsgeschäften versagt der Differenzeinwand ...“ *RG v. 28.03.1923*, 107 Nr. 7 RGE.

6 So beispielsweise bei den von einigen englischen Banken online angebotenen „Contracts for Difference“.

7 Maßgebliche Arbeiten, die sich in letzter Zeit dennoch mit dem Thema befasst haben, beschränken sich auf deutsches Recht und dort im Wesentlichen auf die Frage der Wirksamkeit. Stefan Berg, *Kreditderivate im deutschen Privatrecht*, 1. Aufl. (Lang, Peter Frankfurt, 2008); Günter Reiner und Johann Schacht, „Credit Default Swaps und verbriefte Kreditforderungen in der Finanzmarktkrise Teil I & II“, *WM 2010 Heft 9, 337, 385.*

chung eher stiefmütterlich behandelt[8]. Wer sich aber davor verschließt, dass Differenzgeschäfte zur Gattung des Spiels gehören, dem entgehen wichtige analytische Instrumente.

Zweitens: Auch mit Versicherungen sind Differenzverträge verwandt[9]. In letzter Zeit ist das Verhältnis der Derivate zum *Versicherungsrecht* in Deutschland wenig thematisiert worden[10], umso intensiver jedoch in England und in den USA, wo man sich vor Interventionen der Versicherungsaufsicht schützen wollte. Problematisch ist nur, dass die dortige Diskussion vornehmlich anhand von nicht zugänglichen Privatgutachten verlief, nämlich dem 1997 für die ISDA erstellten Gutachten des englischen Juristen Robin Potts QC[11], sowie der unverbindlichen Auskunft („Opinion") der Rechtsabteilung der New Yorker Versicherungsaufsicht vom Jahre 2000[12]. Beide Stellungnahmen sind im Zuge der „Aufräumarbeiten" nach der Finanzkrise inzwischen wieder aktuell geworden[13]. Gerichtlich wurden sie jedoch bisher nie in Frage gestellt; und ihre begrenzte Zugänglichkeit hat eine eingehende wissenschaftliche Prüfung bislang erschwert[14].

Drittens: Derivatverträge werden nach wie vor in der großen Mehrheit einzeln ausgehandelt („OTC"). Wenn sie nicht gerade zum Gegenstand einer gerichtlichen Streitigkeit werden, sind sie für die Öffentlichkeit (und für die Wissenschaft) *nicht zugänglich*. Selbst börsennotierte Derivate (die meisten CDOs) werden nur formell an den Markt gebracht. Die Käufer stehen bereits vorher fest.

---

8 In diesem Bereich sei eine „Stagnation der Rechtsentwicklung" zu beklagen Martin Henssler, *Risiko als Vertragsgegenstand*, 420; Sieh auch Staudinger/Engel: Vor § 762 ff, Rn 8.

9 *RG v. 28.03.1923*, 107 Nr. 7.

10 Eine wichtige Ausnahme bildet Berg, *Kreditderivate im deutschen Privatrecht*; siehe ansonsten Looschelders in Theo Langheid und Manfred Wandt, Hrsg., *Münchener Kommentar zum Versicherungsvertragsgesetz* (München: Beck, 2010), § 1, Rn 110.

11 Robin Potts, „Opinion on Credit Derivatives", Legal Opinion (London, 24 1997), ISDA.

12 Rochelle Katz, „2000 OGC Opinion – New York State Insurance Department," *Scribd*, n.d., http://www.scribd.com/doc/17132760/2000-OGC-Opinion.

13 *Gov Paterson announces plan to limit harm to markets from damaging speculation*, NY State Press release, September 22, 2008; Economics of Contempt, „CDS Are Not Insurance Contracts," June 7, 2009; Lawrence Hamilton, *New York to Start Regulating Certain Types of Credit Default Swaps as Insurance*, Mayer Brown Insurance Regulatory Update (New York: Mayer Brown, September 24, 2008); Kay, John, „Of cows, communities and credit default swaps," *FT.com*, 06.04.2010

14 Siehe Arthur Kimball-Stanley, „Insurance and Credit Default Swaps: Should Like Things Be Treated Alike?", *Connecticut Insurance Law Journal* 15, Nr. 1 (2008): 241–266; Berg, *Kreditderivate im deutschen Privatrecht*, 359 erwähnt Potts' Gutachten als Quelle der „herrschenden Meinung", setzt sich damit aber nicht auseinander.

Die wesentlichen Konditionen sind aus den der Form halber erstellten Prospekten meistens nicht zu erkennen, und selbst diese sind faktisch nur über teure Spezialdatenbanken erhältlich.

Viertens: Die explosivsten Derivate sind erst im Laufe der letzten 25 Jahren entwickelt worden. Das hat der Markt finanzmathematischen Fortschritten zu verdanken, die erstmals eine präzise Marktbewertung von Optionsstrukturen erlaubten. Gerade hier liegt jedoch eine tiefe Quelle von Irrtümern und Missverständnissen. Auf der einen Seite durften die Finanzinstitute solche Produkte nun zu einem belastbaren (und nicht überhöhten) Preis in ihren Büchern führen (§ 10 KWG; SolvV). Auf der anderen Seite hat dieser aufsichtsrechtliche „Ritterschlag" viele Kunden dazu verleitet, die nun verstärkt vertriebenen Derivate als normale Anlagevehikel zu betrachten. Leider war das für viele ein folgenschwerer Irrtum: Derivate sollten, wie jedes Spiel, nur in Kenntnis der Gewinnquoten gespielt werden!

7.4 Eigenschaften von Risikoverträgen

7.4.1 Aleatorische Verträge

Risikoverträge (im römischen Recht *aleatorische* Verträge[15]) sind ein eigenständiger Vertragstyp[16]. Zu dieser Kategorie gehören unter anderem auch die Versicherungsverträge[17]. Paradigmatisch ist in jedem Fall das Glücksspiel[18].

Spiel ist das wechselseitige Versprechen einer Leistung als Gewinn unter entgegengesetzten Bedingungen, die teils oder ganz vom Zufall abhängen. Spielverträge haben drei grundlegende Eigenschaften[19]:

- das Spiel hängt von ungewissen Bedingungen ab („Ungewissheit");
- beide Spieler können gewinnen oder verlieren („Beidseitiges Risiko");

15 Siehe außerdem für Frankreich, Art. 1964–1983 Code Civil.
16 Staudinger/Engel, vor § 762 Rn 2.
17 Erman/Müller, § 762 Rn 1.
18 Martin Henssler, *Risiko als Vertragsgegenstand*, 419.
19 *Carlill v Carbolic Smoke Ball Company*, [1892] QBD 484, per Hawkins J at 490. (QBD 1892) Diese für die gesamte englische Rechtsprechung maßgebliche Entscheidung ist, wie wir sehen werden, im vorliegenden Zusammenhang auf deutsche Verhältnisse übertragbar; siehe im Übrigen auch *Ellesmere v Wallace*, [1929] 2 Ch 1, per Lawrence LJ S. 36 (Court of Appeal 1929).

- der Vertrag ist nicht von der Übereignung konkreter Werte abhängig; insbesondere gründet der Vertrag nicht im Austausch von Leistungen („kein echter Leistungsaustausch"- „no real consideration")[20].

Der häufig erwähnte *subjektive* Tatbestand, dass nämlich eine oder beide Parteien „keinen ernsten sittlichen oder wirtschaftlichen Geschäftszweck" beabsichtigen[21], ist nicht Teil der englischen Definition. Soweit erkennbar war er auch in der deutschen Rechtsprechung nie entscheidungserheblich. Obwohl er in beiden Rechtsordnungen früher eine wichtige Wertungsgrundlage darstellte, spielt er vermutlich seit der Deregulierung der Finanzmärkte in diesem Sinne keine Rolle mehr – zumindest wenn man dem unbeschwerten Börsenhai Gordon Gekko (im Film „Wall Street", 1987) Glauben schenken soll.

Wir wollen die Vertragsmerkmale nun einzeln prüfen.

7.4.2 Kein echter Austausch

Aus diesem Merkmal ergibt sich die moralische Verwerflichkeit des Spiels[22]. In einem ernsthaften Geschäft werden Leistungen ausgetauscht – *do ut des*. Im Handel profitieren beide Teilnehmer (jedenfalls subjektiv) mehr von der Leistung, die sie erhalten, als von der, die sie erbringen; das Geschäft mehrt die Summe der menschlichen Glücksseligkeit. Reine Spiele sind jedoch Nullsummenspiele: was der eine gewinnt, verliert in eben demselben Maße der andere. Im Spiel wird immer nur *eine* Leistung übertragen[23]. Daher die Sterilität und Nutzlosigkeit des Vertrags; daher (traditionell) die Weigerung des Gesetzgebers, Spielschulden klagbar zu machen.

Differenzgeschäfte werden durch den Mangel an einem ernsthaften Leistungsaustausch definiert: die angeblich zugrunde liegende „Lieferung von Waren oder Wertpapieren" soll in Wirklichkeit gerade *nicht* stattfinden; es wird nur der Unterschied zwischen entsprechenden Wertverläufen glattgestellt (§ 764

---

20 „Neither of the contracting parties [has] any other interest in that contract than the sum or stake he will so win or lose, there being no other real consideration for the making of such contract by either of the parties." Hawkins J in *Carlill v Carbolic Smoke Ball Company*, 1892: at 491.

21 Palandt/Sprau, § 762 Rn 2.

22 Berg, *Kreditderivate im deutschen Privatrecht* will die Ehre zumindest von Credit Default Swaps retten, indem er ihnen die Eigenschaften eines vollendeten synallagmatischen Austauschvertrags attestiert – siehe dort, S. 158, 166.

23 MüKoBGB/Habersack, § 762 Rn 5. Anderer Ansicht Reiner und Schacht, „Credit Default Swaps und verbriefte Kreditforderungen in der Finanzmarktkrise Teil I & II", 341.

BGB aF). Das Reichsgericht hat sich häufig mit der Frage beschäftigen müssen, ob es sich in einem streitigen Geschäft um „ernstlichen Kauf und Verkauf oder nur um Spiel handelte"[24]. Termingeschäfte mit Personen, die keine Börsentermingeschäfte abschließen konnten, waren höchstens dann verbindlich, wenn die Lieferung tatsächlich erfolgte (also das Differenzgeschäft „geheilt" wurde[25]) oder wenn eine genau bezifferte, zweckgebundene Sicherheit hinterlegt worden war[26].

Der Unterschied zwischen dem Risikogeschäft und „normalen" Verträgen des gewerblichen Lebens war bereits der Renaissance geläufig. Bei letzteren handelte es sich um „do ut des", bei Versicherungsgeschäften etwa ist die Übereinkunft besser als „do ut facias" zu beschreiben, jedenfalls sei eine Überprüfung nach den Maßstäben von Kauf, Verkauf oder Miete nicht zweckdienlich[27].

7.4.3 Beidseitiges Risiko

Beide Spieler müssen das Risiko eines Verlusts übernehmen[28]. Weil es nur eine Leistung geben kann, gehen die Interessen der Spieler zwangsläufig in entgegengesetzte Richtungen.

Die dadurch entstehende Interessenskollision kann allerdings auf unterschiedliche Weise abgemildert oder ausgeschlossen werden. Beispielsweise sind *pari mutuel*-Wetten (Totalisator) keine „Spiele" in dieser Darstellung, weil der Totalisator nichts riskiert, sondern lediglich die Gewinne, die ihm selbst nicht zustehen, verteilt[29]. Es ist behauptet worden, dass Versicherungsverträge aus

---

24 *RG v. 23.10.1917*, Rep. III. 182/17 RGZ 42, 45 (Reichsgericht 3. Zivilsenat 1917); vgl. auch *RG v. 08.10.1902*, Rep. I. 145/02 RGZ 250 (Reichsgericht 1. Zivilsenat 1902).

25 *RG v. 24.09.1915*, Rep. III. 41/15 RGZ 221 (Reichsgericht 3. Zivilsenat 1915).

26 Mit § 54 Abs. 1 BörsG (Befriedigung aus bestellter Sicherheit) habe der Gesetzgeber bezweckt, „eine Vorschrift zu schaffen, die eine klare Erkennbarkeit des Umfanges der Haftungsmöglichkeit und die unbedingte Beschränkung der Haftung auf die ihrem Werte nach unzweifelhaft feststehende Sicherheit forderte": *RG v. 04.06.1915*, Rep. III. 582/14 RGZ 18, 22 (Reichsgericht 3. Zivilsenat 1915).

27 Solche Vertrage „ judicantur diversi modo, ex parte dantis est do ut facias, ex parte vero facientis est facio ut des, *non inspecto ordine contrahendi, sicut in emptione et venditione, locatione, et similibus.*" Straccha, De Assecuratione, zit. William Holdsworth, *A history of English law* vol 8, 277.

28 MüKoBGB/Habersack, § 762 Rn 5.; *Ellesmere v Wallace*, [1929] 2 Ch: 37 (Lawrence LJ), 50 (Russell LJ).

29 *Tote Investors v Smoker*, [1967] 3 AER 242 (Court of Appeal 1967); siehe auch, mit etwas anderer Begründung (staatliche Genehmigung), *RG v. 03.10.1918*, 93 Nr. 107 RGE.

eben diesem Grund aus § 762 BGB ausscheiden[30]. Dem ist nicht zuzustimmen: die Gewinne des Versicherers hängen unmittelbar davon ab, wie viele der versicherten Risiken sich verwirklichen[31].

7.4.4 Ungewissheit

Spiele im paradigmatischen Sinne hängen von einem ungewissen Ausgang ab. Deswegen sind Wetten, bei denen der Ausgang bereits erfolgt und bekannt ist, und nur zur Bekräftigung einer Meinungsverschiedenheit dienen, keine Spiele in diesem Sinne[32]. Die Vortäuschung einer Ungewissheit, wo keine vorliegt (etwa, wenn der Spieler seinen Gegner im irrigen Glauben belässt, das Ereignis sei noch nicht eingetreten), ist Betrug[33]. Auch muss das ungewisse Ereignis das Ergebnis des Spiels kausal bestimmen. Wenn eine Leistung unabhängig vom Ausgang, sei dieser noch so ungewiss, eingefordert werden kann, dann liegt kein Spiel vor[34].

7.5 Zulässigkeit und Wirksamkeit von Risikoverträgen

Fragen nach der Zulässigkeit und Wirksamkeit von Risikoverträgen sind für denjenigen wichtig, der die aus einem solchen Vertrag entspringenden Ansprüche durchsetzen oder verhindern möchte. Seit der Finanzkrise existiert ein Überhang von abzuwickelnden Verträgen. Die Überlegungen, die damals die Entstehung der vielen Instrumente begleitet haben, sind heute hochaktuell.

Wie wir dargestellt haben, haben zumindest die „gefährlichen" Derivate die bekannte Struktur des Differenzgeschäfts und sind somit der Kategorie des Spiels zuzuordnen. Ebenfalls zum Spiel (im breit gefassten Sinn) gehören Versicherungsgeschäfte; die Nähe der Finanzderivate zur Versicherung ist oft bemerkt worden. Für den Nutzer von Finanzderivaten ist eine klare Abgrenzung zu Spiel oder Versicherung von grundlegender Bedeutung. Ansprüche aus Spielen an sich sind (oder waren bis vor kurzem) in allen wichtigsten Rechts-

---

30 MüKoBGB/Habersack, § 762 Rn 9.

31 Unklar ist die Position, wenn der Versicherer ausnahmsweise (etwa durch geschickte Manipulierung der Police) kein Risiko trägt: *Flood v Irish Provident Assurance*, [1912] 2 Ch 581 (Court of Appeal (Ireland) 1910); *Fuji Finance v Aetna Life Insurance*, [1994] 4 AER 1025 (Ch D 1994).

32 Der so genannten „Spätwetten"-Rechtsprechung ist insofern nicht beizupflichten.

33 *Carter v Boehm*, [1558–1774] All E.R. Rep. 183, per Lord Mansfield, 184 (KB 1766).

34 *Fuji v Aetna*, [1994] 4: 1032.

ordnungen unklagbar[35]. Die Veranstaltung von unerlaubten Glücksspielen ist strafbar[36], sowie ebenfalls der Betrieb von Versicherungsgeschäften ohne Erlaubnis[37]. Versicherungsverträge, die als Wetten verwendet werden, sind nach englischem Recht ohne weiteres nichtig – d.h., sie können nicht einmal als Spiele wirksam sein[38]. Die Vertragsparteien von „Wettpolicen" müssen unter Umständen mit strafrechtlichen Sanktionen rechnen[39].

Die Auseinandersetzung mit dieser Thematik ist von der Wissenschaft nur spärlich begleitet worden; die Rechtsprechung hat sich bisher wenig damit befasst. Eine systematische Bestandsaufnahme ist überfällig. Vorneweg ist jedoch folgendes klar: mit geregelten Kreditinstituten waren unter bestimmten Voraussetzungen Finanzderivate schon immer vom *Spieleinwand* ausgenommen[40]. Offen bleibt trotzdem die Frage, ob der jeweilige Vertrag den *Versicherungen* zuzuordnen ist.

7.6 Die Rechtsauffassung der Emittenten

Im Jahre 1997 wurde der englische Barrister Robin Potts QC beauftragt, ein Gutachten zur Wirksamkeit von Credit Default Swaps zu erstellen. Der Mandant war der internationale Derivateverband „ISDA"; die vermittelnde Solicitors-Kanzlei war Allen & Overy. Dieses Gutachten bezieht sich nur auf englisches Recht. Mehr war für die Zwecke der Auftraggeber nicht erforderlich, denn die meisten Kredit-Derivate bedingen englisches Recht als Rechtswahl[41].

---

35 § 762 BGB; in England, siehe *Gaming Act 1845*, s 18; diese Vorschrift wurde inzwischen aufgehoben: *Gambling Act 2005*, s 334.

36 § 284 StGB; in England *Gambling Act 2005*, s 33.

37 § 140 VAG; in England *Insurance Companies Act 1982* s 14; seit FSMA 2000 aktuell die *FSMA (Regulated Activities) Order 2001*.

38 Betroffene Verträge sind „null and void to all intents and purposes whatsoever", *Life Assurance Act 1774*, s 1.

39 *Marine Insurance (Gambling Policies) Act 1909*, s 1.

40 Aktuell, § 37 e WpHG; früher die Vorschriften §§ 52 ff. BörsG aF; in England *Gambling Act 2005*, s 10; siehe auch *City Index v Leslie*, [1991] 3 AER 180 (CA 1991) im Hinblick auf Financial Services Act 1986, s 63, Schedule 1.

41 Zumindest für die maßgeblichen Bestandteile, insbesondere, bei credit linked notes, für die innere Swap-Struktur. Zum Beispiel: das von Barclays emittierte Volante CDO (Principal Programme Memorandum s. 29); das von Société Générale emittierte Iris II 1/2007 (Total Return Swap Confirmation 10.1); das von der Deutschen Bank emittierte Eirles Four Series 74 (Default Swap Confirmation 15).

(Als einzig gängige Alternative gilt das Recht des US-Staates New York[42]. Auch für deutsche Verhältnisse ist daher die Rechtslage nach englischem Recht von entscheidender Bedeutung.)

7.6.1 Das Potts-Gutachten

Potts sollte zur Frage Stellung nehmen, ob Kreditderivate als „Versicherung" im Sinne der Gesetzgebung oder sonst gelten müssen, sowie ob eine Bank, die Kreditderivate abschließt, dadurch „Versicherungsgeschäfte" betreibt. Außerdem wurde er gefragt, ob solche Derivate als Spiele unwirksam sind.

Das Verhältnis der Parteien unter einem CDS (Kreditausfall-Swap) haben eine oberflächliche Ähnlichkeit mit einem Versicherungsverhältnis, weil die eine Partei (der „protection seller") zugunsten seines Gegners (des „protection buyer") ein Risiko übernimmt. Der protection buyer zahlt während der Laufzeit des Swaps regelmäßige feste Beträge an den seller. Die Zahlungspflichten des protection seller hingegen hängen von vertraglich vereinbarten „Kreditereignissen" (credit events) ab. Soweit klingt der protection seller wie ein Versicherer, sein Gegner wie ein Versicherungsnehmer. Für Versicherungsverhältnisse ungewöhnlich ist allerdings, dass die Zahlungspflicht unabhängig davon ausgelöst wird, ob die Kreditereignisse für den „protection buyer", oder überhaupt, Schäden verursachen. Wenn beispielsweise das „Rating" einer Referenzanleihe herabgestuft wird – so ein häufig vereinbartes „Kreditereignis" –, muss der protection seller zahlen, auch wenn dieses Ereignis für niemanden Folgen hat.

Laut Potts schließen diese ungewöhnlichen Tatbestandsmerkmale die Versicherungseigenschaft aus. Dafür nennt er zwei Gründe. Erstens, Schadensversicherung (die Versicherungsform, die eventuell mit Kreditderivaten vergleichbar wäre) sei, so Potts, nach englischem Recht immer ein „contract of indemnity", also ein Vertrag zum *Ersatz eines Schadens*. Ohne Schaden, keine Zahlungspflicht, wobei diese auf die Höhe des tatsächlich entstandenen Schadens beschränkt ist[43]. Wenn Kreditderivate ohne Nachweis eines Schadens Zahlungspflichten auslösen, dann seien sie keine Versicherung.

---

42 Wo man sich ebenfalls Rückendeckung, diesmal von der Aufsichtsbehörde selbst, besorgt hat: Rochelle Katz, „2000 OGC Opinion – New York State Insurance Department", *Scribd*,, http://www.scribd.com/doc/17132760/2000-OGC-Opinion. Die Auskunft ist allerdings im Gegensatz zu Potts sehr kurz.

43 Vgl., im deutschen Recht, den inzwischen aufgehobenen § 55 VVG aF.

Zweitens: nach englischem Recht, so Potts, setzt das Versicherungsverhältnis zwingend ein „versichertes Interesse“ voraus. Die Zahlungspflicht des Versicherers muss sich nicht nur auf einen konkreten Schaden beziehen, sondern dieser Schaden muss ein Schaden *des Versicherungsnehmers selbst* sein[44].

7.6.2 Versicherungsgeschäfte – dogmatisch und historisch

Hierzu ist folgendes zu sagen.

Der englische Gesetzgeber hat den Versicherungsvertrag als solchen nie definiert[45]. Die Definition, die Potts in seiner Analyse verwendet (einschließlich des Erfordernisses eines versicherten Interesses) ist aus der Rechtsprechung gewonnen[46]. Allerdings wurden die Fälle, die er zitiert, erst nach wichtigen statuarischen Reformen entschieden. Es handelt sich vor allem um das Marine Insurance Act 1745 und das Life Assurance Act 1774. Beide sollten den Missbrauch eindämmen, der daraus entsprang, dass unbeteiligte Betrüger den Schadensfall selbst herbeiführten – etwa indem sie Schiffe oder Personen versicherten und dann verenden ließen[47]. Deswegen sollte ein eigener Schaden fortan Voraussetzung und Höchstmaß des Ausgleichs bilden.

Dass ab dieser Zeit Versicherungen ohne versichertes Interesse unwirksam sein sollten, ist unbestritten. Am Begriff der Versicherung selbst haben die Gesetze jedoch nichts geändert; sie haben lediglich festgelegt, dass Versicherungsverträge nun nur unter Nachweis des versicherten Interesses wirksam sein sollten. Vor 1745 existierte dieser Vorbehalt nicht; und „Wettpolicen“ (wager policies) waren zu jener Zeit gültige Versicherungsverträge[48]. Die Folge ist: nach

44 Potts, „Credit Derivatives“, 3.

45 Ebensowenig wie der deutsche Gesetzgeber: Langheid und Wandt, *Münchener Kommentar zum Versicherungsvertragsgesetz*, § 1 Rn 1.

46 „The distinction between a policy and a wager is this: a policy is, properly speaking, a contract to indemnify the insured in respect of some interest which he has against the perils which he contemplates it will be liable to“, *Wilson v Jones*, (1867) L.R. 2 Exch. 139, 150, per Blackburn J (Court of Exchequer 1867).

47 Das 1774er Gesetz befand: „it hath been found by experience that the making insurances on lives or other events wherein the assured shall have no interest hath introduced a mischievous kind of gaming“, *Life Assurance Act 1774*, Preamble.

48 „Policies on maritime risks were ... used improperly and made mere wagers on the happening of those perils. This practice was limited by the Marine Insurance Act 1745, and put an end to in all except a few cases, but, at common law, before this statute with respect to maritime risks and the Life Assurance Act, 1774, as to insurances on lives, it is perfectly clear that all contracts for wager policies and wagers which were not contrary to the policy of the law, were legal contracts.“ *Dalby v India and London Life Assurance*, [1843–60] All E.R. Rep. 1040, 1042, per Parke B (Exchequer Chamber).

englischem Recht gehören versichertes Interesse und „indemnity" keineswegs zum „Wesen"[49] des Versicherungsvertrags[50]. Versicherungsverträge ohne diese Elemente sind durchaus noch den Versicherungen zuzuordnen, nur sind sie wegen der Vorschriften von 1745 und 1774 gegebenenfalls unwirksam[51].

Für diese Folgerung sprechen auch weitere historische Gründe. Die von Holdsworth zusammengetragenen Materialien belegen, dass „Wettpolicen" (Spekulationen auf den Eintritt eines Schadens) in der Frühzeit des Versicherungswesens durchaus häufig abgeschlossen wurden. Sie wurden zwar wegen der Gefahr des Missbrauchs immer wieder vom Gesetzgeber eingeschränkt. Andererseits ist es durchaus denkbar, dass (abseits vom Missbrauch) die Bereitschaft zum Spekulieren dem Markt für Versicherungen Tiefe und Liquidität verschafft hat[52]. Jedenfalls hat eine englische Entscheidung des Jahres 1572 klargestellt, dass der Abschluss des Versicherungsvertrags und die Geltendmachung des Schadensfalles keineswegs davon abhängig waren, dass der Versicherungsnehmer selbst Eigentümer oder Geschädigter war[53].

Auch rechtsvergleichend scheint es so zu sein, dass „versichertes Interesse" nicht konstitutiv ist für den Begriff der Versicherung. Zumindest der deutsche Gesetzgeber entfernt sich eher von diesem Gedanken. In der neuen Fassung des VVG fehlt jedenfalls § 55 aF, wonach der Versicherer nicht verpflichtet war, dem Versicherungsnehmer mehr als den Betrag des Schadens zu ersetzen. Das Maß des versicherten Interesses ist in manchen Situationen (etwa in der durchaus zulässigen „Summenversicherung") offensichtlich ohne Bedeutung[54]. Davon abgesehen ist der Versicherungsnehmer nicht darauf beschränkt, sein eigenes Interesse zu versichern[55]. Zur Bekämpfung des Missbrauchs bei solchen Abschlüssen genügen andere Mittel (beispielsweise, in der Lebensversicherung, die Einwilligung der versicherten Person, § 150 Abs. 2 S. 1 VVG).

---

49 Potts, „Credit Derivatives", 4.

50 In Deutschland würde man sagen: es handelt sich nicht um vertragstypische Merkmale. Zum „Typus" siehe Karl Larenz und Claus-Wilhelm Canaris, *Methodenlehre der Rechtswissenschaft*, 3. Aufl. (Berlin; New York: Springer, 1995), 290 ff.

51 Kimball-Stanley, „Insurance and Credit Default Swaps: Should Like Things Be Treated Alike?".

52 William Holdsworth, *A history of English law : Holdsworth, William Searle, Sir, 1871–1944 vol* 8, 281.

53 Ebd., vol 8, 284.

54 Langheid und Wandt, *Münchener Kommentar zum Versicherungsvertragsgesetz*, § 1, Rn 17, 21.

55 Ebd., § 1, Rn 19.

Die Ergebnisse von *Potts* Gutachten erscheinen also zunehmend zweifelhaft, wenn man seine Argumente einer genaueren Prüfung unterzieht. Tatsächlich stellt er die wahre Rechtslage auf den Kopf.

Dass ein Versicherungsvertrag ohne versichertes Interesse abgeschlossen wird, verhindert nicht, dass er als Versicherungsvertrag behandelt wird. Im Gegenteil: dass es sich bei Wettpolicen um Versicherungsverträge handelt, ist nach englischem Recht sogar die Voraussetzung dafür, dass überhaupt über sie die Unwirksamkeit ausgesprochen werden kann. Im Gesetz von 1774 heißt es: „Every assurance made contrary to the true intent and meaning hereof [d.h. jede Versicherung mit den verpönten Eigenschaften – JR] shall be null and void to all intents and purposes whatsoever". Der logische Aufbau der Vorschrift ist demzufolge: *wenn* der Versicherungsvertrag ohne Interesse abgeschlossen wird, *dann* ist er unwirksam. *Potts* Darstellung hingegen, wonach Wettpolicen von Anfang an nicht einmal den Versicherungsverträgen zuzuordnen sind, würde die vom Gesetzgeber vorgesehene Rechtsfolge geradezu verhindern.

Der Analyse von *Potts* liegt also ein Denkfehler zugrunde. Entgegen seiner Darstellung sind Wettpolicen Versicherungsverträge. Aus dieser Zuordnung folgt nicht nur (negativ), dass sie unwirksam sind, sondern auch (positiv), dass für sie sämtliche Rechte und Pflichten gelten, die für Versicherungsgeschäfte typisch sind. Damit eröffnet sich ein wahres Arsenal an zusätzlichen Argumenten.

7.7 Finanzderivate und versicherungsrechtliche Grundsätze

7.7.1 Unerlaubt bzw. unwirksam

Versicherungsverträge, die unerlaubt durch ein Unternehmen abgeschlossen werden, sind nach englischem Recht unwirksam.

Wagering policies – also Schadensversicherungen, denen das erforderliche Eigeninteresse fehlt – sind „für alle Zwecke" unwirksam (LAA 1774, s 1). Dieser Zusatz schließt vermutlich aus, dass sie trotz versicherungsrechtlicher Unwirksamkeit noch als Börsenspiele durchgehen könnten.

Die Frage, ob ein Kreditderivat als unerlaubte Versicherung unwirksam wäre, kann nur im Einzelfall beantwortet werden, da es auch von den Bestimmungen des jeweiligen Vertrags abhängig wäre (beispielsweise zum Gerichtsstand).

7.7.2 Vertragsrechtliche Folgen

Von allgemeiner Konsequenz ist jedoch die Frage nach den zivilrechtlichen Pflichten und Rechten, die in einem solchen Fall gegeben wären[56]. Die Eigenschaften des Paradigmas „Spiel" haben wir oben beschrieben. Welche Konsequenzen ergeben sich in der Praxis daraus?

Die Eigenschaft „kein echter Austausch von Leistungen" bezeichnet den eigentlichen Kern des Risikovertrags, der ihn vom normalen gewerblichen Verkehr unterscheidet. Der normale Austausch ist fair, wenn der Wert der ausgetauschten Leistungen „äquivalent" ist. Dieses Kriterium ist allerdings nur subjektiv: Es ist nicht die Aufgabe des Rechts, Preise nachzuverhandeln. Jeder Marktteilnehmer soll selbst darauf achten, dass ihm das Angebot passt – *caveat emptor!*

Bei Risikoverträgen ist die Lage anders. Die einzige Leistung, die erbracht wird, ist diejenige, die der Verlierer an den Gewinner erbringt. Für eine Prüfung der Äquivalenz ist kein Raum. Umso wichtiger ist das Risikoereignis selbst. Dreh- und Angelpunkt ist nicht die Gleichheit der Leistungen (von denen es nur eine gibt), sondern die Gleichheit des Risikos. Die grundlegende Annahme ist, dass diejenigen Elemente, die sich als zufällig präsentieren, auch tatsächlich Zufall sind. Das Risiko und somit die Gewinnerwartung soll für beide Vertragspartner identisch sein – so die Vertragsgrundlage bei Risikoverträgen. Wenn die objektiven Chancen nicht identisch sind, soll dies in den Gewinnquoten berücksichtigt werden (so zum Beispiel in den Auszahlungsregeln für die unterschiedlichen Wettfelder beim Roulette).

Aus diesem elementaren Gebot ergeben sich die Regeln des Risikovertrags.

Im reinen Glücksspiel ist es Falschspiel, wenn der Zufall durch Interventionen des einen Partners heimlich „ausgeschaltet" wird[57]. Dies kann entweder durch mechanische Maßnahmen erfolgen oder beispielsweise auch dadurch, dass ein Schiedsrichter bestochen wird. Da moderne derivative Instrumente nicht weniger genau „strukturiert" werden können, als ein virtuelles Rouletterad[58], ist

56 Was Potts' Mandanten durchaus erkannt haben, siehe Potts, „Credit Derivatives", instructions, S. 7.

57 *RG v. 19.11.1926*, I 682/26: 16; *BayObLG v. 11.02.1993*, 5 St RR 170/92: 10; *BGH v. 15.12.2006*, 5 StR 181/06:Rn 23.

58 Dempster, Medova, und Roberts, „Regulating Complex Derivatives: Can the opaque be made transparent?".

die Nicht-Offenlegung der Chancen durch die emittierende Bank tendenziell ein Verstoß gegen dieses Grundprinzip[59].

Im Versicherungswesen ist es Betrug, wenn Faktoren, die den Schadensfall beeinflussen könnten, nicht offen gelegt werden. Es handelt sich dabei um eine vertragliche Hauptpflicht. Schlüssig erklärt jeder, der eine Versicherung abschließt, dass das Risiko, soweit nicht anders bekannt oder erklärt, zufallsabhängig ist. Das Versäumnis, etwaige gegenläufige Faktoren offen zu legen, macht die schlüssige Erklärung zu einer Falschaussage[60]. Entsprechend eingeschränkt ist die Wirksamkeit von „Disclaimers"[61], jedenfalls wenn sie so weitreichend sein sollen wie in Kaufverträgen[62].

Die Anzeigepflicht trifft zwar grundsätzlich beide Seiten in einem Versicherungsverhältnis, primär aber jedenfalls den Versicherungsnehmer (bei Kreditderivaten ist das häufig der *Emittent*), der am besten in der Lage ist, die Risiken abzuschätzen[63]. Nach englischem Recht ist die Bandbreite dessen, was spontan und unaufgefordert angezeigt werden muss, groß. Alles, was einen vernünftigen Versicherer in seiner Entscheidung beeinflussen könnte, Deckung anzubieten und zu welchen Konditionen, ist anzuzeigen[64]. Dazu gehört beispielsweise des Versicherungsnehmers eigene Bewertung vom potenziellen wirtschaftlichen Verlust[65], und – soweit relevant – seine „moralischen" Eigenschaften und das daraus entspringende Risiko[66]

---

59 *OLG Stuttgart v. 26.02.2010,* 9 U 164/08; Julian Roberts, „Finanzderivate als Glücksspiel? Aufklärungspflichten der Emittenten", *DStR* 2010, Nr. 21 (Mai 28, 2010): 1082–1087.

60 „Insurance", *Halsbury's Laws of England*, 2003, Abs. 37.

61 Ebd., 37 mwN.

62 Vermutlich also auch die Warnung, man besitze zwar „nicht-öffentliche" Information zum Produkt, werde sie aber nicht offen legen – Goldman Sachs, „Abacus CDO", 25.

63 *Carter v Boehm*, aaO.

64 Marine Insurance Act 1906, s 18 (2): „Every circumstance is material which would influence the judgment of a prudent insurer in fixing the premium, or determining whether he will take the risk". Diese Grundsätze gelten für alle Versicherungsgeschäfte: *Pan Atlantic v Pine Top Insurance*, [1994] 3 AER 581 (HL 1994).

65 *Ionides v Pender*, [1861–73] All E.R. Rep. 898.

66 „Moral hazard" – *Locker & Woolf v Western Australian Insurance* [1936] 1 KB 408, per Slesser LJ at 414.

7.8 Der Abschluss von Finanzderivaten und *caveat emptor*

Die Pflichten und Rechte aus einem Risikovertrag sind nicht vergleichbar mit denen, die aus normalen Kaufverträgen fließen. Der Verkäufer eines Autos ist nicht ohne weiteres verpflichtet, über den schlechten Zustand des Motors aufzuklären; es ist die Verantwortung des Käufers, darüber gegebenenfalls Fragen zu stellen, und zwar umso mehr, je erfahrener er ist – *caveat emptor!*

Bei Spielen und Versicherungsverträgen ist die Lage anders. Erfahrung und Kenntnisse des Getäuschten sind hier grundsätzlich irrelevant. Bei gewerblich geführten Versicherungsunternehmen gelten hier zwar Einschränkungen, weil man davon ausgeht, dass sie mit den typischen Gefahren der jeweiligen Branche vertraut sind[67]. Für Derivate wird diese Einschränkung dann aber unerheblich sein, wenn die „Versicherer"-Rolle nicht vom Emittenten, sondern vom Anleger gespielt wurde. Dies war häufig der Fall bei den vielen verlustreichen CDOs, bei denen 2007 deutsche Rentenfonds, Kreditinstitute und Landesbanken ahnungslos „Protektion" verkauft haben. Geheimhaltung von risiko-relevanten Faktoren ist fast immer Betrug – im Spiel ist es Falschspiel, in der Versicherung ist es Versicherungsbetrug.

In der Praxis werden die Gerichte zwischen den Parteien abwägen müssen – in diesem Sinne bleiben rechtsdogmatische Überlegungen unvorgreiflich. Wichtig wäre jedoch die Einsicht, dass Differenzgeschäfte – in welcher Form auch immer – eine andere vertragliche Grundlage voraussetzen als der traditionelle Effektenkauf. Sie sind nämlich Risikoverträge, und bei Risikoverträgen gelten andere Regeln für die Aufklärung. Schlüssig erklärt jeder Partner, das Geschäft sei – abgesehen von bekannten und erklärten Abweichungen – rein zufällig. Betrug ist, wenn diese Erklärung nicht zutrifft. Bei strukturierten Finanzprodukten trifft sie dann nicht zu, wenn das Chancen-Risiko-Verhältnis bewusst vom „fairen" Wert abweicht. Dies Verhältnis kann von der modernen Finanzmathematik genau so präzise verteilt werden, wie mit den Taschen auf dem Roulette-Rad im traditionellen Spiel. Wenn aber die Abweichung nicht offen gelegt wird, ist es vergleichbar mit einem Roulettespiel, in dem ein mit einer ungenannten Anzahl von Taschen versehenes Rad hinter einem Paravent bedient wird[68].

---

67 *Marine Insurance Act 1906*, s 18 (3).

68 Roberts, „Finanzderivate als Glücksspiel? Aufklärungspflichten der Emittenten", 1084 f.

In diesem Zusammenhang ist auch zu wiederholen, dass bei Versicherungsgeschäften Person und Eigenschaften der Gegenpartei zu den anzeigepflichtigen Tatsachen gehören (siehe oben, „moral hazard" 7.7.2). Die SEC wurde belächelt, als sie Goldman Sachs vorwarf, in der „Abacus"-Sache ihren Vertragspartnern die Identität des Wettgegners, des Spekulanten John Paulson, nicht offen gelegt zu haben. Beim gewöhnlichen Effektenkauf wäre dies in der Tat irrelevant gewesen. Für das Versicherungsgeschäft gelten jedoch andere Regeln.

7.9 Fazit

Differenzgeschäfte und aktuelle Varianten davon sind Risikogeschäfte. Risikoübernahme ist jedoch kein Kauf, und aus Risikogeschäften ergeben sich eigene vertragstypische Rechte und Pflichten.

Im Hinblick auf Kreditderivate überzeugen die Argumente nicht, dass sie keine Versicherungsgeschäfte sind. Aus der Perspektive des regelmäßig in Deutschland vereinbarten englischen Rechts wäre der „Versicherungs-Einwand" auf jeden Fall beachtlich. Ob es angesichts der langjährigen Akzeptanz von Kreditderivaten durch den Gesetzgeber erfolgversprechend ist, ihnen die Wirksamkeit insgesamt streitig zu machen, mag dahingestellt bleiben[69]. Nicht weniger wichtig ist nämlich die Frage, ob Kredit- und andere Derivate angemessen vermarktet worden sind. Wenn Emittenten Informationen zurückhielten, die für die Risikoübernahme seitens der Investoren wesentlich waren (beispielsweise die finanzmathematische Struktur der Produkte, die Identität der Gegenpartei), so verstößt dies gegen vertragstypische Pflichten. In solchen Fällen entstehen zivilrechtliche Ansprüche, die für geprellte Institutionen eben so hilfreich sein können.

69 Berg, *Kreditderivate im deutschen Privatrecht*; Reiner und Schacht, „Credit Default Swaps und verbriefte Kreditforderungen in der Finanzmarktkrise Teil I & II".

8 Derivate und kommunale Wirtschaft

8.1 Einleitung

Zahlreiche deutsche Kommunen und ihre Versorger, die in den letzten fünf Jahren mit Finanzderivaten spekulierten, haben zum Teil massiv verloren. Ihr Schicksal ist aus vielen Presseberichten und Gerichtsurteilen bekannt. Juristisch aufgearbeitet ist das Phänomen allerdings noch lange nicht. Da Derivateverkäufer sich bisher mit klagenden Kommunen vergleichen konnten, bevor der Streit die höheren Instanzen erreichte, ist unmittelbar einschlägige deutsche Rechtsprechung noch nicht absehbar[1]. Das gilt zwar nicht für die kommunalen Versorger, denn über mindestens zwei derartige Streitigkeiten – es handelt sich um die Klagen der Versorgungsunternehmen der Städte Würzburg und Pforzheim gegen die Deutsche Bank – soll der BGH urteilen. Wenn jedoch die bisherige Argumentation der Parteien und der Gerichte nicht erweitert wird, besteht wenig Hoffnung, dass wichtige Themen dort aufgegriffen werden, insbesondere: steht es den Kommunen oder ihren Betrieben zu, Finanzderivate überhaupt abzuschließen?

8.2 Zinsswaps

Die Derivate, die in den letzten Jahren einen gewissen Schaden angerichtet haben, heißen „CMS Spread-Ladder Swaps". Hinter diesem beängstigendem Namen verbirgt sich etwas ganz einfaches. Die Swaps sind Wetten auf künftige Ereignisse in den Finanzmärkten – hier, auf Zinssätze. Es wird gewettet, dass bestimmte Zinssätze sich in den kommenden Jahren auf eine bestimmte Weise entwickeln werden. Gewinner ist diejenige Partei, die richtig getippt hat. Wie in allen Wetten erhält der Gewinner Geld vom Verlierer. Das ist alles: eigenständige Leistungen irgendeiner Art werden – wie bei allen Wetten – nicht ausgetauscht.

---

1 Die Banken haben aus ihrer schmerzlichen Niederlage in England gelernt, siehe *Hazell v Hammersmith* HL, [1991].

Die Geschäfte wurden so nicht geschildert; „Wette“ wäre für einen seriösen Stadtkämmerer schließlich kaum darstellbar[2]. Der wahre Charakter des Geschäfts wurde auf zweierlei Weise verschleiert.

Erstens wurden die Swaps immer so präsentiert, als seien sie Kreditgeschäfte. Der gesamte Abschluss wurde als Teil eines „modernen Zins- und Schuldenmanagements“ dargestellt. Es wurde unterstellt, die Kommune habe ein „Grundgeschäft“ – nämlich eine bestehende Kreditverpflichtung, mit der das Swapgeschäft in Verbindung stehe und die von ihm „optimiert“ werden könne. Die Zahlungen, die zwischen den Parteien geflossen sind, wurden als „Zinsen“ beschrieben.

Zweitens wurden die finanziellen Aspekte der Swaps kunstvoll verdeckt. In den Vordergrund gestellt wurde die „Formel“ – ein mathematisches Konstrukt, wonach der jeweilige Gewinn pro Zahlungstermin zu berechnen war. Diese Formel, so die Anwälte der Bank, würde nur die „Grundrechenarten“ verwenden, sei also für den Anleger leicht zu ergründen. Über die anderen Aspekte – etwa über das erwartete Verhalten der wettgegenständlichen Zinssätze, sowie über die Auswirkung komplexer Faktoren wie des der Bank vorbehaltenen Kündigungsrechts – könne man nichts sagen, außer dass das Risiko für den Kunden „nicht bezifferbar“ und „theoretisch unendlich“ sei. Eventuell weitergehende Aussagen – so diese Darstellung – würden nur „Prognosen“ darstellen.

Präsentationen dieser Art sind irreführend. Erstens haben Zinswetten genauso viel mit Kreditverpflichtungen zu tun, wie Pferdewetten mit der Pferdezucht – nämlich an sich gar nichts. Wettgewinne können natürlich für beliebige Ausgaben verwendet werden. Dass ich mit ihnen gegebenenfalls meine Kreditzinsen zahle, macht sie aber nicht zu „Zinsen“.

Aus demselben Grund ist der Hinweis auf ein „Grundgeschäft“ wenig sachgemäß. Wettgeschäfte können eine Verbindung zu einem anderen Geschäft haben, nämlich im besonderen Fall, dass gehedgt (abgesichert) wird. Ein Hedge entsteht jedoch keineswegs spontan oder automatisch, sondern muss gezielt aufgebaut werden. Anstatt dieses Problem direkt anzusprechen, suggerierte die Verkaufsliteratur, dass ein „Grundgeschäft“ (nämlich ein abzusicherndes)

2 Leider lassen sich die Gerichte gelegentlich vom Auftritt der Banken beeindrucken, die „selbstverständlich“ kein reines Glücksspiel anbieten würden. Siehe *OLG Frankfurt v. 04.08.2010*, 23 U 230/08 Juris, Rn 68.

standardmäßig vorhanden sei, sofern man es nicht aus irgendeinem Grund auflöst. Damit spiegelte man eine Zielsichtung vor, die in den allermeisten Fällen nicht realisiert wurde. Tatsache war, dass die Zinsbewegung, die die Swap-Wette zum Gegenstand hatte, mit den Risiken eines normalen Darlehens nichts zu tun hatte. Somit befand sich dort nichts, das die Kommunen hätten hedgen sollen. Im Ergebnis waren viele Swaps lediglich freischwebende Spekulationen. Die Kommunen hätten genauso gut ins Kasino gehen können[3].

Auch die Weigerung, Zahlen zu nennen, war eine Verschleierung. Es geht nicht um Zukunftsprognosen, sondern um den Marktpreis. Auch für Wetten kann es einen Markt geben – die Wettquoten, die bei Sportwetten angeboten werden, sind ein Beispiel. Für Zinsswaps lassen sich die Preise aus verfügbaren Börsendaten berechnen. Bei komplexen Instrumenten erfordert dies eine aufwendige Computer-Simulation; meistens kann sich nur eine üppig ausgestattete Investment-Bank so etwas leisten. Wie auch immer: „Jeder Swap hat zu jedem Zeitpunkt einen Marktwert", wie die Deutsche Bank in ihren Verkaufsmaterialien konstatiert hat[4]. Aus der Simulation lässt sich nicht nur der Preis bestimmen, sondern auch die anderen wesentlichen Elemente jeder Wette: Wieviel kann ich (realistischerweise) gewinnen? Wieviel kann ich (realistischerweise) verlieren? Eine Bank kann auf diese Daten jedenfalls selbst nicht verzichten. Auf der einen Seite *darf* sie nur solche Gewinnchancen verbuchen, die der Gegenspieler beim entsprechenden Spielausgang auch stemmen kann. Umgekehrt *muss* sie die eigenen (realistischen) Risiken verbuchen. Warum der Kunde auf diese Daten verzichten sollte, ist nicht erkennbar. Eine bezifferte Kenntnis des Risikos ist bei Finanzderivaten nicht weniger fundamental als bei jeder Spaßwette auch.

Diese Elemente – dass es sich um eine freischwebende Wette handelte, ohne Bezug zum „Kreditmanagement", dass es einen (die Kommune meistens stark benachteiligenden) Preis hatte, und dass die realistischen Gewinn- und Verlustchancen für die Kommune keineswegs attraktiv aussahen – sind allzu oft verschwiegen worden.

Ob das Fehlen dieser Elemente im Verkaufsgespräch einen haftungsbegründenden Beratungsfehler darstellt, wollen wir hier nicht erörtern. Hier geht es

3 Wo sie unter Umständen bessere Konditionen erhalten hätten!
4 Deutsche Bank, *Basisinformationen über Zinssicherungsinstrumente. Der Einsatz von Zinssicherungsinstrumenten in der kommunalen Kreditwirtschaft.* (Deutsche Bank AG, April 10, 2002), 62.

um eine andere Frage: kann oder darf eine Kommune bzw. ein kommunaler Versorger eine derartige Wette eingehen?

8.3 Derivateeinsatz im kommunalen Bereich: der Vorstoß 2005

Der Einsatz von Derivaten durch die öffentliche Hand wird in Deutschland seit Anfang der neunziger Jahre diskutiert[5]. Spätestens seit 1993 versuchen die Banken in den Derivatemarkt speziell für Kommunen und kommunale Unternehmen einzudringen, insbesondere über Kontaktaufnahmen mit den Aufsichtsbehörden[6]. Dieser Ansatz wurde mit einiger Beharrlichkeit über mehrere Jahre betrieben[7]. Einfache Swaps wurden bereits Mitte der 90er Jahre von größeren Gemeinden abgeschlossen[8]. Zunehmend wurden Verantwortungsträger aus Aufsichtsbehörden[9] und Kommunen[10] aktiv in das Projekt eingebunden. Ein wichtiger Durchbruch kam 2005. Infolge von Informationsveranstaltungen, die Banken mit offizieller Rückendeckung anbieten durf-

5 Siehe etwa Kewenig und Schneider, „Swap-Geschäfte der öffentlichen Hand in Deutschland"; Christian Koenig, „Anwendbarkeit der Ultra-vires-Lehre im Falle des Überschreitens der gesetzlich begrenzten Aufgaben öffentlicher Kreditanstalten am Beispiel einer Landesbank", *Wertpapier-Mitteilungen* 49 (Februar 25, 1995): 317–325.

6 Siehe Angerer, „Bayerisches Staatsministerium des Inneren an die Bezirksregierungen", November 8, 1995; in Birgit Frischmuth, *Kommunales Zins- und Schuldenmanagement Musterdienstanweisungen, landesrechtliche Regelungen und Praxisbeispiele* (Köln: Dt. Städtetag, 2007), 49.

7 von Rotberg, *Derivaterlass Baden-Württemberg* (Innenministerium Baden-Württemberg, August 17, 1998); sowie Hoffmann, *Derivaterlass Brandenburg* (Ministerium des Innern, Januar 18, 2000); in Frischmuth, *Kommunales Zins- und Schuldenmanagement Musterdienstanweisungen, landesrechtliche Regelungen und Praxisbeispiele*, 42, 62.

8 Frischmuth, *Kommunales Zins- und Schuldenmanagement Musterdienstanweisungen, landesrechtliche Regelungen und Praxisbeispiele.*

9 Rudolf Oster, „Sonderfinanzierungen – Einsatz von Derivaten bei kommunalen Gebietskörperschaften", *Gemeinde und Stadt* 2001, Nr. Heft 4, Beilage 3/2001: 14; Dieser Aufsatz ist weitgehend wortgleich mit Deutsche Bank, *Basisinformationen über Zinssicherungsinstrumente. Der Einsatz von Zinssicherungsinstrumenten in der kommunalen Kreditwirtschaft.*(Deutsche Bank, 2002).

10 Richard Sperl, *Kreditmanagement III: Derivatmanagement* (Landeshauptstadt München, Mai 4, 2006); in Frischmuth, *Kommunales Zins- und Schuldenmanagement Musterdienstanweisungen, landesrechtliche Regelungen und Praxisbeispiele*, 146.

ten[11], entschieden sich in diesem Jahr zahlreiche Kommunen und kommunale Versorger für „modernes Zinsmanagement", nämlich Zinsderivate in diversen Formen.

Dass der Verkauf von Derivaten an Kommunen nicht frei von rechtlichen Bedenken ist, wussten die Banken spätestens seit den Auseinandersetzungen über Hammersmith London Borough Council[12]. Entsprechend sorgfältig hat man in den von Banken und Kommunalvertretern erstellte Literatur die Grundlage für deutsche Geschäfte aufgebaut[13]. Die dort behandelten Fragen erstrecken sich auf drei Bereiche: das Spekulationsverbot, die Genehmigungspflicht von „kreditähnlichen" Geschäften, und auf die Wirksamkeit von kompetenzüberschreitenden Abschlüssen. Ausgangspunkt ist der staats- und verfassungsrechtliche Status der Kommune.

8.4 Gemeinden als Akteure auf dem Finanzmarkt

8.4.1 Rechtlicher Status von Gemeinden

Gemeinden sind ursprüngliche Gebietskörperschaften des öffentlichen Rechts (Art. 11 (2) S. 1 BayVerf). Ihre Rechte beziehen sie aus ihrer Eigenschaft als Selbstverwaltungsträger der örtlichen Gemeinschaft (Art. 11 (2) S. 2 BayVerf). Der Anerkennung der Gemeinden und der Gewährleistung ihrer Selbstverwaltung (Art. 28 II GG) liegt ein politischer Auftrag zugrunde, nämlich die Verhinderung des autoritären Staates durch Dezentralisierung und durch „Demokratie von unten":

---

11 So etwa das Workshop „Zinsmanagement für Kommunen in Rheinland-Pfalz – Zinsaufwandsoptimierung durch aktive Steuerung", das unter der Schirmherrschaft der Aufsichts- und Dienstleistungsdirektion am 20. April 2005 in Trier für Rheinland-Pfälzische Kommunen angeboten wurde. Die Kämmerer hörten einen enthusiastischen Erfolgsbericht des Finanzdezernenten der Stadt Mainz sowie zwei entsprechende Referate der Deutschen Bank. Siehe auch das Referat des Kämmerers der Stadt Salzgitter, gehalten am 19.10.2005 an der Deutschen Hochschule für Verwaltungswissenschaften in Speyer: „Modernes Finanzmanagement in der Kommune", mit ausdrücklicher Erwähnung der Deutschen Bank (S. 27) sowie der Commerzbank (S. 26).

12 *Hazell v Hammersmith QBD, CA,* [1990] 3.

13 Siehe insbesondere Deutsche Bank, *Basisinformationen über Zinssicherungsinstrumente. Der Einsatz von Zinssicherungsinstrumenten in der kommunalen Kreditwirtschaft.* Frischmuth, *Kommunales Zins- und Schuldenmanagement Musterdienstanweisungen, landesrechtliche Regelungen und Praxisbeispiele.*

> Mit dieser Stärkung der dezentralen Verwaltungsebene wollte der Verfassungsgeber auf die gegenläufigen zentralistischen Tendenzen während des nationalsozialistischen Regimes antworten. Er tat dies im Zutrauen in die Gemeinden, im Sinne eines „Aufbaues der Demokratie von unten nach oben" (vgl. Art. 11 Abs. 4 der Verfassung des Freistaates Bayern) Keimzelle der Demokratie und am ehesten diktaturresistent zu sein.[14]

Die Gemeinden sind also „ursprünglich" in dem Sinne, dass ihre Existenz grundsätzlich den Verfügungen des Gesetzgebers vorgelagert ist[15]. Der Verfassungsgeber hat die Gemeinden nicht kreiert, er fand sie vor, vergleichbar damit, dass er natürliche Personen „vorfand".

Aus dieser „Ursprünglichkeit" folgt, dass die Gemeinde zunächst einmal für sämtliche Angelegenheiten der eigenen Gemeinschaft zuständig ist (ihre so genannte „Allzuständigkeit"). Es besteht ein „Regel-Ausnahme-Prinzip" zugunsten der Zuständigkeit der Gemeinde: sofern der Gesetzgeber nicht mit Spezialgesetzen eine Ausnahme geschaffen hat, steht den Gemeinden die Pflege der Interessen ihrer Angehörigen ganz allgemein zu[16]; es besteht eine „Vermutung zugunsten der kommunalen ... Zuständigkeit"[17]. Mit der Formulierung „alle Angelegenheiten der örtlichen Gemeinschaft" hat der Verfassungsgeber die „Universalität" des gemeindlichen Wirkungskreises als identitätsbestimmendes Merkmal der gemeindlichen Selbstverwaltung angesehen, im Gegensatz zur „Spezialität" einer Befugnis nur kraft speziellen Kompetenztitels bei anderen Verwaltungsträgern[18]. Eine Gemeinde darf also sich bislang unbesetzter Aufgaben grundsätzlich nach eigenem Ermessen annehmen[19]. Aufgabenkataloge – wie etwa in Art 83 Abs. 1 der Verfassung des Freistaates Bayern – sind insofern typisierend, nicht jedoch abschließend[20].

Beschränkt wird diese Allkompetenz in zwei Hinsichten. Erstens gewährleistet Art. 28 II GG die Selbstverwaltung, nicht aber den Bestand der Gemeinden. Der Gesetzgeber ist also nicht daran gehindert, nachträglich über ihre Exis-

14 *BVerfG v. 23.11.1988, Rastede*, 2 BvR 1619/83 Juris, Rn 55 (BVerfG 2. Senat 1988).
15 Theodor Meder, *Die Verfassung des Freistaates Bayern : Handkommentar*, 3. Aufl. (Stuttgart: Boorberg, 1985), Art. 11 Rn 2.
16 *BVerfG v. 23.11.1988, Rastede*, 2 BvR 1619/83: Rn 42.
17 Ebd., 2 BvR 1619/83: Rn 54; Bruno Schmidt-Bleibtreu und Franz Klein, *Kommentar zum Grundgesetz für die Bundesrepublik Deutschland*, 4. Aufl. (Neuwied ; Darmstadt: Luchterhand, 1977), Art. 28 Rn 9.
18 *BVerfG v. 23.11.1988, Rastede*, 2 BvR 1619/83: Rn 48.
19 Ebd., 2 BvR 1619/83: Rn 69.
20 Ebd., 2 BvR 1619/83: Rn 42, 47.

tenz zu verfügen – etwa im Zuge einer Gebietsreform[21]. Außerdem kann er – jedenfalls außerhalb des Kernbereichs der Selbstverwaltung[22] – den „Rahmen" bestimmen, innerhalb dessen sie zu walten haben (Art. 28 II S. 1 GG). Er kann ihnen Aufgaben zuweisen, die sie nicht unbedingt von selbst ergriffen hätten (Art. 11 Abs. 3 BayVerf), und Aufgaben entziehen, die sie lieber selbst verrichtet hätten[23]. Die Aktivitäten einer Gemeinde sind vom Ansatz her zwar nicht vorrangig von den Rechten und Aufgaben abhängig, die man ihr ausdrücklich zuweist; andererseits ist sie nur „allzuständig" innerhalb von Grenzen, die ihr der Gesetzgeber setzt.

Zweitens bestehen Beschränkungen der Selbstverwaltungsgarantie, die sich aus ihrer Bestimmung als örtlicher Selbstverwaltung ergeben. Die Zuständigkeit der Gemeinde richtet sich auf Angelegenheiten, die zum einen örtlich sind, zum anderen die Gemeinschaft betreffen („alle Angelegenheiten der örtlichen Gemeinschaft" – Art. 28 II GG). Nicht mehr *örtlich* sind zum Beispiel allgemeine Fragen der Verteidigungspolitik[24]. Bezug auf die *Gemeinschaft* haben nur solche Angelegenheiten, die „den Gemeindeeinwohnern gerade als solchen gemeinsam sind, indem sie das Zusammenleben und -wohnen der Menschen in der (politischen) Gemeinde betreffen"[25].

8.4.2 Die gemeindliche „Finanzhoheit"

Die Aufgaben der Gemeinde sind nicht beliebig oder der Willkür der Gemeinderäte überlassen, sondern – wie das Bundesverfassungsgericht im zitierten Fall betont hat – im weiten Sinne *politisch*. Jede Gemeinde ist, ob kleiner oder größer, eine *polis*. Identität und Wesensbestimmung der Gemeinde beruhen auf ihren Aufgaben in der Selbstverwaltung. Die so genannte „Finanzhoheit" der Gemeinde – also ihr Recht, sich finanzielle Mittel zu beschaffen – ist bedingt durch das Prinzip, dass sie entsprechende Aufgaben erfüllen soll. Diese Aufgaben definieren sich zum einen endogen, aus der eigenen Selbstverwaltung, zum anderen aus exogenen Rechten und Pflichten, nämlich im Verhältnis zu Normen, die aus dem „modernen Verwaltungsstaat" erwachsen:

---

21 Theodor Maunz und Günter Dürig, *Grundgesetz: Kommentar*, 7. Aufl. (München: C. H. Beck, 1998), Art. 28 Rn 45.

22 Ebd., Art. 28 Rn 53.

23 *BVerfG v. 24.06.1969, Sorsum*, 2 BvR 446/64 Juris (BVerfG 2. Senat 1969).

24 Hans Jarass und Bodo Pieroth, *Grundgesetz für die Bundesrepublik Deutschland: Kommentar*, 3. Aufl. (München: Beck, 1995), Art. 28 Rn 8; *BVerfG v. 23.11.1988, Rastede*, 2 BvR 1619/83: Rn 49.

25 *BVerfG v. 23.11.1988, Rastede*, 2 BvR 1619/83: Rn 59.

8.4 Gemeinden als Akteure auf dem Finanzmarkt

> Das Wesen der gemeindlichen Finanzhoheit besteht nicht darin, daß die Gemeinde frei schalten kann, sondern darin, daß sie verantwortlich disponiert und bei ihren Maßnahmen auch ihre Stellung innerhalb der Selbstverwaltung des modernen Verwaltungsstaates und die sich daraus ergebende Notwendigkeit des Finanzausgleichs in Betracht zieht[26].

Speziell im Hinblick auf das Finanzgebaren der Gemeinden hat dies zweierlei Konsequenzen.

8.4.2.1 Ausgaben zur Aufgabenerfüllung

Erstens ist das Beschaffen von Einkünften immer an entsprechende Aufgaben gebunden (Art. 62 BayGO). Dies gilt ohne Rücksicht darauf, ob diese Aufgaben endogen oder exogen sind. In jedem Fall ist die Finanzhoheit – also die Befugnis, Abgaben zu erheben – an den Haushaltsplan geknüpft[27], und dieser wiederum knüpft die zu erhebenden Mittel an die gemeindlichen Aufgaben, zur deren Erfüllung die Mittel erforderlich sein sollen (Art. 64 Abs. 1 S. 1 BayGO). Abgaben sind erstens Entgelte für Leistungen (z.B. Nutzungsgebühren), sowie zweitens Steuern (z.B. die Gewerbesteuer). Der Haushaltsplan muss der Aufsichtsbehörde vorgelegt werden (Art. 65 Abs. 2 BayGO). Als solche ist sie zwar nicht genehmigungspflichtig[28]; sie kann aber beanstandet werden[29].

Die zweite Einnahmequelle, die den Kommunen zur aktiven Beschaffung zur Verfügung steht, sind Kredite (Art 62 Abs. 3 BayGO). Langfristige Kredite sind weniger eng an „Aufgaben“ geknüpft als Abgaben. Dafür dürfen sie nur für Investitionen verwendet werden (Art. 71 Abs. 1 BayGO) und bedürfen (in ihrem Gesamtbetrag) der Genehmigung der Aufsichtsbehörde (Art. 71 Abs. 2 BayGO). Kassenkredite – kurzfristige Überziehungskredite – sind nicht genehmigungspflichtig und können als Geschäfte der laufenden Verwaltung sogar vom Bürgermeister alleine in Anspruch genommen werden[30]. Jedoch dienen Kassenkredite nicht der Finanzierung von Leistungen, sondern lediglich zur Überbrückung von Liquiditätsengpässen innerhalb eines bestehenden Haus-

---

26 *BVerfG v. 21.05.1968, Breitenborn-Gelnhausen*, 2 BvL 2/61 Juris, Rn 59 (BVerfG 2. Senat 1968).

27 Art. 83 Abs. 2 BayVerf. Meder, *Die Verfassung des Freistaates Bayern : Handkommentar*, Art. 83, Rn 3, 4.

28 Bauer, Böhle, und Ecker, *Bayerische Kommunalgesetze : Gemeindeordnung, Landkreisordnung, Bezirksordnung Kommentar*, Art. 65, Rn 3.

29 Art. 65 Abs. 3 S. 3 BayGO.

30 Bauer, Böhle, und Ecker, *Bayerische Kommunalgesetze : Gemeindeordnung, Landkreisordnung, Bezirksordnung Kommentar*, Art. 73 Rn 10. Art. 37 Abs. 1 Nr. 1 BayGO.

haltsplans[31]. Grundsätzlich bieten Kassenkredite also auch keine Mittel zur freien Verwendung.

Zwar verfügen die Gemeinden nicht nur über „Abgaben“ und „Kredite“, sondern außerdem über „sonstige Einnahmen“. Zu diesen gehören beispielsweise Finanzausgleichsleistungen aus Einkommens- oder Umsatzsteuer sowie Erträge aus dem gemeindlichen Vermögen[32]. Von ihrem Ursprung her sind diese *nicht* auf bestimmte Aufgaben bezogen. In den meisten Fällen entstehen aber hieraus keine Finanzmittel zur „freien Verfügung“, weil zur Erfüllung der Aufgaben die „sonstigen Einnahmen“ immer vorrangig auszuschöpfen sind. Bevor die Gemeinde sich an das Erheben von Abgaben macht, muss sie die sonstigen Einnahmen – also diejenigen Gelder, die weniger streng an „Aufgaben“ gebunden sind – zuerst erschöpft haben[33]. Daraus folgt zunächst, dass jede Gemeinde, die bereits Abgaben in irgendeiner Form erhebt, nur noch über aufgabengebundene Mittel verfügt. (Die Erhebung von Abgaben ist allerdings nicht in allen Fällen ein Hinweis darauf, dass die Gemeine ihre sonstigen Einnahmen erschöpft hat, weil höherrangige Vorschriften sie dazu gezwungen haben könnten. Beispielsweise sind die Gemeinden durch Bundesnorm gezwungen, Gewerbesteuer zu erheben, ob dies der jeweilige Gemeindehaushalt erfordert oder nicht[34].)

Die Verwendung von gemeindlichem *Vermögen* ist nicht weniger zweckgebunden als die Verwendung von Einnahmen. Vermögen darf grundsätzlich nur zum vollen Gegenwert veräußert oder überlassen werden (Art. 12 Abs. 2 S. 2 BayVerf; Art. 75 Abs. 2 u. 3 BayGO). In dem Zusammenhang stellt sich die Frage nach der „Verwendung“ also nicht: der Wert bleibt nach wie vor erhalten. Eine Ausnahme bilden höchstens solche Fälle, in denen „Vorzugskonditionen“ mit der Erfüllung gemeindlicher Aufgaben verbunden sind[35].

31 Ebd., Art. 73 Rn 2.
32 Ebd., Art 62, Rn 5.
33 Ebd., Art. 62, Rn 2.
34 § 16 Abs. 4 GewStG. Vgl. *BVerfG v. 27.01.2010, Gewerbesteuer*, 2 BvR 2185/04 Juris (BVerfG 2. Senat 2010).
35 Art. § 75 Abs. 2 S. 2, Abs. 3 S. 2 BayGO; siehe Bauer, Böhle, und Ecker, *Bayerische Kommunalgesetze : Gemeindeordnung, Landkreisordnung, Bezirksordnung Kommentar.*, Art. 75 Rn 21; *BayVerfGH v. 03.11.1954, Maxhütte*, Vf. 67-IV-54 Sammlung von Entscheidungen des BayVerfGH N.F. 86 (BayVerfGH 1954).

8.4.2.2 Mittel zur freien Verwendung?

Der Umgang mit Finanzmitteln ist für Gemeinden immer an deren Herkunft geknüpft. Die üblichen Geldquellen einer Gemeinde – Transferleistungen, Abgaben, Vermögen – bedingen die Verwendung der Erträge. „Frei" wäre die Verwendung höchstens von solchen Geldmitteln, die nicht aus den üblichen Quellen stammen – vielleicht aus Erbschaft oder Schenkung, aber auch dann wohl nur, wenn Erblasser oder Schenker in diesem Sinne mitwirken.

Aber selbst unter der kaum plausiblen Voraussetzung, die Gemeinde hätte Geldmittel aus einer nicht aufgabenbezogenen Quelle, kann sie nicht beliebig damit umgehen. Dass liegt an der grundsätzlichen Überlegung, dass sie als Rechtssubjekt nicht über ihre eigene Bestimmung als Selbstverwaltungsträger hinausgehen kann. Aktivitäten, die nicht zu ihren eigenen – orts- und gemeinschaftsbezogen – Angelegenheiten gehören, sind nicht nur verboten, sondern liegen außerhalb ihres Wirkungskreises und *können* nicht wirksam vorgenommen werden.

Die Verwendung von Geldmitteln ist keine „eigene Angelegenheit" als solche, sondern bestenfalls eine akzessorische Voraussetzung für die Erfüllung der eigentlichen Selbstverwaltungsaufgaben. Wenn keine Selbstverwaltungsaufgabe vorliegt, fehlt auch die Grundlage für das Finanzgeschäft. Der Nichtigkeit des Zwecks entspricht auch die Nichtigkeit der Mittel. Gemeinden sind Körperschaften des öffentlichen Rechts. Eine solche kann nur:

> innerhalb des durch ihre Zwecke und Aufgaben bestimmten, sachlich und räumlich beschränkten Lebenskreises handeln. Außerhalb ihres Funktionsbereichs liegende Handlungen entbehren schlechthin der Rechtswirksamkeit[36].

Dieses Prinzip, das üblicherweise als *ultra vires* bezeichnet wird, gilt grundsätzlich für alle Körperschaften des öffentlichen Rechts[37]. Wie weit das Prinzip im Einzelfall reicht, kann allerdings streitig sein.

36 *BGH v. 28.02.1956, Fischwirtschaft*, I ZR 84/54 BGHZ 119, 124 (BGH 1. Zivilsenat 1956).
37 Staudinger/Weick, Einl zu §§ 21 ff Rn 25; Koenig, „Anwendbarkeit der Ultra-vires-Lehre im Falle des Überschreitens der gesetzlich begrenzten Aufgaben öffentlicher Kreditanstalten am Beispiel einer Landesbank", 324 mit weiteren Nachweisen.

8.4.3 Ultra vires

Ultra vires ist das Prinzip, dass Handlungen, die den Wirkungskreis einer juristischen Person überschreiten, schlechthin unwirksam sind. Der grundlegende Gedanke ist, dass nur natürliche Personen und souveräne Staaten ein einfaches Daseinsrecht haben. Die Rechte und Pflichten aller anderen Personen sind abgeleitet aus einem *Zweck*[38]. Der Zweck definiert den Bereich, innerhalb dessen die juristische Person ihre Ziele verfolgt. Außerhalb dieses Bereichs ist die juristische Person schlicht ohne Existenz.

Hierbei sind folgende Punkte zu beachten.

Erstens: Von denen, die der Anwendung des *ultra vires* eher ablehnend gegenüberstehen, wird es gerne als Institut des „anglo-amerikanischen Rechtskreises“ relativiert[39]. Es trifft zwar zu, dass der Begriff *ultra vires*, im Sinne von „jenseits der Ermächtigungsgrundlage erfolgte behördliche Handlungen“, im englischen Verwaltungsrecht eine grundsätzliche Verwendung findet[40]. Es ist allerdings nicht erkennbar, dass dieser Gebrauch des Terminus mehr beinhaltet, als die in allen Rechtsstaaten geltende Betonung des Gesetzesvorbehalts[41]. Eine weiter gehende Unterstellung – etwa dahingehend, dass Körperschaften des öffentlichen Rechts in England lediglich Träger von speziell zugewiesenen Kompetenzen seien[42] – ist jedenfalls irrtümlich. Im ‘leading case’ zu unwirksamen Derivatgeschäften ging es um eine Kommune („London Borough of Hammersmith and Fulham“), die kein reiner Kompetenzträger war und alle Rechte einer natürlichen Person besaß. Dennoch war es unstreitig zwischen den Parteien, dass Hammersmiths Swap-Engagement aus haushaltsrechtlichen Gründen unwirksam war. Auch wenn – wie im Fall Hammersmith – eine Kommune wie eine natürliche Person zu behandeln ist: ihr Umgang mit Finanzmitteln ist nicht frei. Das Argument, dass die Kommune auch Mitteln aus anderen Quellen, also ohne Zweckbestimmung, hätte verwenden können, wurde vom Gericht im Fall Hammersmith als „absurd“ verworfen[43].

---

38 Typisch die Definition der bürgerlichrechtlichen Gesellschaft, die der „Erreichung eines gemeinsamen Zweckes“ gewidmet ist (§ 705 BGB). Nichts anderes gilt aber auch für Vereine, Stiftungen, und – wie bereits besprochen – Kommunen.

39 Hannes Schneider und Torsten Busch, „Swapgeschäfte der Landesbanken; zugleich eine Entgegnung zu Christian Koenig“, *Wertpapier-Mitteilungen* 49 (Februar 25, 1995): 326.

40 Staudinger/Weick, Einl zu 21 ff. Rn 25.

41 Hans Julius Wolff, Otto Bachof, und Rolf Stober, *Verwaltungsrecht I*, 12. Aufl. (München: C.H. Beck, 2007), § 18 Rn 15.

42 Im Sinne der Aufteilung bei *BVerfG v. 23.11.1988, Rastede*, 2 BvR 1619/83: Rn 48.

43 *Hazell v Hammersmith HL*, [1991] 1: 563 b.

Zweitens: Nicht die ausdrücklichen Einschränkungen oder Ermächtigungen einer Satzung sind für den Umfang des Wirkungskreises entscheidend. Maßgeblich ist letztendlich das Element der *Zweckbestimmung*[44].

> Die juristische Person [kann] nicht wie die natürliche Person ein zweckfreies Dasein beanspruchen ..., sondern [dient] einem durch das Statut vorgegebenen Zweck[45].

Dieser Zweck kann weit oder eng gefasst sein. In Fällen, wo die Körperschaft speziell zugewiesene Aufgaben nach Maßgabe einer Satzung verrichtet, ist der Wirkungskreis entsprechend klein. Bei Kommunen, die „alle Angelegenheiten der örtlichen Gemeinschaft" zu betreuen haben, ist der Wirkungskreis größer. In beiden Fällen beschreibt aber der Zweck mit den ihm zugeordneten Aufgaben den Kreis der rechtswirksamen Handlungen. Kommunen sind zwar „ursprüngliche Gebietskörperschaften" und für solche gilt die Vermutung der Zuständigkeit (Regel-Ausnahmeverhältnis: sofern nicht ausdrücklich ausgeschlossen, ist die Zuständigkeit gegeben). Trotzdem: auch Kommunen haben, wie wir gesehen haben, einen definierten Aufgabenbereich[46].

Drittens: Denklogisch gilt dieses Prinzip für alle juristischen Personen, sowohl privat als öffentlich. Es geht bei *ultra vires* um ontologische Fragen, nicht um Vertreterrecht[47]. Durch sein Organ handelt die Körperschaft unmittelbar; das Stellvertreterverhältnis im Sinne der §§ 164 BGB ist ein Aspekt dieses Handelns. Der andere Aspekt ist, dass das Organ im Sinne der Stellvertretung („Vertretungsmacht") korrekt handeln kann, trotzdem aber gegen Einschränkungen des Wirkungskreises der Körperschaft selbst verstoßen kann. Insofern ist für körperschaftliche Organe der Begriff „Vertretungsmacht" ungenau[48] oder unvollständig. Es kann sein, dass das Organ gegen seine Stellvertreterbefugnisse verstößt. Bei *ultra vires* verstößt das Organ jedoch gegen den Zweck der Körperschaft, und damit hat der Stellvertreteraspekt zunächst nichts zu tun. Wichtig ist der Unterschied unter anderem deswegen, weil Stellvertreter-

---

44 Der BGH spricht vom „durch Gesetz, Satzung oder Zweck zugewiesenen Wirkungskreis", *BGH v. 28.02.1956, Fischwirtschaft*, I ZR 84/54: 123.

45 MüKoBGB/Reuter, vor § 21 Rn 13a; Siehe auch Koenig, „Anwendbarkeit der Ultra-vires-Lehre im Falle des Überschreitens der gesetzlich begrenzten Aufgaben öffentlicher Kreditanstalten am Beispiel einer Landesbank", 320 mwN.

46 Anderer Ansicht Kewenig und Schneider, „Swap-Geschäfte der öffentlichen Hand in Deutschland", 5.

47 *BGH v. 28.02.1956, Fischwirtschaft*, I ZR 84/54: 123.

48 Staudinger/Weick, § 26 Rn 8.

verstöße heilbar sind (§ 177 Abs. 1 BGB), Wirkungskreisüberschreitungen aber nicht[49].

Im Hinblick auf die Vertretung von juristischen Personen mit wirtschaftlichem Zweck hat der deutsche Gesetzgeber zwar seit 1892 darauf bestanden, dass es der Sicherheit im Rechtsverkehr abträglich ist, wenn Dritte die Befugnisse von Organen untersuchen müssten (§ 37 Abs. 2 GmbHG; § 126 Abs. 2 HGB; § 82 Abs. 1 AktG). Dem hat sich 1968 der EU-Gesetzgeber mit der 1. gesellschaftsrechtlichen Richtlinie angeschlossen[50]. Die deutschen Vorschriften beziehen sich explizit jedoch nur auf die Missachtung von Vertretungsbefugnissen; diese sollen gegenüber Dritten unschädlich sein. Dass ein ansonsten kompetentes Organ jedoch die Zwecke (die „Gegenstände") der juristischen Person missachtet, wirft andere Fragen auf. Speziell dieses Problem wurde im klassischen BGH-Fall thematisiert[51]; und auch die EU-Richtlinie überlässt es den Mitgliedstaaten, für die Unwirksamkeit solcher („wirkungskreisüberschreitender") Handlungen Abweichendes vorzusehen:

> Für Handlungen, die den Rahmen des Gegenstands des Unternehmens überschreiten, können die Mitgliedstaaten jedoch vorsehen, dass die Gesellschaft nicht verpflichtet wird, wenn sie beweist, dass dem Dritten bekannt war, dass die Handlung den Unternehmensgegenstand überschritt, oder dass er darüber nach den Umständen nicht in Unkenntnis sein konnte; allein die Bekanntmachung der Satzung reicht zu diesem Beweis nicht aus[52].

Insofern können zweckfeindliche Handlungen von Organen unter bestimmten Umständen auch bei juristischen Personen des privaten Rechts unwirksam sein.

8.5 Gemeindewirtschaftliche Grundsätze und Swaps

Zunächst einmal ist *ultra vires* so zu verstehen, dass alle öffentlich-rechtlichen Körperschaften einschließlich Gemeinden in einem höheren Maße als bürgerlichrechtliche Körperschaften an die Beachtung ihrer vorgegebenen Ziele gebunden sind. Für den Umgang mit der Gemeindewirtschaft ergeben sich dabei klare Regeln.

---

49 *BGH v. 28.02.1956, Fischwirtschaft*, I ZR 84/54: 125.
50 *68/151/EWG (1. GesR-RiL)*, Art. 9 Abs. 2.
51 *BGH v. 28.02.1956, Fischwirtschaft*, I ZR 84/54: 126.
52 *68/151/EWG (1. GesR-RiL)*, Art 9 Abs. 1 S. 2.

8.5 Gemeindewirtschaftliche Grundsätze und Swaps

8.5.1 Das kommunale Spekulationsverbot

Zu den wichtigsten Bereichen, in dem der Gesetzgeber den Gemeinden keine uneingeschränkt freie Hand gelassen hat, gehört die Gemeindewirtschaft, vor allem der Umgang mit der Einnahmebeschaffung, der Kreditfinanzierung und dem Gemeindevermögen. Grundsätzlich hat die Gemeinde ihre Finanzen „sparsam und wirtschaftlich" zu führen, damit die „stetige Erfüllung ihrer Aufgaben" gesichert ist (Art. 61 BayGO). Einnahmen fließen ihr nur nach Maßgabe der gesetzlichen Bestimmungen zu. Nur solche Einnahmen dürfen aktiv beschaffen werden, die zur Erfüllung ihrer Aufgaben erforderlich sind (Art. 62 BayGO).

Dass Kommunen nicht spekulieren dürfen, wird allgemein akzeptiert[53]. Das so genannte „Spekulationsverbot" ergibt sich erst aus Auslegung der Gemeindeordnungen. „Spekulationen" werden verstanden als das Eingehen von „Finanzgeschäfte[n] zur Erwirtschaftung separater Gewinne"[54] bzw. als die „isolierte ... Inkaufnahme von Verlustrisiken"[55]. Haushaltsrechtlich ist das Handeln der Gemeinde an ihre gesetzlich festgelegten Aufgaben gebunden. Die Beschaffung von Einnahmen ist an sich keine Aufgabenerfüllung[56]. Wenn eine Gemeinde flüssige Mittel anlegen will, hat sie vorrangig auf Sicherheit zu achten; der Ertrag ist zweitrangig[57]. Insofern sind beispielsweise Aktien keine angemessene Anlageform[58]. Umso problematischer erscheinen reine Wetten auf die Entwicklung der Finanzmärkte, die als hervorragendes Beispiel für die isolierte Inkaufnahme von Verlustrisiken gelten dürften.

Eine Börsenwette ist jedoch bekanntlich dann keine Spekulation, wenn sie zum Absichern eines bestehenden Risikos eingesetzt wird. In dem Fall erfüllt sie einen konkreten wirtschaftlichen Zweck und heißt üblicherweise „Hedgegeschäft". Diese Anwendung (sowie der dazugehörige englische Begriff) wurden bereits vom Reichsgericht als nicht „spielerisch" akzeptiert. Auf sie sei

53 Erich Rehn und Ulrich Cronauge, *Gemeindeordnung für das Land Nordrhein-Westfalen*, 2. Aufl. (Siegburg: Reckinger, 1995), § 89 S. 4.

54 Frischmuth, *Kommunales Zins- und Schuldenmanagement Musterdienstanweisungen, landesrechtliche Regelungen und Praxisbeispiele*, 44.

55 Deutsche Bank, *Basisinformationen über Zinssicherungsinstrumente. Der Einsatz von Zinssicherungsinstrumenten in der kommunalen Kreditwirtschaft.*, 53.

56 Richard Kunze, Alfred Katz, und Carl Schmidt, *Gemeindeordnung für Baden-Württemberg: Stand Juli 2008, Gesamtwerk inkl. 16. Lfg.*, 4. Aufl. (Kohlhammer, 2008), § 91 Rn 1, 20.

57 § 74 Abs. 2 GemOBay; Frischmuth, *Kommunales Zins- und Schuldenmanagement Musterdienstanweisungen, landesrechtliche Regelungen und Praxisbeispiele*, 56 f.

58 Kunze, Katz, und Schmidt, *Gemeindeordnung für Baden-Württemberg*, § 91 Rn 55.

beispielsweise die Sanktion des § 764 BGB a.F. (die Behandlung von Differenzgeschäften als Glücksspiel) nicht anwendbar. § 764 BGB wolle, so das Gericht:

> wirtschaftlich berechtigte Geschäfte nicht treffen, bei denen die Gegendeckung nur zum Zweck der Sicherung gegen Verluste aus nicht voraussehbaren Schwankungen der Marktlage erfolge. Sie sei nur gegen solche Geschäfte gerichtet, mit denen ohne Beziehung zum Güterumsatz des Wirtschaftslebens und der mit ihm verbundenen wirtschaftlichen Tätigkeit aus den Schwankungen des Marktes Gewinn erzielt werden solle.[59]

Dementsprechend betont die entsprechende Literatur einhellig, dass der Einsatz von Derivaten zu spekulativen Zwecken zwar verboten sei, sein Gegenteil aber zulässig und vorteilhaft sei. Der Begriff „Hedgegeschäft" kommt hierfür allerdings seltener vor. Stattdessen heißen die Kategorien „Sicherung" und „Spekulation", mit einer dritten dazwischen angesiedelten Kategorie „Optimierung"[60].

8.5.2 Kredit und Konnexität

Kommunen dürfen mit Derivaten keine losgelösten Finanzgeschäfte betreiben; das würde gegen das Spekulationsverbot verstoßen. Die Verknüpfung mit legitimen gemeindlichen Aufgaben lässt sich jedoch – so zumindest die in den letzten zehn Jahren in einigen Kreisen herrschende Meinung – über das *Kreditwesen* herstellen.

Für langfristige Investitionsgüter ist es grundsätzlich ein Gebot der „Generationengerechtigkeit" Kredite zu verwenden, damit die Kosten solcher Projekte sich über die gesamte Laufzeit und damit über alle Nutznießer verteilen[61]. Bei Investitionskrediten muss der Gesamtbetrag von der Aufsichtsbehörde genehmigt werden (§ 87 Abs. 2 B-WGO, Art. 71 Abs. 2 BayGO). Auch kurzfristige „Kassenkredite" dürfen Kommunen aufnehmen; diese dienen allerdings – typischerweise in Form von Überziehungskrediten[62] – grundsätzlich nur der kurzfristigen Planung. Kassenkredite werden nicht im Haushaltsplan ver-

---

59 *RG v. 08.12.1934*, I 143/34: 191.

60 Sperl, in Frischmuth, *Kommunales Zins- und Schuldenmanagement Musterdienstanweisungen, landesrechtliche Regelungen und Praxisbeispiele*, 163 ff.

61 Bauer, Böhle, und Ecker, *Bayerische Kommunalgesetze : Gemeindeordnung, Landkreisordnung, Bezirksordnung Kommentar.*, Art. 71 Rn 9.

62 Ebd., Art. 73 Rn 4.

anschlagt[63]; in der Haushaltssatzung erscheint nur der Höchstbetrag[64]; deren Inanspruchnahme ist eine „laufende Angelegenheit", die der Bürgermeister in eigener Zuständigkeit erledigt[65].

Für beide Sorten von Kredit wird der Einsatz von Derivaten in Erwägung gezogen. In diesem Fall sei dann erforderlich, dass das Derivat als „Modalität der Kreditaufnahme"[66] bzw. als „Annex" zum Kreditgeschäft erscheint[67] – mit anderen Worten, dass das Derivat haushaltsrechtlich an die Genehmigung des Kredits andockt. Das erreicht es, indem es zur Modifikation der Konditionen eingesetzt wird[68]:

> Die Kompetenz zur Gestaltung der Konditionen eines Kredits endet nicht bei Abschluss der Kreditvereinbarungen, sondern schließt die Befugnis ein, auch während der Laufzeit des Kredits noch neue oder geänderte Konditionen für den Kredit zu vereinbaren.

Damit das Derivat tatsächlich als Modifikation der Kreditaufnahme funktionieren kann, müsse es bestimmten Erwartungen genügen. Diese werden als „Konnexität" bezeichnet. Konnexität ist ein „nachweisbarer gegenständlicher Bezug ... zwischen Kreditgeschäft und Derivatgeschäft"[69].

Konnexität wird verstanden als „zeitlicher und inhaltlicher Zusammenhang" zwischen dem Kredit (dem „Grundgeschäft") und dem Derivat[70]. Dieser Zusammenhang ist wohl dann gegeben, wenn (so jedenfalls die kommunale Literatur) die Geschäfte sich im Hinblick auf Währung, Betrag und Fälligkeit

---

63 Ebd., Art. 73 Rn 2.

64 Ebd., Art. 73 Rn 7.

65 Ebd., Art. 73 Rn 10.

66 Sperl, *Kreditmanagement III: Derivatmanagement*, 173.

67 Kurt Merkator, „Zins- und Schuldenmanagement der Landeshauptstadt Mainz" (gehalten auf der Zinsmanagement für Kommunen in Rheinland-Pfalz, Trier, 2005), 19; Deutsche Bank, *Basisinformationen über Zinssicherungsinstrumente. Der Einsatz von Zinssicherungsinstrumenten in der kommunalen Kreditwirtschaft*, 8; Sperl, *Kreditmanagement III: Derivatmanagement*, 168.

68 Oster, „Sonderfinanzierungen – Einsatz von Derivaten bei kommunalen Gebietskörperschaften", 18; Deutsche Bank, *Basisinformationen über Zinssicherungsinstrumente. Der Einsatz von Zinssicherungsinstrumenten in der kommunalen Kreditwirtschaft.*, 52; Derivate seien – potenziell – „Teil der Konditionenvereinbarung" – Gunnar Schwarting, *Kommunales Kreditwesen: Haushaltsrechtliche Grundlagen – Schuldenmanagement – öffentlich-private Partnerschaften*, 3. Aufl. (Schmidt (Erich), Berlin, 2006), 112.

69 Sperl, in Frischmuth, *Kommunales Zins- und Schuldenmanagement Musterdienstanweisungen, landesrechtliche Regelungen und Praxisbeispiele*, 169.

70 Schwarting, *Kommunales Kreditwesen*, 113.

decken[71]. Das bedeutet: ein Derivat soll „konnex" und zulässig sein, wenn der Bezugswert einen bestehenden (Euro-)Kredit nicht übersteigt und wenn die Laufzeit stimmt. Die Literatur der Deutschen Bank fasst zusammen:

> Die Konnexität erfordert, dass sich das Derivatgeschät und das Kreditgeschäft hinsichtlich Währung, Fälligkeit und Betrag decken (sachliche Konnexität).
>
> Dabei genügt es allerdings, dass der Bezugsbetrag des Derivats nicht größer ist als der Kreditbetrag und die Laufzeit nicht länger als die (Rest-)Laufzeit des Kredits (zeitliche Konnexität)[72].

8.5.3 Genehmigungspflicht

So lange das Derivat mit einem genehmigten Kreditgeschäft konnex ist, so die Meinung in der kommunalen Literatur, muss es nicht von der Aufsichtsbehörde genehmigt werden. Es stelle nämlich einerseits keine Kreditaufnahme dar[73]; das sei gerade das Vorteilhafte an der Eigenschaft eines Derivats, dass es vom Grundgeschäft losgelöst ist[74]. Andererseits aber sei das *konnexe* Derivat ein „Annex" zu den Konditionenvereinbarungen für das kommunale Schuldensportfolio; insofern sei es mit der Verwirklichung bestehender Aufgaben verknüpft und mit abgesegnet.

Auch würde das Derivat nicht mit anderen Haushaltsvorschriften kollidieren, die eventuell eine Genehmigung erfordern würden. Zu solchen könnten grundsätzlich die Übernahme von „kreditähnlichen" Verpflichtungen oder die Bestellung von Sicherheiten zugunsten Dritter gehören[75]. Weder das eine noch das andere sei hier allerdings der Fall.

Zur Frage der „Kreditähnlichkeit" wird vorgetragen, Derivate seien keine Kredite, weil sie kein Kapital einbringen würden. Insofern könne man ihnen auch nicht vorwerfen, der Kreditaufnahme „ähnlich" zu sein. Außerdem, so die Deutsche Bank, hätten sie mit „Investitionen" (also mit den Zielen der Investitionskredite) nichts zu tun:

---

71 Sperl, *Kreditmanagement III: Derivatmanagement*, 170.
72 Deutsche Bank, *Basisinformationen über Zinssicherungsinstrumente. Der Einsatz von Zinssicherungsinstrumenten in der kommunalen Kreditwirtschaft*, 9.
73 Schwarting, *Kommunales Kreditwesen*, 112.
74 Sperl, *Kreditmanagement III: Derivatmanagement*, 153.
75 *Gemeindeordnung Bayern*, Art. 72.

> Kreditähnliche Geschäfte scheiden deshalb aus, weil solche Rechtsgeschäfte als die nicht durch Kommunalkredit vorgenommene Fremdfinanzierung von Investitionsobjekten bezeichnet werden. Der Finanzierung von Investitionsobjekten dienen Zinsderivate gerade nicht. Sie sind vielmehr ein Teil der Konditionenvereinbarung.[76]

Im Hinblick auf Zinsderivate sei auch nicht zutreffend, dass sie ein fremdes Risiko absichern würden. Nur das eigene (Zins-)Risiko solle abgesichert werden:

> Aufgrund der Tatsache, dass beim Einsatz von Zinsderivaten nur das Risiko des Kreditnehmers abgefedert werden soll, ist darin auch nicht das Einstehen der Kommune für das Verhalten eines Dritten oder die Übernahme dessen wirtschaftlichen Risikos zu sehen ... Insoweit liegt bei Zinsderivatgeschäften auch kein Gewährvertrag oder ein gewährvertragliches Rechtsgeschäft vor[77].

Insofern, so die Deutsche Bank, sei bei Einhaltung der beschriebenen Voraussetzungen keine Genehmigung der Aufsichtsbehörde für Derivatgeschäfte notwendig:

> Der konnexe Einsatz zinsbezogener Derivate – auch soweit solche Vereinbarungen erst nachträglich für bereits bestehende Kredite abgeschlossen werden – ist daher genehmigungsfrei möglich.[78]

8.5.4 Swaps und „kreditähnliche Geschäfte"

Derivate sind äußerst flexibel in der Handhabung. Sie können beinhalten, dass die Vertragspartner noch vor der eigentlichen Durchführung des Risikoereignisses Geld auslegen. Das ist in einer traditionellen Wette sogar üblich: die Spieler, oder zumindest einer von ihnen, legen ihren Einsatz in den „Topf". Bei kommerziellen Spielen wie Lotterien, Kasinos oder Wettbüros ist es normalerweise der Kunde, der dem Veranstalter seinen Einsatz bereits vorneweg gibt. Vereinbart ist jedenfalls, dass der Topf dem gehört, der die Wette gewinnt.

Dieses Vorgehen ist auch bei Derivaten möglich. In den meisten bereits verhandelten Swap-Fällen (so bei der Kommune Hammersmith in London, wie ebenfalls bei den Käufern der „Spread-Ladder-Swaps" in Deutschland) hat allerdings nicht der „Kunde" vorneweg geleistet, sondern die Bank. Die Banken

76 Deutsche Bank, *Basisinformationen über Zinssicherungsinstrumente. Der Einsatz von Zinssicherungsinstrumenten in der kommunalen Kreditwirtschaft*, 72.

77 Ebd.

78 Ebd.; mit fast gleichem Wortlaut auch Oster, „Sonderfinanzierungen – Einsatz von Derivaten bei kommunalen Gebietskörperschaften", 18.

haben regelmäßig im ersten Jahr des Swaps „Zinsen“ oder sonstige finanzielle Vergünstigungen an die Gemeinden oder Unternehmen geleistet, typischerweise in Höhe von fünfzigtausend Euro aufwärts. Es ist davon auszugehen, dass diese „garantierte Zinsverbilligung“ für die Kunden einen erheblichen Anreiz darstellte, das Geschäft einzugehen.

Tückisch an der Sache ist nur, dass diese „Frontlader“-Zahlungen im weiteren Verlauf wieder zurückgeholt werden. Moderne Swaps werden so strukturiert, dass der künftige Zahlungsfluss das anfängliche Schmankerl mindestens wieder kompensiert. Die Situation lässt sich mit der des Kasino-Gastes vergleichen: der pompöse Rahmen und die aufwendige Gratis-Küche wird aus dem statistischen Vorteil bezahlt, den der Kasinoinhaber in seine Spiele eingebaut hat. Ob der einzelne Gast in jedem Fall das statistisch Erwartete tatsächlich zahlt oder nicht – er könnte ja gewinnen – ist nicht entscheidend. Insgesamt werden die Gäste dem Kasinobetreiber seinen Einsatz vollumfänglich erstatten.

Die Folge für den Swap-Teilnehmer ist, dass die Gratis-Beigaben des Gegners einen Vorteil darstellen, der später zurückgezahlt werden muss. Im Falle einer Gemeinde bedeutet das, dass sie im laufenden Haushaltsjahr Geld erhält, das spätere Haushaltsjahre belasten wird.

Wirtschaftlich gesehen sind diese Folgen mit denen einer Kreditaufnahme ähnlich[79]. „Kreditähnliche“ Geschäfte einer Gemeinde unterliegen aber weitreichenden Einschränkungen, insbesondere die Pflicht, sie von der Aufsichtsbehörde genehmigen zu lassen. Bis zur Erteilung der Genehmigung sind solche Geschäfte schwebend unwirksam; wenn die Genehmigung verweigert wird, sind sie ab initio nichtig.

Die Genehmigungspflicht für kreditähnliche Geschäfte soll verhindern, dass unter Ausnutzung der Gestaltungsmöglichkeiten des Privatrechts die kommunalen Bestimmungen über die Kreditaufnahme umgangen werden können. Eine solche Umgehung liegt vor, wenn das betreffende Rechtsgeschäft bei wirtschaftlicher Betrachtungsweise zu dem gleichen Erfolg führen würde wie die Aufnahme eines Kredits. Das ist dann der Fall, wenn die Gemeinde im laufenden Haushaltsjahr – im wesentlichen – die volle Leistung erhält, die von ihr dafür zu erbringende Gegenleistung jedoch erst zu einem späteren Zeitpunkt erbringen muss (BGH Urteil vom 04.02.2004, XII ZR 301/01).

79 Kunze, Katz, und Schmidt, *Gemeindeordnung für Baden-Württemberg*, § 87 Rn 74.

Einer Kreditaufnahme „ähnlich" sind unter anderem folgende Geschäfte:

- die Stundung von Zahlungsverpflichtungen der Gemeinde aus Dienst-, Werk- und Kaufverträgen,
- der Abschluss von Leasing- (einschließlich Cross-Border-Leasing) oder Leibrentenverträgen,
- Verträge mit Index- und Wertsicherungsklauseln[80].

Im Hinblick auf Derivate gehen die meisten „Derivaterlasse", die die Länder in den 90er Jahren und Anfang der 2000er herausgegeben haben, zwar davon aus, dass Derivate keine „kreditähnlichen Geschäfte" sind. Soweit erkennbar haben die Behörden jedoch in keinem Fall den zumindest für Spread-Ladder-Swaps typischen Ablauf berücksichtigt, nämlich die „Frontladung" mit substantieller Auskehrung zu Beginn des Vertrags. Siehe zum Beispiel die Derivateerlasse Baden-Württemberg vom 17.08.1998[81], Bayern 08.11.1995[82], Brandenburg 18.01.2000[83].

Die Genehmigungspflicht von Verpflichtungen, die im Rahmen der laufenden Verwaltung abgeschlossen werden, ist von Bundesland zu Bundesland unterschiedlich. In Bayern sind kreditähnliche Geschäfte immer genehmigungspflichtig[84]; in anderen Ländern sind sie nur dann genehmigungspflichtig, wenn sie keine Geschäfte der laufenden Verwaltung sind[85]. In Nordrhein-Westfalen sind kreditähnliche Geschäfte nur anzeigepflichtig, im Rahmen der laufenden Verwaltung nicht einmal das[86].

Zu den Geschäften der laufenden Verwaltung gehören solche Angelegenheiten, die weder grundsätzlicher oder politischer Natur noch für den Gemeindehaushalt von erheblicher Bedeutung sind und die zu den normalerweise

80 Bauer, Böhle, und Ecker, *Bayerische Kommunalgesetze: Gemeindeordnung, Landkreisordnung, Bezirksordnung Kommentar.*, Art. 72 Rn 2; Kunze, Katz, und Schmidt, *Gemeindeordnung für Baden-Württemberg*, § 87 V 2, Rn 76 ff.

81 Frischmuth, *Kommunales Zins- und Schuldenmanagement Musterdienstanweisungen, landesrechtliche Regelungen und Praxisbeispiele*, 43.

82 Ebd., 54.

83 Ebd., 66.

84 *Gemeindeordnung Bayern*, Art. 72 Abs. 1.

85 Z.B. *Gemeindeordnung Baden-Württemberg*, § 87 Abs. 5 S. 3; *Gemeindeordnung Rheinland-Pfalz*, § 103 Abs. 5.

86 *Gemeindeordnung Nordrhein-Westfalen*, § 86 Abs. 4.

anfallenden Geschäften der Gemeinde zu rechnen sind[87]. Selten vorkommende, einmalige und außergewöhnliche Geschäfte können allerdings nicht zur laufenden Verwaltung gerechnet werden[88]. Allein wegen ihrer Vielfalt dürfte dies auf die meisten Derivatgeschäfte zutreffen selbst dann, wenn die Gemeinde Derivate bereits im Portfolio führt. Im Ergebnis schließt sich auch die von den Banken inspirierte Literatur dieser Auffassung an[89].

8.6 Gemeindliche Unternehmen in Privatrechtsform

Wie spätestens während der Auseinandersetzungen zu fehlgelaufenen Swaps deutlich wurde, machen Gemeinden sehr häufig Gebrauch von ihrem Recht, ihre Aufgaben durch Unternehmen in Privatrechtsform ausführen zu lassen.

Gemeinden dürfen sich der Privatrechtsform nur mit eindeutigen Beschränkungen bedienen. Wichtigste Zulässigkeitsvoraussetzung ist im vorliegenden Zusammenhang, dass die privatrechtliche Gesellschaft einen öffentlichen Zweck erfüllen muss[90].

Die Bindung an den öffentlichen Zweck muss im Gesellschaftsvertrag oder in der Satzung festgehalten werden[91]. Dies wird gewöhnlich dadurch erreicht, dass entsprechende Aufgaben als Gegenstand des Unternehmens aufgezählt werden. Beispielsweise enthält der Gesellschaftsvertrag der Würzburger Versorgungs- und Verkehrs-GmbH folgende Bestimmung:

> Gegenstand des Unternehmens ist die Versorgung mit elektrischer Energie, Wärme, Erdgas und Trinkwasser, der Betrieb von Bädern, die Bedienung des öffentlichen Verkehrs, der Betrieb von Häfen, die Wertstoffentsorgung und die Entsorgungsaufgaben im Rahmen der Abfallgesetze, die Erbringung von Telekommunikationsdienstleistungen sowie die Übernahme artverwandter Aufgaben. (§ 2 Nr. 1 Gesellschaftsvertrag WVV-GmbH)

---

87 Kunze, Katz, und Schmidt, *Gemeindeordnung für Baden-Württemberg*, § 87 Rn 96; Rehn und Cronauge, *Gemeindeordnung für das Land Nordrhein-Westfalen*, § 85 V. 2.

88 Kunze, Katz, und Schmidt, *Gemeindeordnung für Baden-Württemberg*, § 44 Rn 16.

89 Deutsche Bank, *Basisinformationen über Zinssicherungsinstrumente. Der Einsatz von Zinssicherungsinstrumenten in der kommunalen Kreditwirtschaft*, 75; Sperl, *Kreditmanagement III: Derivatmanagement*, 172.

90 *Gemeindeordnung Bayern*, Art. 87 Abs. 1 Nr. 1; Hoppe, *Handbuch kommunale Unternehmen*, § 4 Rn 10; Bauer, Böhle, und Ecker, *Bayerische Kommunalgesetze: Gemeindeordnung, Landkreisordnung, Bezirksordnung Kommentar*, Art. 92 Rn 8.

91 *Gemeindeordnung Bayern*, Art. 92 Abs. 1 Nr. 1.

Diese Gegenstände entsprechen sehr genau den Aufgaben, die die bayerische Verfassung dem „eigenen Wirkungskreis der Gemeinden" zuordnet, in diesem Fall ergänzt durch modernere Zusätze wie Telekommunikationsdienstleistungen und Wertstoffentsorgung[92].

Möglich ist auch ein expliziter Hinweis auf die gesetzlichen Vorgaben. Der Gesellschaftsvertrag der Stadtwerke Pforzheim bezeichnet nicht nur die Aufgaben der Gesellschaft (Energie, Wasser, Telekommunikation und damit die verbundene Beratung) sondern legt außerdem fest:

> Die Gesellschaft verfolgt öffentliche Zwecke im Rahmen der rechtlichen Vorgaben der Baden-Württembergischen Gemeindeordnung. (§ 2 Nr. 3 Gesellschaftsvertrag SWP GmbH & Co KG)

Typisch für den „öffentlichen Zweck" sind zwar Belange der Daseinsvorsorge, die wirtschaftliche Tätigkeit der Gemeinde beschränkt sich aber nicht darauf:

> Öffentliche Zwecke können das wirtschaftliche Unternehmen auch dann rechtfertigen, wenn damit keine Daseinsvorsorge betrieben wird. Im sozialen Rechtsstaat des Grundgesetzes können die Gemeinden durch ihre wirtschaftlichen Unternehmen im öffentlichen Interesse zahlreiche und vielgestaltige Aufgaben übernehmen, die durch die genannte Zweckbestimmung gedeckt sind[93].

Der Gemeinde bleibt ein weiter Ermessensspielraum, worin sie „eine Förderung des allgemeinen Wohls erblickt". Was aber in jedem Fall durch die Bindung an öffentliche Zwecke ausgeschlossen ist, ist die Errichtung eines Unternehmens „dessen einziges Ziel das der Gewinnerzielung" ist[94]. Wie es in der Gemeindeordnung Bayern heißt:

> Alle Tätigkeiten oder Tätigkeitsbereiche, mit denen die Gemeinde oder ihre Unternehmen an dem vom Wettbewerb beherrschten Wirtschaftsleben teilnehmen, um Gewinn zu erzielen, entsprechen keinem öffentlichen Zweck (Art. 87 Abs. 1 S. 2 BayGO).

Die wirtschaftliche Betätigung soll nicht dazu herhalten, die gemeindliche Finanzausstattung zu verbessern. Ziel ist die Aufgabenerfüllung, nicht die Erschließung von Finanzquellen[95]. Die Zwecke (der „Unternehmensgegen-

---

92 *Verfassung des Freistaates Bayern*, 1946, Art. 83 Abs. 1.
93 *BVerwG v. 22.02.1972, Bestattung*, I C 24.69 Juris, Rn 17.
94 Ebd., I C 24.69: Rn 17.
95 Bauer, Böhle, und Ecker, *Bayerische Kommunalgesetze: Gemeindeordnung, Landkreisordnung, Bezirksordnung Kommentar*, Art. 87 Rn 23.

stand“) des kommunalen Unternehmens sind also weitestgehend an die Zwecke der Gemeinde angeglichen. Das gilt insbesondere für sein finanzielles Gebaren. Vor allem: aufgabenbezogenes Wirtschaften lässt keinen Raum für Finanzeskapaden.

Abgesehen von der Bindung an öffentliche Zwecke und des damit einhergehenden Verbots von rein gewinnerzielungsmotivierter Wirtschaftsbetätigung[96] sind kommunale Unternehmen grundsätzlich freie Teilnehmer im geschäftlichen Verkehr. Das bringt gewisse Vorteile. Sie haben damit beispielsweise größere Freiheiten im Hinblick auf Personal, Besoldung usw, sowie eine bessere Chance, den Folgen der kommunalen Insolvenzunfähigkeit auszuweichen.[97]

Allerdings haben sie im Hinblick auf Vertragspartner nicht nur dieselben Rechte, sondern auch dieselben Pflichten wie private Unternehmer. Es gilt beispielsweise § 37 Abs. 2 GmbHG; Kompetenzregeln, die Vereinbarungen mit der Kommune selbst einschränken können[98], sind nicht mehr anwendbar. Privatrechtlich organisierte Kommunen müssen zu ihren Verträgen stehen. Gegen unüberlegte Geschäfte mit Dritten bieten nur diejenigen Regeln Schutz, die auch sonst im privaten Rechtsverkehr gelten.

Im Zusammenhang mit der Frage, ob Kommunen oder ihre Unternehmen Privilegien genießen oder genießen sollten, darf man allerdings folgendes nicht vergessen. Kommunen begeben sich auf den Markt, um ihre Aufgaben zu erfüllen. Diese sind ihnen in den meisten Fällen gesetzlich vorgegeben und entsprechen, zumindest im Bereich der Daseinsvorsorge, primären Bedürfnissen der Gemeindebewohner. Oft hat die Kommune keine Wahl, ob sie die Leistung erbringt oder nicht. Es handelt sich nicht um ein unternehmerisches Wagnis, das sie aufgreifen kann oder auch nicht, sondern um gesetzliche Pflicht.

Gerade deswegen kann jedoch ein zentraler Vorteil der privatrechtlichen Kapitalgesellschaft – nämlich die Haftungsbegrenzung – der Kommune faktisch verwehrt sein. Im Bereich der Daseinsvorsorge können kommunale Unternehmen wegen des Risikos der Konzernhaftung genauso insolvenzunfähig sein wie die Kommune selbst[99]. Bei Insolvenz ihres Versorgungsunternehmens darf die

96 Hoppe, *Handbuch kommunale Unternehmen*, § 6 Rn 53.
97 Ebd., § 16 Rn 23 ff.
98 Etwa *Verwaltungsverfahrensgesetz*, §§ 44, 59.
99 Holger Altmeppen und Günter Roth, *Gesetz betreffend die Gesellschaften mit beschränkter Haftung (GmbHG): Kommentar*, 6. Aufl. (München: Beck, 2009), Anh § 13.

Kommune, sofern sie als „herrschendes Unternehmen“ im Sinne dieser Rechtsprechung gilt, nicht einfach dieselben Geschäfte unter anderer Ägide und in Konkurrenz zum bisherigen Unternehmen weiterführen. Sonst läuft sie Gefahr den Insolvenzgläubigern entsprechend §§ 302, 303 AktG zu haften[100]. Im zitierten Fall haftete die Kommune für ihr insolventes Unternehmen nur deswegen nicht, weil es offensichtlich nicht missbräuchlich war den Betrieb einer Kuranlage zugunsten der eigentlichen Gemeindeaufgaben einzustellen.

8.7 Einhaltung der Vorschriften in der Praxis

Wir wollen nun prüfen, inwiefern diese Voraussetzungen in den umstrittenen Fällen eingehalten worden sind.

8.7.1 Der Spread-Ladder-Swap

In den „Spread Ladder Swaps“ geht es um die Differenz zwischen zwei Zinssätzen – einem langfristigen Satz und einem kurzfristigen. Der kurzfristige Satz ist der Zins, den ein Kreditnehmer für ein kurzfristiges (bis zu 24 Monate) Darlehen zahlen würde; der langfristige Zins ist derjenige, der für längere Laufzeiten (10 Jahre) gelten würde. Normalerweise sind die Zinsen für eine längerfristige Bindung teurer. Um wie viel teurer ist unterschiedlich und hängt von vielen Faktoren ab. Wenn beispielsweise die kurzfristigen Zinsen steigen (etwa infolge einer Intervention der Zentralbank), schrumpft meistens der Abstand zu den langfristigen.

Aus der Sicht der Kommune ist der Spread-Ladder-Swap eine Wette, dass der Abstand zwischen kurz- und langfristigem Zinssatz nicht unter eine bestimmte, jeweils einzeln vereinbarte Marke schrumpfen wird. Der Erfolg dieser Wette wird über die vereinbarte Laufzeit (zum Beispiel fünf Jahre) regelmäßig geprüft (zum Beispiel alle sechs Monate). Je nachdem, wie das Ergebnis gerade ausfällt, muss derjenige, der falsch prognostiziert hat, an den Swappartner zahlen. Gefährlich ist, dass mindestens einer von den Partnern für die gesamte Laufzeit an dieses Geschäft gebunden ist. Er kann nicht aussteigen, selbst wenn deutlich wird, dass er auf das falsche „Pferd“ gesetzt hat. Oder – genauer gesagt – er kann zwar aussteigen, muss aber dann seinem Partner die gesamten

---

100 *OLG Celle v. 12.07.2000, Kurbetrieb*, 9 U 125/99 Juris, Rn 56–58.

Verluste auszahlen, die nach statistischer Wahrscheinlichkeit für den Rest der Laufzeit zu erwarten wären.

Diese statistische Schätzung heißt „Marktwert"; jeder Swap hat zu jedem Zeitpunkt einen Marktwert, zu dem die Rechte und Pflichten der Partner abgegeben werden können[101]. Besonders zu Beginn der Laufzeit kann dieser Marktwert grundsätzlich Null sein: dann sind aus statistischer Sicht die Risiken und Chancen für beide Seiten gleich, oder, wie es auch heißt, „fair". Für die meisten Endverbraucher ist der Marktwert allerdings zu Beginn nicht Null, sondern negativ. Das entspricht der Tatsache einerseits, dass die Bank einen Gewinn anstrebt, andererseits aber, dass der Kunde aus der statistischen Berechnung heraus der Verlierer sein wird. Dass Swaps immer einen genau bezifferbaren Marktwert haben, bestreiten die Finanzinstitute nicht. Meistens wird diese Tatsache als Vorteil für den Kunden angepriesen, weil er dann weiß, was ein vorgezogener Ausstieg kostet[102]. Dass die Swaps aber gerade zu Beginn einen oft sehr erheblichen negativen Marktwert zu Lasten des Kunden haben, wurde bisher allerdings so gut wie nie offen gelegt.

Jedenfalls wird die Zinswette in der Gestalt des „Spread Ladder Swaps" um einiges komplizierter gestaltet.

Erstens hat die Bank (meistens) ein einseitiges Kündigungsrecht. Das heißt, dass sie aus der Wette aussteigen kann, wenn ihre Prognosen sich nicht bewähren. Wichtig ist, dass sie im Gegensatz zum Kunden die erwarteten künftigen „Wettverluste" nicht begleichen muss. Dieses Kündigungsrecht hat für den Kunden den Nachteil, dass seine Gewinnchancen merklich eingeschränkt sind: wenn die Zinssätze sich so verhalten, wie er hofft, steigt die Bank aus und verhindert so die sonst fällige Gewinnauszahlung an den Kunden.

Zweitens sind die Spread-Ladder Swaps sehr stark „gehebelt". Hebel heißt – in diesem Zusammenhang – dass das Risiko höher ist, als am Nennwert erkennbar. Die „Gewinnauszahlungen" (bzw. die Risikoverluste) bemessen sich zwar nach dem Abstand zwischen den auf den Nennwert bezogenen Zinssätzen. Nur wird der so errechnete Betrag um das dreifache (zum Beispiel) multipli-

---

101 So auch Oster, „Sonderfinanzierungen – Einsatz von Derivaten bei kommunalen Gebietskörperschaften", 17; Deutsche Bank, *Basisinformationen über Zinssicherungsinstrumente. Der Einsatz von Zinssicherungsinstrumenten in der kommunalen Kreditwirtschaft*, 62.

102 Deutsche Bank, *Basisinformationen über Zinssicherungsinstrumente. Der Einsatz von Zinssicherungsinstrumenten in der kommunalen Kreditwirtschaft*, 62.

ziert. Im Ergebnis also entspricht das wahre Risiko einem viel höheren Nennwert.

Bei den Spread Ladders verschärft sich die Hebelwirkung noch weiter infolge des „Leiters", der bewirkt, dass eine einmal erreichte Stufe nur unter erschwerten Bedingungen wieder verlassen werden kann. Das heißt: wenn die Prognosen erst einmal schief gehen, dann bleibt diese Schieflage infolge der „Leiter" noch länger bestehen; die Verluste werden weiter gehebelt.

Drittens sind die Swaps „Frontlader" – dass heißt, sie werden so strukturiert, dass der Kunde in den ersten Monaten garantierte Einnahmen erhält. Das ändert zwar nichts am Marktwert des Geschäfts, weil der Verlauf *nach* Ablauf der ersten Zeit so strukturiert ist, dass die Auszahlungen der ersten Periode wieder hereingeholt werden. Für viele Gemeinden sind kurzfristige „Erfolge" dieser Art dennoch offenbar attraktiv.

8.7.2 Spread-Ladder-Swap und kommunale Vorgaben

Wir wollen diese Eigenschaften nun gemäß den kommunalen Vorgaben prüfen. (Ein typischer Spread-Ladder-Vertrag befindet sich in Anhang 1.)

Wichtigstes Kriterium ist die „Konnexität" mit den Aspekten Währung, Betrag und Fälligkeit.

Erstens handelt es sich um einen Zins-Swap in Euro. Soweit die jeweilige Gemeinde Kreditverpflichtungen in Euro unterhält, ist das Kriterium „Währung" erfüllt.

Zum Aspekt „Betrag": Gerade diejenigen Gemeinden, die sich mit Swaps retten wollten, waren hoch verschuldet. Uns ist kein Fall bekannt, wo eine Gemeinde mehr „gewettet" hätte, als sie an Investitions- oder Kassenkrediten insgesamt offen hatte[103]. Insofern ist – zunächst einmal – die Einschränkung hinsichtlich des Betrages eingehalten worden.

Der Aspekt „Fälligkeit" bezieht sich auf die Frage, ob die erhofften Gewinne aus einem Derivat so terminiert sind, dass sie eventuelle Verluste aus dem Grundgeschäft auffangen. Wenn eine Zinszahlung beispielsweise zum 1. Oktober fällig wird, ist es ungünstig, den Zahlungstermin für das Derivat auf eine

103 Siehe, abgesehen von den vielen Presseberichten, die Darstellung in Merkator, „Zins- und Schuldenmanagement der Landeshauptstadt Mainz".

Woche vorher oder nachher einzurichten, weil die Zinslandschaft sich in sieben Tagen erheblich verändern kann.

Die angegebenen Merkmale der Konnexität scheinen somit erfüllt zu sein. Dennoch sahen sich Gemeinden mit sehr hohen unerwarteten Verlusten konfrontiert. Wie kann das sein?

Leider hat man trotz außerordentlich komplexer Erklärungen, Grafiken und Finanzkauderwelsch kaum jemals klar dargestellt, worum es eigentlich geht.

Am wichtigsten ist die Einsicht, dass es sich bei Derivaten um Wetten handelt, und dass der Gegner bei diesen Wetten bestenfalls der Markt ist, im schlimmsten Fall eine Bank, die mit allen Mitteln der modernen Mathematik ihre Gewinne verfolgt. Oft wird in den Beispielen und Erklärungen unterstellt, man könne nach eigenem Belieben Zinssätze „swappen". Tatsache ist jedoch, dass man nur die Geschäfte machen kann, für die man einen Partner findet; und wenn der Partner eine Großbank ist, wird diese immer dafür sorgen, dass der Deal sie zumindest nicht benachteiligt. Da es sich um eine Wette handelt und nicht etwa um einen Kauf, liegt ein Nullsummenspiel vor: was der Gewinner gewinnt, geht dem Verlierer verloren. Wetten darf man also nur dann, wenn man sicher ist, dem Gegner nicht unterlegen zu sein.

8.7.2.1 Beispiele aus der kommunalen Literatur

Folgendes Szenario wird in einer kommunalen Darstellung als Beispiel genommen:

> Die Stadtkämmerei schließt einen 10-jährigen Zinsswap ab, in dem sie einen variablen Zins i.H.v. 2,7 % zahlt und im Gegenzug einen Festzins von 3,50 % (aktueller mid-Swap) erhält (Zinsverbilligung um 80 bps). Die Bank hat das jährliche Recht, den Zinssatz, den sie von der Stadt erhält, in einen variablen Zinssatz zu 3-Monats-Euribor – 40 bps umzuwandeln, wobei das Recht nur einmal für die Restlaufzeit ausgeübt werden kann (Constant-Cost-Saving-Swap)[104].

Das hört sich zunächst gut an. Nur ist die Darstellung unvollständig. Es mag sein, dass die von der Stadt zu leistende Verzinsung zunächst 2,7 % ist und damit unterhalb dessen, was sie von der Bank erhält („Zinsverbilligung um 80 bps"). Wie der variable Satz künftig zu berechnen ist, geht aus dieser Darstellung jedoch nicht hervor. Da es sich um einen variablen Satz handelt, trägt

104 Sperl, *Kreditmanagement III: Derivatmanagement*, 165.

die Stadt jedenfalls das Risiko, dass er steigt und dass die „Zinsverbilligung" sich in ihr Gegenteil verkehrt – wie bei den 2005 abgeschlossenen Swaps auch geschehen ist.

Hinzu kommen folgende Überlegungen. Erstens ist nicht klar, wie eine Gemeinde entscheiden soll, ob ihr ein akzeptabler Preis angeboten wird. Es wird zwar regelmäßig empfohlen, „Vergleichsangebote" einzuholen. Zumindest im Falle der verlustbringenden Swaps handelte es sich jedoch immer um Maßanfertigungen („OTC"), mit denen die Produkte anderer Banken nicht direkt vergleichbar waren. Die zuverlässigste Möglichkeit, Finanzprodukte zu bewerten, ist über Börsenkurse. In der Tat gibt es Börsenkurse für Swaps; aktuelle Geld- und Briefkurse für alle Laufzeiten zwischen einem Jahr und 30 Jahren sind täglich im Wirtschaftsteil der Zeitung nachzulesen. Da im zitierten Fall die Bank sich eine Sonderkündigungsmöglichkeit vorbehalten hat, handelt es sich um kein börsengehandeltes, sondern um ein „OTC"-Geschäft. Wie will die Stadt dann aber entscheiden, ob dieses Geschäft – an das sie, wohlgemerkt, 10 Jahre gebunden ist – tatsächlich den Marktverhältnissen entspricht? Sind die 3,50 %, die die Bank anbietet, eine angemessene Gegenleistung? Bei OTC-Geschäften lässt sich diese Frage nur beantworten, wenn man die Ressourcen einer finanzmathematischen Abteilung zur Verfügung hat, was selbst bei den größten Gemeinden ausgeschlossen ist.

Zweitens muss beachtet werden, dass kein Swap die Vergangenheit verändern kann. Jeder Swap ist eine neue Wette, die man gewinnen muss, um daraus irgendwelche Vorteile zu ziehen. In der Kommunalliteratur wird von diesem Gesichtspunkt oft abgelenkt, etwa indem suggeriert wird, dass man „ohne Restrukturierung" die Zinssätze seiner Kreditverpflichtungen nach Belieben auswechseln kann. Der Abschluss eines Swaps während der Laufzeit eines Kredits entspricht aber keineswegs dem „Tausch" eines höheren Zinssatzes für einen niedrigeren. Ein typisches Beispiel für diese Irreführung befindet sich (wortgleich) in gleich zwei Texten:

> *Tausch fester Zinssatz in variablen Zinssatz:*
>
> Die Kommune hat einen festverzinslichen Kredit, der mit einem Festsatz in Höhe von 6,50% verzinst wird und noch eine Restlaufzeit von fünf Jahren aufweist.
>
> Die Kommune möchte diesen Kredit in eine variable Verzinsung swappen, weil sie glaubt, dass sie über eine variable Verzinsung für die Restlaufzeit per Saldo

> weniger Zinsen aufwenden muss. Sie sucht deshalb am Swapmarkt einen Swappartner, der ihr den Festsatz auf fünf Jahre bezahlt und an den sie im Gegenzug den variablen Satz leistet[105].

Diese Darstellung erweckt den Eindruck, als könne man einfach auf einen „Swappartner" zugehen und ihm den gängigen variablen Zinssatz anbietet, woraufhin er frohgemut die restlichen fünf Jahre des Kredits à 6,50 % abzahlen wird („.. der ihr *den Festsatz* auf fünf Jahre bezahlt ..."). Tatsächlich verhält sich die Sache natürlich anders. Der „Swappartner" wird höchstens bereit sein, den aktuellen Marktkurs anzubieten. Dieser hat mit dem ursprüngliche vereinbarten Festzins nichts zu tun. Am 27. September 2010 beispielsweise stand der 5-Jahres-Swap bei 1,91 % (Brief). Das heißt: die Kommune hätte dann ein Geschäft abschließen können, wonach sie fortan gegen Zahlung des variablen Zinssatzes (6-Monats-Euribor) für die kommenden fünf Jahre 1,91 % erhält.

An sich ist dies ein darstellbares Geschäft. Der 6-Monats-Euribor am 27. September 2010 stand nämlich bei 1,14 %. Das heißt: solange die Marktverhältnisse vom 27. September anhalten, verdient die Kommune aus dem Swap 77 bps (0,77 %).

8.7.2.2 Probleme mit dem „Carry-Trade"

Ganz so einfach ist es jedoch nicht. Die Anlegerstrategie, die hier beschrieben wird, ist die auf Zinssätze angewandte Technik des „carry trade", wobei Forderungen in einem Bereich (z.B. langfristige Kreditvergabe) mit Verbindlichkeiten in einem anderen (kurzfristige Geldaufnahme) bedient werden. Diese Technik funktioniert auch mit Währungen, etwa indem Yen-Kredite aufgenommen werden um Anlagen in australischen Dollar zu finanzieren. Währungsspekulationen dieser Art werden regelmäßig angeboten; für die meisten Kommunen scheiden sie wegen offensichtlich fehlender Konnexität aus.

Erstens reichen die festen 1,91 % im vorliegenden Beispiel bei weitem nicht aus, um die 6,50 % Zinsen aus dem „Grundgeschäft" zu zahlen. Um das zu erreichen, müsste die Kommune den Nennbetrag ihres Swaps auf mehr als das Dreifache des Kreditvolumens im Grundgeschäft erhöhen.

---

105 Oster, „Sonderfinanzierungen – Einsatz von Derivaten bei kommunalen Gebietskörperschaften", 17; Deutsche Bank, *Basisinformationen über Zinssicherungsinstrumente. Der Einsatz von Zinssicherungsinstrumenten in der kommunalen Kreditwirtschaft*, 60.

Zweitens: Eine solche Erhöhung ist natürlich theoretisch möglich. Aber: entsprechend erhöht sich auch das Risiko. Wenn in den nächsten fünf Jahren der 6-Monats-Euribor über 1,91 % steigen sollte, hätte die Kommune nichts „verbilligt", sondern ihren Haushalt unter Umständen massiv belastet – ganz davon zu schweigen, dass durch die Aufblähung des Nennbetrags die „Konnexität" zum Grundgeschäft abrupt verloren geht. Außerdem: Selbst diese Zahlen unterstellen, dass eine Kommune dieselben Konditionen am Finanzmarkt bekommen kann, wie ein Finanzinstitut. Sobald Gebühren ins Spiel kommen, kann die Rechnung schnell anders aussehen – erst recht mit OTC-Geschäften.

Drittens: Die Tatsache, dass der Marktpreis für langfristige Swap-Raten meistens höher ist als für kurzfristiges Geld, ist nicht eine irrationales Kuriosum, das der findige Anleger ausnutzen sollte, sondern bewusstes Handeln der Marktteilnehmer. Im Preis für langfristige Swaps ist der Preis des Risikos enthalten, der bei einer abflachenden oder inversen Zinskurve für den variabel Zahlenden entsteht. Für die meisten Kommunen dürfte es sich empfehlen, diesen Preis zu zahlen[106].

8.7.2.3 Fehlende Konnexität der „Spread-Ladder-Swaps"

Soweit die in der kommunalen Literatur erörterte Theorie. Selbst dort – wie wir gesehen haben – ist die Konnexität durchaus fraglich. In der Praxis der Derivatgeschäfte, die in letzter Zeit zu gerichtlichen Streitigkeiten zwischen Banken und Kommunen geführt haben, entsprechen die Konditionen noch viel weniger diesem Ideal. Im Ergebnis, wie wir sehen werden, ist der Maßstab „Konnexität" höchstens dann nützlich, wenn er sehr viel detaillierter formuliert wird, als bisher.

Erstens kann von einer betragsmäßigen Konnexität so lange nicht gesprochen werden, wie die Auswirkung der Hebelmechanismen quantitativ nicht berechnet wurde. In den Spread-Ladder-Swaps wurde das Risiko durch einen ausdrücklichen dreifach-Hebel sowie durch die „Leiter" erheblich erhöht. Die bisherige Formulierung der Konnexität lässt dies aber unberücksichtigt.

Viel wichtiger, zweitens, ist die Frage der „sachlichen" oder „inhaltlichen" Konnexität. Die bisherige Gestaltung der Konnexität begnügt sich mit der

106 Die Vertriebsseite der Banken vertritt eine andere Meinung. Vgl. Deutsche Bank, *Basisinformationen über Zinssicherungsinstrumente. Der Einsatz von Zinssicherungsinstrumenten in der kommunalen Kreditwirtschaft*, 15 f.

mehr oder weniger stillschweigenden Feststellung, es handle sich um ein „Zinsderivat". Dieses sei alleine deswegen „sachlich konnex", weil die Gemeinde Schulden habe, auf die sie Zinsen zahlen müsse.

Diese Einstellung ist von erschütternder Naivität. Ausgangspunkt jeder Bewertung eines Derivats muss sein, dass es gerade wegen der so oft hervorgehobenen „Loslösung" vom „Grundgeschäft" tendenziell *nichts* mit diesem zu tun hat. Eine Wette auf ein Formel-1-Rennen hat nichts mit der Autoindustrie zu tun. Eine Wette auf künftige Zinsentwicklungen hat zunächst einmal nichts mit dem Management von Investitionen zu tun. Derivate *können* so gestaltet werden, dass sie im Bereich des „Grundgeschäfts" eine Anwendung finden. Von Haus aus sind sie aber vollkommen abstrakt. Ein Risiko greifen sie nur insofern auf, wie es identifiziert und abgebildet wird. Fehlende Genauigkeit ist desaströs: Eine Wette auf den ersten Rennwagen ist „sachlich" vollkommen anders als eine Wette auf den nächsten.

In den Spread-Ladder-Swaps wurde ein Risiko abgebildet, das mit dem Tagesgeschäft der Kämmerer wenig oder nichts zu tun hatte. Das Risiko (bzw. die Chance) war ein abnehmender Abstand zwischen kurzfristigen und langfristigen Zinsen (Finanzjargon: die Abflachung der Zinskurve). Geschäftlich trifft ein solches Risiko vor allem denjenigen, der langfristige Forderungen (Darlehen) durch kurzfristige Verbindlichkeiten finanziert. Der Carry-Handel wird im größeren oder kleineren Maße von allen Geschäftsbanken betrieben: Das Geld, das der häuslebauende Kunde à 5 % auf zehn Jahre fest bekommt, leiht sich seine Bank auf dem Geldmarkt für (aktuell) weniger als 1 %. Für die Bank ist eine Carry-Position nur dann schwierig, wenn der Abstand zwischen lang und kurz kollabiert. Dann kann es sehr schnell gehen – siehe das Schicksal der Banken Bear Stearns und Northern Rock.

Die Wirkung der Spread-Ladder-Swaps war *aus Sicht der Banken* unmittelbar relevant. Damit sicherten sie sich ab gegen eine Verflachung der Zinskurve und die damit einher gehenden Risiken für ihr Carry-Geschäft.

Aber: Carry-Risiken sehen für die *Gemeinde* anders aus. Eine Gemeinde verleiht kein Geld. Sie ist ausschließlich Darlehensnehmerin. Als Darlehensnehmerin hat sie zwei denkbare Risiken: Entweder, dass ihre Zinslast aus variabel verzinsten Krediten steigt (steigende variable Zinsen). Oder, dass ein sinkender variabler Zinssatz ihre festverzinslichen Kredite unattraktiv erscheinen lässt (was an sich kein Risiko ist, sondern höchstens eine verpasste Chance). Dieses zweite „Risiko“ haben die Spread-Ladder-Swaps insofern abgebildet, dass ein auf dem damaligen niedrigen Niveau bleibender kurzfristiger Zinssatz für die Gemeinde zu Gewinnen aus dem Swap führen würde. In dem Fall müssten sie sich dann nicht mehr über ihre teuren Altkredite ärgern, sondern könnten sich über den niedrigen variablen Zins nun direkt freuen. Nur: Diese Wette hätten sie viel billiger mit einem börsengehandelten Swap haben können. Die tatsächlich eingegangene Wette auf den *Spread* war dagegen für die Gemeinden, die ja nur Darlehensnehmerinnen waren und kein Geld verliehen, nicht nur sehr riskant (wie sie schnell erkennen mussten), sondern für ihr „Geschäftsmodell“ irrelevant und auch deswegen ohne Konnexität. Die Gemeinden haben nicht nur auf den falschen Wagen, sondern auf das falsche Rennen gesetzt.

8.7.2.4 Spekulation, „Zinsmanagement“ und „Optimierung“

Dieser Vorwurf – dass die Wette riskant, überteuert und geschäftlich irrelevant war – ist letztendlich nur ein untergeordneter Aspekt des eigentlichen Problems: gehörten die Spread-Ladder-Swaps überhaupt zu den legitimen Angelegenheiten der Gemeinden?

Pure Wetten sind Spekulationen und gehören deswegen unter keinem Gesichtspunkt zu den Aufgaben einer Gemeinde. Risikoverträge können auch als Absicherung verwendet werden. Das erfordert allerdings eine entsprechend sorgfältige Anpassung. Wenn ein Risiko falsch versichert wird, oder nichtexistentes Risiko versichert wird, ist das Ergebnis Spekulation. Fehlerhafte Absicherung – gewollt oder nicht – ist Spekulation und fällt insofern auch außerhalb des Aufgabenkreises einer Gemeinde.

Dies wird weder von den damals aktiven Banken noch von der von ihnen inspirierten kommunalen Literatur verkannt. Problematisch ist vor allem aber die Unterstellung, es gebe zwischen Absicherung und Spekulation einen dritten Weg, der durch moderne Finanzinstrumente freigelegt wird, nämlich das „Zinsmanagement“. Zinsmanagement, so die Verkaufsliteratur, eröffne die Möglichkeit Kredit-Grundgeschäfte „vor und während ihrer Laufzeit derivativ zu bearbeiten“. Mit Derivaten könne man überteuerte langfristige Zinsen ohne Restrukturierung verringern:

> Zinsderivate erlauben ein Zinsmanagement, das vom Liquiditätsmanagement weitgehend unabhängig ist. So lassen sich zu Beispiel langfristige Zinsbindungen in kurzfristige Zinsbindungen umwandeln, um von niedrigeren kurfristigen Zinsen oder von generell fallenden Zinsen am Kapitalmarkt zu profitieren[107].

Direkt euphorisch wird dieses „Zinsmanagement" von Rudolf Oster, seinerzeit Ministerialdirigent im Rheinland-Pfälzischen Innenministerium, kommentiert:

> Geradezu revolutionär gemessen an unserem Alltagsverständnis von Krediten und Zinsen ist, dass dank dieser drei Teilmärkte [d.h. Kassamarkt, Optionsmarkt, Swap-Markt] jede Gemeinde immer die Möglichkeit hat, die Kapitalbeschaffung, also das Hereinholen von Bargeld in die Gemeindekasse, und die Festlegung der Zinsen zeitlich, sachlich und institutionell voneinander getrennt zu bewerkstelligen[108].

Mit diesem Ansatz fanden Banken bei zahlreichen Kommunen und Aufsichtsbehörden Gehör, wie beispielsweise die Deutsche Bank, die bei der rheinland-pfälzischen Aufsichts- und Dienstleistungsdirektion am 20. April 2005 eine „Fortbildungsveranstaltung" durchführen durfte. Thema: „Zinsmanagement für Kommunen in Rheinland-Pfalz – Zinsaufwandsoptimierung durch aktive Steuerung". Der Erfolg lässt sich auch daran ablesen, dass die Vorstellung, Zinsmanagements könne Zinsverpflichtungen nicht nur absichern, sondern im Sinne der Verbilligung „optimieren", fast zu einer Selbstverständlichkeit geworden ist[109].

Leider gibt es jedoch keinen dritten Weg. Ein sorgfältig konstruiertes Derivat kann Verluste verhindern. Hedging und Versicherung funktionieren nach demselben Prinzip: um das Risiko zu neutralisieren, wettet man auf denjenigen Ausgang, der einem im „Grundgeschäft" Verluste bringen würde. Wenn man die Wette verliert, ist dies nicht schlimm, weil das Grundgeschäft gut ausging. Wenn das Grundgeschäft schlecht läuft, kann man sich mit den Gewinnen aus der Wette trösten. Saldo: Null. Aber wenigstens ist man vor unerwünschten Schocks abgesichert.

Wer mehr will als seine Risiken abfedern, kann es jedoch nur mit Spekulation. Die Rede von „Optimierung durch Zinsmanagement" ist letztendlich ein Plädoyer für den Carry Trade – hier in Form von Derivaten. Konnex ist diese Wette

107 Ebd., 17.
108 Oster, „Sonderfinanzierungen – Einsatz von Derivaten bei kommunalen Gebietskörperschaften", 15.
109 Sperl, *Kreditmanagement III: Derivatmanagement*, 165.

aber nicht. Wenn, für den Käufer eines „Spread Ladder Swap“, die Zinskurve abflacht, verliert er (wie die Kommunen erlebt haben) viel Geld. Darauf kann er auch keine „Verbilligung“ seiner realen Kredite gegenrechnen, denn selbst wenn während dieser Zeit alte Festverträge aus der Zinsbindung herausfallen und er sie neu refinanzieren kann, bedeutet eine Abflachung der Zinskurve nicht, dass die Zinsen in absoluten Zahlen billiger werden. Am 31. Dezember 2007 war die Zinskurve beispielsweise zwar recht flach, jedoch auf hohem Niveau (4,55 2-Jahres-Swap, 4,73 10-Jahres Swap).

Hier wird also deutlich: eine Absicherung liegt hier keineswegs vor. Der „Spread-Ladder-Swap“ ist nicht weniger riskant oder mehr „konnex“, als *jede andere beliebige Spekulation*.

Die Begriffe „Zinsmanagement“ und „Optimierung“ sind nicht deswegen gefährlich, weil sie einen unsicheren Erfolg als sicher darstellen, sondern weil sie etwas suggerieren, das direkt falsch ist: nämlich, dass es einen dritten Weg gibt zwischen Hedge-Geschäft und Spekulation.

8.7.3 Zwischenbilanz zur Konnexität

Der Begriff der „Konnexität“ hat im Zusammenhang mit Hedge-Geschäften seine Rechtfertigung. Zur Wirksamkeit erfordert ein Hedgegeschäft aber sehr viel mehr als die in gewissen kommunalen Kreisen dargestellte Handhabung der Kriterien „Währung, Betrag, Fälligkeit“. Derivate haben gerade von ihrem Ansatz her nichts mit irgendeinem Grundgeschäft zu tun. Sofern sie gewollt ist, muss eine solche Verknüpfung – etwa zu Hedgezwecken – immer aktiv hergestellt werden.

Wenn darauf verzichtet wird, ist das Ergebnis eine reine Wette – also eine Spekulation. Es gibt keinen „dritten Weg“, der keine Absicherung, aber auch keine Spekulation wäre. Jedes Derivat, das nicht als Absicherung wirkt, ist unvermeidlich Spekulation.

8.7.4 Kreditähnliche Geschäfte

Auch das Problem der kreditähnlichen Geschäfte stellt sich in einer Schärfe, die von der Literatur nicht beachtet wird. Wie besprochen: In der Praxis beinhalten die meisten kommunalen Swaps eine beträchtliche Zahlung vorneweg an die Gemeinde, und die Deals sind so strukturiert, dass diese Vorabzahlung statistisch wieder zurückzuzahlen ist. Die Berechnungsformel für die variablen Zahlungen der Kommune an die Bank ist so konzipiert, dass die Kommune die in den Anfangsperioden von der Bank empfangenen Beträge über die weitere Laufzeit des Swap hinweg faktisch wieder an die Bank zurückzahlen wird (und – bei ungünstiger Entwicklung des Spread – darüber hinaus ein Vielfaches mehr).

Damit weist der Spread-Ladder-Swap die Charakteristika eines kreditähnlichen Geschäfts auf. Der BGH (Urteil vom 04.02.2004, Az.: XII ZR 301/01) formuliert hierzu: „[Ein kreditähnliches Geschäft liegt dann vor], wenn die Gemeinde im laufenden Haushaltsjahr – im wesentlichen – die volle Leistung erhält, die von ihr dafür zu erbringende Gegenleistung jedoch erst zu einem späteren Zeitpunkt erbringen muss."

Die Genehmigungsfähigkeit ist unter dem Gesichtspunkt einer geordneten Hauswirtschaft zu prüfen und alsdann zu erteilen oder zu versagen. Sie ist i.d.R. zu versagen, wenn die Kreditverpflichtungen die dauernde Leistungsfähigkeit der Gemeinde gefährden (OLG Dresden, Urteil vom 11.07.2001, 6 U 254/01, zu § 82 Abs. 5 i.V.m. Abs. 2 S. 2, 3 SächsGemO; im wesentlichen gleichlautend § 103 Abs. 2 GO-RLP). Als Instrument der präventiven Staatsaufsicht soll das kommunalaufsichtsrechtliche Genehmigungserfordernis einfachgesetzlich sicherstellen, dass das Gemeindevermögen als wirtschaftliche Grundlage der Funktionsfähigkeit der gemeindlichen Selbstverwaltung in seinem Bestand geschützt und nicht zur Begründung einer Zahlungsverpflichtung, die wirtschaftlich einer Kreditaufnahme gleichkommt, gefährdet wird. Es ist mithin darauf abzustellen, ob das Interesse der Gemeinde an der Erfüllung ihrer Aufgaben und am Fortbestand des dazu notwendigen Vermögens die Kreditaufnahme erlaubt (OLG Dresden aaO.; vgl. hierzu § 93 Abs. 1 GO-RLP: *„Die Gemeinde hat ihre Haushaltswirtschaft so zu planen und zu führen, dass die stetige Erfüllung ihrer Aufgaben gesichert ist."*).

Die Länder können verfügen, dass kreditähnliche Geschäfte, die zwar nicht zur laufenden Verwaltung gehören aber dennoch gewisse Kriterien erfüllen, genehmigungsfrei bleiben sollen[110]. Die Kriterien werden in den meisten Fällen den ungenehmigten Abschluss von Derivatgeschäften ausschließen – entweder weil sie nicht „zur Erfüllung bestimmter Aufgaben dienen", oder weil sie die vorge-

110 *Gemeindeordnung Baden-Württemberg*, § 87 Abs. 5 S. 3; *Gemeindeordnung Bayern*, Art. 72 Abs. 5.

gebenen Wertgrenzen übersteigen[111]. Die umstrittenen Spread-Ladder-Swaps, die als offene Spekulationsgeschäfte mit enormem Verlustpotential ausgestaltet sind, verstoßen gegen beide Kriterien. Selbst dann, wenn man lediglich den „Frontlader-Bonus" (den „garantierten Zinsvorteil") berücksichtigt, wird in den meisten Fällen alleine deswegen die Wertgrenze überschritten sein.

8.8 Rechtsfolgen

Auf der Basis des bisher Besprochenen setzen wir nun voraus, dass die Kommune oder ein kommunales Unternehmen ein Derivatgeschäft abgeschlossen hat, das nicht zum Aufgabenkreis der Kommune gehört. Weil es nicht „konnex" ist, dient es nicht der Erfüllung einer Aufgabe der gemeindlichen Selbstverwaltung. Mehr als das: es ist ein offenes Spekulationsgeschäft. Vermutlich ist es als kreditähnliches Geschäft genehmigungspflichtig, aber ungenehmigt und auch nicht genehmigungsfähig.

Ob mit diesem Abschluss Beratungsfehler im Sinne der *Bond*-Rechtsprechung verbunden sind, wollen wir hier nicht berücksichtigen. Bei Beratungsfehlern geht es weitgehend um Fragen des Verschuldens und in dem Zusammenhang um subjektive Elemente. Uns geht es hier allein um die Rechtswirksamkeit, was sich grundsätzlich nur nach dem objektiven Recht richtet[112].

8.8.1 Unwirksamkeit von Verträgen

Über einen Vertrag die Unwirksamkeit auszusprechen ist eine drastische Maßnahme, die das Vertrauen im Geschäftsverkehr erheblich untergraben kann. Im bürgerlichen Bereich ist diese Lösung eher Extremfällen vorbehalten, wie etwa bei Sittenwidrigkeit oder Gesetzwidrigkeit des Vertrags, wo verwerfliches Verhalten eine Rolle spielt (§§ 134, 138 BGB). Absolute Nichtigkeit bei moralischer Neutralität beschränkt sich auf spezielle Bereiche, wo der Gesetzgeber Schutzmechanismen errichtet (§ 125 BGB).

Zu dieser Strategie gehört auch die Weigerung, im Gesellschaftsrecht Vertretungsmängel als Nichtigkeitsgrund anzusehen (§ 37 Abs. 2 GmbHG). Der deutsche Gesetzgeber hat von Anfang an darauf insistiert, dass die Gesellschafter das Risiko unbefugter Geschäfte eines Organs grundsätzlich selbst tragen

111 Kunze, Katz, und Schmidt, *Gemeindeordnung für Baden-Württemberg*, § 87 Rn 97.
112 *BGH v. 28.02.1956, Fischwirtschaft*, I ZR 84/54.

müssen – zumindest in dem Sinne, dass Beschränkungen der Vertretungsbefugnisse des Organs nicht gegenüber Dritten wirksam sind. Dieses Prinzip ist jetzt auch im europäischen Gesellschaftsrecht verankert[113].

Hierzu gibt es jedoch wichtige Ausnahmen.

Erstens sind Kommunen Körperschaften des *öffentlichen* Rechts und in diesem Fall werden die Risiken des geschäftlichen Verkehrs anders verteilt. Für sie gilt die Unbeschränkbarkeit der Vertretungsmacht nicht. Nicht jede nach außen verbindliche Handlung seiner Organe bindet eine Körperschaft des öffentlichen Rechts. Im Anwendungsbereich des Verwaltungsrechts sieht das Gesetz ausdrücklich Situationen vor, in denen Geschäfte, die im bürgerlichen Rahmen verbindlich wären oder zumindest Folgen hätten, schlechthin nichtig sind[114], oder die wegen verweigerter Genehmigung keine Wirksamkeit entfalten können[115].

Zweitens gilt die gesellschaftsrechtliche Unbeschränkbarkeit der Vertretungsmacht nur für Überschreitungen von *Stellvertreterbefugnissen*. Die Missachtung des Unternehmensgegenstandes ist davon begrifflich zu unterscheiden, weil eine solcher Verstoß auch *innerhalb* der Stellvertreterbefugnisse entstehen kann. Dazu der BGH:

> Was als Begrenzung der „Befugnisse der Vertreter", d. h. der für den Verband handelnden Organe, bezeichnet wird, ist nach richtiger Auffassung die Begrenzung des Wirkungsbereichs der juristischen Person, die durch diese Organe handelt[116].

Dass eine Übertretung des körperschaftlichen *Wirkungsbereichs* auch privatrechtlich zur Unwirksamkeit des Geschäfts führen kann, bringt die Rechtsfigur des Missbrauchs der Vertretungsmacht zum Ausdruck. Greifen die Missbrauchsgrundätze ein, so ist die Rechtsfolge, dass das Geschäft so beurteilt wird, als hätte das Organ ohne Vertretungsmacht gehandelt[117]. Eine solche

113 *68/151/EWG (1. GesR-RiL)*, Art. 9 Abs. 2.
114 Paul Stelkens, Heinz Joachim Bonk, und Michael Sachs, *Verwaltungsverfahrensgesetz: Kommentar*, 6. Aufl. (München: C.H. Beck, 2001), § 44 Rn 164 mwN.
115 *Gemeindeordnung Bayern*, Art. 117 Abs. 2.
116 *BGH v. 28.02.1956, Fischwirtschaft*, I ZR 84/54: 125.
117 §§ 177 BGB; Günter Roth und Holger Altmeppen, *Gesetz betreffend die Gesellschaften mit beschränkter Haftung: (GmbHG) mit Erläuterungen*, 3. Aufl. (München: Beck, 1997), § 37 Rn. 38.

Rechtsfolge ist weder durch deutsches noch durch europäisches Recht ausgeschlossen[118].

Denklogisch impliziert das aufgabenfremde Handeln einer Körperschaft die Nichtigkeit des Geschäfts. Kein zweckgebundenes künstliches Gebilde kann von sich aus den Rahmen seiner Identitätsbestimmungen sprengen.

Im deutschen Recht wird dieses Prinzip als „Überschreitung des Wirkungskreises" benannt. Der im angelsächsischen öffentlichen Recht genutzte Begriff des *ultra vires* kommt auch zur Anwendung. Jedenfalls ist das Prinzip unstreitig ein Institut des deutschen Rechts.

Weniger deutlich ist dessen genaue Reichweite. Auf bürgerlich-rechtliche Gesellschaften ist der Grundsatz vermutlich nur in Gestalt des Missbrauchs der Vertretungsmacht anwendbar[119]. Für Körperschaften des öffentlichen Rechts, die aus positiven Satzungen entstanden sind, ist *ultra vires* dagegen ohne Zweifel maßgeblich[120]. Bei öffentlich-rechtlichen Körperschaften, die ihre Herkunft nur zum Teil einer positiven Satzungstätigkeit verdanken, ist die Lage umstritten. Dies gilt vor allem im Hinblick auf Gemeinden, die als „Gebietskörperschaften" den Dispositionen des Gesetzgebers in gewissem Maße zeitlich vorausgehen.

Infolge dieser Unsicherheit neigen die Gerichte dazu Argumente, die von der Logik her auf die Überschreitung des Wirkungskreises abstellen, mit anderen Normen zu unterfüttern.

---

118 Vgl insb. *68/151/EWG (1. GesR-RiL)*, Art. 9 Abs. 1 S. 2.

119 Die Frage wurde in Fischereiwirtschaft ausdrücklich offen gelassen. *BGH v. 28.02.1956, Fischwirtschaft*, I ZR 84/54, S. 123.

120 So beispielsweise die „Hauptstelle Fischereiwirtschaft", die Beklagte im klassischen BGH-Fall. *BGH v. 28.02.1956, Fischwirtschaft*, I ZR 84/54.

9 Körperschaften und „zweckfremde" Geschäfte

9.1 Zweckfremde Risikogeschäfte

Die meisten Risikogeschäfte haben mit gewöhnlicher Geschäftstätigkeit nichts zu tun. Bei den bekanntesten Risikogeschäften – Glücksspiel, Wette – ist dies evident. Es gilt jedoch nicht weniger für das Differenzgeschäft und dessen moderne Variante, das Derivat. Risikogeschäfte gehören nicht zum „Geschäftsmodell" eines gewöhnlichen Betriebs und sind unternehmerischen Zwecken grundsätzlich fremd. Ein Gewerbebetrieb lebt davon, dass es Leistungen mit anderen austauscht (typisch: Ware gegen Geld). Risikogeschäfte sind aber keine Austauschgeschäfte, sondern ein eigener und sehr missbrauchsanfälliger Vertragstypus. Es kommt nicht von ungefähr, dass Risikogeschäfte erfahrungsgemäß immer wieder in die menschliche Pathologie (Spielsucht) oder in Kriminalität (Betrug, Insidergeschäft) abgleiten.

Problematisch am Risikogeschäft ist nicht, dass es riskant ist, denn jedes Geschäft ist mehr oder weniger riskant. Problematisch ist, dass es ein *Nullsummenspiel* ist, bei dem der Unterlegene (zu wenig Wissen, zu wenig Kapital) auf Dauer immer verliert. „Vernünftig" ist ein Risikogeschäft höchstens dann, wenn der Spieler mit guten Gründen annehmen darf, dass nicht er, sondern ein anderer der Unterlegene ist. Dabei sollte jeder bedenken: „Wenn Du nicht weißt, wer am Pokertisch das Opfer wird, bist Du es wahrscheinlich selbst!"[1]

Die einzige Ausnahme ist das absichernde Risikogeschäft – Hedge, Versicherung und dergleichen. Selbst diese Ausnahme ist jedoch gerade im Finanzbereich nicht ohne weiteres klar und deutlich. Wie wir im Falle der kommunalen „Konnexität" gesehen haben, ist es schwierig, Finanzrisiken adäquat zu identifizieren und sichernd abzubilden.

Ob zweckfremde Risikogeschäfte moralisch verwerflich sind, ist nicht unser Thema. Volkswirtschaftlich sind sie möglicherweise sogar begrüßenswert, weil Spekulationsverluste mehr Liquidität in den Kreislauf bringen. Der Preis

---

1 „If you can't spot the sucker after 20 minutes at the poker table, chances are the sucker is you." „Lex: Online Poker", *FT.com*, August 28, 2009.

dafür ist allerdings, dass ansonsten produktive Personen ohne Not und ohne Nutzen (also außerhalb der „kreativen Zerstörung") gefährdet oder ruiniert werden.

Jedenfalls Privatanleger *können* alles, einschließlich sich selbst mutwillig ruinieren. Sie haben keine festgelegten Zwecke, denen sie folgen müssen, und es ist prinzipiell nicht die Aufgabe des Gesetzgebers, ihnen solche aufzuzwingen. Nur unter eingeschränkten Umständen, etwa bei klar verbotswidrigem Handeln, kann ein *Nicht-Dürfen* Rechtsfolgen haben. Bei privaten Käufern von Derivaten geht es jedoch meistens nur um die Frage, ob sie gewusst haben, was sie taten. Bei ihnen ist insofern das Beratungsgespräch maßgeblich für die Frage, ob Finanzinstitute für die von ihnen vermittelten Produkte haften müssen.

Anders jedoch bei juristischen Personen, deren Existenz grundsätzlich immer von einem definierten *Zweck* abhängt. Bei ihnen kann sich durchaus die Frage stellen, ob eine nicht in den (gesetzlichen oder satzungsmäßigen) Zwecken vorgesehene Tätigkeit überhaupt der juristischen Person zuzuordnen ist. Wenn nicht, dann ist – ganz unabhängig davon, was der tatsächlich Handelnde wusste oder beabsichtigte – diese Tätigkeit nicht der juristischen Person zuzuordnen. Der vorgebliche Vertreter hat gehandelt, nicht aber die Person. Die Folge ist zunächst einmal die Unwirksamkeit des Handelns, jedenfalls was die juristische Person betrifft.

9.2 Vorhandene Ansätze

9.2.1 Schadensersatz oder Unwirksamkeit

Standardmäßig wird bei Anlegerschäden auf das Beratungsmodell abgestellt. „Tritt ein Anlageinteressent an eine Bank oder der Anlageberater einer Bank an einen Kunden heran, um über die Anlage eines Geldbetrages beraten zu werden bzw. zu beraten, so wird das darin liegende Angebot zum Abschluss eines Beratungsvertrages stillschweigend durch die Aufnahme des Beratungsgesprächs angenommen," wie es in der seit Jahren maßgeblichen *Bond*-Entscheidung heißt[2]. In der Folge streiten sich Bank und Anleger darüber, ob die richtigen Informationen vermittelt wurden.

2 *BGH v. 06.07.1993, Bond*, XI ZR 12/93:.

9 Körperschaften und „zweckfremde" Geschäfte

In der erkennbaren Ratlosigkeit der Gerichte, genau *welche* Informationen bei Derivaten tatsächlich hilfreich sein sollen[3], spiegelt sich allerdings die Tatsache wider, dass hier nicht – wie es in der *Bond*-Entscheidung heißt – „die Anlage eines Geldbetrages" Thema ist, sondern das Eingehen einer Wette. Risikoübernahme ist ein ganz anderes Geschäft, als Kauf. Bevor der Käufer das nicht verstanden hat, helfen ihm alle „Anlageinformationen" der Welt nicht.

In *Bond* ging der BGH davon aus, dass man sich grundsätzlich einig war – es sollte irgendeine Anlage gekauft werden – und dass man sich nur über eine eventuelle „Schlechtleistung" hinsichtlich der „Beratung" verständigen müsse. Da von seinem ganzen Ansatz her jedoch ein Derivat mit der „Anlage eines Geldbetrages" nichts zu tun hat, handelt es sich hier nicht primär um Schlechtleistung durch den Berater, sondern eher um einen radikalen Willensmangel seitens des geschädigten Käufers: *eine Wette wollte er gar nicht abschließen*. Diesen Mangel hat der Berater nicht weniger zu vertreten, als eine Schlechtleistung im Beraten. Die Rechtsfolgen sind jedoch anders. Bei Schlechtleistung geht es um *Schadensersatz* (§ 280 BGB). Auf Willensmängel folgt jedoch regelmäßig die *Unwirksamkeit* des Geschäfts (§§ 116 ff. BGB).

Beim dargestellten Sachverhalt hat die Unwirksamkeit grundsätzlich den Vorrang vor Schadensersatz. Dementsprechend war die Folge des Differenzeinwandes die Unklagbarkeit – faktisch also in den meisten Fällen die Unwirksamkeit – des Geschäfts (§ 764 BGB a.F.). Unbefriedigend am Differenzeinwand war nicht die Rechtsfolge der Unwirksamkeit, sondern der mit ihm gekoppelte Begriff der „Börsentermingeschäftsfähigkeit", der häufig dem Falschen Schutz gewährte. Gerade bei Derivaten, die von Körperschaften abgeschlossen werden, ist die vorrangige Frage nicht, ob die Verkäufer die Risiken deutlich gemacht haben, oder ob auf die geringen Gewinnchancen hingewiesen wurde, sondern, ob das Geschäft überhaupt zu den Zwecken der Organisation *jemals hätte passen können*. Dies ist eine objektive Frage. Wenn sie verneint wird, liegt der Schluss nahe, das Geschäft sollte – sofern der Verkäufer die Angelegenheit zu vertreten hat – der Unwirksamkeit verfallen.

Ein Rechtsgeschäft entsteht aus einem gewollten Akt. Wenn der Wille fehlt, ist die logische Konsequenz, dass das Geschäft nicht entstanden ist, also Nichtig oder Unwirksam ist. Willensmängel dieser Art bemessen sich vornehmlich nach objektiven Kriterien. Die bei Derivatgeschäften denkbaren Tatbestände

3 Weber, „Aufklärungs- und Beratungspflichten der Bank bei Zinsswap-Geschäften".

sind Verbots- oder Sittenwidrigkeit oder auch der Missbrauch einer Vertretungsmacht. In all diesen Fällen entsteht das Geschäft nicht, weil es aus nachweislichen objektiven Gründen nicht als Willenserklärung des Betroffenen aufgefasst werden kann.

Wie wir sehen werden, vermischt sich allerdings die objektive Seite der Frage mit subjektiven Elementen.

9.2.2 Verbotswidrigkeit

Der einfachste Grund für die Nichtigkeit eines Geschäfts ist die Verbotswidrigkeit (§ 134 BGB). Etwas Verbotenes *kann* der Handelnde nicht wollen; die Wirksamkeit wird ihm durch Eingriff des Gesetzes versagt.

Im Hinblick auf missglückte Handlungen von öffentlich-rechtlichen Gebilden wird in der Literatur regelmäßig das Institut der Nichtigkeit wegen Verstoßes gegen ein Verbotsgesetz vorgeschlagen, gerade auch in Anwendung auf Swap-Geschäfte[4]. Nicht ganz einfach ist allerdings die Spezifizierung der Norm, die spekulative Engagements verbieten soll. Das OLG Naumburg hat dem so genannten „Spekulationsverbot" zugestanden, dass es aus dem Verfassungsrecht abgeleitet ist, ihm jedoch den Status eines gesetzlichen Verbots aber abgesprochen[5]. Ihm sind zahlreiche Gerichte gefolgt, allen voran das OLG Bamberg, dem das Spekulationsverbot „zu unbestimmt" erschien, „um den Anforderungen an ein konkretes Verbot im Sinne des § 134 BGB zu genügen"[6].

Man sollte allerdings nicht übersehen, dass § 134 BGB bei Finanzgeschäften der Gemeinden durchaus zur Anwendung kommen kann. Der Verzicht einer Gemeinde auf ihr Eigentum kann infolge des darin enthaltenen Verstoßes gegen die Gemeindeordnung nach § 134 BGB unwirksam sein[7]. Die entsprechende Norm lautet:

> Die Verschenkung und die unentgeltliche Überlassung von Gemeindevermögen sind unzulässig (Art. 75 Abs. 3 BayGO).

4 Thomas Bücker, *Finanzinnovationen und kommunale Schuldenwirtschaft: zum Einsatz von Swapgeschäften und Swapderivaten im Schuldenmanagement von Gemeinden*, 1. Aufl. (Baden-Baden: Nomos, 1993), 195; Dirk Ehlers, *Die Lehre von der Teilrechtsfähigkeit juristischer Personen des öffentlichen Rechts und die Ultra-vires-Doktrin des öffentlichen Rechts.*, 1. Aufl. (Duncker & Humblot GmbH, 2000).

5 *OLG Naumburg v. 24.03.2005*, 2 U 111/04 Juris, Rn 58.

6 *OLG Bamberg v. 11.05.2009, WVV*, 4 U 92/08: Rn 105.

7 *BayObLG v. 12.04.1983*, BReg 2 Z 21/83 Juris.

Im nachfolgenden Satz wird die Bestimmung ausdrücklich als „Verbot“ bezeichnet.

Auch der *Verkauf* von Gemeindeeigentum, wenn dieser unter Wert erfolgte, ist von den Gerichten nach § 134 BGB sanktioniert worden[8]. Allerdings ist hier die „Verbotsnorm“, auf die man sich bezogen hat, weitaus weniger konkret:

> Vermögensgegenstände dürfen in der Regel nur zu ihrem vollen Wert veräußert werden (Art. 75 Abs. 1 S. 2 BayGO)

Dennoch, so die Gerichte, sei das Prinzip in beiden Fällen dasselbe, denn die „Vergabung“ von Gemeindevermögen sei in jedem Fall verboten[9], und ein Verkauf unter Wert sei eine „gemischte Schenkung“ (der überschüssige, nicht im Verkaufspreis berücksichtigte Wert gelte als Schenkung)[10].

Dabei wird regelmäßig aus einem ähnlichen, zuletzt vom BGH entschiedenen Fall zitiert[11]. Der BGH hat dort den Grundsatz aufgestellt, die öffentliche Hand sei „nicht befugt ... Begünstigungen einzelner vorzunehmen, ohne damit gleichzeitig gesetzlich zugelassene Ziele öffentlicher Aufgabenerledigung zu verfolgen“. Diesem Grundsatz fügte der Senat hinzu:

> Jedoch spricht vieles dafür, den Grundsatz, soweit er sich auf unentgeltliche Zuwendungen an Private bezieht, die unter keinerlei Gesichtspunkten als durch die Verfolgung legitimer öffentlicher Aufgaben im Rahmen einer an den Grundsätzen der Rechtsstaatlichkeit orientierten Verwaltung gerechtfertigt erachtet werden können, den Charakter eines Verbotsgesetzes im Sinne des § 134 BGB zuzumessen[12]

Zur Anwendung von § 134 BGB auf Verstöße gegen gemeindliche Haushaltsregeln hat sich der BGH im genannten Fall allerdings *nicht* abschließend geäußert, weil der dort zu verhandelnde Verkauf unter Wert wegen Verstoßes gegen Art. 81 der Bayerischen Verfassung unmittelbar nichtig war[13].

8 *BayObLG v. 22.06.1995*, 2Z BR 42/95 Juris; *BayObLG v. 05.03.2001*, 5Z RR 174/99 Juris.

9 *Verfassung des Freistaates Bayern*, Art. 12 Abs. 2 S. 2; *BayObLG v. 05.03.2001*, 5Z RR 174/99: Rn 23 f.

10 *BayObLG v. 22.06.1995*, 2Z BR 42/95: Rn 13.

11 *BGH v. 30.01.1967, Obersalzberg*, III ZR 35/65 Juris (BGH 3. Zivilsenat 1967).

12 Ebd., III ZR 35/65: Rn 61.

13 Ebd., III ZR 35/65: Rn 60.

9.2.3 Sittenwidrigkeit

Dem „Spekulationsverbot" zugrunde liegt kein Verbot, sondern ein Gebot, nämlich das der wirtschaftlichen und sparsamen Haushaltsführung. Vielleicht ist es auch aus diesem Grunde nicht einfach, hier ein „gesetzliches Verbot" zu finden.

Bei der Sittenwidrigkeit (§ 138 Abs. 1 BGB) sind konkrete gesetzliche Normen weniger ausschlaggebend. Nach der Rechtsprechung des RG ist ein Rechtsgeschäft dann sittenwidrig, wenn die Überzeugung besteht,

> dass es mit dem Anstandsgefühl aller billig und gerecht Denkenden unvereinbar ist, dass es sich also mit dem in der Sitte, in der Übung zutage tretenden Empfinden der Volksgenossen, gemessen an einem durchschnittlichen Maßstab, in Widerspruch setzt[14].

Diese Vorschrift fand bereits mehrfach Anwendung auf die Finanzgeschäfte von Gemeinden, und zwar speziell im Zusammenhang mit dem Gebot der wirtschaftlichen und sparsamen Haushaltsführung. In einem maßgeblichen Fall hat die Stadt Köln für 50.000 RM ein Bild des Malers Cranach d. Ä. erstanden, damit sie es der Tochter des prominenten Nationalsozialisten Hermann Göring zur Taufe schenken konnte. Zwanzig Jahre später hat der BGH entschieden, dass dieses Geschäft sittenwidrig war; die Schenkung war nichting.

Dabei hat das Gericht betont, dass der anrüchige politische Hintergrund an sich *kein* Element der „Sittenwidrigkeit" sei – „Hätte eine Privatperson oder eine juristische Person des bürgerlichen Rechts das Geschenk gemacht, so könnte auch dessen hoher Wert diese Beurteilung nicht stützen[15]". Die Sittenwidrigkeit liege ausschließlich in der Tatsache, dass die Gemeinde gegen ihre Pflicht, den Haushalt wirtschaftlich und sparsam zu führen, verstoßen hätte. Sittenwidrigkeit des Geschäfts käme nämlich grundsätzlich dann in Betracht, sobald

> die Handhabung der Haushaltsvorschriften in einem so hohen Maße fehlsam ist, dass von einer sparsamen Ausgabe der öffentlichen Mittel und einer gewissenhaften treuhänderischen Verwaltung des Gemeindevermögens schlechthin nicht mehr gesprochen werden kann[16].

---

14 *RG v. 15.10.1912, Operndirektor*, VII 231/12 RGZ.
15 *BGH v. 07.03.1962 – Cranach-Schenkung*, V ZR 132/60 BGHZ 395, 396 (BGH 5. Zivilsenat 1962).
16 Ebd., V ZR 132/60: 398.

9 Körperschaften und „zweckfremde" Geschäfte

Der *Cranach*-Entscheidung ist der BGH auch in einem neueren Fall gefolgt, wo ebenfalls eine „besonders grobe" Verletzung des Grundsatzes der Sparsamkeit und Wirtschaftlichkeit der Haushaltsführung festgestellt wurde[17]. Auch dies begründete die Sittenwidrigkeit mit der Folge der Nichtigkeit.

In der Entscheidung *Gemeindezentrum* ging es um ein völlig überdimensioniertes Bauvorhaben, das eine „Kleinstgemeinde" von 600 Einwohnern in Auftrag gegeben hatte. Dass auf beiden Seiten ein „eklatanter Verstoß gegen das Gebot sparsamer Verwendung öffentlicher Mittel und gewissenhafter treuhänderischer Verwaltung des Gemeindevermögens" vorlag, konnte nicht bezweifelt werden[18].

Allerdings brachte sowohl in *Cranach* als auch in *Gemeindezentrum* die Feststellung, dass beide Seiten sittenwidrig gehandelt hatten, das Problem mit, dass die geschädigten Gemeinden nun doch wieder selbst hätten haften müssen – entweder weil sie wegen des eigenen Verfehlens den Bereicherungsanspruch nicht durchsetzen konnten (§ 817 S. 2 BGB), oder weil sie dem Geschäftspartner aus c.i.c. haftete.

Die Gerichte haben zwar in beiden Fällen Auswege gefunden. In *Cranach* hieß es: Auch wenn die Handlung des Bürgermeisters seinerzeit unsittlich war, hätte die Gemeinde dagegen nichts unternehmen können – es versagten damals Aufsicht und Kontrolle, sobald „Belange von Persönlichkeiten aus dem obersten Führungskreis im Spiele" waren[19]. In *Gemeindezentrum* führte das Gericht aus, die Verstöße seien von Beginn an so eklatant gewesen, dass „ein berechtigtes Vertrauen in die Wirksamkeit des Leasingvertrages ... bei keiner der am Vertragsschluss beteiligten Personen" entstehen konnte[20].

Dennoch ist die Annahme des Gerichts, dass die Nichtigkeit des Geschäfts nur dann erfolgt, wenn beide Seiten bewusst sittenwidrig handelten[21], für die Behandlung von Derivatgeschäften hinderlich. Dem kommunalen Beamten mag man – vielleicht – die Eitelkeit vorwerfen, er würde mit „komplexen Finanzinstrumenten" in der ersten Banker-Liga mitspielen wollen. Weiter-

17 *BGH v. 25.01.2006, Gemeindezentrum*, VIII ZR 398/03 Juris, Rn 31.
18 Ebd., VIII ZR 398/03: 35.
19 *BGH v. 07.03.1962 – Cranach-Schenkung*, V ZR 132/60: 401.
20 *BGH v. 25.01.2006, Gemeindezentrum*, VIII ZR 398/03: Rn 36.
21 Die Annahme führte auch in anderen Fällen zu etwas verwinkelten Argumenten, um aus einem Ahnungslosen doch noch einen Mitwisser zu machen: siehe *BGH v. 15.03.1990, Bordellschiff*, III ZR 248/88 Juris.

gehende moralische Verfehlungen werden in den wenigsten Fällen zu finden sein. Gerade im Hinblick auf die Derivate war der häufigste Fehler, dass die Beteiligten schlicht nicht verstanden haben, wie gefährlich das als „modernes Zinsmanagement" gepriesene Geschäft tatsächlich war. Insofern wäre die Forderung, kommunale Finanzpatzer nur dann in die Nichtigkeit verschwinden zu lassen, wenn beide Seiten bewusst sittenwidrig handeln, das Ende eines wichtigen Schutzschilds.

Tatsächlich aber wäre die Annahme verfehlt, für die Anwendung von § 138 Abs. 1 BGB sei beiderseitiges schuldhaftes Handeln notwendig. Wie schon das Reichsgericht betonte, ist ein gemeinsames Vorgehen („Kollusion"[22]) nur dann für die Sittenwidrigkeit konstitutiv, wenn das Verhalten nicht an sich bereits sittenwidrig ist. Wenn die objektive Sittenwidrigkeit des Geschäfts feststeht, ist es nicht erforderlich, dass bei den Handelnden entsprechende verwerfliche Absichten nachgewiesen werden. Zum Grundsatz der beiderseitigen Sittenwidrigkeit führte das Reichsgericht aus:

> Dieser an sich richtige Satz gilt indessen nur mit selbstverständlichen, in der Rechtsprechung des Reichsgerichts auch zum Ausdruck gebrachten Einschränkungen. Er gilt einmal nur, wenn dem nicht an sich unerlaubten Rechtsgeschäft nur durch den Beweggrund, aus dem es geschlossen und durch den Zweck, der damit verfolgt wurde, also durch die persönliche Gesinnung und Absicht der Vertragschließenden das Gepräge der Sittenwidrigkeit aufgedrückt wird, nicht aber dann, wenn sich das Rechtsgeschäft schon seinem Gegenstand und Inhalte nach als offenbar unsittlich darstellt. ... Der Satz gilt weiter nur, wo es sich um ein unsittliches Handeln der Vertragsparteien gegen außenstehende Dritte handelt, nicht aber, wo ein sittenwidriges Verhalten der einen Vertragspartei gegen die andere in Frage kommt...[23]

Dieses Prinzip wurde vom BGH bestätigt:

> Rechtsgeschäfte, die schon nach ihrem objektiven Inhalt sittlich-rechtlichen Grundsätzen widersprechen, sind ohne Rücksicht auf die Vorstellungen der das Rechtsgeschäft vornehmenden Personen nichtig. ... Dass der Beklagten hier aus besonderen Gründen kein sittlicher Vorwurf gemacht werden kann, schließt daher die Annahme der Sittenwidrigkeit des Vertrages nicht aus.[24]

22 *RG v. 19.02.1912, Fabrikant B*, VI 291/11 RGZ 347, 353.
23 *RG v. 06.05.1918, Kriegsnotlage*, VI 450/17 RGZ 27, 30.
24 *BGH v. 08.05.1985, Schmiergeld*, IVa ZR 138/83 Juris, Rn 23.

In den neuerlichen Swap-Fällen wurde diese Rechtsprechung vielfach nicht berücksichtigt[25].

9.2.4 Missbrauch der Vertretungsmacht

Geschäfte, die von einem Vertreter ohne Vertretungsmacht abgeschlossen werden, sind – sofern sie nicht nachträglich genehmigt werden – unwirksam (§ 177 BGB). Im Sinne der Verkehrssicherheit ist allerdings die einmal erklärte Vollmacht eine objektive Angelegenheit, die gegenüber Dritten so lange fortdauert, bis nicht der Vollmachtgeber sie widerrufen hat. Bei juristischen Personen des Privatrechts wird dieser Grundsatz noch stärker betont: Einschränkungen der Vertretungsbefugnisse eines wirksam bestellten Vertreters der Gesellschaft wirken nur im Innenverhältnis[26]. Die Vertretungsmacht eines Geschäftsführers umfasst den gesamten Rahmen einer denkbaren Geschäftstätigkeit der GmbH; in seinem Fall kann mangelnde Kompetenz Dritten nie entgegengehalten werden. Einschränkungen von Vertretungsbefugnissen sind unwirksam, ob bekannt oder nicht.

> Satzungsmäßige oder auf einem Beschluss der zuständigen Organe beruhende Beschränkungen der Befugnisse der Organe der Gesellschaft können Dritten nie entgegengesetzt werden, auch dann nicht, wenn sie bekanntgemacht worden sind[27].

Dieser europäischen Vorschrift entsprechen die deutschen Regeln zu den Stellvertreterbefugnissen von Gesellschaftsorganen:

> Gegen dritte Personen hat eine Beschränkung der Befugnis der Geschäftsführer, die Gesellschaft zu vertreten, keine rechtliche Wirkung[28].

Formell, also mit Rücksicht auf die intern zugewiesenen *Kompetenzen* eines Organs, kann die Verbindlichkeit seiner Handlungen nicht in Frage gestellt werden. Das heißt jedoch nicht, dass das Organ omnipotent ist. Materiell können Handlungen, die dem *Zweck* („Gegenstand") des Unternehmens wider-

---

25 Vgl. *OLG Frankfurt v. 04.08.2010*, 23 U 230/08: Rn 39, wo das Thema Sittenwidrigkeit insgesamt sehr verkürzt dargestellt wird; siehe auch *OLG Bamberg v. 11.05.2009, WVV*, 4 U 92/08: Rn 108 ff.

26 Die so genannte „Unbeschränkbarkeit der Vertretungsmacht", siehe vor allem *68/151/EWG (1. GesR-RiL)*, Art. 9; für die einzelnen Rechtsformen siehe stellvertretend *GmbH-Gesetz*, 1892, § 37 Abs. 2.

27 *68/151/EWG (1. GesR-RiL)*, Art. 9 Abs. 2.

28 *GmbH-Gesetz*, § 37 Abs. 2 S. 1.

sprechen, sehr wohl unwirksam sein. Voraussetzung ist zumindest, dass der Widerspruch dem Geschäftsgegner bekannt ist. Der europäische Gesetzgeber führt aus:

> Für Handlungen, die den Rahmen des Gegenstands des Unternehmens überschreiten, können die Mitgliedstaaten jedoch vorsehen, dass die Gesellschaft nicht verpflichtet wird, wenn sie beweist, dass dem Dritten bekannt war, dass die Handlung den Unternehmensgegenstand überschritt, oder dass er darüber nach den Umständen nicht in Unkenntnis sein konnte; allein die Bekanntmachung der Satzung reicht zu diesem Beweis nicht aus[29].

Der EuGH hat bestätigt, dass die Gesellschaftsrichtlinie nur die „objektiven Beschränkungen der Befugnisse der Gesellschaftsorgane durch gesetzliche Vorschriften, Statutsbestimmungen oder Gesellschafterbeschlüsse“ regeln will[30]. Die Handhabung von inhaltlichen Einschränkungen bleibt den Mitgliedstaaten überlassen. Naheliegend ist die Anwendung einer solchen Einschränkung bei gemeinnützigen Unternehmen[31]. Auch für gewerbliche Unternehmen hat sie der deutsche Gesetzgeber nicht *ausgeschlossen*[32], vermutlich mit Rücksicht auf die ständige Rechtsprechung zum Missbrauch der Vertretungsmacht, die in Deutschland eindeutig auch für Handelsgesellschaften gilt.

Grundlage der Rechtsprechung zum Missbrauch der Vertretungsmacht ist der auf § 242 BGB aufbauende Grundsatz, dass die Ansprüche dessen, der seine Rechtsposition auf unredliche Art erworben hat, nicht schutzwürdig sind. Häufig geht es in den entschiedenen Fällen um suspekte oder riskante Finanztransaktionen, die Gesellschaftsorgane oder -vertreter zum Nachteil der Firma eingegangen sind. Dazu gehören etwa die grundlose Übernahme einer Bürgschaft für eine unternehmensfremde Firma[33], die Ausführung von „bankwidrigen“ Aufträgen durch Prokuristen einer Bank[34], die Abgabe von Garantieerklärungen zugunsten „kreditunwürdiger“ Personen durch den Prokuristen einer Bank[35], das spekulative Ersteigern eines Grundstücks durch den Direk-

---

29 *68/151/EWG (1. GesR-RiL)*, Art 9 Abs. 1 S. 2.

30 Schlussanträge in *EuGH C-104/96, Rabobank v Minderhoud* Rn 8.; Siehe auch Franz Scholz, *Kommentar zum GmbH-Gesetz*, 10. Aufl. (Köln: O. Schmidt, 2010), § 35 Rn 132.

31 Vgl., in England, *Companies Act 2006 Pt* 4, s 39 (2).

32 Im Gegensatz zum englischen – Ebd., s 39 (1): „The validity of an act done by a company shall not be called into question on the ground of lack of capacity by reason of anything in the company's constitution.“

33 *BGH v. 17.10.1973, Schuhfabrik I*, VIII ZR 67/72 Juris, Rn 24.

34 *BGH v. 25.03.1968*, II ZR 208/64 Juris, Rn 3.

35 *BGH v. 28.02.1966, Waffengeschäft*, VII ZR 125/65 Juris, Rn 6.

tor eines Versicherungsverbandes[36], oder der Abschluss von Börsentermingeschäften durch den Vertreter eines Baumwollhändlers[37].

Die Geschäftsgegner hätte in diesen Fällen, so die Gerichte, von vornherein erkennen müssen, dass die Geschäfte mit dem „mutmaßlichen Willen der Gesellschafter" unvereinbar waren[38]. Der „sich geradezu aufdrängenden" Notwendigkeit einer Rückfrage bei den Gesellschaftern hätten sie sich verschlossen[39]. In einigen Fällen sei das Verhalten des Geschäftsführers „ersichtlich verdächtig" gewesen[40]. Der Geschäftsgegner habe gewusst, dass der Vertreter Gesellschaftern Tatsachen vorenthalten habe, die sie vom Vertragsabschluss abgehalten hätten[41].

Allerdings befassen sich andere Entscheidungen mit Transaktionen, die nicht an sich auffallend oder anrüchig sind, etwa mit der fehlenden Befugnis des Vertreters zur Verrechnungsabrede[42] oder der ausgebliebenen Genehmigung einer Anteilsübertragung[43]. In den beiden genannten Fällen konnte die Kenntnis des Geschäftsgegners vom Missbrauch durch den Vertreter vorausgesetzt werden, weil die beiden entweder identisch waren[44], oder weil der Vertreter alleiniger Gesellschafter des Geschäftsgegners war[45].

Eine Kollusion zwischen dem Vertreter und dem Geschäftsgegner – das heißt, ein arglistiges Zusammenwirken – ist nicht in jedem Fall notwendig[46]. Der Vertreter kann auch ohne Verschulden gehandelt haben. Er muss nicht bewusst zum Nachteil der Gesellschaft gehandelt haben; es reicht unter Umständen eine objektive Überschreitung seiner Befugnisse[47]. Selbst für den Geschäftsgegner wird nicht immer ein hoher Grad an Verschulden gefordert. Er

---

36 *RG v. 05.11.1934, Feuerversicherung,* VI 180/34 RGZ 314, 314 (RG 6. Zivilsenat 1934).
37 *RG v. 14.10.1931, Baumwolltermingeschäft,* I 10/31 RGZ 67.
38 *BGH v. 05.12.1983, B&R GmbH,* II ZR 56/82 Juris, Rn 12.
39 *BGH v. 28.02.1966, Waffengeschäft,* VII ZR 125/65: Rn 30; *BGH v. 10.04.2006,* II ZR 337/06 Juris, Rn 3.
40 *BGH v. 17.10.1973, Schuhfabrik I,* VIII ZR 67/72: Rn 10; *BGH v. 15.12.1975, Schuhfabrik II,* II ZR 148/74 Juris, Rn 19.
41 *RG v. 14.10.1931, Baumwolltermingeschäft,* I 10/31: 72; *BGH v. 05.12.1983, B&R GmbH,* II ZR 56/82: Rn 15.
42 *OLG Hamm v. 22.08.2005, Zuckerrübenmaschine,* 5 U 69/05 Juris; *BGH v. 10.04.2006,* II ZR 337/06.
43 *BGH v. 14.03.1988, Geschäftsführervertrag,* II ZR 211/87 Juris.
44 Ebd.
45 *OLG Hamm v. 22.08.2005, Zuckerrübenmaschine,* 5 U 69/05.
46 *RG v. 05.11.1934, Feuerversicherung,* VI 180/34: 315.
47 *OLG Hamm v. 22.08.2005, Zuckerrübenmaschine,* 5 U 69/05: Rn 29; Altmeppen und Roth, *GmbHG,* § 37 Rn. 43.

muss weder sittenwidrig noch vorsätzlich gehandelt haben[48], es reicht, dass er auf fahrlässige Weise den Verstoß des Vertreters gegen die Interessen des Vertretenen nicht beachtet[49].

Ein Geschäft kann sogar ohne Rücksicht darauf, ob es für die Gesellschaft nachteilig war, wegen Missbrauchs der Vertretungsmacht unwirksam sein[50]. Maßgeblich ist nur, dass es gegen den (mutmaßlichen) Willen der Gesellschafter erfolgte[51]. Für das Reichsgericht in *Feuerversicherung* war entscheidend, dass die Ersteigerung eines Grundstücks mit dem „Zweck" einer Verbandes zur Förderung der öffentlichen Feuerversicherung nichts zu tun hatte:

> Mit diesem Zweck hatte es schlechterdings nichts zu tun, wenn [der Direktor des Verbandes] der Klägerin behilflich war, das Grundstück ... in der Zwangsversteigerung zu erwerben, ein Grundstück, das den Beklagten gar nichts anging[52].

Die Grundsätze zum Missbrauch der Vertretungsmacht sind umstritten[53]. Der rein spekulative Einsatz von Derivaten – also ohne Hedge-Funktion – wird in den wenigsten Fällen mit dem satzungsmäßigen Zweck eines Unternehmens im Einklang sein. Objektiv gesehen wird ein solches Engagement selten im Interesse des Unternehmens sein oder dem mutmaßlichen Willen der Gesellschafter entsprechen. Diese Kenntnis dürfte einer Bank, die solche Produkte ohne Rücksprache bei den Gesellschaftern verkauft, ebenfalls zuzuschreiben sein. Im Allgemeinen ist es kaum zu rechtfertigen, dass eine Bank Produkte verkauft, bei denen ihr erwarteter Gewinn mit keiner sinnvollen Leistung zugunsten des Kunden verknüpft ist. Keiner kann jemandem das Spiel verbieten, sofern er das will. Darum geht es bei den Unternehmen jedoch nicht. Spielen wollten die wenigsten. Selbst wenn: Gefragt haben die Banken nie.

---

48 *BGH v. 28.02.1966, Waffengeschäft*, VII ZR 125/65: Rn 28.

49 *RG v. 10.12.1913, Nachlasshypotheken*, V 303/13 RGZ 348, 353; *BGH v. 28.02.1966, Waffengeschäft*, VII ZR 125/65: Rn 26.

50 *BGH v. 10.04.2006*, II ZR 337/06: Rn 2.

51 Altmeppen und Roth, *Gesetz betreffend die Gesellschaften mit beschränkter Haftung (GmbHG): Kommentar*, § 37 Rn 40.

52 *RG v. 05.11.1934, Feuerversicherung*, VI 180/34: 314.

53 Scholz, *Kommentar zum GmbH-Gesetz*, § 35 Rn 132 ff.

Dennoch ist die Rechtslage unklar. Gegen das Abstellen auf reine Kompetenzfragen spricht im Falle von privatrechtlichen Gesellschaften die Unbeschränkbarkeit der Vertretungsmacht, die zu den Kernelementen der europäischen Handelsordnung gehört. Im Hinblick auf Art. 9 Abs. 1 der ersten gesellschaftsrechtlichen Richtlinie ist auch der Hinweis auf den Zweck des Unternehmens wenig überzeugend[54]. Umso mehr gilt dies für einen Rückgriff auf den „mutmaßlichen Willen der Gesellschafter“. Eindeutig sind nur die Fälle einer arglistigen Kollusion zwischen Vertreter und Geschäftspartner. Dort wäre jedoch § 138 Abs. 1 BGB vermutlich nicht weniger einschlägig.

Allerdings gelten diese Bedenken in erster Linie nur für Gesellschaften des privaten Rechts, die tatsächlich im privaten Geschäftsverkehr aktiv sind. Für privatrechtliche Gesellschaften, die öffentlich-rechtliche Aufgaben erfüllen, gelten andere Überlegungen (siehe unten).

9.3 Überschreitung des Wirkungskreises bei Kommunen

9.3.1 Fragestellung; die „ultra-vires“-Debatte

Kommunen und kommunale Versorger haben mit spekulativen Derivaten gespielt. Es handelte sich um Spiel, weil die Voraussetzung für eine ernsthafte Anwendung – nämlich Konnexität – nicht gegeben war (siehe oben). Ob die Spieler (bzw. ihre Organe und Vertreter) selbst wussten, was sie taten, ist streitig. Gewollt haben sie es jedenfalls nicht – zumindest in dem objektiven Sinne, dass das Spiel mit der Erfüllung öffentlicher Aufgaben nicht vereinbar ist, und sie es deswegen *gar nicht haben wollen können*.

Klassisch liegt die Lösung eines solchen Problems in der so genannten ultra-vires-Doktrin: Juristische Personen des öffentlichen Rechts können nur im Rahmen des ihnen durch Gesetz oder Satzung zugewiesenen Aufgabenbereichs handeln. Dieser bemisst sich nach strikt objektiven Kriterien. Für Verschulden ist kein Raum mehr. Handlungen, die den Aufgabenbereich überschreiten, sind schlechthin unwirksam[55].

54 „Damit würde die ultra-vires-Lehre durch die Hintertür wieder eingeführt“ – Ebd., § 35 Rn 134b.

55 *BGH v. 28.02.1956, Fischwirtschaft*, I ZR 84/54: 124.

9.3 Überschreitung des Wirkungskreises bei Kommunen

Diese Lehre – juristische Personen des öffentlichen Rechts *können* ihren Wirkungskreis nicht überschreiten, Handlungen außerhalb sind nichtig – ist, auch unter dem Namen „ultra-vires-Doktrin", unstreitig ein Bestandteil des deutschen Rechts[56].

In der Literatur ist sie allerdings nicht unumstritten, und ihre Reichweite ist gerichtlich noch nicht geklärt. Kritisiert wird unter anderem die Rechtsfolge der *ex-tunc*-Nichtigkeit; diese sei mit dem Rechtsstaatsprinzip schwer zu vereinbaren[57], gegen sie würde auch die sonstige Ausgestaltung des Verwaltungsverfahrensrechts sprechen[58]. Hinsichtlich der Reichweite wird unter anderem hervorgehoben, dass die Befugnisse zumindest des Staates und der Gebietskörperschaften nicht, oder nicht nur, der ausdrücklichen Zuweisung durch Gesetz oder Satzung entspringen. Insofern sei die Logik der grundlegenden BGH-Entscheidung, dass der Handlungsrahmen sich im „durch Gesetz oder Satzung zugewiesenen Aufgaben- und Wirkungsbereich" konstituiere, nicht ohne weiteres auf Bund, Länder und Gemeinden anwendbar[59]. Um Kompetenzverstöße öffentlich-rechtlicher Gebilde zu sanktionieren wird gelegentlich auf § 134 BGB und die entsprechenden Fehlerfolgen verwiesen[60]. Behauptungen in der Kommentarliteratur, dass spekulative Swap-Geschäfte einer Gemeinde grundsätzlich nicht unwirksam seien und dass das Spekulationsverbot kein Verbotsgesetz

56 Bücker, *Finanzinnovationen und kommunale Schuldenwirtschaft: zum Einsatz von Swapgeschäften und Swapderivaten im Schuldenmanagement von Gemeinden*, 187; ultra vires sei die „herrschende Meinung", Ehlers, *Die Lehre von der Teilrechtsfähigkeit juristischer Personen des öffentlichen Rechts und die Ultra-vires-Doktrin des öffentlichen Rechts*, 22; Kewenig und Schneider, „Swap-Geschäfte der öffentlichen Hand in Deutschland", 6; im Ergebnis Schneider und Busch, „Swapgeschäfte der Landesbanken; zugleich eine Entgegnung zu Christian Koenig", 327; Koenig, „Anwendbarkeit der Ultra-vires-Lehre im Falle des Überschreitens der gesetzlich begrenzten Aufgaben öffentlicher Kreditanstalten am Beispiel einer Landesbank", 323; Wolff, Bachof, und Stober, *Verwaltungsrecht I*, § 32 Rn 12.

57 Ehlers, *Die Lehre von der Teilrechtsfähigkeit juristischer Personen des öffentlichen Rechts und die Ultra-vires-Doktrin des öffentlichen Rechts*, 68.

58 Wolff, Bachof, und Stober, *Verwaltungsrecht I*, 336.

59 Kewenig und Schneider, „Swap-Geschäfte der öffentlichen Hand in Deutschland", 5; Martin Oldiges, „Verbandskompetenz", *Die Öffentliche Verwaltung* 42, Nr. 20 (Oktober 1989): 883; Bücker, *Finanzinnovationen und kommunale Schuldenwirtschaft: zum Einsatz von Swapgeschäften und Swapderivaten im Schuldenmanagement von Gemeinden*, 189.

60 Ehlers, *Die Lehre von der Teilrechtsfähigkeit juristischer Personen des öffentlichen Rechts und die Ultra-vires-Doktrin des öffentlichen Rechts*, 77; Bücker, *Finanzinnovationen und kommunale Schuldenwirtschaft: zum Einsatz von Swapgeschäften und Swapderivaten im Schuldenmanagement von Gemeinden*, 191 ff.

iSd § 134 BGB haben auf ein Verfahren verwiesen, das inzwischen außergerichtlich verglichen wurde; diese Fragen sind insofern noch offen[61].

Die weiter gehende Frage, ob die ultra-vires-Doktrin sich auf Körperschaften erstreckt, die öffentlich-rechtlichen Aufgaben verpflichtet sind aber als Wirtschaftsunternehmen auftreten, wird in letzter Zeit häufig verneint[62]. Das geht allerdings nicht auf eine vertiefte Diskussion zurück, sondern im wesentlichen nur auf einen knappen Hinweis des OLG Naumburg, dass in solchen Fällen das „Gesellschaftsrecht maßgeblich" sei[63]. Demgegenüber hat sich in den 90er Jahren im Rahmen einer ausführlichen Diskussion die Meinung durchgesetzt, dass zumindest im Hinblick auf die Landesbanken, die Bundesbahn und die Treuhandanstalt und deren wirtschaftliche Aktivitäten ultra vires grundsätzlich anwendbar ist[64]. Die dort angeführten Argumente sind beachtlich, auch wenn sie angesichts der damals öffentlich-rechtlichen Verfassung der genannten Institutionen nicht direkt übertragbar sind[65].

9.3.2 Nichtigkeit *per se*

Kennzeichnend an „ultra-vires"-Handlungen, die den Wirkungskreis einer öffentlich-rechtlichen Körperschaft überschreiten, ist deren Nichtigkeit schlechthin – also ohne Rückgriff etwa auf Verbotsgesetze, auf die Vorgaben der Sittlichkeit, oder auf andere Mittel des bürgerlichen Rechts. Relevant ist diese Rechtsfolge vor allem im Verwaltungsprivatrecht[66] – also dort, wo der Verwaltungsträger sich außerhalb des reinen Verwaltungsrechts bewegt[67].

61 Jahn, „§ 114 Außerbörsliche Finanztermingeschäfte (OTC-Derivate)", Rn 126, allerdings lediglich unter Verweis auf ein unveröffentlichtes Manuskript.

62 *OLG Naumburg v. 24.03.2005*, 2 U 111/04: Rn 53; *OLG Bamberg v. 11.05.2009, WVV*, 4 U 92/08: Rn 106; *OLG Frankfurt v. 04.08.2010*, 23 U 230/08: Rn 37; Roller, Elster, und Knappe, „Spread-abhängige Constant Maturity Swaps – Funktionsweise, Risikostruktur und rechtliche Bewertung", 363.

63 *OLG Naumburg v. 24.03.2005*, 2 U 111/04: Rn 53; diese Bemerkung dürfte ohnehin eher obiter sein, denn das Gericht hat die Bank trotzdem, aus anderen Gründen, zum Schadensersatz verurteilt.

64 Kewenig und Schneider, „Swap-Geschäfte der öffentlichen Hand in Deutschland", 16 f.; Koenig, „Anwendbarkeit der Ultra-vires-Lehre im Falle des Überschreitens der gesetzlich begrenzten Aufgaben öffentlicher Kreditanstalten am Beispiel einer Landesbank", 325; Schneider und Busch, „Swapgeschäfte der Landesbanken; zugleich eine Entgegnung zu Christian Koenig", 327.

65 Vgl auch Janos Morlin, „Die Befugnis kommunaler Unternehmen in Privatrechtsform zu Spekulationsgeschäften am Beispiel von Zinsswaps", *NVwZ* 2007: 1159.

66 Wolff, Bachof, und Stober, *Verwaltungsrecht I*, § 23 Rn 61.

67 Das Verwaltungsrecht hat seine eigene Methodik für nichtige Akte – *Verwaltungsverfahrensgesetz*, § 44.

9.3 Überschreitung des Wirkungskreises bei Kommunen

Dementsprechend wollen wir nun die Frage konkretisieren. Gesetzt, eine Gemeinde, oder ein gemeindeeigenes Unternehmen, das der Erfüllung öffentlicher Aufgaben verpflichtet ist, privatrechtlich in einer Weise handelt, die mit der verfassungsmäßigen Aufgabenerfüllung nicht konform ist: ist eine solche Handlung per se nichtig?

Die Gerichte haben nicht gezögert, in entsprechenden Fällen diesen Schluss zu ziehen. In *Fischwirtschaft* ging es um eine Körperschaft des öffentlichen Rechts, die unter anderem den Fischfang, den Fischabsatz und die Fischmehlerzeugung fördern sollte (die „Hauptgeschäftsstelle Fischwirtschaft"). Ihr wurde vorgeworfen, sich entgegen einem satzungsmäßigen Verbot „eigenwirtschaftlich" im Fischhandel betätigt zu haben. Der BGH bestätigte den Vorwurf und führte überdies aus: Das in der Satzung enthaltene Verbot sei lediglich „deklaratorisch" in dem Sinne, dass die fragliche Betätigung im zugewiesenen Aufgaben- und Wirkungsbereich der Geschäftsstelle schlichtweg nicht enthalten sei. Insofern sei es keine Frage des Nicht-Dürfens oder Nicht-Sollens, sondern einfach davon, dass die Geschäftsstelle sich eigenwirtschaftlich nicht betätigen *könne*[68]. Aus demselben Grund sei auch die Frage einer Genehmigung nach §§ 177, 178 BGB müßig: wenn die Organisation etwas nicht kann, dann kann sie es auch beim Vertreter nicht genehmigen[69]. Es handelte sich hier nicht um Vertretung und Vollmacht, sondern schlicht um die innere Kompetenz der Körperschaft selbst. Ebenfalls habe es nichts mit einem Verschulden seitens des Geschäftsgegners zu tun: auch wenn er verschuldensfrei die „Zuständigkeitsüberschreitung" gar nicht hätte erkennen können, folgt trotzdem die Nichtigkeit[70].

Der BGH hat diese Rechtsprechung in einem weiteren Fall, wo es um das Überschreiten von satzungsmäßigen Befugnissen ging, ausdrücklich bestätigt[71]. Auch dort hat das Gericht betont, dass es nicht um den Verstoß gegen ein Verbot ging, sondern um ein Handeln, das außerhalb von positiv zugewiesenen Aufgaben und Zwecken lag:

---

68 *BGH v. 28.02.1956, Fischwirtschaft*, I ZR 84/54: 126.
69 Ebd., I ZR 84/54: 123.
70 Ebd., I ZR 84/54: 124; siehe auch *OVG Münster vom 26.09.1975, Spielbank*, IV A 464/72 DVBl. 395, 396 (OVG Münster 1975).
71 *BGH v. 15.07.1969, Notarkammerbeiträge*, NotZ 3/69 Juris (Senat für Notarsachen 1969).

> Die Rechtmäßigkeit der Beitragserhöhung, gegen die er sich wendet, hängt davon ab, ob sie Zwecken dient, die zum Aufgabenbereich der Notarkammer gehören. Denn nur innerhalb des ihr als öffentlich rechtlicher Körperschaft gesetzlich zugewiesenen Wirkungsbereiches kann die Antragsgegnerin rechtlich wirksam handeln[72].

Dass sich die Nichtigkeit eines Akts daraus ergibt, weil im Aufgabenzusammenhang der Akt schlechterdings undenkbar ist, hat auch das Reichsgericht in *Feuerversicherung* bemerkt:

> ein derartiges Geschäft [war] den Zwecken des Beklagten [öR-Verbands] ganz fremd, sodass bei Festlegung der Satzung gar nicht der Gedanke hatte auftauchen können, für ein solches Geschäft ein besonderes Erfordernis aufzustellen[73]

Es geht in diesen Fällen also um die „Fremdheit" gegenüber positiven Zwecken, nicht um den Verstoß gegen negative Verbote.

In den soeben erwähnten Fällen handelte es sich um Körperschaften des öffentlichen Rechts, die aus Satzungen hervorgingen. Auch jedoch im Hinblick auf Gebietskörperschaften haben die Gerichte entsprechende Argumente angewandt. Die Argumentation des BGH in *Fischwirtschaft* wurde vom OVG Münster angewandt, als es um die gemeindliche Genehmigung einer Spielbank ging. Dieser Schritt, so das Gericht, hätte den „sachlichen Wirkungskreis" der Gemeinde überschritten, liege „außerhalb ihres Funktionsbereichs" und entbehre deswegen „schlechthin der Rechtswirksamkeit"[74].

Obwohl das Gericht in der *Spielbank*-Entscheidung vom „sachlichen" Wirkungskreis spricht, stellen die Ausführungen eher auf das räumliche Element ab. Um rein sachliche Gesichtspunkte ging es jedoch in zwei Fällen, die den „Grundstockvermögens"-Grundsatz der bayerischen Verfassung betrafen. Dieser besagt, dass das Vermögen von Staat und Gemeinden erhalten bleiben muss. Für das Verschenken oder für die Veräußerung unter Wert gelten besondere Vorschriften[75].

In der Entscheidung *Maxhütte* befasste sich das Gericht mit der Frage, ob der Erlös aus dem Verkauf von Staatsanteilen an einem Eisenwerk verwendet wer-

---

72 Ebd., NotZ 3/69: Rn 21.
73 *RG v. 05.11.1934, Feuerversicherung*, VI 180/34: 312.
74 *OVG Münster vom 26.09.1975, Spielbank*, IV A 464/72: 396.
75 *Verfassung des Freistaates Bayern*, Art. 12 Abs. 2 S. 2, Art. 81; *Gemeindeordnung Bayern*, Art. 75.

den darf für laufende Ausgaben, in diesem Fall für die Instandsetzung von Straßen. Art. 81 der Verfassung sieht vor:

> Das Grundstockvermögen des Staates darf in seinem Wertbestand nur auf Grund eines Gesetzes verringert werden. Der Erlös aus der Veräußerung von Bestandteilen des Grundstockvermögens ist zu Neuerwerbungen für dieses Vermögen zu verwenden.

Die Regierung trug vor: wenn schon einfachgesetzlich das Grundstockvermögen verringert werden darf, wird es wohl zulässig sein, vom Erlösverwendungsgebot des S. 2 ebenfalls einfachgesetzlich abzuweichen. Der Bayerische Verfassungsgerichtshof verneinte das. Die Verwendung von Grundstockvermögen für laufende Ausgaben sei in der Verfassung nicht vorgesehen. Ein solches Vorgehen sei nur dann möglich, wenn die Verfassung geändert würde[76].

In der *Maxhütte*-Entscheidung hat das Gericht also entschieden, das auch eine Gebietskörperschaft, in diesem Fall der bayerische Staat, nicht über seinen verfassungsmäßig gegebenen Wirkungsbereich hinaus tätig werden kann. Um ein Verbot als solches ging es nicht.

Mit Verweis auf dieselbe Verfassungsvorschrift – Art. 81 BayVerf – hat später der BGH entschieden, dass eine privatrechtliche Veräußerung ebenfalls nichtig sei. Dabei ging es um Hotelgrundstücke am ehemaligen NSDAP-Gelände am Obersalzberg, die als „Grundstockvermögen“ des Staates nun unter Wert verkauft werden sollten. Auch hier sprach das Gericht der Verwaltung die Kompetenz ab, den Verkauf durchzuführen:

> Ist ... davon auszugehen, dass der Grundbesitz Bestandteil des staatlichen Grundstockvermögens war, dann konnten Rechtsgeschäfte, durch die dieser Grundbesitz unentgeltlich oder unter dem wahren Wert ... veräußert werden sollte, von den Verwaltungsorganen des Staates *mangels entsprechender Ermächtigung* nicht rechtswirksam vorgenommen werden (meine Hervorhebung)[77].

Die Verfassungsbestimmung zum Erhalt des Grundstockvermögens sei keine nur haushaltsrechtliche Angelegenheit – im Gegensatz etwa zum Grundsatz der wirtschaftlichen und sparsamen Verwaltung, der die Vertretungsmacht der Gemeindeorgane in bürgerlich-rechtlichen Geschäften unberührt lasse[78].

---

76 *BayVerfGH v. 03.11.1954, Maxhütte*, Vf. 67-IV-54: 95.
77 *BGH v. 30.01.1967, Obersalzberg*, III ZR 35/65: Rn 25.
78 Ebd., III ZR 35/65: Rn 27.

Die Beschränkung der Verfügungsmacht gelte auch nach außen[79] und sei unabhängig von subjektiven Elementen wie beispielsweise davon, ob beabsichtigt gewesen sei, einen Verkauf unter Wert herbeizuführen[80].

Im Übrigen: Obwohl der BGH in *Obersalzberg* auch die Vermutung äußerte, dass hier auch ein Verstoß gegen ein gesetzliches Verbot im Sinne von § 134 BGB vorliegen könnte[81] (unter Umständen das an die Gemeinden gerichtete Verbot der „Vergabung"[82]), hat er dies angesichts der ohnehin zwingenden verfassungsrechtlichen Gründe für die Nichtigkeit des Verkaufs offen gelassen.

Es dürfte also auch bei Gebietskörperschaften kein Zweifel darüber bestehen, dass privatrechtliche Geschäfte, die den jeweiligen Wirkungskreis überschreiten, nichtig sein können – unabhängig von Regelungen des bürgerlichen Rechts wie die §§ 134, 138 BGB sowie von Grundsätzen des Vertretungsrechts[83]. Insofern ist „ultra vires" auch dort anwendbar.

9.4 Staatstheoretische Grundlagen

Die Beschränkung der Tätigkeit von privatrechtlichen Körperschaften in kompetenzieller Hinsicht ist nicht zulässig. Insbesondere darf eine bürgerlichrechtliche Gesellschaft sich nicht hinter ihren satzungsmäßigen Zweck („Gegenstand") flüchten, um ansonsten verbindlichen Verträgen auszuweichen[84]. Nach der Rechtsprechung ist dies bei öffentlich-rechtlichen Körperschaften, wie wir gesehen haben, grundsätzlich nicht der Fall. „Zweckfremde" Handlungen können dort durchaus per se nichtig sein.

Die Kritik an „ultra vires" stellt zumindest teilweise darauf ab, dass die angeblich mit dieser Doktrin verknüpfte Lehre der „Teilrechtsfähigkeit" logisch inkohärent sei. Keiner besitze alle denkbaren Rechte – auch keine natürliche Person. Insofern sei die Tatsache, dass Personen des öffentlichen Rechts einen beschränkten Wirkungsbereich haben, kein Grund um sie auf Kosten der na-

79 Ebd., III ZR 35/65: Rn 34.
80 Ebd., III ZR 35/65: Rn 59.
81 Ebd., III ZR 35/65: Rn 61.
82 *Verfassung des Freistaates Bayern*, Art. 12 Abs. 2 S. 2.
83 Das BayObLG ist allerdings in einem späteren „Vergabungs"-Fall offensichtlich davon ausgegangen, dass selbst bei eindeutiger Kompetenzüberschreitung ein Verbotsverstoß konstruiert werden muss; *BayObLG v. 22.06.1995*, 2Z BR 42/95: Rn 13, 15.
84 *68/151/EWG (1. GesR-RiL)*, Art. 9 Abs. 1 S. 1.

türlichen und der privatrechtlichen juristischen Personen zu privilegieren[85]. Das Recht erfasse alles. Es sei das Gestaltungsmedium nicht nur von bürgerlichen Verhältnissen, sondern auch von staatlichen. Ein vor- oder außer-konstitutioneller Bereich rein staatlichen Handelns dürfe es nicht geben. Insbesondere die Rechtsfolge der Nichtigkeit sei abzulehnen.

> Der Staat darf ... nur durch und mittels des Rechts verbindlich handeln. Ein Reservat staatlichen Wirkens, das außerhalb des Rechts liegt und deshalb als rechtsfreier Raum bezeichnet werden könnte, ist nicht anzuerkennen[86].

Demgegenüber ist folgendes festzuhalten. Die Grundlage des modernen Verfassungsstaates ist sehr wohl eine Abgrenzung zwischen dem Einzelnen und dem Staat. Für Staatsrechtler in der Tradition von Thomas Hobbes gab es nur einen „existenziellen" Faktor im Verfassungswesen, nämlich den Staat selbst. Der Staat war der Ort der Einheit des Volkes, entstanden im Augenblick der verfassungsgebenden Entscheidung[87]. Nur an dieser Stelle entstand das eigentlich *Politische* in seiner Pathos und Würde; die „liberalen Menschenrechte der Einzelperson" waren diesem letztendlich nur abträglich[88]. Diese Position hat im 20 Jahrhundert sicherlich ungeheure Schäden angerichtet. Um davon abzurücken bedarf es jedoch keiner Spekulationen über ursprüngliche Rechtsordnungen[89], geschweige denn einen Rückfall in Naturrechtstheorien[90]. Dass der Staat gewissermaßen „existentiell" ist – in dem Sinne, dass er ab einem gewissen Punkt nicht mehr moralisch und juristisch hinterfragbar ist – trifft nach allen vernünftigen Erwägungen zu. Der Staat ist aber nicht das einzig Substanzielle im gemeinsamen Dasein der Menschen. Das andere „existenzielle" Element ist das Individuum selbst. Das moderne Staatswesen entsteht, dynamisch, in der Interaktion zwischen diesen beiden Polen.

Diese Erkenntnis unterliegt dem Grundgesetz. Urelement des Grungesetzes ist die Würde und die Freiheit des Einzelnen. Die in Artt. 1–19 GG deklarierten Grundrechte sind gegen den Staat gerichtete „Kampfrechte des Individu-

85 Ehlers, *Die Lehre von der Teilrechtsfähigkeit juristischer Personen des öffentlichen Rechts und die Ultra-vires-Doktrin des öffentlichen Rechts*, 59.

86 Ebd., 61.

87 Carl Schmitt, *Verfassungslehre*, 9. Aufl., Neusatz auf Basis der 1928 ersch. 1. Aufl. (Berlin: Duncker & Humblot, 2003), 22.

88 Ebd., 164.

89 Friedrich Schnapp und Stephan Rixen, „Die Unzulässigkeit der Aufnahme von Krediten durch die gesetzlichen Krankenkassen", *BKR* 2006, Nr. 9: 364.

90 Maunz und Dürig, *Grundgesetz: Kommentar*, Art. 19 Abs. 3 Rn 48.

ums" (Dürig)[91]. Hier entfaltet sich kein wässeriger Individualismus, auch keine Konformität mit universalistischen Normen, sondern die unbeschränkte Kreativität des existierenden Menschen.

Aus dieser polaren Opposition ergibt sich der grundsätzliche Unterschied zwischen privatrechtlichen und öffentlich-rechtlichen juristischen Personen[92]. Aus den privatrechtlichen spricht die Dynamik des Individuums; in ihren Befugnissen sind angelegt die ordnungsfeindliche, schöpferische Aggression der natürlichen Personen, die sich in ihnen zusammenschließen. Im Staat ruht der entgegengesetzte Geist – nicht kreativ, sondern schützend, verwahrend, abwehrend, mit der charakteristischen Organisationsform der *Kompetenzverteilung*. In der sozialen Marktwirtschaft europäischer Prägung ergänzen diese beiden Motive sich gegenseitig. Dort herrscht weder die Staatsgläubigkeit des Totalitarismus noch die Staatsfeindlichkeit des „Manchester Kapitalismus", sondern der gesittete Konflikt der Demokratie.

Die gegenseitigen Rechte und Pflichten von Staat und Individuum haben die deutschen Gerichte bereits vor Jahren festgelegt. Thematisiert wird dies vor allem im Zusammenhang mit juristischen Personen. Art. 19 Abs. 3 GG gewährt auch diesen Grundrechte, „soweit sie ihrem Wesen nach auf diese anwendbar sind". Dem Wesen nach, so die Gerichte, besteht allerdings eine „grundsätzliche Unterscheidung" zwischen juristischen Personen des Privatrechts und solche des öffentlichen Rechts[93]. Das Wertesystem der Grundrechte gehe „von der Würde und Freiheit *des einzelnen Menschen* als natürlicher Person aus". Aufgabe der in Artt. 1-19 GG festgelegten Grundrechte sei es, die Freiheitssphäre des Einzelnen gegen Eingriffe der staatlichen Gewalt zu schützen. Diese Freiheitssphäre sei von juristischen Personen dann in Anspruch zu nehmen, wenn sie „Ausdruck der freien Entfaltung der natürlichen Personen" seien, und wenn man auf die „hinter den juristischen Personen stehenden Menschen" gedanklich durchgreifen könne[94]. Das gelte allerdings zunächst einmal nur für juristische Personen des privaten Rechts im privaten Rechtsverkehr. Juristische Personen, die als verlängerter Arm des Staates öffentliche Aufgaben wahrnehmen[95], gehören eben

---

91 Ebd., Art. 19 Abs. 3 Rn 36.
92 Ebd., Art. 19 Abs. 3 Rn 40.
93 *BVerfG v. 02.05.1967, Sozialversicherungsträger,* 1 BvR 578/63 Juris, Rn 21.
94 Ebd., 1 BvR 578/63: Rn 22.
95 Ebd., 1 BvR 578/63: Rn 40.

nicht zu den in Art. 19 Abs. 3 GG geschützten. Als Adressat der Grundrechte könne der Staat nicht gleichzeitig Berechtigter sein[96].

Den existentiellen Gegensatz zwischen juristischen Personen des privaten und des öffentlichen Rechts hat das Bundesverfassungsgericht in *Sasbach* festgehalten:

> Die Erfüllung öffentlicher Aufgaben durch juristische Personen des öffentlichen Rechts vollzieht sich grundsätzlich nicht in Wahrnehmung unabgeleiteter, ursprünglicher Freiheiten, das eigene Leben, die Existenz, nach eigenen Entwürfen zu gestalten und über sich selbst zu bestimmen, sondern aufgrund von Kompetenzen, die vom positiven Recht zugeordnet und inhaltlich bemessen und begrenzt sind[97].

Obwohl gewisse Personen des öffentlichen Rechts Grundrechtsträger sein können, trifft dies im wesentlichen nur dann zu, wenn sie im außerstaatlichen Bereich wurzeln und keine staatlichen Aufgaben wahrnehmen. Das umfasst Tätigkeitsfelder etwa von kirchlichen und wissenschaftlichen Institutionen[98], regelmäßig aber nicht die von Gemeinden:

> Als ... eigenständige, vom Staat unabhängige oder jedenfalls distanzierte Einrichtungen sind die Gemeinden nicht anzusehen ... Der Umstand allein, dass eine juristische Person des öffentlichen Rechts öffentliche Aufgaben, also Aufgaben im Interesse der Allgemeinheit wahrnimmt, macht sie nicht zum grundrechtsgeschützten „Sachwalter" des Einzelnen...[99]

Die Gemeinden sind in der Erfüllung der ihnen vorbehaltenen öffentlichen Aufgaben also als „Staat", nicht als grundrechtsgeschützte Vertreter von Einzelpersonen zu verstehen. Die Rechtsform, in der diese Aufgaben in der Praxis durchgeführt werden, ist unerheblich. Eine Gemeinde, die in der Form einer Aktiengesellschaft Daseinsvorsorge (hier, den öffentlichen Nahverkehr) betreibt, bleibt auch in dieser Gestaltung „Staat" und damit Adressat der Grundrechte. Wie der BGH festgestellt hat:

> ... Der Gleichheitssatz bindet die öffentliche Verwaltung auch dort, wo sie sich bei der Erfüllung ihrer Aufgaben privatrechtlicher Formen bedient. ... Für die Geltung des Gleichheitssatzes der Verfassung ist es nicht von Bedeutung, in welcher Rechtsform des öffentlichen oder privaten Rechts die öffentliche Hand

96 Ebd., 1 BvR 578/63: Rn 23.
97 *BVerfG v. 08.07.1982, Sasbach*, 2 BvR 1187/80 Juris, Rn 58.
98 *BVerfG v. 02.05.1967, Sozialversicherungsträger*, 1 BvR 578/63: Rn 33.
99 *BVerfG v. 08.07.1982, Sasbach*, 2 BvR 1187/80: Rn 61 f.

> auf dem hier gegebenen Gebiet der sog Daseinsvorsorge tätig wird. ... Alles, was funktionell zur Daseinsvorsorge gehört, ist nach den Grundsätzen des öffentlichen und nicht des privaten Rechts zu beurteilen[100].

Das Bundesverfassungsgericht hat dies in seiner Entscheidung *Stadtwerke Hameln* bestätigt:

> Gemeinden und Landkreise nehmen als Gebietskörperschaften des öffentlichen Rechts im Bereich der Daseinsvorsorge öffentliche Aufgaben wahr, ... Es kommt nicht darauf an, ob die Wasserversorgung in (verwaltungs-) privatrechtlichen oder öffentlich-rechtlichen Formen durchgeführt wird, sondern allein darauf, dass die daseinsfürsorgende Leistung ihrer Rechtsnatur nach in Erfüllung einer öffentlichen Aufgabe erbracht wird. ... Ein Betrieb, der ganz der öffentlichen Aufgabe der gemeindlichen Daseinsvorsorge gewidmet ist und der sich in der Hand eines Trägers öffentlicher Verwaltung befindet, stellt daher nur eine besondere Erscheinungsform dar, in der öffentliche Verwaltung ausgeübt wird[101].

Die genannten Entscheidungen beziehen sich alle auf die Frage, ob die öffentliche Hand sich auf den Schutz der Grundrechte berufen kann. Dies wird unter Hinweis darauf, dass sich die Grundrechte eher gegen sie richten, *verneint*. Die Grundrechte, die die freie Entfaltung des Einzelnen gewährleisten, sind selbst im privaten Rechtsverkehr für die öffentliche Hand nicht maßgeblich.

Es wäre allerdings verfehlt daraus zu schließen, dass die öffentliche Hand ungeschützt ist oder sogar, dass sie gar nicht schutzbedürftig ist.

Im Hinblick auf die Grundrechte, Artt. 1–19 GG, ist der Einzelne berechtigt, der Staat hingegen nur verpflichtet. Der Hintergrund ist, dass Staat und Individuum im Gegensatz zu einander stehen. Daraus folgt aber nicht, dass der Staat immer nur Adressat von Rechten anderer wäre. In einem liberalen Zeitalter klingt die Rede von „Rechten" des Staates leicht suspekt. Es gibt sie aber.

Das zwanzigste Jahrhundert hat gelehrt, dass der Staat ein nicht minder empfindliches Gebilde ist, als der individuelle Mensch. In seiner „Existenz" ist er, wie der Mensch, nur indirekt zugänglich für die Reglementierung durch Vorschriften und bewusste Normen. Geschriebene Verfassungen sind schön, aber kein Staat kann ohne Identitäten, Traditionen und Handlungsmuster existieren, die den Strukturen des positiven Rechts vorausgehen. Als Gemeinschaft ist der Staat auf seine Art nicht weniger schutzbedürftig, als die Individuen,

---

100 *BGH v. 23.09.1969; Schülertarife*, VI ZR 19/68 Juris, Rn 10 ff.
101 *BVerfG v. 07.06.1977, Stadtwerke Hameln*, 1 BvR 108/73 Juris, Rn 47, 50.

die ihn konstituieren. Diesem Schutz dient seine Kompetenzordnung – die Ordnung, die bestimmt, dass bestimmte Bereiche nicht, oder nur mit Zeitverzögerung, oder nur im Zuge eines besonderen Verfahrens, anzutasten sind[102].

In der sozialen Marktwirtschaft realisiert und entfaltet sich der individuelle Mensch nach Maßgabe des Wettbewerbs. Dafür sind insbesondere die juristischen Personen des Privatrechts geschaffen. Eine Handelsgesellschaft entsteht und kämpft; sie gewinnt oder geht unter. Wendigkeit und Innovationsfreude sind die geforderten Merkmale. Keinesfalls hat die Handelsgesellschaft ein Recht auf Existenz. Das gilt umso mehr für die internen Projekte des Unternehmens; was nichts taugt, soll untergehen. Dieser Darwinistische Überlebenskampf wird durch das Prinzip der beschränkten Haftung noch gesteigert: Damit die Gesellschaft umso radikaler aufs Spiel gesetzt werden kann, bietet das Gesetz einen gewissen Schutz für die wirtschaftliche Existenz der beteiligten Individuen.

Davon ist die Organisationsform des Staates jedoch grundsätzlich unterschieden. Ihre Kompetenzordnung muss nicht unmittelbar pragmatisch sein und fördert nicht vorrangig die Umsetzung von partikularen Zielen. Sie dient nämlich grundsätzlich der Verwahrung, der Nachhaltigkeit und somit letztendlich dem eigenen Fortbestand. Im Gegensatz zu den Unternehmen, die sich auf dem Markt frei entfalten, aber keinen Anspruch auf Überleben haben, *soll* die Existenz des Staates gewährleistet bleiben. Obwohl es zu begrüßen ist, wenn die Institutionen des Staates schnell und zielgerichtet arbeiten, ist dies nicht deren primäre Aufgabe und stellt nicht den Maßstab dar, nach dem der Staat gemessen wird. Der Staat schafft Permanenz. Er schafft den Rahmen, innerhalb dessen die Individuen sich „austoben" können, ohne die Gesamtheit in den Ruin zu treiben. Der Staat garantiert eine Rechtsordnung, eine Außenverteidigung, und – nach dem europäischem Modell zumindest – dem Einzelnen ein Mindestmaß an materieller Existenz (wozu die kommunale Daseinsvorsorge gehört). Wenn der Staat im Hinblick auf diese Aufgaben defensiv und zeitverzögert arbeitet, ist ihm daraus kein Vorwurf zu machen. „Kreative Zerstörung", Sprungfeder des Marktes, ist solchen Bereichen denkbar fremd.

Entsprechend arbeitet der Staat mit bewusst restriktiven Handlungsregeln – „Kompetenzen, die vom positiven Recht zugeordnet und inhaltlich bemessen und begrenzt sind"[103]. Mit der Kompetenzordnung schützt der Staat sich und

---

102 Die klassische Darstellung dieser Position ist in: Edmund Burke, *Reflections on the Revolution in France*, Reissue. (Oxford University Press, 2009).

103 *BVerfG v. 08.07.1982, Sasbach*, 2 BvR 1187/80: Rn 58.

seine Arbeit. Zu den Erscheinungsformen dieses Schutzes gehören unter anderem die „Fiskusprivilegien" wie etwa Schutzvorrichtungen gegen Zwangsvollstreckung[104]. Die vom Verwaltungsverfahrensrecht vorgesehenen Wirksamkeitsvoraussetzungen für Akte der öffentlichen Hand sind Ausprägungen des Selbstschutzes durch die Kompetenzordnung. Dass Vorschriften des öffentlichen Rechts auch dem *Schutz* der Gemeinden vor bürgerlichrechtlichen Ansprüchen dienen sollen, ist unbestritten[105].

Kompetenz heißt: wozu ich nicht kompetent bin, das kann ich nicht. Natürliche Personen sind zu allem kompetent; darin besteht das Grundrecht auf freie Entfaltung. Der Staat funktioniert nach anderen Rechtsgrundsätzen. Die Kompetenz einer staatlichen Person beschreibt Grenzen, außerhalb derer sie nicht handeln kann. Dies gilt auf allen Ebenen. Auch die höchste Instanz im Staat – die Volksvertretung – kann nur nach Maßgabe einer Verfahrensordnung handeln, wobei sie nicht nur auf das Verfassungsgericht sondern auch auf vielfältige Abläufe und, wenn man so will, Rituale Rücksicht nehmen muss. Unmittelbarer wirtschaftlicher Nutzen entscheidet nicht über die Wirksamkeit staatlicher Handlungen. Abstufungen nach Zweckmäßigkeit sind fehl am Platz. Der Fortbestand des Staates ist ein unbedingter Wert an sich – nicht im abgöttischen Sinne eines Lenin oder eines Carl Schmitt, sondern als Gegenpol zum unbedingten Werden und Vergehen des Marktes. Die Kompetenzgrenzen und ihre Einhaltung sind die sichtbare Folge dieses Fortbestehens. Dies gilt für das Parlamente und erst recht für untergeordnete Ebenen, also auch für Gemeinden. In allen Fällen: die Logik der Kompetenz ist eine des Könnens und Nichtkönnens. Bedingtes Können, nachträgliche Genehmigung und dergleichen spielen keine Rolle.

Die verfassungsmäßig gebotene Ausrichtung der Gemeinden an der Erfüllung öffentlicher Aufgaben ist ein Ausfluss dieser Ordnung. Gemeinden sind in ihrem erwerbswirtschaftlichen Auftritt nicht weniger durch Kompetenzregeln gebunden als in der unmittelbaren Verwaltungstätigkeit. Diese gestalten sich als kompetenzmäßige Ausgrenzung von Tätigkeiten, die den Gemeinden verwehrt bleiben sollen:

---

104 Ebd., 2 BvR 1187/80: Rn 68.

105 *RG v. 04.12.1906*, II 223/06 RGZ 409, 413; *RG v. 23.12.1913, Wasserwerke I*, VII 403/13 RGZ 396, 398; *RG v. 30.11.1932, Wasserwerke II*, IX 106/32 RGZ 58, 62 (o. J.); *BGH v. 25.01.2006, Gemeindezentrum*, VIII ZR 398/03: Rn 31; *BGH v. 20.02.1979*, VI ZR 256/77 Juris, Rn 41.

> [Es] ist davon auszugehen, dass die Nutzung von Vermögen und die erwerbswirtschaftliche Betätigung öffentlichrechtlicher Körperschaften in der Regel nur im Zusammenhang mit der Wahrnehmung öffentlicher Aufgaben zulässig ist. Die angeführten gesetzlichen Regelungen machen beispielhaft deutlich, dass jedenfalls Gemeinden, soweit sie nicht öffentliche Aufgaben wahrnehmen, sich regelmäßig außerhalb ihres eigentlichen Aufgabenbereichs bewegen ...[106]

Wie bereits dargestellt, macht es keinen Unterschied, ob die Gemeinde ihre öffentlichen Aufgaben selbst erfüllt oder sie „in Regie" durch eine von ihr beherrschte privatrechtliche Gesellschaft erfüllen lässt[107]. In beiden Fällen ist sie geschützt durch die Regeln zum „Wirkungskreis".

9.4.1 Überschreitung des Wirkungskreises: Zusammenfassung

Zusammenfassend ist folgendes festzuhalten:

- Die für den Staat charakteristische Organisationsform ist die Kompetenzordnung. Diese ist auf Nachhaltigkeit gerichtet. Was der Staat anfasst, soll unabhängig von marktwirtschaftlichen Kriterien Bestand haben. Dazu gehört – im europäischen Modell – Daseinsvorsorge für die Bevölkerung.
- Die Logik der Kompetenz ist binär – wirksam oder unwirksam. Kompetenzwidrige Handlungen sind schlechthin unwirksam.
- Ob eine Handlung kompetenzrechtlich zu beurteilen ist, bestimmt sich nach der Frage, ob der Handelnde funktionell der Erfüllung öffentlicher Aufgaben durch die öffentliche Hand dient[108]. Die Handlungen privater Unternehmen, die Daseinsvorsorge betreiben aber nicht in öffentlichem Eigentum sind, sind nicht nach Maßgabe der Kompetenzordnung zu beurteilen.

Im Ergebnis: Ein Unternehmen in privatrechtlicher Form, das der Daseinsvorsorge gewidmet ist und von der öffentlichen Hand beherrscht ist, ist geschützt durch die staatliche Kompetenzordnung. Handlungen, die außerhalb der Daseinsvorsorge liegen und mit ihr unvereinbar sind, kann ein solches Unternehmen nicht wirksam vornehmen; sie sind nichtig.

---

106 *BVerfG v. 08.07.1982, Sasbach*, 2 BvR 1187/80: Rn 70.
107 *BVerfG v. 07.06.1977, Stadtwerke Hameln*, 1 BvR 108/73: Rn 50.
108 *BGH v. 23.09.1969; Schülertarife*, VI ZR 19/68: Rn 13; *BVerfG v. 07.06.1977, Stadtwerke Hameln*, 1 BvR 108/73: Rn 50.

Wie wir dargestellt haben, liegen spekulative Finanzderivate gänzlich außerhalb von jedem denkbaren öffentlichen Aufgabenkreis. Der Abschluss solcher Derivate durch Unternehmen, die öffentliche Aufgaben erfüllen und im Besitz der öffentlichen Hand sind, ist schlechterdings unwirksam.

9.5 Fazit

Wir haben in diesem Kapitel die Rechtsfolge *objektive Nichtigkeit* untersucht. Relevant ist dieser Weg in erster Linie für Kommunen und kommunale Unternehmen, die Verluste aus spekulativen Derivatgeschäften zu beklagen kann. Grundsätzlich ist das Thema für alle juristischen Personen wichtig, deren durch Satzung oder Gesetz festgelegter *Zweck* Spekulationen ausschließt. Allerdings sind die Ansprüche kommerzieller Unternehmen regelmäßig durch Art. 9 Abs. 1 der ersten EU-Gesellschaftsrichtlinie ausgeschlossen[109].

Objektive Nichtigkeit – unabhängig von Beratungsverschulden – kann bei spekulativen Derivatgeschäften in folgenden Zusammenhängen entstehen:

- Verstoß gegen ein gesetzliches Verbot;
- Sittenwidrigkeit
- Missbrauch der Vertretungsmacht
- Überschreitung des Wirkungskreises

In der Literatur wird § 134 BGB – Verstoß gegen ein gesetzliches Verbot – gerne als mögliche Anspruchsgrundlage für Ansprüche aus zuständigkeitswidrigen Geschäften vorgeschlagen[110]. Auch die Gerichte haben in kommunalen Fällen auf diese Möglichkeit hingewiesen[111]. Begrifflich ist allerdings die Beschränkung auf „Angelegenheiten der örtlichen Selbstverwaltung im Rahmen der Gesetze" nicht ohne weiteres mit einem „Verbot" gleichzusetzen. Dieser Weg wurde in der neueren Rechtsprechung bisher nicht rezipiert[112].

---

109 68/151/EWG (1. *GesR-RiL*).

110 Bücker, *Finanzinnovationen und kommunale Schuldenwirtschaft: zum Einsatz von Swapgeschäften und Swapderivaten im Schuldenmanagement von Gemeinden*; Ehlers, *Die Lehre von der Teilrechtsfähigkeit juristischer Personen des öffentlichen Rechts und die Ultra-vires-Doktrin des öffentlichen Rechts.*

111 *BGH v. 30.01.1967, Obersalzberg*, III ZR 35/65; *BayObLG v. 05.03.2001*, 5Z RR 174/99.

112 *OLG Naumburg v. 24.03.2005*, 2 U 111/04; *OLG Bamberg v. 11.05.2009, WVV*, 4 U 92/08.

Sittenwidrigkeit im Sinne des § 138 BGB würde bei Derivatgeschäften normalerweise voraussetzen, dass auch der Beratene schuldhaft handelt. Wenn der Sachverhalt dem entspricht, bietet § 138 BGB eine plausible Anspruchsgrundlage gerade bei finanziellen Verfehlungen[113]. Daran fehlt es jedoch meistens im Vortrag der geschädigten Kommunen und kommunalen Unternehmen.

Missbrauch der Vertretungsmacht – bzw. die unredliche Ausnutzung einer Rechtsposition durch den „Gewinner" einer Spekulation – ist ein konsequenter Ansatz. Das Reichsgericht hat die verfehlte Spekulation einer juristischen Person des öffentlichen Rechts nach diesem Maßstab für nichtig erklärt[114]. Allerdings hat der in dem Fall zuständige Vorstand eindeutig schuldhaft gehandelt. Obwohl nach der höchstrichterlichen Rechtsprechung ein derartiges Verschulden des Vertreters *nicht* vorliegen muss, ist ein Hauch unanständigen Verhaltens meistens doch Voraussetzung.

Überschreitung des Wirkungskreises kommt nur für Kommunen und kommunale Unternehmen in Frage. Dass aus diesem Grund die Nichtigkeit eines entsprechenden Geschäfts folgt, ist unkontrovers. Dies gilt auch für Kommunen im Hinblick auf finanzielle Angelegenheiten; das Argument, sie hätten als „ursprüngliche Gebietskörperschaften" einen uneingeschränkten Wirkungskreis, ist offensichtlich verfehlt. Problematisch jedoch ist die Erweiterung des Nichtigkeitsgrundes „Überschreitung des Wirkungskreises" auf kommunale Unternehmen in Privatrechtsform. Im Bereich des „Verwaltungsprivatrechts" sind solche Unternehmen unstreitig *Adressaten* der Grundrechte ihrer Vertragspartner[115]. Unstreitig ist auch, dass es für das Verwaltungsprivatrecht keinen Unterschied macht, ob die öffentliche Hand selbst oder in privatrechtlicher Form ihre Aufgaben wahrnimmt[116]. Daraus folgt, wie oben ausgeführt, dass die öffentliche Hand denjenigen Schutz beanspruchen darf, der ihren Pflichten entspricht. In der Rechtsprechung ist die Frage allerdings noch offen.

---

113 *BGH v. 07.03.1962 – Cranach-Schenkung*, V ZR 132/60.
114 *RG v. 05.11.1934, Feuerversicherung*, VI 180/34.
115 Wolff, Bachof, und Stober, *Verwaltungsrecht I*, 28.
116 *BVerfG v. 07.06.1977, Stadtwerke Hameln*, 1 BvR 108/73.

10 Haftung für Schäden: ein Überblick

10.1 Dogmatische Grundsatzfragen

Das im Derivatgeschäft bei Haftungsfragen anwendbare Recht ist noch nicht gefestigt. Allgemein vorgelagert sind Fragen der Geschäftsfähigkeit, bei Finanzderivaten insbesondere die Frage, ob eine juristische Person ihren „Wirkungskreis“ überschritten hat. Diese Themen sind vor allem für Kommunen und kommunale Betriebe wichtig; wir haben sie in den Kapiteln 8 und 9, oben, besprochen; für Privatpersonen und Gesellschaften in Privatbesitz sind sie von geringerer Relevanz.

Hier beschränken wir uns auf vertragsrechtliche Probleme, die bei allen Derivatgeschäften auftauchen können. Dazu gehören zum einen Probleme der Willensmängel (Sittenwidrigkeit, Täuschung, Intransparenz), sowie andererseits Probleme, die bei speziellen Vertragsformen erscheinen können. Die drei hier in Frage kommenden Vertragsformen sind Kaufrecht, Kommissionsrecht und Glücksspielrecht.

10.2 Finanzderivate und allgemeine Vertragsregeln

Seit der *Bond*-Entscheidung des Bundesgerichtshofes wird in Deutschland regelmäßig unterstellt, dass zwischen dem Wertpapierhändler und seinem Kunden zumindest stillschweigend ein Beratungsvertrag entstanden ist[1]. Infolgedessen werden rein kaufrechtliche Aspekte von deutschen Gerichten nur eingeschränkt beachtet. Dennoch sind häufig Argumente ins Feld geführt worden, die vorrangig oder ausschließlich auf Kaufvorgänge anwendbar sind. Außerdem können Streitigkeiten über Derivate sehr schnell vor ausländischen Gerichten landen, die *keine* Beraterpflichten unterstellen: auch dann stehen kaufrechtliche Fragen im Vordergrund.

---

1 *BGH v. 06.07.1993, Bond,* XI ZR 12/93.

10.2.1 Sittenwidrigkeit; Äquivalenzstörungen

Nach der Auffassung einiger enttäuschter Kläger lässt sich an Derivatgeschäften ein „auffälliges Missverhältnis“ zwischen den Leistungen der Vertragspartner erkennen. Dies bezieht sich auf die oftmals unbestreitbare Tatsache, dass die Bank vom Kunden unbegrenzt viel gewinnen kann, während der Kunde seinerseits auf sehr überschaubare Erträge beschränkt ist. Für diese Situation verantwortlich ist zunächst einmal die bei umstrittenen Derivaten oft anzutreffende Regelung, wobei der Kunde variabel zahlt, während die Bank die Rolle des Festzahlers übernimmt. Das Risiko liegt selbstverständlich immer auf der variablen Seite. Selbst dann, wenn für die Bank auch variable Elemente ins Spiel kommen, werden diese typischerweise durch eine „Floor“-Regel *gekappt* (siehe Anhang 1, Anmerkung IV: der vom Kunden zu zahlende „minimale variable Satz“ ist 0,00%, d.h. es kann nie zu einer negativen Zahlungspflicht, mithin einer positiven Zahlungserwartung, kommen).

Die Position der Bank wird weiter dadurch abgesichert, dass sie berechtigt ist, bei drohenden Verlusten vor Laufzeitende ohne Ausgleich auszusteigen (siehe Anhang 1, „Besondere Vereinbarung“). Für den Kunden gilt hingegen, dass er bei vorzeitiger Beendigung sämtliche noch bis Laufzeitende zu erwartende Zahlungen begleichen muss.

Diese Asymmetrie, so haben enttäuschte Anleger vorgetragen, stelle im Sinne der Sittenwidrigkeit (§ 138 II BGB) ein „auffälliges Missverhältnis“ der Leistungen dar.

10.2.2 Objektive Elemente der Sittenwidrigkeit

Ob die Rechtsprechung dem in Zukunft folgen wird, steht noch offen[2]. Jedenfalls haben in der Vergangenheit zwei Berufungsgerichte das Argument abgelehnt, aus folgenden Gründen:

Erstens: die ungleiche Verteilung der Risiken sei in Finanzinstrumenten mit Optionsstruktur eben „angelegt“. Der Kunde befinde sich „in einer so genannten Stillhalterposition, in der sich eine für viele Finanzierungsinstrumente typische Optionsstruktur widerspiegelt“. Die Asymmetrie sei „keine spezielle

2 *BGH v. 22.03.2011, Ille*, XI ZR 33/10: Rn 17.

Eigenschaft des [streitgegenständlichen] Swaps", sondern kennzeichnend für „viele andere auf den Kapitalmärkten gängige Derivate"[3].

Zweitens habe der Kunde den Vorteil, dass er „ohne jeden Einsatz von Eigenkapital" Gewinne erzielen könne. Er müsse nur unterschreiben, schon sei die Wette eröffnet[4]. Insofern könne nicht die Rede davon sein, dass der Kunde gar keinen Nutzen aus dem Geschäft ziehe.

Drittens lasse die Privatautonomie es zu, dass risikoreiche Geschäfte, die „nur unter besonders günstigen Umständen erfüllt werden können", selbst von Verbrauchern abgeschlossen werden[5]. Umso mehr sollte dies bei erfahrenen Geschäftsleuten der Fall sein.

Diese Einwände überzeugen allerdings nicht.

Erstens ist es bei „Finanzierungsinstrumenten" gerade *nicht* „gängig", die Stillhalterposition dem Kunden zuzuordnen. Im Gegenteil: normalerweise übernimmt ein Darlehensnehmer die Position des Festzahlers, um die Risiken künftiger Zinsänderungen auf den variablen Zahler – in aller Regel die Bank – abzuschieben. Hier hat die Bank das Risikoverhältnis jedoch umgedreht. Darüber hinaus ging es bei den umstrittenen Derivaten ohnehin nicht um „Finanzierung", sondern um offene und stark gehebelte Spekulation.

Zweitens ist der fehlende Einsatz von Eigenkapital eine Illusion. Dass der Abschluss eines Derivats die Kreditlinien des Kunden negativ beeinflusst, ist eindeutig, auch wenn es dem Kunden selbst häufig nicht mitgeteilt wird (zumindest der Aufsicht muss die Belastung der Bonität des Kunden regelmäßig gemeldet werden, § 14 Abs. 1 KWG!). Die Gefahr, die von nicht-erkannten Risikospielen ausgeht, ist geradezu klassisch. Nicht nur deswegen haften die Teilnehmer des Glücksspiels nur mit dem tatsächlich vorneweg gezahlten Einsatz (§ 762 Abs. 1 S. 2 BGB).

Drittens ging es in der von den Oberlandesgerichten zitierten BGH-Entscheidung („Privatautonomie lässt Risikogeschäfte zu") um einen ganz anderen Tatbestand[6]. Als „riskant" erwies sich dort eine *Bürgschaft*, die die Beklagten

---

3 *OLG Bamberg v. 11.05.2009, WVV*, 4 U 92/08: Rn 110, 114.

4 *OLG Frankfurt v. 30.12.2009*, 23 U 175/08: Rn 37; *OLG Bamberg v. 11.05.2009, WVV*, 4 U 92/08: Rn 115.

5 *OLG Bamberg v. 11.05.2009, WVV*, 4 U 92/08: Rn 119; mit Verweis auf *BGH v. 28.02.1989*, IX ZR 130/88 Juris.

6 *BGH v. 28.02.1989*, IX ZR 130/88.

für das Hausdarlehen ihrer Eltern abgegeben hatten, obwohl ihr eigenes Einkommen bescheiden war und die öffentlichen Finanzierungsmittel noch nicht zugeteilt worden waren[7]. Das war zwar unvorsichtig, aber mit Spekulationsgeschäften hatte der Fall nichts zu tun. Für den Umgang mit Finanzderivaten lassen sich daraus keine Lehren ziehen.

Schließlich ist anzumerken, dass das OLG Bamberg, dem immerhin viele Gerichte gefolgt sind, die Struktur des bei ihm zur Entscheidung vorliegenden Derivats missverstanden hat. Es hat beispielsweise behauptet, die festgelegten positiven Zinsen der ersten Zahlungsperiode seien „garantiert“[8]. Tatsächlich war es jedoch so, dass dieser vermeintliche Vorteil durch die nachteilige Struktur des Swaps später mehr als kompensiert wurde. Außerdem hat das Gericht moniert, der Privatgutachter der Klägerin habe ohne weitere Begründung einen „fairen“ Zinssatz unterstellt[9]. „Fair“ ist jedoch lediglich der gängige terminus technicus für eine Swap-Struktur, bei der die erwarteten Zahlungsströme auf beiden Seiten gleich hoch sind[10]. Die Einwände des Gerichts gehen insofern ins Leere – schlimmer noch, sie verkennen den gesamten Sinn der gutachterlichen Kritik.

10.2.3 Subjektive Elemente der Sittenwidrigkeit

Des weiteren hat das OLG Bamberg moniert, dass die Klägerin keinerlei Anhaltspunkte für die subjektive Komponente der Sittenwidrigkeit dargetan hätte[11] – etwa im Sinne der bewussten „Ausnutzung“ der „Unerfahrenheit“ oder des „mangelnden Urteilsvermögens“ (§ 138 Abs. 2 BGB).

Die subjektive Komponente der Unrechtmäßigkeit seitens des „Täters“ berührt die zivilrechtliche Haftung insgesamt und wir werden sie später behandeln. Hier sei lediglich darauf hingewiesen, dass eine subjektiv böse Gesinnung beim Täter nicht zwangsläufig dargelegt werden muss, wenn die Tat ansonsten der § 138 BGB unterfällt. Führt ein Rechtsgeschäft einen Zustand herbei, „den die Rechtsordnung nicht zulassen kann“, so ist es selbst dann regelmäßig

---

7 Ebd., IX ZR 130/88: Rn 25.
8 *OLG Bamberg v. 11.05.2009, WVV*, 4 U 92/08: Rn 115.
9 Ebd., 4 U 92/08: Rn 118.
10 Mülbert, „Beratungspflichten, Offenlegungspflichten bei Interessenskonflikten und die Änderungen durch das Finanzmarkt-Richtlinie-Umsetzungsgesetz (FRUG)“, 1158.
11 *OLG Bamberg v. 11.05.2009, WVV*, 4 U 92/08: Rn 109.

als sittenwidrig anzusehen, wenn den Beteiligten eine verwerfliche Gesinnung fehlt[12].

Der subjektive Zustand des *Opfers* im Sinne des § 138 II BGB lässt sich vermutlich leichter darstellen. Zumindest in der Literatur wird die Ansicht vertreten, die dort angesprochene „Unerfahrenheit" könne auch *partiell* sein. Ein Kaufmann wäre nach dieser Ansicht also nicht für alle kaufmännischen Angelegenheit pauschal „erfahren", sondern könne sich bei Geschäften, bei denen ihm offensichtlich die Kenntnisse fehlen, auf die Unerfahrenheit berufen[13]. Eine analoge Argumentation soll für „Mangelndes Urteilsvermögen" gelten:

> Nicht erforderlich ist, dass es dem Betroffenen generell an Urteilsvermögen mangelt oder dass er an Verstandesschwäche leidet. Entscheidend ist vielmehr, dass der Betroffene das konkrete Rechtsgeschäft nicht ausreichend beurteilen konnte und dieser Mangel für den Vertragsabschluss ausgenutzt worden ist[14].

Angewandt auf Finanzderivate: Dass die Wenigsten einen komplexen Swap „ausreichend beurteilen" können – jedenfalls so lange, wie ihnen Marktwert und Risikoverteilung nicht mitgeteilt werden –, dürfte außer Frage stehen. Andererseits widerspricht „partielles Unvermögen/Unerfahrenheit" dem herkömmlichen Ansatz, wonach vom Kaufmann zumindest zu erwarten ist, dass er erkennt, was er *nicht* verstanden hat – und davon Abstand nimmt[15].

Insgesamt dürfte also die Frage, ob Derivate mit den genannten Eigenschaften als „sittenwidrig" gelten sollten, noch offen sein. Eine inzwischen weit verbreitete Produktgattung als „sittenwidrig" abzustempeln wäre für den Juristenstand ein gewisses Armutszeugnis. Die Privatautonomie gebietet in der Tat, riskante Geschäfte zuzulassen, und es ist außerdem nicht selten der Fall, dass solche Geschäfte stark asymmetrisch zu Lasten des „Kunden" ausfallen. Solche Geschäfte – wie das OLG Frankfurt selbst konstatiert – werden jedoch gewöhnlich als „spekulative Wette" eingeordnet[16]. Wetten sind aber Spiele – und, wie wir oben (Kap. 6) bereits gesehen haben, gelten für Spiele im bürgerlichen Recht adäquate eigene Regeln.

---

12 MüKoBGB/Armbrüster, § 138, Rn 129 mit weiteren Nachweisen.
13 Staudinger/Sack, BGB § 138, Rn 208.
14 Ebd., Rn 209.
15 *OLG Frankfurt v. 30.12.2009*, 23 U 175/08: Rn 83.
16 Ebd., 23 U 175/08: Rn 37.

10.2.4 Arglistige Täuschung

Täuschung ist auch durch das Verschweigen von Tatsachen möglich, sofern es sich um solche handelt, „die den Vertragszweck (des Anderen) vereiteln können und daher für seinen Entschluss von wesentlicher Bedeutung sind, sofern er die Mitteilung nach der Verkehrsauffassung erwarten durfte“[17].

Tatsachen „von wesentlicher Bedeutung“ wären bei strukturierten Derivaten wohl die Parameter der Strukturierung, insbesondere wie diese im Marktwert und in der Risikoberechnung (VaR) ihren Niederschlag finden. Dass diese Daten zumindest für das Geschäft der Emittenten wesentlich sind, dürfte inzwischen unstreitig sein. Der Marktwert, so der BGH, sei mitnichten ein „rein theoretischer ... Betrag ..., der im Falle vorzeitiger Vertragsbeendigung als Ausgleichszahlung zu erbringen sei“[18]. Ganz im Gegenteil: der Marktwert sei der Preis, zu dem die Bank unmittelbar im Zusammenhang mit dem Abschluss das Geschäft weiterverkaufen könne[19]. Analoges gilt für die Risikobewertung, speziell für die Berechnung des Verlusts, der bei einem Ausfall des Kunden für die Bank anfallen könnte. Dieser muss bei höheren Beträgen (über € 1,5 Mio.) der Bundesbank angezeigt werden (§ 14 Abs. 1, § 19 Abs. 1 KWG). Selbst bei geringeren Engagements wird das Risiko regelmäßig intern berechnet. Das Ausfallrisiko für die Bank ist selbstredend identisch mit dem eigenen Risiko des Kunden (sofern er nicht ausfällt; vgl. § 11 GroMiKV).

Die Banken haben diese Daten bisher immer für sich behalten. Allein die Tatsache, dass sie „wesentlich“ sind, reicht jedoch für eine Offenlegungspflicht nicht aus. Es muss eine weitere Verpflichtung hinzukommen – etwa die „Verkehrsauffassung“, eher aber eine vertragliche Pflicht.

Im gewöhnlichen Kaufrecht besteht diese Pflicht nicht, „vielmehr muss der gegenläufige Grundsatz berücksichtigt werden, dass derjenige, der einen Vertrag schließt, sich selbst darüber zu vergewissern hat, ob er für ihn von Vorteil ist oder nicht“[20]. Diese Eigenverantwortung gilt insbesondere für das Marktgeschehen. Die Wirksamkeit der Marktwirtschaft beruht darauf, dass eine klare Rollenverteilung zwischen Angebot und Nachfrage eingehalten wird. Es ist Sache der Käufer, ihren Bedarf für sich festzulegen und im Wettbewerb mit anderen Käufern angemessene Preise auszuhandeln. Sicherlich sind in-

17 *BGH v. 24.11.1995*, V ZR 40/94 Juris, Rn 18.
18 *BGH v. 22.03.2011, Ille*, XI ZR 33/10: Rn 31.
19 Ebd., XI ZR 33/10: Leitsatz 4, Rn 35.
20 *BGH v. 13.07.1988*, VIII ZR 224/87 Juris, Rn 11.

kompetente Käufer keine besonders nützlichen Teilnehmer. Generell jedoch scheiden solche schnell aus; darüber zu befinden, ob im Einzelfall der gebotene Preis „gerechtfertigt" ist oder nicht, gehört zur ureigensten Funktion des Marktes selbst.

Insofern ist es für das reguläre Marktgeschehen nicht förderlich, die Teilnehmer vor sich selbst zu schützen. „Zum Wesen der Privatautonomie gehört die *Selbstverantwortung* für rechtsgeschäftliches Handeln. Insofern ist es im Grundsatz jedermanns eigene Angelegenheit, die für die eigene Willensentscheidung notwendigen Informationen auf eigene Kosten und auf eigenes Risiko selbst zu beschaffen"[21]. Eine Ausnahme bilden solche Situationen, wo die Voraussetzungen für ein freies Marktgeschehen nicht oder nur eingeschränkt vorliegen. Wenn eine selbstbestimmte Willensbildung grundsätzlich nicht möglich ist, greift die Priorität der Privatautonomie ins Leere. Beispiele davon, die bei Derivaten gegebenenfalls zum Ansatz kommen könnten, sind Situationen, wo dem Käufer die notwendige Erfahrung fehlt oder wo er nicht über die erforderlichen Informationen verfügt[22].

Wenn man Finanzderivate als Kaufabschlüsse betrachtet, stellen sich im Hinblick auf § 123 Abs. 1 BGB zwei Fragen: was wurde verschwiegen, und bestand eine Pflicht, darüber aufzuklären?

Das „theoretische Höchstrisiko" eines typischen Derivats lässt sich den Unterlagen ohne viel arithmetischen Aufwand entnehmen, so wie auch (gegebenenfalls) die Tatsache, dass das Risiko zwischen den Geschäftsgegnern ungleich verteilt ist (was für Optionen prägend ist).

Mit Rücksicht auf die fehlende Expertenauswertung (die der Bank vorlag, dem Kunden aber nicht mitgeteilt wurde) hat das OLG Bamberg vorgetragen, hier ginge es nicht mehr um die aufklärungserheblichen Tatsachen selbst, sondern lediglich „um eine unterbliebene Bewertung von davon abgeschichteten Tatsachenzusammenhängen"[23]. Wenn man die Tatsachen offengelegt habe, sei man also nicht mehr in der Pflicht, die eigene Bewertung hinzuzufügen.

21 Staudinger/Singer/von Finckenstein (2004), § 123 BGB, Rn 10.
22 Ebd., Rn 12.
23 *OLG Bamberg v. 11.05.2009, WVV*, 4 U 92/08: Rn 129.

Fehlerhaft an diesem Argument ist allerdings, dass den Vertragsunterlagen durchaus „Tatsachen" fehlen, die für die einzig relevante Bewertung (Preis und Risiko) unverzichtbar sind. Diese Tatsachen sind die historischen Daten, die von den Emittenten für die Berechnung der Volatilität verwendet werden. Solche Daten sind in der Regel nur über sehr teure abonnementspflichtige Webseiten erhältlich. Das Argument des OLG Bamberg wäre unter Umständen nachvollziehbar, wenn die Bank zusätzlich noch Zugang zu ihrem Datenbestand gewähren würde. Ansonsten können die Vertragsunterlagen *nicht* alleine ausgewertet werden, nicht einmal von einem Finanzmathematiker, so lange dieser keinen Zugriff auf entsprechende Daten hat.

Die von mehreren Oberlandesgerichten wiederholte Bemerkung, historische Daten würden „keine verlässliche Prognose über das zukünftige Marktgeschehen" zulassen und seien insofern irrelevant, geht an der Sache vorbei[24]. Um den Marktwert und das Risiko zu berechnen, muss ein Wert für die Volatilität angegeben werden. Dieser Wert errechnet sich aus historischen Daten. Damit sind Marktwert und Risiko gegenwärtige, empirisch ermittelte Eigenschaften. Sie stellen keine „Prognose" dar, und erheben darauf keinen Anspruch.

Ohne Zweifel sind bei strukturierten Derivaten die errechneten Wertparameter (Marktwert, Risiko) „wesentliche" Tatsachen, die für jede vernünftige Kaufentscheidung maßgeblich sein müssten.

Ob sich daraus eine Pflicht zur Offenlegung ergibt, ist noch nicht beantwortet.

Grundsätzlich könnte man sagen, dass in höchst sensiblen Bereichen wie den Finanzmärkten die Gesetze des freien Marktes möglichst ungehindert walten sollten. „Verbraucherfreundliche" Interventionen, die diese Gesetze unterlaufen, sollten vermieden werden. Am entschiedensten stellt sich dieser Ansatz im common-law-Prinzip *caveat emptor* dar – der Käufer (*emptor*) ist derjenige, der sich in Acht nehmen muss[25].

---

24 Ebd., 4 U 92/08: Rn 196.

25 Mit diesem Argument werden in England regelmäßig die Ansprüche institutioneller Derivatkäufer abgelehnt, siehe zuletzt *Cassa di Risparmio della Repubblica di San Marino v Barclays Bank Ltd*, [2011] EWHC 484 (Comm). Dafür ist der Schutz des „Retail"-Anlegers stringenter als in Deutschland. Siehe auch: Julian Roberts, „Financial derivatives: investments or bets?", *Butterworths Journal of International Banking and Finance Law* (Juni 2011): 315–317.

Allerdings: die reine Lehre des *caveat emptor* ist dem deutschen Recht vermutlich fremd. Die soziale Marktwirtschaft kontinentaleuropäischer Prägung hat schon immer einen differenzierteren Ansatz gefunden. Hinzu kommt die Tendenz deutscher Gerichte, von Geschäftspartnern eine „besonders hoch entwickelte Ethik der Verhandlungsführung“[26] zu fordern. Der Verkauf von zum eigenen Vorteil strukturierten Derivaten an Ahnungslose lässt keine „hohe Ethik“ seitens der Banken erkennen.

Diese Überlegungen sind allerdings nur so lange entscheidend, wie man sich auf die rein kaufrechtlichen Aspekte beschränkt. Caveat *emptor* setzt einen *Käufer* voraus. Wenn jedoch die vertraglichen Pflichten sich aus einem Vertrag anderer couleur ergeben – etwa aus einem Beratungsvertrag oder einem Spielvertrag – stellt sich die Frage der Offenlegungspflicht anders dar. Mit Rücksicht auf diese Vorbehalte wollen wir die Problematik der arglistigen Täuschung an dieser Stelle nicht weiter vertiefen, insbesondere auch nicht die Frage der Beweislast, die in diesen Fällen vom Anfechtenden zu tragen ist[27].

10.2.5 Intransparenz

Täuschung ist vor allem dann problematisch, wenn der angeblich Täuschende keine aktiven Täuschungshandlungen vorgenommen hat, und wenn er (wie im Kaufrecht) generell nicht verpflichtet ist, sich überhaupt zu äußern.

Einen anderen Ansatz bietet jedoch die Tatsache, dass vollkommenes Schweigen in den wenigsten Kaufabschlüssen vorkommt. Im Gegenteil: zumindest bei Derivatverkäufen haben die Banken ihre Kunden mit Informationen geradezu überschwemmt. Dann aber gelten zumindest im Hinblick auf das, was gesagt wird, gewisse Pflichten – vor allem die Pflicht, vertragswesentliche Bestimmungen „klar und verständlich“ zu formulieren (das so genannte Transparenzgebot, § 307 Abs. 1 BGB).

26 MüKoBGB/Kramer, § 123 (2006), Rn 17.
27 Ebd., Rn 30.

Voraussetzung dafür ist allerdings, dass die Bestimmungen im Rahmen von „allgemeinen Geschäftsbedingungen“ niedergelegt werden. „Allgemein“ sind Geschäftsbedingungen nur dann, wenn sie für eine „Vielzahl“ von Verträgen „vorformuliert“ werden, und nicht im Einzelnen ausgehandelt werden (§ 305 Abs. 1 BGB). Das erscheint bei OTC-Verträgen weniger plausibel, ist aber zumindest in einem Fall erstinstanzlich festgestellt worden[28].

Was kann also an den Darstellungen eines Derivats „intransparent“ sein? Wegen der Komplexität des Produkts ist diese Frage nicht leicht zu beantworten. Jedes Derivat beinhaltet zwei Ebenen: die Spezifizierung eines zugrunde liegenden Phänomens (das „Underlying“), und die Regeln, die nach Wettablauf bei der Auszahlung zur Anwendung kommen. Die Auszahlungsregeln sind im Prinzip relativ einfach. Sie reichen aber nicht aus, um Wert und Risiko eines Deals zu erfassen. Dafür muss man auch die Charakteristiken des Underlying auswerten können. Um dies zu erreichen, kommen nur statistische Maßnahmen in Frage, unter Zugrundelegung von historischen Daten.

Dass hier Überlegungen über „Intransparenz“ zu kurz greifen können, zeigt das besagte Urteil des Landgerichts Frankfurt[29]. Diese ansonsten sehr gut begründete Entscheidung stellt in der „Intransparenz“-Frage darauf ab, dass die Formel für die Berechnung der Auszahlungen „unnötige Rechenschritte“ enthalte. Dadurch entstehe die Gefahr, dass der Kunde „die Berechnung der Hauptleistungspflichten erst gar nicht versucht zu verstehen oder dabei einem Irrtum erliegt“[30].

Diese „unnötigen Rechenschritte“ bestehen aber lediglich darin, dass die Formel an einer Stelle zwei Faktoren (5 und 2) getrennt anführt, die ohne Bedeutungsverlust auch als einen Faktor (also 10) dargestellt werden könnten. Wie das Gericht grafisch veranschaulicht, würde ein Weglassen des Faktors 2 den drohenden Anstieg der Verluste verharmlosen. Erkennbar wäre das an der Tatsache, dass die „Zahlkurve“ viel flacher ausfällt[31]. Die korrekte, steile Kurve sieht so aus:

28 *LG Frankfurt v. 31.01.2008*, 2-04 O 388/06: Rn 34–39.
29 Ebd.
30 Ebd., 2-04 O 388/06: Rn 65.
31 Ebd., 2-04 O 388/06: Rn 52, 55.

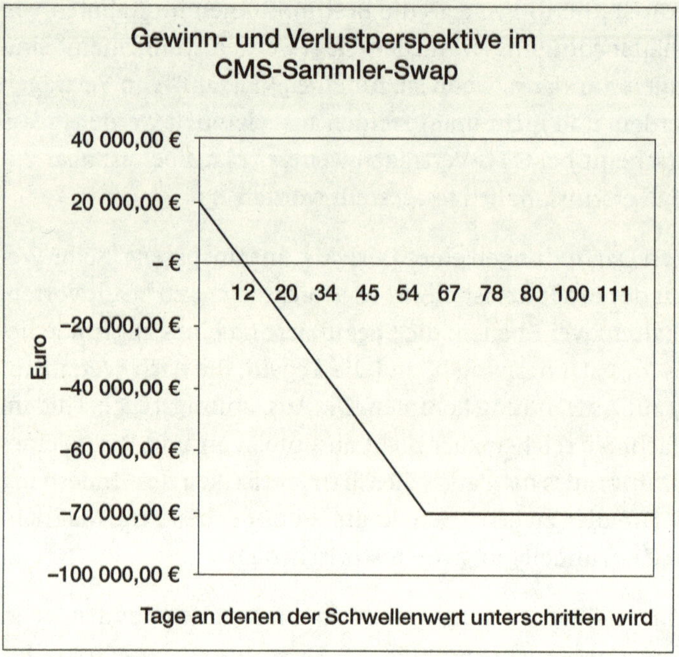

Die „verharmlosende" Kurve sieht so aus:

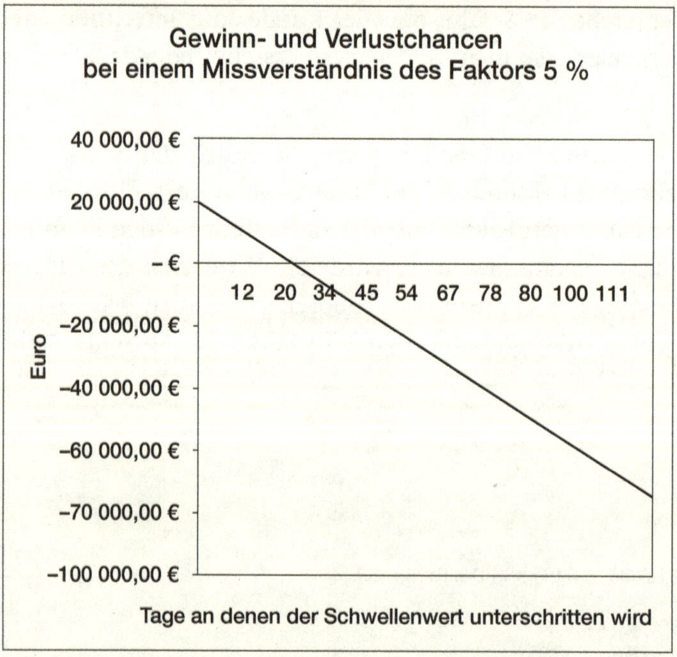

Es ist jedoch unklar, ob ein solches Versäumnis der beklagten Bank anzulasten wäre. Vor allem konterkariert das Gericht gewissermaßen seinen eigenen Standpunkt dadurch, dass es die angeblichen Tücken der Berechnungsmethode selbst analysiert und grafisch aufarbeitet. Wenn das Gericht es kann, warum nicht auch – wie im vorliegenden Fall – der Kaufmann, der das Derivat abgeschlossen hat?

In der Tat ist die Berechnungsformel nicht das Problem. Bei den meisten Formeln ist kein mathematisches Genie gefordert, um mit einer Tabellenkalkulation die Auszahlungen für alle Entwicklungen des Underlying berechnen zu lassen. Komplexität entsteht nicht aus der Berechnungsformel, sondern aus dem Underlying – also aus dem Verhalten der Zinsen, Währungen und anderen Kursen. Nur in Kenntnis *dieser* Elemente kann der Kunde, wie vom LG Frankfurt gefordert, seine „Gewinnmöglichkeiten“ und die „Angemessenheit der mit dem Geschäft verbundenen Verlustrisiken“ beurteilen[32].

Die Eigenschaften des Underlying lassen sich ebenfalls grafisch einbeziehen – allerdings nicht gradlinig, wie die Auszahlungsformel, sondern als Verteilungskurve nach Art der „Glockenkurve“[33].

Die Glockenkurve stellt eine Wahrscheinlichkeitsdichte dar. Die Fläche unterhalb der Kurve repräsentiert alle möglichen Ergebnisse („Chancen“). Die relative Wahrscheinlichkeit der einzelnen Ergebniswerte entlang der x-Achse drückt sich in der jeweiligen Höhe der Kurve aus. Dort, wo die Kurve am höchsten ist, befindet sich das am häufigsten zu erwartende Ergebnis. (Zum Beispiel, wenn es um paarweises Würfeln geht, wäre das Ergebnis „7“ derjenige x-Achsen-Wert, wo sich der Gipfel der Glockenkurve befindet.) Wo die Kurve niedriger ist, sind die entsprechenden Ergebnisse möglich, aber weniger wahrscheinlich.

Man kann sich eine Wette so vorstellen, dass die Spieler alle möglichen Ergebnisse – die Chancen – untereinander aufteilen. Fair ist die Wette dann, wenn jeder Spieler so viele Chancen hat wie sein Gegner. Grafisch entspricht das einer hälftigen Teilung der Fläche unterhalb der Kurve. Derjenige Wert an der x-Achse, der die Gesamtfläche hälftig teilt, ist der Durchschnitt oder der *Mittelwert*.

---

32 Ebd., 2-04 O 388/06: Rn 45.

33 Dempster, Medova, und Roberts, „Regulating Complex Derivatives: Can the opaque be made transparent?“, siehe dort Abb. 3, 10, 11.

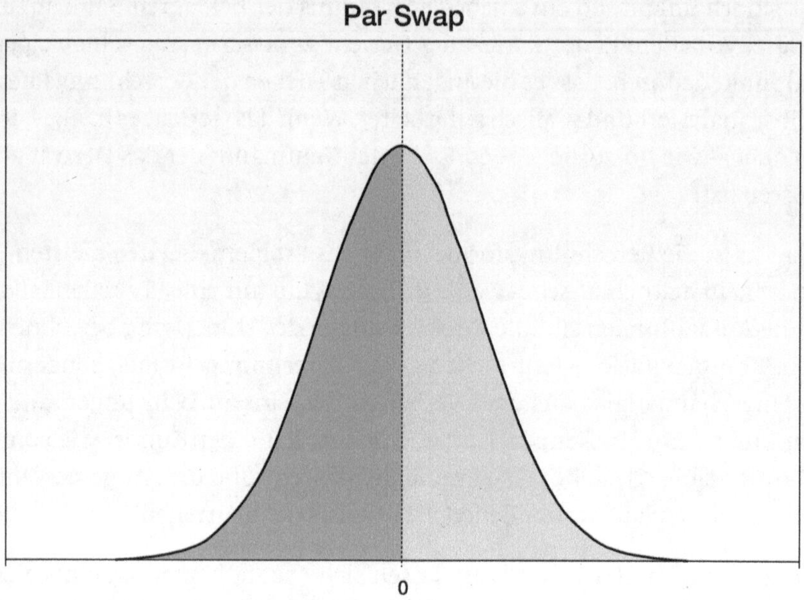

Die Chancen, die in diesen Grafiken dargestellt werden, sind Auszahlungen aus einer Wette. Es handelt sich um den Gesamtgewinn – also beispielsweise, bei einem 10-jährigen Swap, die saldierten Zahlungen bis Laufzeitende. Die Werte für den Gesamtgewinn erstrecken sich entlang der x-Achse, vom Nullwert „0" bis zum Wert an jener Stelle, wo die Kurve auf die Achse trifft. Links vom Nullwert sind die Gewinne des einen Spielers, rechts diejenigen des anderen. Je weiter von Null, umso höher der Gewinn (bzw. der Verlust).

Wesentlich für strukturierte Finanzinstrumente ist, dass in ihnen – im Sinne der Grafik – die Kurve und die Aufteilung der Fläche darunter *manipuliert* werden. Zu den dabei verwendeten Kunstgriffen gehört vor allem die Wahl der Basiswerte, aber auch der Einbau von Optionsrechten und von Hebeln, sowie das Setzen von Strikes. Nur Grafiken, die die statistisch ermittelten Eigenschaften der Basiswerte mit den Strukturmerkmalen verknüpfen, sind an dieser Stelle hilfreich.

Zu den hier vorliegenden Grafiken nun Folgendes: Der „Par Swap" ist fair, weil der Nullwert (per Saldo keine Auszahlung) genau auf dem Mittelwert der Verteilung gesetzt ist (die Teilflächen dunkel und hell sind gleich groß). Der Handelswert des Swaps ist *null*, weil nicht erwartet wird, dass dieser Swap per Saldo zu irgendeinem Gewinn für die eine oder andere Seite führen wird.

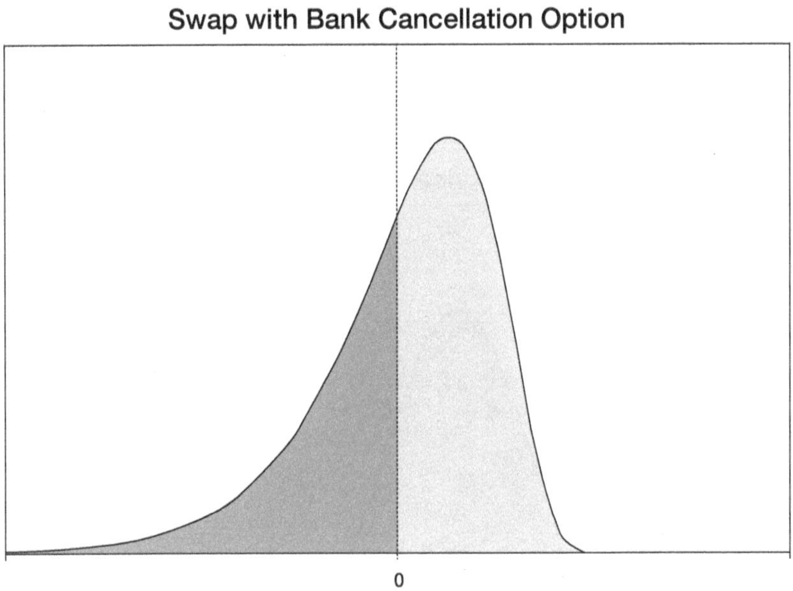

Die Kurve beim „Swap mit Bank Cancellation Option" ist strukturiert, enthält ein Optionselement, und ist nicht mehr symmetrisch. Die Kündigungsoption des einen Partners (hier, der Bank) macht sich darin bemerkbar, dass rechts, auf der für ihn negativen Seite, die Kurve rapide herabsinkt, weil er jederzeit aussteigen kann, falls sich Verluste abzeichnen. Höhere Verluste (Gewinne für den Gegner – hier, den Kunden) werden also nicht anfallen. Kompensiert wird dies durch den „Buckel" über einen niedrigeren Wert – das *am häufigsten* zu erwartende Ergebnis ist somit ein mäßiger Gewinn für den Kunden. Weil als Folge des Buckels der Nullwert immer noch mit dem Mittelwert zusammenfällt (dunkle und helle Fläche gleich groß), ist dieser Swap ebenfalls fair und der Handelswert null.

Nicht mehr fair ist allerdings der in der dritten Grafik dargestellte Swap - „Mispriced Par Swap". Die Verteilung ist symmetrisch und der Mittelwert ist in der Mitte, am höchsten Punkt der Kurve. Durch Strukturierung wurde die Trennlinie zwischen den Chancen der Teilnehmer jedoch *seitlich* vom Mittelwert gesetzt mit der Folge, dass die Flächen nicht gleich sind – ein Partner hat wesentlich mehr Gewinnchancen als der andere. Das bedeutet aber, dass der Partner mit mehr Gewinnchancen einen Gewinn erwartet; und dieser statistisch zu erwartende Gewinn schlägt sich nieder in einem positiven Handelswert seiner Position – er kann sie verkaufen. Für seinen Gegner ist der Wert allerdings negativ; wenn er vorzeitig aus der Wette aussteigen will, muss er diesen „anfänglichen negativen Marktwert“ ausgleichen. Der Handelswert dieses Swaps bemisst sich – grafisch – nach dem Abstand zwischen Mittelwert und Nullwert.

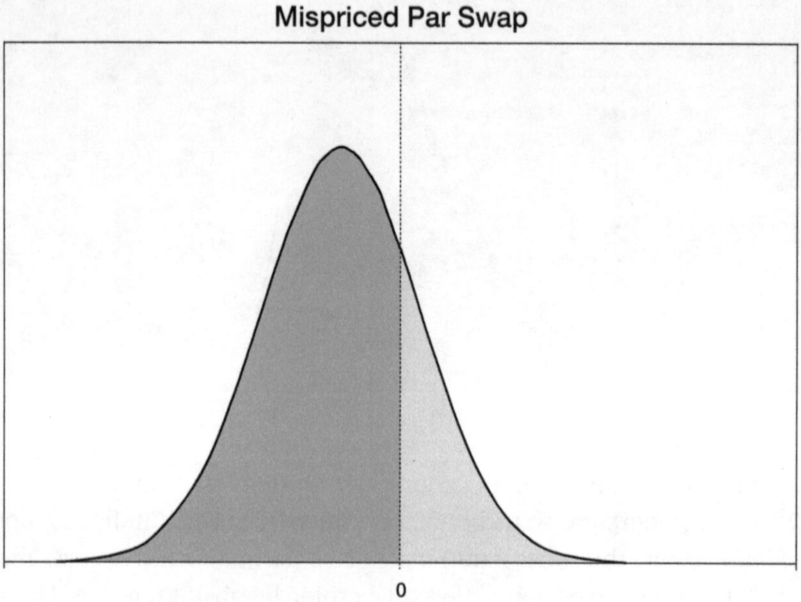

Der zweite wichtige Parameter, der im Sinne des LG Frankfurt zur Einschätzung des Geschäfts notwendig wäre, ist das Risiko.

Der Wert des Risikos ist die Höhe des Verlusts multipliziert durch die Wahrscheinlichkeit des Verlusts. Grafisch lässt sich das ablesen an der Höhe der Kurve an der betreffenden Entfernung von der „Grenze“. Wenn das Risiko gekappt wurde (etwa für den Käufer einer Option), besteht jenseits einer gewissen Entfernung kein Risiko mehr (siehe Grafik oben, „Swap with Bank Cancellation Option“). Für den Verkäufer in einem solchen Fall können andererseits „Restrisiken“ noch in sehr weiter Entfernung bestehen (die angeblich immer unterschätzten „Tail Risks“[34]). Bei einem gehebelten Swap sind die Risiken im entfernten Bereich sehr viel höher im Vergleich zum mittigen Bereich, als bei nicht-gehebelten Deals der Fall ist:

34 Nassim Nicholas Taleb, *The Black Swan: The Impact of the Highly Improbable*, 1. Aufl. (Random House, 2007).

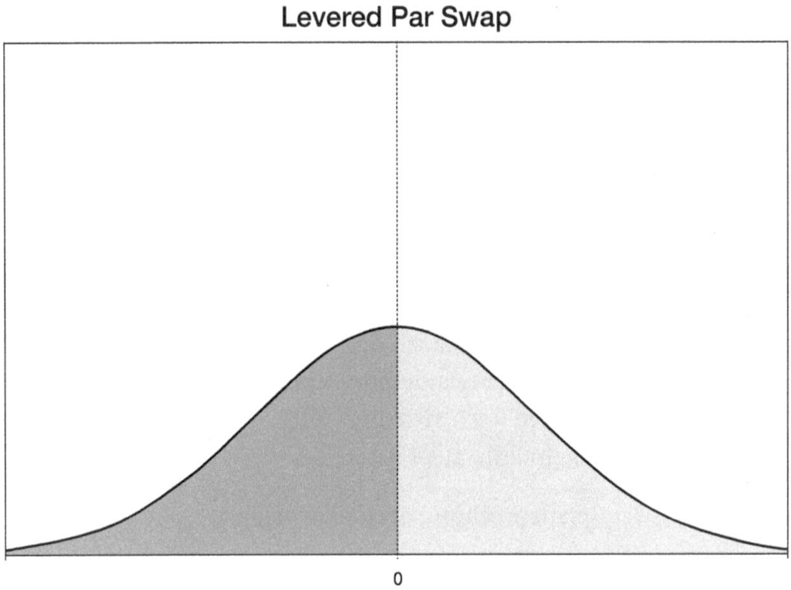

Mit entsprechenden Grafiken lassen sich also die wichtigsten Parameter anschaulich und transparent darstellen. Die zu Grunde liegenden Berechnungen erfordern allerdings ganz andere Techniken, und sind unter keinen Umständen von Laien zu bewältigen. Ob die hier gegebenenfalls entstehenden Pflichten mit den AGB-Regeln am besten zu erfassen sind, dürfte zweifelhaft sein. Problematisch an den Auszahlungsregeln (an der „Berechnungsformel") ist nicht, dass sie intransparent sind, sondern, dass sie keineswegs ausreichen, die wahren Dimensionen des Geschäfts klar zu stellen. Die in den Verträgen enthaltenen Informationen sind *unvollständig*.

10.3 Vorsatz und Rechtsirrtum

„Anfänglicher negativer Marktwert" oder „Value at Risk" sind Begriffe, mit denen die meisten Bankberater jedenfalls vor 2007 wenig zu tun haben dürften. Die Vorstellung, man müsse darüber aufklären, wird manchem immer noch fremd vorkommen. Der „Wert" eines Papiers war bisher eben sein Kurswert oder sein Ausgabewert. Und das Risiko ließ sich höchstens allgemeinen Kategorien zuordnen. Jedenfalls für erfahrene Anleger waren beide Parameter ohne weiteres zugänglich.

Zivilrechtliche Haftung wegen eines *vorsätzlichen* Pflichtverstoßes setzt jedoch voraus, dass dem Handelnden die Pflicht bekannt ist[35]. Selbst wenn deutlich ist, dass Kenntnisse über den anfänglichen negativen Marktwert und über das bezifferte Risiko zweckdienlich gewesen wären, nutzt dem enttäuschten Anleger diese Feststellung nichts, wenn der Mitarbeiter der Bank keiner ausdrücklichen Pflicht zur Aufklärung unterlag. Denn: Zivilrechtliche Pflichten sind nicht wie strafrechtliche Verbote, die „regelmäßig von elementarer Natur" sind, und bei denen „zumindest ihr unrechtsbezogener Kern im Bewusstsein der Bevölkerung verankert ist"[36]. Zivilrechtliche und vor allem vertragliche Pflichten sind disponibel und variabel; der Verstoß dagegen ist nur dann als *vorsätzlich* zu ahnden, wenn der Handelnde explizite Kenntnis der Pflicht hatte. Zivilrechtlich schließt ein Rechtsirrtum – also Unkenntnis der Pflicht – zumindest den Vorsatz regelmäßig aus[37].

Darauf gibt es in der Rechtsprechung drei Antworten.

Organisationsverschulden. Erstens ist die Frage, ob der gegenüber dem Kunden auftretende Mitarbeiter eigene Kenntnis einer Aufklärungspflicht hatte, nicht ausschlaggebend. In einem arbeitsteiligen Unternehmen ist es Sache der Leitung dafür zu Sorgen, dass handlungsrelevante Kenntnisse dort ankommen, wo sie gebraucht werden. Eine Bank, so der BGH, „muss ihren Geschäftsbetrieb zum Schutz des Rechtsverkehrs so organisieren, dass bei ihr vorhandenes Wissen den Mitarbeitern, die für die betreffenden Geschäftsvorgänge zuständig sind, zur Verfügung steht und von diesen auch genutzt wird"[38]:

> Danach ist hier ein vorsätzliches Organisationsverschulden der Beklagten gegeben, wenn sie ihre Verpflichtung zur Aufklärung der Kunden gekannt oder zumindest für möglich gehalten hat (bedingter Vorsatz) und es gleichwohl bewusst unterlassen hat, ihre Anlageberater anzuweisen, die Kunden entsprechend aufzuklären[39].

---

35 *OLG München v. 19.12.2007*, 7 U 3009/04 Juris, Rn 32 (7. Zivilsenat 2007); *OLG Bamberg v. 11.05.2009, WVV*, 4 U 92/08: Rn 128.

36 *OLG München v. 19.12.2007*, 7 U 3009/04: Rn 32.

37 Ebd.

38 *BGH v. 12.05.2009, Kickbacks IV*, XI ZR 586/07 Juris, Rn 14.

39 Ebd. Das Gericht verweist auf § 166 BGB. Siehe auch *BGH v . 15.04.1997*, XI ZR 105/96 Juris, Rn 17. (11. Zivilsenat 1997). Vermutlich ist hier allerdings eher § 31 BGB die einschlägige Zurechnungsnorm, vgl. Johannes Köndgen, „Noch einmal: Beweislast bei Rückvergütungen („Kickback IV")", *BKR* (2009): 377. Siehe allerdings *OLG München v. 19.12.2007*, 7 U 3009/04: Rn 35.

Beweislastumkehr. Der Nachweis, dass eine bestimmte Erkenntnis in einem großen Unternehmen vorhanden ist, dürfte einem Anleger indes schwer fallen. Hierfür bietet die Rechtsprechung den Ausweg, dass die Beweislast in solchen Fällen nicht immer beim Anleger liegt. Wenn beispielsweise der Anleger seiner Bank arglistige Täuschung vorwirft, ist er mit allen Elementen des Tatbestands beweisbelastet[40]. Das gilt jedoch nur für Normen, die ausschließlich auf Vorsatz fußen. Bei Verstoß gegen Pflichten, die im Rahmen eines Schuldverhältnisses entstehen, gilt die Regel des § 280 Abs. 1 S. 2 BGB: der Schuldner muss den Nachweis führen, dass er die Pflichtverletzung *nicht zu vertreten hat.* Diese Beweislastregel, so der BGH, gilt gleichermaßen für alle Grade des Verschuldens, also weder ausschließlich für Fahrlässigkeit noch für Vorsatz:

> Der Gesetzeswortlaut und der Sinn und Zweck der Regelung sprechen gegen eine unterschiedliche Darlegungslast für vorsätzliches und fahrlässiges Verhalten. Der Bundesgerichtshof hat eine Differenzierung der Darlegungs- und Beweislast nach Verschuldensgrad ausdrücklich abgelehnt und entschieden, dass der Schuldner, der nur für Vorsatz oder grobe Fahrlässigkeit einzustehen hat, zu beweisen hat, dass beide Verschuldensgrade nicht vorliegen[41].

In beiden Fällen ist demzufolge der Schuldner (hier, die Bank), beweisbelastet. Sie muss nachweisen, dass sie die relevante Verpflichtung nicht gekannt hat und es auch nicht für möglich gehalten hat, dass sie existiert.

10.4 Finanzderivate und Beraterverhältnis

Die dritte Antwort beruht auf der Qualifizierung der Pflichten der Bank als *Beraterpflichten.*

Trotz der soeben besprochenen Beweiserleichterungen für einen enttäuschten Anleger stellt sich noch die Frage, ob eine „Pflicht" bestand, über den anfänglichen negativen Marktwert, über den Risikowert (VaR) oder über andere „mathematische" Parameter aufzuklären. Wenn man den Derivatabschluss als Kauf betrachtet, fällt die Antwort negativ aus: Auswertungen wären aus dieser Perspektive keine *Tatsachen* (d.h.: Eigenschaften des Kaufgegenstandes im Augenblick der Übergabe)[42], und für Auswertungen ist jeder Käufer selbst zuständig – *caveat emptor.*

40 Palandt/Heinrichs (2005) § 123, Rn 30.
41 *BGH v. 12.05.2009, Kickbacks IV*, XI ZR 586/07: Rn 17.
42 *OLG Bamberg v. 11.05.2009, WVV*, 4 U 92/08: Rn 129.

Seit der *Bond*-Entscheidung gehen deutsche Gerichte allerdings davon aus, dass zwischen der Bank und ihrem Kunden regelmäßig ein *Beratungsverhältnis* entsteht[43]. Somit sind die einschränkenden Regelungen des Kaufrechts nicht ohne weiteres anwendbar. Auch wenn die Privatautonomie gebietet, dass jeder für die Folgen seiner Rechtsgeschäfte einstehen muss, gilt jedenfalls die strenge Marktregel des *caveat emptor* bei Beratungsverhältnissen offensichtlich nicht. Der ganze Sinn eines Beratungsverhältnisses liegt darin, dass der Berater dafür verantwortlich ist, alle zweckdienlichen Informationen seinem Auftraggeber zukommen zu lassen. Schweigen und erst recht Verschweigen sind unter solchen Umständen kein akzeptables Verhalten.

Dogmatisch leitet die neuere Rechtsprechung diese *Bond*-Forderung aus dem Recht des Geschäftsbesorgungsvertrages (§ 666 BGB), bzw. des Kommissionsvertrags (§ 384 HGB) ab[44]. Der Beratungsvertrag ist nämlich als Unterfall des Geschäftsbesorgungsvertrages bzw. des kommissionsrechtlichen Verhältnisses zu bewerten[45].

Zu den primären Pflichten des Kommissionärs gehört die Wahrnehmung fremder Vermögensinteressen (§ 384 Abs. 1 HGB). Daraus folgt zwingend, dass im Kollisionsfall die Interessen des Auftraggebers Vorrang haben. Nach der neueren Rechtsprechung übernimmt die Bank mit dem Beratungsvertrag sogar die Pflicht, eine *allein* am Kundeninteresse ausgerichtete Empfehlung abzugeben[46]. Jedenfalls muss sie Interessenkollisionen, die das Beratungsziel in Frage stellen und die Kundeninteressen gefährden, vermeiden bzw. diese offen legen. Diese aufsichtsrechtlich für den Wertpapierhandel in § 31 Abs. 1 Nr. 2 WpHG normierte Verhaltensregel ist darüber hinaus, so die Gerichte, ein „zivilrechtlicher Grundsatz“[47].

10.4.1 Interessenskollisionen und Finanzderivate

Die neuere Rechtsprechung zu Interessenkonflikten im Wertpapierhandel ist im Zusammenhang mit Rückvergütungen („Kick-Backs“) beim Vertrieb von

43 *BGH v. 06.07.1993, Bond,* XI ZR 12/93; *OLG Hamm v. 29.03.2011,* 34 U 144/09 Juris, Rn. 72 mwN.

44 *BGH v. 12.05.2009, Kickbacks IV,* XI ZR 586/07: Rn 15.

45 Rafael Harnos, „Rechtsirrtum über Aufklärungspflichten beim Vertrieb von Finanzinstrumenten“, *BKR* (2009): 319.

46 *BGH v. 22.03.2011, Ille,* XI ZR 33/10: Rn 32; *OLG Köln v. 08.06.2011,* 13 U 55/10 Juris, Rn. 15.

47 *BGH v. 22.03.2011, Ille,* XI ZR 33/10: Rn 32; *OLG Köln v. 08.06.2011,* 13 U 55/10: Rn 15.

Fondsanteilen entstanden[48]. Derivate sind jedoch offensichtlich eine ganz andere Anlageform als Fondsanteile – die Gerichte haben sie regelmäßig als Wettgeschäfte beschrieben. Auf diese neuartigen Verträge hat nun der Bundesgerichtshof seine Grundsätze zur Vermeidung von Interessenkonflikten übertragen. Wir wollen nun versuchen, diesen Ansatz plausibel darzustellen.

Wette unterscheidet sich begrifflich vom Kauf darin, dass die Wette schon von der Struktur her auf einem Interessenskonflikt der Beteiligten beruht.

Kauf besitzt die attraktive Eigenschaft, dass *beide* Seiten einen positiven Nutzen vom Geschäft haben. Der Käufer hat mehr Nutzen vom Gegenstand, den er erwirbt, als vom Geld, das er dafür ausgibt; und der Verkäufer will seinerseits lieber das Geld als die Ware. Dass jeder durch das Geschäft seinen eigenen Nutzen erhöht, wird gerade auch vom Gegner gewollt (damit die Geschäfte sich wiederholen). Obwohl die Partner im Hinblick auf die Aushandlung des Preises gegensätzliche Interessen haben, ist das Geschäft im Ergebnis für beide positiv.

Die Struktur der Wette hingegen bedingt, dass der positive Nutzen des Gewinners durch den negativen Nutzen des Verlierers vollständig aufgewogen wird. Beide Teilnehmer sind in dem Sinne aktiv daran interessiert, dass der Gegner Schaden nimmt. Nur wenn der eine verliert, kann der andere gewinnen. Das Ergebnis kann und soll keinen Zugewinn am gemeinsamen Nutzen bringen.

Wie der BGH in der *Ille*-Entscheidung dargestellt hat, sind Wetten in diesem Sinne Nullsummenspiele[49]. Sie sind unausweichlich vom *Interessenkonflikt* zwischen den Spielern geprägt[50]. Insofern unterfallen sie zwingend der gesetzlichen Regel, dass über Interessenkonflikte, sofern sie unvermeidbar sind, aufzuklären ist (§ 31 Abs. 1 Nr. 2 WpHG). Dieser Konflikt ist bei Finanzwetten so gravierend, dass die Selbstverständlichkeit, dass der Geschäftsgegner eine „generelle Gewinnerzielungsabsicht" hegt, von der speziellen Aufklärungspflicht nicht befreien kann[51].

48 Ausgehend von *BGH v. 19.12.2000, Kickbacks I*, XI ZR 349/99: Rn 15.
49 Lars Klöhn, „Anmerkung zu Ille ./. DB", *ZIP* 2011, Nr. 16: 762.
50 *BGH v. 22.03.2011, Ille*, XI ZR 33/10: Rn 34.
51 Ebd., XI ZR 33/10: Rn 38.

10.4.2 Erfahrene Kunden und anlegergerechte Beratung

Das normale Geschäft mit Aktien, Anleihen usw. ist ein Kauf. Der Kauf ist, wie dargestellt, generell wohltuend, und die Preisgestaltung im Einzelnen ist nicht ausschlaggebend für die Wirksamkeit und Verbindlichkeit. Es gibt keine zwingende objektive Korrelation zwischen Leistung und Gegenleistung[52]. Insofern kann auch ein Unerfahrener am Kauf teilnehmen. Grundsätzlich bekommt jeder, was er will, nur Wiederverkäufer sollten die Marktpreise kennen.

Anders bei Wetten[53]. Es gibt nur eine Leistung. Sie wird vom Verlierer genommen und dem Gewinner zugesprochen. Die Bedingungen, die den Ausgang entscheiden, sind wesentlich und müssen von beiden Teilnehmern eingeschätzt werden können. Swaps – Wetten – sind im höchsten Maße preissensitiv. Während der Käufer Laie sein kann, muss der Spieler mit seinem Kontrahenten auf Augenhöhe stehen.

Bei Wertpapiergeschäften hat der Berater die Verantwortung, Wissensstand und Erfahrung des Beratenen zu erforschen (§ 31 Abs. 4 S. 1 WpHG). Wertpapierhändler dürfen sich bei „professionellen" Anlegern auch ohne nähere Erkundung darauf verlassen, dass diese kompliziertere Produkte verstanden haben, jedenfalls dann, wenn sie für diese Produkte als professionell eingestuft sind (§ 31 Abs. 9 WpHG). Die Notwendigkeit, Kenntnis- und Erfahrungsstand aktiv zu erfragen, verringert sich bei anderen Anlegern nach Maßgabe ihrer Selbstdarstellung oder ihres früheren Anlageverhaltens[54].

Die Voraussetzungen dafür, dass beim Käufer adäquate Kenntnisse unterstellt werden, werden bei Derivaten jedoch in weit weniger Fällen vorliegen. Das liegt zum einen an der konfliktträchtigen Grundstruktur des Nullsummenspiels, zum anderen an der Vielfalt und Komplexität der Produkte, die oft nur

---

52 *BGH v. 12.02.2004*, III ZR 359/02 Juris, Rn 34 „Der Käufer hat nämlich grundsätzlich keinen Anspruch auf einen Erwerb des Objekts zu dessen Verkehrswert. Bis zu den Grenzen der Sittenwidrigkeit und des Wuchers ... bleibt es vielmehr den Vertragsparteien überlassen, welchen Preis sie vereinbaren."

53 So schon das RG: „Das Reichsgericht hat unter der Herrschaft des alten Börsengesetzes von jeher den Standpunkt eingenommen, dass im Falle einer Verabredung, es solle nicht zur Lieferung der Ware kommen, sondern es solle während des schwebenden Engagements, nach der Technik der Börsengeschäfte, durch ein Gegengeschäft der Unterschied berechnet und gezahlt werden, von vornherein gar kein Kauf geschlossen, sondern ein anderes Geschäft vereinbart sei." *RG v. 16.04.1912*, Rep. II. 524/11 RGZ 234, 238.

54 Assmann und Schneider, *Wertpapierhandelsgesetz : Kommentar*, § 31 Rn 49.

vom Anschein her vergleichbar sind[55]. Bei den meisten Kunden wird der Vermittler von Derivaten es kaum vermeiden können, alle einstrukturierten Faktoren einzeln zu schildern[56]. Nur so kann er sicherzustellen, dass der Kunde „den gleichen Kenntnis- und Wissensstand hat wie die [...] beratende Bank“[57]. Wenn nicht seitens des Kunden *spezifische Erfahrungen im Zusammenhang mit der Ausübung einer beruflichen Tätigkeit* vorliegen, wird der Vermittler von „Finanztermingeschäften“ jedesmal das volle Informationsprogramm abspielen müssen[58].

In der Vergangenheit haben sich Berater darauf verlassen, dass der Kunde oder seine Mitarbeiter wirtschaftsbezogene Abschlüsse und Ähnliches besaßen. Diese reichen offensichtlich nicht aus. Das Erfordernis von spezifischen Erfahrungen im beruflichen Kontext bedeutet, dass die Aufklärungsintensität sich in der Praxis nur bei anderen Investment-Banken, Hedgefonds und dergleichen verringern wird.

10.4.3 Offenlegung des negativen Anfangswertes

In dem Maße, wie die Wette ein Nullsummenspiel ist und nichts ausgetauscht wird, fehlt grundsätzlich die für den Kauf typische Gegenleistung, der „Preis“.

Es ist jedoch bekannt, dass Veranstalter von Glücksspielen sich einen Umsatz dadurch sichern, dass sie die Chancen und Risiken des Spiels zum eigenen Vorteil verschieben. Dank der grünen Nulltasche auf dem Rouletterad beispielsweise hat das Kasino pro Wurf einen statistischen Vorteil von 2,70 %. (Man darf sich von dieser niedrigen Zahl nicht täuschen lassen: Der kumulative Verlust im Laufe eines langen Abends ist natürlich entsprechend höher!) Vergleichbare Mechanismen sichern die Umsätze von einarmigen Banditen.

Angesichts des in der Wette inhärenten Interessenkonflikts wirkt sich diese Chancenverschiebung jedoch als direkte Schädigung des Gegners aus. Wie gesagt: dem Verlierer einer Wette verbleibt nichts. Ein Eingriff, der diesen Verlust fest einrichtet, ist – rational gesehen – rein negativ. Toleriert wird es, im gewerblichen Glücksspiel zumindest, weil die Benachteiligung offenkundig ist, und weil der Spieler für sein Vergnügen gerne zahlt.

55 *BGH v. 22.03.2011, Ille*, XI ZR 33/10: Rn 26.
56 Ebd., XI ZR 33/10: Rn 29.
57 Ebd., XI ZR 33/10: 2. Leitsatz.
58 Ebd., XI ZR 33/10: Rn 25.

Ähnliche Prinzipien gelten bei Derivaten. Zu Gunsten des Anbieters lassen sich die Chancen durch Justieren der Konditionen (Laufzeit, Hebelung, Strikes usw.) verschieben. Diese Verschiebung ist so präzise, dass die Banken ihre daraus entstandenen Umsatzerwartungen jederzeit im Finanzmarkt zu belastbaren Preisen weiterverkaufen können[59]. Bei einem Swap ist dieser Preis dann der „Anfangswert" – ein Wert, der aus Sicht des Kunden zwangsläufig *negativ* ist.

Allerdings ist das Strukturieren einer Finanzwette eine sehr anspruchsvolle Aufgabe, die nur dank neuerer Fortschritte in der Finanzmathematik überhaupt möglich geworden ist. Der Wert, der sich aus diesem Strukturieren ergibt, ist nur mit entsprechenden Methoden zu erkennen. Im Gegensatz zum offenen Spiel mit Rouletterädern oder einarmigen Banditen, wo die Gewinnquoten entweder offenkundig oder behördlich vorgegeben sind, war es in der Tat bei Derivaten bisher üblich Produkte anzubieten, deren Chancenstruktur und „Wert" dem Laien verborgen blieben.

In früheren Entscheidungen wurde zuweilen die Ansicht vertreten, die Umsätze, die aus der Verschiebung der Chancenstruktur entstehen (die einstrukturierten Anfangswerte), seien „Gewinn" und in dieser Eigenschaft ein vertrauliches Geschäftsgeheimnis[60]. Alternativ seien Chancen und Risiken nur Erwartungen, nicht aber feste Werte[61]. In beiden Fällen sei dieser Anfangswert kein geeigneter Inhalt von Beratungsgesprächen[62].

Wie der BGH jedoch nun festgelegt hat, gehen diese Argumente fehl[63]. Die Chancenverschiebung, auf der jede gewerblich strukturierte „Wette" beruht, stellt eine direkte Schädigung des Wettgegners dar, die mit der Preiskalkulation im *Kaufverhältnis* nichts gemeinsam hat. Speziell im negativen Anfangswert, so die neuere Rechtsprechung, drückt sich der „schwerwiegende Interessenkonflikt" des Geschäfts aus[64]. Deswegen muss dieser negative Anfangswert (nach dem Prinzip: Interessenskonflikte vermeiden oder offenlegen) dem Kunden offengelegt werden.

---

59 Ebd., XI ZR 33/10: Rn 35.

60 *OLG Celle v. 04.03.2010*, 3 U 9/10 Juris, Rn 22 3 U 9/10.

61 *OLG Bamberg v. 11.05.2009, WVV*, 4 U 92/08: 4 U 92/08.

62 Vgl. auch Johannes Pitsch, „Anmerkung zu Ille", *DStR* 2011, Nr. 19: 896.

63 Siehe im Übrigen die Entscheidung i.S. Glawe (Gewinn und Umsatz bei einarmigen Banditen), insb. die Schlussanträge des GA: EuGH *C-38/93 (Glawe) Entscheidung* (1994).

64 *BGH v. 22.03.2011, Ille*, XI ZR 33/10: Rn 31.

In diesem Zusammenhang gelten nun zwei weitere Prinzipien. Erstens ist der statistisch ermittelte Wert ein sehr präziser, und dieser präzise Wert ist es, der dem Kunden mitgeteilt werden muss. Allgemeine Warnungen wie etwa „es droht ein theoretisch unbegrenzter Verlust“ sind nicht adäquat: es muss darauf hingewiesen werden, dass ein reales Verlustrisiko besteht, und dieses muss beziffert werden[65].

Zweitens ist die jeweilige Höhe des negativen Anfangswertes grundsätzlich nicht ausschlaggebend für die Pflicht zur Offenlegung. Im Swap-Fall lag sie bei 80.000 € oder 4 % des Nennwertes. Nach Auskunft der Bank war dies „marktüblich“. Das, so der BGH, sei jedoch irrelevant. Angesichts des prägenden Interessenskonflikts ist, unabhängig von der konkreten Höhe, jedes einzelne Strukturelement des Swaps offenzulegen[66]. Es besteht keine Grenze, unterhalb derer der negative Anfangswert unschädlich wäre. Analog zur Aufklärungspflicht bei „Kick-Backs“ (Rückvergütungen an den Wertpapiervermittler von Dritter Seite), wo ebenfalls ein Interessenskonflikt zutage tritt, ist auch bei „Wetten“ die Aufklärungspflicht über den negativen Marktwert nicht von einer betragsmäßigen Schwelle abhängig[67].

10.4.4 Grundsatz der Kollisionsvermeidung

Im Kern der *Ille*-Entscheidung steht das Prinzip, dass der von der Bank einstrukturierte negative Marktwert „Ausdruck eines schwerwiegenden Interessenkonfliktes“ ist[68]. Weil über Interessenkonflikte, sofern sie nicht vermeidbar sind, grundsätzlich immer aufzuklären ist, war es ein Verstoß gegen die Pflichten der Bank, den Marktwert nicht offen zu legen.

Dass die Einstrukturierung eines negativen Marktwertes „bewusst“ war, stand für das Gericht fest[69]. Ob deren Nicht-Offenlegung für die Zwecke der zivilrechtlichen Haftung *vorsätzlich* war, stand dort nicht zur Entscheidung[70]. Bei anderen Sachverhalten, etwa im Zusammenhang mit der Frage der Verjährung nach § 37a WpHG a.F., ist dieses Thema jedoch von erheblicher Tragweite[71].

65 Ebd., XI ZR 33/10: Rn 29.
66 Ebd., XI ZR 33/10: Rn 38.
67 *BGH v. 15.04.2010*, III ZR 196/09 Juris, Rn 10; Klöhn, „Anmerkung zu Ille ./. DB“, 762 f.
68 *BGH v. 22.03.2011, Ille*, XI ZR 33/10: Rn 31.
69 Ebd., XI ZR 33/10: Rn 33.
70 Ebd., XI ZR 33/10: Rn 17.
71 Julian Roberts, „Beratungsbedarf bei Finanzderivaten im Lichte neuerer Rechtsentwicklungen“, *DStR* 49, Nr. 26 (Juli 1, 2011): 1231–1235.

Um Vorsatz zu bejahen muss die entsprechende Pflicht bekannt oder zumindest erkennbar gewesen sein. Bei Finanzderivaten scheint jedoch diese Pflicht weder vertraglich explizit vereinbart noch in der damaligen Praxis der Banken so gehandhabt worden zu sein. Insofern rekurriert das Gericht auf den „zivilrechtlichen Grundsatz“ des Kollisionsverbots[72]. Nach diesem Grundsatz müsse die Bank alle Interessenkollisionen, die das Beratungsziel in Frage stellen und die Kundeninteressen gefährden, vermeiden bzw. diese offen legen. Diese Pflicht hatte der Senat bereits in einer früheren Entscheidung als „Konkretisierung der allgemeinen Aufklärungspflicht über Interessenkollisionen“ beschrieben[73].

Nicht ohne Weiteres deutlich ist allerdings die Tragweite dieses angeblichen „Grundsatzes“ des Zivilrechts. In der BGH-Rechtsprechung lässt er sich vor allem im Zusammenhang mit den „Kick-Back“-Entscheidungen zurückverfolgen. Dort entsteht er im Hinblick auf die gespaltene Loyalität desjenigen, der zwei Herren dienen will – nämlich, im Falle einer Bank, sowohl dem Kunden als auch dem Vermögensverwalter, mit dem die Bank die anfallenden Gebühren teilt[74].

Die klassische Kick-Back-Situation ist ein Dreieck: derjenige, der sich zur Interessenswahrnehmung verpflichtet, darf nicht gleichzeitig die Interessen des Gegners vertreten. Auf einen gewöhnlichen Beratervertrag ist das Kollisionsverbot jedoch nicht zwangsläufig anwendbar. Dort sind nur zwei beteiligt, und die Frage, ob ein erteilter Rat korrekt und gewissenhaft ist, entscheidet sich unabhängig von den persönlichen Interessen des Beraters. Das Argument, der Beratervertrag sei ein „Unterfall“ des Geschäftsbesorgungsvertrags, ist formal-dogmatischer Natur und hier nicht wirklich hilfreich[75]. Tatsache ist, dass die Kick-Back-Problematik sich direkt aus den Regeln zur Geschäftsbesorgung lösen lässt, ohne Rückgriff auf einen vermeintlichen „Grundsatz“[76].

Es ist fraglich, ob dieser „Grundsatz“ tatsächlich existiert. Sicherlich gilt ein Kollisionsverbot für den Kommissionär und ähnliche Gestalten. Es auf vertragliche Verhältnisse pauschal ausdehnen zu wollen, ist jedoch unplausibel – für Beratungsverhältnisse und erst recht für „Wetten“. Der Geschäftspartner

---

72 *BGH v. 22.03.2011, Ille*, XI ZR 33/10: Rn 32.
73 *BGH v. 29.06.2010*, XI ZR 308/0 Juris, Rn 6.
74 *BGH v. 19.12.2000, Kickbacks I*, XI ZR 349/99:.
75 Harnos, „Rechtsirrtum über Aufklärungspflichten beim Vertrieb von Finanzinstrumenten“, 319 mwN.
76 Timm Geßner, „Retrozessionen im Fokus der neueren Judikatur“, *BKR* (2010): 91.

ist im gewissen Sinne immer auch „Gegner", zumindest aber Kontrahent. Das gilt nicht weniger für Banken und ihre Kunden. Das Mittel, um diesen Gegensatz zu entschärfen, bestand bisher immer darin, dass Banken sich Allgemeinen Geschäftsbedingungen unterwerfen, die die Interessen beider Parteien transparent und präzise kanalisieren – etwa in Form von Gebührenordnungen. Im Hinblick auf Finanzderivate stellt sich lediglich das Problem, dass sie neu sind und in der traditionellen Bankenpraxis nicht leicht zuzuordnen. Dafür gibt es jedoch direkte Lösungen, die wir nun kurz besprechen wollen.

10.5 Beratungsvertrag – oder doch Spielvertrag?

Dass ein Kunde beim Abschluss eines Finanzderivats unbedingt darauf angewiesen ist, die wesentlichen quantitativen Parameter zu kennen (Preis, Risikowerte), ist wirtschaftlich gesehen nicht zu bezweifeln. Dass der Emittent jedoch wegen eines *Beratervertrags* dazu verpflichtet sein soll, diese Informationen preiszugeben, überzeugt nicht.

Wenn die Quelle der Aufklärungspflicht ein Beratervertrag sein soll, könnte man Finanzderivate außerhalb des Hedgegeschäfts gleich verbieten. Generell haben Wetten dieser Art keinen volkswirtschaftlichen Nutzen. Insgesamt führen sie dazu, dass kapitalstarke Institutionen und solche, die für die quantifizierende Bewertung adäquat ausgestattet sind, die anderen an die Wand drücken – man denke an Lehman Brothers, Bear Stearns, Merrill Lynch, AIG und zahlreiche europäische Banken, die alle entweder in den wenig verbliebenen Investmentbanking-Riesen aufgegangen sind oder vom Steuerzahler gerettet werden mussten. In allen Fällen waren Finanzderivate die Ursache dieser Katastrophen. Und es ist davon auszugehen, dass bei transparenter Bewertung – nicht durch „Rating-Agenturen", sondern durch Finanzmathematiker – die meisten dieser toxischen Derivate nie hätten abgeschlossen werden können.

Auf der Retail-Ebene ist der Schaden zwar weniger spektakulär, aber nicht minder verheerend, wie zahlreiche Gerichtsstreitigkeiten belegen. Auch dort steht fest: Selbst bei fest entschlossenen Spekulanten hätte kein „Berater" mit gutem Gewissen dazu raten können, solche schief bepreisten Wetten abzuschließen.

Es ist vielleicht nicht zeitgemäß solche Geschäfte zu verbieten. Derivate sind für all jene attraktiv, die Risiken und Chancen in einer Höhe suchen, die am traditionellen Effektenmarkt nicht zu haben sind. Verbieten darf man dies nicht, auch wenn es für den Außenstehenden bestenfalls als Kasinovergnügen erscheinen mag.

Derivate brauchen jedoch geeignete Regeln, um den aus dem Wettverhältnis entstehenden Interessenskonflikt zu bändigen. Die alten Regeln zu Differenzgeschäften waren schwerfällig, eine Quelle von Unsicherheiten, und leicht zu umgehen. Von der Finanzmathematik wird ein begehbarer neuer Weg aufgezeigt: Risiken lassen sich zwar nicht ausschalten (das würde auch dem Sinn der „Wette" widersprechen), aber sie lassen sich in ihrer Verteilung und in ihrem Ausmaß präzise und realitätsnah darstellen. Soweit bekannt, haben bei allen neuerdings streitgegenständlichen Derivaten die Verluste das anfangs einstrukturierte Maximalrisiko („Value at Risk"-Bewertung) in keinem der Fälle überstiegen.

Um wirksam gegen krankhafte Auswüchse zu schützen, muss dieses unverzichtbare Kontrollinstrument – die finanzmathematische Wert- und Risikoberechnung – *beiden* Vertragspartnern zugänglich sein. Diese Forderung hat der BGH in der Tat mit seiner *Ille*-Entscheidung klargestellt. Auch die Bankseite sollte dies begrüßen. Die damit hergestellte Transparenz wird sicherlich die hohen Gewinne, die die Banken gerade durch den Verkauf von Derivaten an Ahnungslose erzielt haben, erheblich reduzieren. Längerfristig jedoch stellt diese Transparenz den Derivathandel auf eine stabile Grundlage.

Dennoch: Obwohl die *Ille*-Entscheidung im Ergebnis zu begrüßen ist, überzeugt die Begründung nicht. Die Aufklärungspflicht entsteht nicht aus einem Beraterverhältnis, sondern aus dem Wesen der „Wette". Für einen Berater sind Interessenkonflikte vermeidbar; sie berühren nicht den Kern seines Auftrags. Bei einem Finanzderivat hingegen ist der Konflikt unvermeidlich; erst daraus ergibt sich überhaupt das Geschäft.

Deswegen hat das Vorenthalten von Wissen über den Gegenstand des Konflikts einen ganz anderen Stellenwert, als bei Beratern, Geschäftsbesorgern oder Kommissionären. Selbstverständlich sollten Berater sich nicht vom eigentlichen Auftrag ablenken lassen, indem sie sachfremde Eigeninteressen beachten. Grundsätzlich ist der Inhalt des Auftrags aber davon unabhängig. Bei Wetten verhält es sich anders: Wetten sind ein konträres Spiel. Wer nicht weiß, nach welchen Regeln er spielt, befindet sich in einem anderen Rechtsverhältnis. Es fehlt die erforderliche Einigkeit über das Geschäft. Den Konflikt genau zu definieren ist nicht Beiwerk, „Beratungsinhalt“, oder vertragliche Nebenpflicht – sondern Wesen des Geschäfts selbst.

Die speziellen Parameter, die offengelegt werden müssen (negativer Marktwert, Risikowert) lassen sich nach Analogie mit dem Recht der Spiele definieren (siehe ausführlich oben, Kapitel 6). Der negative Marktwert ist die Abweichung vom Nullwert zu Gunsten des Anbieters. Diese Abweichung ist in kommerziellen Spielen akzeptabel, aber nur wenn sie transparent gehandhabt wird. (Ob das Spiel für den Kunden unter diesen Umständen wirtschaftlich Sinn macht, muss er dann für sich entscheiden.) Die Angabe des Risikowertes (VaR) entspricht demjenigen Sicherheitsmechanismus, der bei herkömmlichen Spielen mit der Verlustkappung erreicht wird (§ 762 Abs. 2 BGB): der Anspruch des Gewinners bleibt auf denjenigen Barwert beschränkt, den der Verlierer vorneweg als Einsatz geleistet hat. Früher galten vergleichbare Restriktionen bei Differenzgeschäften („Börsentermingeschäften“: siehe § 54 BörsG in der bis 1989 geltenden Fassung).

Die Regeln zu Spielen und anderen „aleatorischen“ Geschäften sind klar, deutlich und durch langjährige Rechtsprechung gehärtet. Es gibt keinen Grund, sie nicht weiterhin auf Geschäfte anzuwenden, die als Spiele funktionieren, geringen wirtschaftlichen Nutzen haben, und enorm gefährlich sein können. Dass der alte „Spieleinwand“ als solcher nicht mehr existiert, ist dabei irrelevant. Sofern sie allen Teilnehmern zur Verfügung gestellt werden, können die Ressourcen der modernen Finanzmathematik einen mindestens so guten Schutz bieten.

10.6 Fazit

Ohne Zweifel entspricht es häufig den Tatsachen, dass bei Wertpapiergeschäften mit „Retail“-Kunden ein Beratungsverhältnis entsteht. Im Zusammenhang mit dem Vertrieb von klassischen Effekten – Aktien und Anleihen – bietet dieses Verhältnis eine rechtliche Basis, um eventuell auftretende Schäden zuzuordnen. Insofern ist die von der *Bond*-Entscheidung initiierte Rechtsprechung eine nützliche und – meistens – realitätsnahe Ressource.

Dennoch ist das Beraterverhältnis im Grunde eine Fiktion, und die Behandlung des Wertpapiergeschäfts durch die automatische Überlagerung mit einem weiteren Rechtsgeschäft – dem Beratervertrag – wird zumindest verkompliziert. Es kann sein, dass dies der Preis dafür ist, dass der „Retail"-Markt effektiv vom professionellen Teil abgeschirmt wird[77].

Für Derivatgeschäfte überzeugt dieses Argument jedoch nicht. Bei modernen strukturierten Produkten ist für professionelle Marktteilnehmer Kenntnis der mathematischen Parameter nicht minder unverzichtbar als für Kleinanleger. Höchstens bei echten Investment-Banken, das heißt bei Finanzinstituten, die gewerbsmäßig eigene Derivate erstellen und strukturieren, gilt das nicht mehr. Für alle anderen – Rentenfonds, Versicherer, Landesbanken usw. – ist es wirklichkeitsfremd, ohne diese Stütze solche Geschäfte einzugehen.

Von den Investment-Banken im klassischen Sinne „beraten" werden solche Großinvestoren jedoch nicht. Auch die der MiFID angeglichene neuere Gesetzgebung lässt für ein solches Verhältnis keinen Raum mehr. Die *Bond*-Fiktion ist bei professionellen Investoren höchstens unter erschwerten Bedingungen anwendbar.

Auch ohne *Bond* bleiben natürlich die klassischen vertragsrechtlichen Ansprüche bestehen, insbesondere im Hinblick auf Täuschung. Die Schwierigkeit, aus Schweigen eine aktive Täuschungshandlung zu konstruieren bleibt jedoch; und dank der umfassenden Ausschlussklauseln, die professionelle Derivatverträge zieren, wird ein solches Unterfangen nur noch abenteuerlicher.

Wie wir jedoch dargestellt haben, sind Finanzderivate Verträge eigener Art. „Finanzwetten" sind die Nachfolger der vormaligen „Differenzgeschäfte" und sind, wie diese, derselben rechtlichen Kategorie zuzuordnen wie das Glücksspiel (nämlich Buch 2, Abschnitt 8, Titel 19 des BGB). Die Eigenschaften solcher Risikogeschäfte sind in Gesetzgebung und Rechtsprechung gesichert (siehe oben, Kapitel 6 und 7). Es sind keine gewöhnlichen Kauftransaktionen, *caveat emptor* sollte keine Rolle spielen. Erhöhte Aufklärungspflichten binden die Teilnehmer. Insbesondere ist es beim Glücksspiel zwingend erforderlich, dass jede Partei eine durch sie bewusst hergestellte Abweichung vom Zufall offen legt.

Das Ergebnis ist: Unter Rückbesinnung auf die Institute Differenzgeschäft und Glücksspiel lässt sich die Pflicht des Emittenten, den „anfänglichen negativen Marktwert" seines Derivats offen zu legen, dogmatisch sauber herleiten.

---

77 Dass Kleinanleger auch ohne die rechtliche Fiktion eines Beraterverhältnisses gut geschützt werden können, zeigt allerdings die Erfahrung in anderen Ländern, in denen sie nicht gilt – z.B. in Großbritannien.

Ein Beratungsverhältnis muss nicht unterstellt werden, und auf einen „zivilrechtlichen Grundsatz“ der Konfliktvermeidung muss man sich auch nicht berufen. Gemäß der „Rasiermesser“-Maxime des 1347 verstorbenen Münchner Philosophen Wilhelm von Ockham: Einfache Erklärungen verdienen vor komplizierten den Vorzug.

11 Zusammenfassung und Ausblick

11.1 Derivate nach dem Wegfall des Differenzeinwandes

Problematisch an Derivaten – historisch, „Differenzgeschäften" – ist, dass sie ein grundlegend anderes Geschäft darstellen als der vertraute Kauf von Aktien, Anleihen oder anderen Effekten.

Die Väter des BGB haben dem Rechnung getragen, indem sie Differenzgeschäfte dem Vertragstypus der „unvollkommenen Verbindlichkeiten" – Spiel, Wette, Lotterie – zuordneten. Damit einher ging eine moralische Missbilligung, die heute vielleicht als altmodisch gelten würde. Wichtiger und nach wie vor aktuell aber war das Bewusstsein, dass ein Risikogeschäft fast niemals wirtschaftlich Sinn macht (einzige Ausnahme: Absicherung bzw. Hedge), während sie andererseits auf viele Menschen eine unheilvolle Faszination ausüben.

Die entsprechende Vorschrift (§ 764 BGB) ist jedenfalls 2002 aufgehoben worden. Seitdem gehen alle mehr oder weniger stillschweigend davon aus, Finanzderivate seien ein Finanzinstrument unter anderen. In dieser Auffassung unterstützt werden sie sowohl vom europäischen als auch vom deutschen Gesetzgeber.

Angesichts der Tatsache, dass Derivate in der Finanzkrise beträchtliche Verwüstungen angerichtet haben, wird man sich jedoch fragen, ob nicht eine systematische Unterscheidung im alten Stil vonnöten ist.

Hinzu kommt, dass moderne Finanzderivate um ein vielfaches komplexer geworden sind. Im Gegensatz zu ihren Vorläufern lassen sich die Chancen und Risiken mit großer Genauigkeit einprogrammieren. Die Finanzmathematik erlaubt etwas, das früher den Glücksspielgeräten vorbehalten war – nämlich den Einbau eines quantifizierbaren Vorteils zugunsten des Veranstalters. Grundsätzlich muss das nicht verwerflich sein. In einem kommerziellen Deal kann ein solcher Schritt die Gebühren ersetzen, die ansonsten angefallen wären – vergleichbar mit dem Vorteil, den die Nummernverteilung eines Roulette-rads für den Casinobetreiber darstellt. Problematisch ist jedoch, dass Finanzinstitute ihre in Derivate eingepreisten „Gebühren" lieber verschweigen. Weil Finanzderivate enorm vielfältig sind und regelmäßig spät (Zertifikate) oder gar nicht (OTC-Deals) auf dem Sekundärmarkt angeboten werden, ist es für den Laien faktisch ausgeschlossen, objektive Preisvergleiche anzustellen. Mit Hilfe der mathematischen Analyse lässt sich aber feststellen: Finanzderivate sind oft nicht nur wirtschaftlich sinnlos, sondern maßlos überteuert.

Die Folge ist: Für die Kunden sind Finanzderivate in den meisten Fällen lediglich ein Spielvergnügen, angeboten zu Preisen, von denen jedes Spielcasino nur träumen kann (wobei die Preise, die Casinos in ihre Spiele einprogrammieren dürfen, gesetzlich festgelegt sind). Man wird vielleicht antworten, dass reiche Zocker nichts besseres verdient haben. Aber selbst wenn man diesen rigorosen Standpunkt einnimmt, darf man nicht übersehen, dass die Leidtragenden in vielen Fällen nicht Zocker waren, sondern Kommunen, kommunale Versorger und biedere mittelständische Unternehmen, deren Manager in Verkaufsgesprächen überrumpelt wurden.

11.2 MiFID, das WpHG und die Folgen

Künftige Streitigkeiten werden wohl nach Maßgabe der MiFID gelöst. Es ist allerdings zweifelhaft, ob die europäische Richtlinie oder die entsprechenden Regelwerke der Mitgliedsstaaten (in Deutschland, das WpHG) im Hinblick auf Derivate einen wesentlichen Unterschied machen werden.

Die von der MiFID eingeführte Kundenklassifizierung („Privatanleger", „professioneller Anleger", „geeignete Gegenpartei") erinnert zwar ein wenig an die frühere deutsche Unterteilung in „börsentermingeschäftsfähige" Kunden und andere. Die Folgen aus der MiFID-Klassifizierung sind jedoch längst nicht so durchgreifend. Während Termingeschäfte mit nicht-fähigen Kunden schlechthin unwirksam waren, beschränkt sich die MiFID-Klassifizierung im Wesentlichen recht allgemein auf den Inhalt von eventuell benötigten Informationen. Spezielle Regeln für Derivate fehlen.

Von der bisherigen deutschen Rechtslage abweichend ist die von der MiFID eingeführte Vorschrift, Warnungen an die Kunden müssten lediglich „in standardisierter Form" zur Verfügung gestellt werden[1]. Dies verwässert die aus der *Bond*-Rechtsprechung abgeleitete Forderung, wonach die regelmäßig zwi-

1 *2004/39/EG (MiFID)*, Art. 19 Abs. 3 S. 2; *WpHG*, § 31 Abs. 3 S. 2.

schen dem Kunden und dem Finanzinstitut entstehende Beratung „anlegergerecht" – also individuell zugeschnitten – erfolgen solle. Es ist jedoch zweifelhaft, ob die Praxis sich hierdurch ändern wird. Erfahrungsgemäß werden Geschäftsleute und Finanzbeamte von deutschen Gerichten pauschal als nicht beratungsbedürftig eingestuft. An „reine" Privatleute – also solche, die keinerlei geschäftliche Erfahrung haben – wurden Derivate bisher ohnehin nicht verkauft.

Mit den §§ 30 h ff WpHG hat der deutsche Gesetzgeber seit 2010 nun doch wieder den Weg eingeschlagen, Finanzinstrumente differenzierter zu behandeln, indem bestimmte Formen von Leerverkäufen und Kreditderivaten verboten werden. Grundsätzlich ist diese Differenzierung zu begrüßen. Leider fehlt allerdings in diesem Fall der systematische Ansatz. Auf die kontroversen Geschäfte der letzten Jahre – so wie sie vorrangig in diesem Buch sowie in den Anhängen 1-3 (unten) dokumentiert werden – hätten die neuen Normen ohnehin keine Auswirkung.

11.3 Muster einer standardisierten Risikowarnung für Derivate

Die Besonderheit eines Finanzderivats ist nicht, dass es riskant ist. Riskant ist jedes Geschäft. Wichtigste Eigenschaft eines Derivats ist, dass es ein Nullsummenspiel ist: die Interessen der Vertragspartner sind einander diametral entgegengesetzt. Der Spieler kann nur wollen, dass sein Gegner verliert, denn nur dann verdient er selbst. Das ist *keine* Eigenschaft eines normalen geschäftlichen Vertrags, der von der Tendenz her ein „win-win"-Vorgang ist (*beide* Seiten gewinnen). Insofern ist es zu bedauern, dass die Vorschriften der MiFID zur Vermeidung von Interessenskonflikten zwischen Finanzinstitut und Kunde zunächst auf der Ebene von Organisationsvorschriften bleiben. Entsprechende Beratungsinhalte sind grundsätzlich subsidiär[2].

Weiteres Merkmal eines Finanzderivats ist, dass es, wie jedes Spiel, irrationales Verhalten hervorruft. Aus Untersuchungen weiß man, dass der Mensch Gewinnchancen immer über- und Verlustrisiken unterschätzt. Dieser Optimismus ist vielleicht nicht einmal unattraktiv. Gefährlich ist aber, dass das Ein-

2 *2004/39/EG (MiFID)*, Art. 18; *WpHG*, § 31 Abs. 1 Nr. 2; *WpDVerOV: Verordnung zur Konkretisierung der Verhaltensregeln und Organisationsanfordrungen für Wertpapierdienstleistungsunternehmen, BGBl. I S. 1432, 2007*, § 13.

gehen von Risiken in Geschäftskreisen gelegentlich zum Männlichkeitsbeweis gehört – ganz ohne Rücksicht darauf, ob dem Risiko irgendwelche adäquaten Chancen gegenüberstehen. Eine weitere psychologische Schwäche, die gleichermaßen von Pokerprofis und von Derivathändlern gerne ausgenutzt wird, ist die Weigerung des Unerfahrenen, Verluste einzugestehen. Lieber wirft er gutes Geld dem schlechten hinterher. Man kann nur staunen, wie oft selbst gestandene Geschäftsleute sich gerade durch Verluste animieren lassen, den Einsatz weiter zu erhöhen.

Wenn es bei einer „standardisierten Warnung" bleiben soll, dann entspricht folgende Formulierung dem Geist, wenn nicht dem Buchstaben von MiFID und WpHG:

- *Allgemeine Warnung zu Finanzderivaten; Nullsummenspiel.* Dieses Geschäft ist keine Wertanlage und keine Investition. Es kann nur einen Gewinner geben. Wenn die Bank gewinnt, verbleibt Ihnen aus dem Geschäft kein Nutzen oder Vorteil.

- *Hedge.* Außer Sie haben ein bestehendes Geschäftsrisiko damit abgesichert, funktioniert dieses Geschäft als reines Glücksspiel. Als Hedge funktioniert es nur dann, wenn es das Geschäftsrisiko gezielt abbildet.

- *Anfänglicher negativer Marktwert.* Dieses Geschäft wurde von der Bank dahingehend strukturiert, dass ihr auf der Basis der heutigen Marktsituation ein Gewinn bereits zusteht. Zu diesem „anfänglichen negativen Marktwert", der sich finanzmathematisch berechnen lässt, kann das Geschäft gehandelt werden (z.B.: wenn Sie jetzt aussteigen, müssen Sie diesen Betrag zahlen). In Zukunft wird sich der Marktwert je nach Marktlage ändern. Bevor Sie selbst in die Gewinnzone kommen, muss sich der Markt allerdings so weit zu Ihrem Vorteil bewegen, dass der anfängliche negative Marktwert ausgeglichen wird.

- *Gewinnchancen.* Die Verlustrisiken, mit denen Sie realistischerweise rechnen müssen, können weitaus höher sein, als die Gewinnchancen.

- *Bewertung.* Sie sollten dieses Geschäft nur in Kenntnis bzw. nach Ermittlung von folgenden Kennzahlen abschließen: (a) aktueller (ggf. negativer) Marktwert; (b) erwarteter maximaler Verlust im Falle des Verlierens; (c) erwarteter maximaler Gewinn im Falle des Gewinnens.

Anhang 1: Zinsswap

Es folgt der Vertrag für einen „CMS Spread Ladder Swap". Über dieses Derivat wurde seit 2007 vor deutschen Gerichten viel gestritten.

Dieser Swap ist ein reines Derivat. Es wird kein Geld „angelegt", sondern ausschließlich gewettet. Nicht einmal ein „Einsatz" – also eine Einzahlung, die auch den höchstmöglichen Verlust markiert – wird verlangt. (Solche Derivate heißen „unfunded".)

Der Vertrag läuft über fünf Jahre; Zahlungen erfolgen alle sechs Monate. Eine Seite – hier die Bank – leistet an die andere fixe Zahlungen in Höhe von 3 % (**VII**). Der Kunde zahlt an die Bank variable Zahlungen, die alle sechs Monate nach dem Abstand zueinander von zwei „Basiszinssätzen" (dem Satz für 2-Jahres-Kredite und demjenigen für 10-Jahres-Kredite (**VI**)) neu berechnet werden. Der Vertrag wird als „Swap" beschrieben, weil die Geschäftspartner unterschiedliche Zahlungsströme *austauschen* (englisch: swap). Allerdings ist dies rechtlich gesehen kein Tausch, weil die Zahlungsströme nicht tatsächlich getauscht werden, sondern nur als Berechnungsgrundlage dienen. Rechtlich handelt es sich bei Swap-Derivaten um reine Differenzgeschäfte.

Im wirtschaftlichen Ergebnis wetten die Vertragspartner auf die künftige Entwicklung der Zinskurve – das heißt, im wesentlichen, auf den Abstand zwischen den Zinsen für kurzfristige und für langfristige Darlehen. Es ist eine Dauerwette: Im Vertrag wird vereinbart, dass die Wette fünf Jahre lang (**I**) alle sechs Monate durchgeführt wird. Dabei ändert sich zwar jedes Mal ein Element, der „Strike" (**II**). Generell aber wettet die eine Seite, dass der Abstand zwischen kurz und lang entweder steigt oder höchstens leicht sinkt, die Gegenseite das Gegenteil.

Die Auszahlungen berechnen sich nach dem jeweiligen Abstand. Sie wurden zwar in Verkaufsgesprächen als „Zinszahlungen" bezeichnet, haben aber mit normalen Zinsen nichts zu tun. Vor allem sind die variablen Zahlungen (die in diesem Fall der Kunde leistet) stark gehebelt, nicht nur durch den Multiplikator 3, der in der Formel offen erkennbar ist, sondern auch durch den „Leiter-Effekt“ (die Einbeziehung des Zinssatzes der Vorperiode). **(III)**

Verkompliziert wird das Ganze noch dadurch, dass eine Seite, in diesem Fall die Bank, zwei Vorteile hat. Erstens sind ihre Zahlungen gedeckelt (im Gegensatz zum Kunden, dessen Zahlungspflicht unbegrenzt ist) **(IV)**. Zweitens darf sie nach der Anfangsphase aussteigen ohne den aktuellen Marktwert zahlen zu müssen **(V)**, was dem Kunden verwehrt ist (er muss fünf Jahre lang alle sechs Monate zu den vereinbarten Konditionen wetten, ob er will oder nicht).

All das ist auch für den Laien erkennbar. Ob die Wette für ihn sinnvoll ist oder nicht, kann er jedoch höchstens dann entscheiden, wenn er die einstrukturierten Chancen und Risiken berechnen kann. Für die Bank ist dieser Kalkül eine Selbstverständlichkeit, denn damit gestaltet sie den Preis, den sie dem Kunden für das Spiel faktisch in Rechnung stellt, sowie die Risikokennzahlen, die sie für ihre Buchhaltung braucht. Meistens teilen die Banken diese Zahlen allerdings erst dann mit, wenn die Zahlungspflichten der Kunden einsetzen. Eine eigene Berechnung durch den Kunden ist aber praktisch unmöglich, wenn er nicht sehr teure Spezialanbieter beauftragt.

Für den unten stehenden Vertrag wurden folgende Kennzahlen ermittelt. (Sie stammen von einem Privatgutachter des Klägers, sind aber von der Bank nicht ernsthaft bestritten worden. Der „Preis“ – ca. 5 % des Bezugswertes – ist für diese Art von Swaps allgemein üblich.)

- Der „Preis“, den die Bank berechnet, beträgt € 732.000. Das ist der Preis, den die Bank verlangen könnte, wenn sie am Tag des Abschlusses ihre Wettposition an einen anderen abgibt (der so genannte „anfängliche negative Marktwert“). Ebenso ist es der Preis, den der Kunde zahlen müsste, wenn er seine Position von einem Nachfolger übernehmen lassen will. Dieser Marktwert wird sich im weiteren Verlauf der Wette ändern – nach oben oder nach unten.

- Der „Einsatz“ des Kunden beträgt € 7.197.000. Das ist der Verlust, von dem nicht auszuschließen ist, dass er eintreten könnte. (Die Banken sichern sich beim Kunden in Höhe dieses Einsatzes ab. Dass er anfänglich nichts in den Topf werfen musste, entpuppt sich für den Kunden als illusorischer Trost.)

- Der „Einsatz“ der Bank beträgt € 1.070.000. Das ist, aus Sicht des Kunden, der höchste Betrag, den er gewinnen kann, wenn die Wette aufgeht.

Anhang 1: Zinsswap

Der Preis, den der Kunde für dieses Spiel zahlen muss, ist hoch, vor allem im Verhältnis zu seinem eigenen potenziellen Gewinn. Gleichzeitig ist sein Risiko frappant (tatsächlich hat der Kunde aus diesem Vertrag ca. € 2.800.000 verloren, die Zahl von € 7 Mio. für seinen „Einsatz" ist also durchaus realistisch).

Ergänzend ist noch zu bemerken, dass die Handhabung von Kurswetten dieser Art für den Verkäufer (die Banken) nicht einfach ist. Weil die Verteilung und die Höhe der Risiken am Termsheet nicht erkennbar sind und von Vertriebsmitarbeitern nicht kontrolliert werden können, besteht die Gefahr, dass Deals falsch berechnet werden. In der Welle der Zinsswaps, die ab 2004 in Deutschland in Mode kamen, sind Swaps teilweise mit eklatanten Mängeln erschienen. Ein Kunde sollte beispielsweise einen „Preis" von fast 40 % des Bezugswerts (ohne Verluste aus vorausgegangenen Deals) zahlen. Ein anderer Kunde wurde mit einem „Preis" bedacht, der in Wahrheit einen *positiven* Marktwert darstellte; beim sofortigen Weiterverkauf hätte nicht die Bank, sondern der Kunde verdient (wenn er nur in der Lage gewesen wäre, sein Glück zu erkennen).

Diese handwerklichen Missgriffe legen nahe, dass Finanzderivate grundsätzlich nur unter Vorlage von offenen Kalkulationen gehandelt werden sollten.

EUR 15 Mio. Zinssatzswap vom 15. Februar 2005

Sehr geehrte Damen und Herren,

wir bestätigen Ihnen den am 15. Februar 2005 erfolgten telefonischen Abschluss eines Zinssatzswaps auf der Grundlage unseres Rahmenvertrages für Finanztermingeschäfte vom 11. Januar 1999. Für diesen Einzelabschluss gelten die nachfolgenden Regelungen und Begriffsbestimmungen:

Abschlussdatum:	15. Februar 2005
Anfangsdatum:	17. Februar 2005
Enddatum:	17. Februar 2010, **(I)** vorbehaltlich einer Anpassung gemäß Nr. 3 Abs. 5 des Rahmenvertrages gemäß Variante c) (folgender Bankarbeitstag modifiziert)

Vertragswährung	EUR
Bezugsbetrag:	15 Mio. (in Worten: Fünfzehn Millionen)
Bankarbeitstage:	TARGET – Tage TARGET – Tag ist jeder Tag, an dem das Trans – European Automated Real-time Gross Settlement Express Transfer (TARGET) System geöffnet ist.
Makler:	Keiner

Zahlung von A Bank AG an Unternehmen B:

Regelungen betreffend Festbeträge A:

Höhe der Festbeträge A:	Die Berechnung erfolgt gemäß Nr. 6 Abs. 2 Satz 2 in Verbindung mit Abs. 5 und 6 des Rahmenvertrages auf der Grundlage des Festsatzes von **(VII)** 3,00 % p. a. unter Anwendung des Quotienten „360/360" mit folgender Maßgabe: Handelt es sich bei dem Berechnungszeitraum um den letzten Berechnungszeitraum und fällt sein Ende auf den 28. Februar, so wird er für den Monat Februar auf der Basis eines Monats von lediglich 28 Tagen berechnet.
Fälligkeitstage für den Festbetrag A:	Jeweils der 17. Februar und der 17. August von August 2005 bis Februar 2010, vorbehaltlich einer Anpassung nach Nr. 3 Abs. 5 des Rahmenvertrages gemäß Variante Folgender Bankarbeitstag modifiziert

Anhang 1: Zinsswap

Zahlungen von Unternehmen B AG an A Bank AG:

Regelungen betreffend Festbeträge B:

Höhe der Festbeträge B:	Die Berechnung erfolgt gemäß Nr. 6 Abs.2 Satz 2 in Verbindung mit Abs. 5 und 6 des Rahmenvertrages auf der Grundlage des Festsatzes von 1,50 % p. a. unter Anwendung des Quotienten „360/360" mit folgender Maßgabe: Handelt es sich bei dem Berechnungszeitraum um den letzten Berechnungszeitraum und fällt sein Ende auf den 28. Februar, so wird er für den Monat Februar auf der Basis eines Monats von lediglich 28 Tagen berechnet.
Fälligkeitstage für den Festbetrag B:	Der 17. August 2005 und der 17. Februar 2006, vorbehaltlich einer Anpassung nach Nr. 3 Abs. 5 des Rahmenvertrages gemäß Variante Folgender Bankarbeitstag modifiziert

Regelungen betreffend variable Beträge:

Fälligkeitstage für variable Beträge:	Jeweils der 17. August 2005 und der 17. August von August 2006 bis Februar 2010, vorbehaltlich einer Anpassung nach Nr. 3 Abs. 5 des Rahmenvertrages gemäß Variante Folgender Bankarbeitstag modifiziert
Berechnung der variablen Beträge:	Die Berechnung erfolgt unter Anwendung des Quotienten 360/360 mit folgender Maßgabe: Handelt es sich bei dem Berechnungszeitraum um den letzten Berechnungszeitraum und fällt sein Ende auf den 28. Februar,

	so wird er für den Monat Februar auf der Basis eines Monats von lediglich 28 Tagen berechnet.
Berechnungsstelle:	A Bank AG
Minimaler variabler Satz für alle Berechnungszeiträume:	0,00 % p. a. **(IV)**
Der zu zahlende variable Satz beträgt:	Für den Berechnungszeitraum vom 17. Februar 2006 bis zum 17. August 2006: 1,50 % p. a. plus 3 x [0,95 % p. a. **(II)** minus (Basis-Satz A1 minus Basis-Satz A_2)]. Für den Berechnungszeitraum vom 17. August 2006 bis zum 19. Februar 2007: den vorangegangenen variablen Satz **(III)** plus 3 x [0,95 % p. a. minus (Basis-Satz A-minus Basis-Satz A_2)], Für den Berechnungszeitraum vom 19. Februar 2007 bis zum 17. August 2007: den vorangegangenen variablen Satz plus 3 x [0,75 % p. a. minus (Basis-Satz A1 minus Basis- Satz A_2)], Für den Berechnungszeitraum vom 17. August 2007 bis zum 18. Februar 2008: den vorangegangenen variablen Satz plus 3 x [0,75 % p.a. minus (Basis-SatzA1 minus Basis-Satz A_2)] ,

	Für den Berechnungszeitraum vom 18. Februar 2008 bis zum 18. August 2008:
	den vorangegangenen variablen Satz plus 3 x [0,55 % p. a. minus (Basis-Satz A1 minus Basis-Satz A_2)],
	Für den Berechnungszeitraum vom 18. August 2008 bis zum 17. Februar 2009:
	den vorangegangenen variablen Satz plus 3 x [0,55 % p. a. minus (Basis-Satz A1 minus Basis-Satz A_2)]
	Für den Berechnungszeitraum vom 17. Februar 2009 bis zum 17 August 2009:
	den vorangegangenen variablen Satz plus 3 x [0,35 % p. a. minus (Basis-Satz A1 minus Basis-Satz A_2)]
	Für den Berechnungszeitraum vom 17. August 2009 bis zum Enddatum:
	den vorangegangenen variablen Satz plus 3 x [0,35 % p. a. minus (Basis-Satz A1 minus Basis-Satz A_2)]
Bestimmung des Basis-Satzes A1:	**(VI)** 10-Jahres-Swap-Mittelsatz („EUR-ISDA-EURIBOR Swap Rate – 11:00") auf „EURIBOR-Basis" in der Vertragswährung gemäß Reuters Seite „ISDA-FIX 2"für den Zeitpunkt 11:00 Uhr in Frankfurt am zweiten TARGET-Tag vor dem jeweiligen Fälligkeitstag für den entsprechenden Berechnungszeitraum nachträglich festgestellt („Feststellungstag").

Bestimmung des Basis-Satzes A2:	2-Jahres-Swap-Mittelsatz („EUR-ISDA EURIBOR Swap Rate – 11:00") auf „EURIBOR-Basis" in der Vertragswährung gemäß Reuters Seite „ISDAFIX2" für den Zeitpunkt 11:00 Uhr in Frankfurt am zweiten TARGET-Tag vor dem jeweiligen Fälligkeitstag für den entsprechenden Berechnungszeitraum nachträglich festgestellt („Feststellungstag").
Variabler Betrag für den ersten Berechnungszeitraum:	Für den ersten Berechnungszeitraum vom17. Februar 2006 bis zum 17. August 2006 wird der variable Satz am 15. August 2006 festgestellt werden.
Ihr Konto:	Konto Nr. xxxxxxxxxxx bei A Bank AG Von Ihnen zu zahlende Beträge werden wir Ihrem Konto in unserem Hause belasten.

Zahlungsaustausch:

Vorbehaltlich der Regelung gemäß Nr. 3 Abs. 3 des Rahmenvertrages zahlt

- der Zahler der Festbeträge A an jedem Zahlungstermin für Festbeträge A den entsprechenden Festbetrag A an den Zahler der Festbeträge B bzw. variablen Beträge und
- der Zahler der Festbeträge B bzw. variablen Beträge an jedem Zahlungstermin für Festbeträge B bzw. variable Beträge den entsprechenden Festbeträge B bzw. variable Beträge den entsprechenden Festbetrag B bzw. variablen Betrag an den Zahler der Festbeträge A.

Anhang 1: Zinsswap

Besondere Vereinbarung:

Recht zur vorzeitigen Beendigung ohne Ausgleichszahlung:

(1) Die A Bank AG hat ab dem Jahr 2006 das einseitige Recht, diesen Zinssatzswap zu jedem Zinszahlungstermin, erstmalig zum 17. Februar 2006 und anschließend zu jedem folgenden Zinszahlungstermin (jeweils ein „Endtermin") vorzeitig zu beenden. Sollte ein Endtermin kein TARGET-Tag sein, so ist der Endtermin der nächstfolgende TARGET-Tag. **(V)**

(2) Die Erklärung der vorzeitigen Beendigung hat schriftlich, fernschriftlich, telegraphisch, durch Telefax oder in ähnlicher Wiese spätestens bis zum zehnten TARGET-Tag, 15:30 Uhr (Ortszeit Frankfurt am Main) vor dem jeweiligen Endtermin zu erfolgen. Verspätet zugehende Erklärungen sind unwirksam.

(3) Im Falle der vorzeitigen Beendigung sind die Zinszahlungen des laufenden Berechnungszeitraums noch zwischen den Parteien vertragsgemäß auszutauschen. Danach ist keine Partei mehr zu Zahlungen oder sonstigen Leistungen auf Grund dieses Geschäftsabschlusses verpflichtet, die nach dem Endtermin fällig geworden wären. An deren Stelle tritt auch keine Ausgleichszahlung

Anhang 2: CDO

CDO-Verträge sind sehr lang. An dieser Stelle folgt lediglich das Termsheet eines typischen Deals. Es enthält die speziellen Konditionen, die im Sommer 2007 zwischen einer englischen Investment Bank und einem deutschen Finanzinstitut vereinbart wurden. Dieser Deal, wie viele vergleichbare, endete in massiven Verlusten für den deutschen Vertragspartner.

Im Gegensatz zum Zinsswap (Anhang 1) ist dieser Deal „funded" – das heißt, der „Käufer" (hier das deutsche Institut) muss Geld auf den Tisch legen. Mehr als das investierte Geld kann er nicht verlieren. Allerdings ist diese „Sicherheit" in der Praxis meistens illusorisch. Häufig haben die Käufer den Kaufpreis des CDO finanziert, in der irrigen Annahme, sie würden einen problemlosen Arbitrage-Gewinn einstreichen können (nämlich in Höhe des Abstands zwischen den Finanzierungszinsen und der Auszahlung des CDO, hier 78 Basispunkte über Euribor). Infolge des Wertverfalls des CDO-Papiers standen sie aber plötzlich vor der Notwendigkeit, das gesamte geliehene Kapital zurückzuzahlen[1].

Wie so oft, erschließt sich dem oberflächlichen Betrachter das Risiko nicht. Die „Wette" bezieht sich auf ein Portfolio von 100 „Referenzverbindlichkeiten" (Reference Obligations). Wenn eine dieser Verbindlichkeiten – überwiegend Unternehmensanleihen – notleidend wird (von einem „Credit Event", z.B. Zahlungsunfähigkeit, betroffen wird), sinkt der Wert des Portfolios entsprechend. Der Witz der CDO besteht aber darin, dass die Verluste des Portfolios nicht pauschal, sonder „tranchiert" aufgefangen werden. Die Tranchen werden einzeln ausradiert, von unten nach oben. Jeder Anleger kauft eine Tranche aus dem Gesamtportfolio. Derjenige Anleger, der die unterste Tranche gekauft hat – beispielsweise die Tranche von 0 bis 5 % – ist zuerst „dran". Er fängt sämtliche Verluste ab, so lange seine Tranche noch existiert – in seinem Fall so lange also, bis die Gesamtverluste 5 % des Portfolios erreichen. Ab dem Punkt ist sei-

1 Mit diesem Problem sind weltweit zahlreiche Unternehmen aus dem öffentlichem Sektor konfrontiert – nicht zuletzt in Deutschland. Für einen repräsentativen Fall aus Norwegen, siehe *Haugesund v Depfa ACS Bank* All England Reporter (QBD 2009).

ne Anlage dann verloren. Danach muss die nächsthöhere Tranche die Verluste absorbieren. Als Gegenleistung dafür, dass sie die niedrigeren Tranchen kaufen, erhalten die Investoren entsprechend höhere Zinsen.

Im vorliegenden Deal bekam der Investor eine Tranche zwischen 5,44 % und 6,44 %. Damit liegt die Tranche im gefährlichen Bereich. Die um 78 Basispunkte über EURIBOR erhöhte Rendite hat dies geringfügig kompensiert.

Wie hoch das Risiko tatsächlich ist, kann man allerdings nur mit einer sorgfältigen Überprüfung des Portfolios erkennen. Dieses wirkt zunächst einmal recht solide – es enthält so renommierte Namen wie die Allianz und Berkshire Hathaway. Leider zählen aber bei CDOs nicht die guten Kreditrisiken, sondern die schlechten – ganz besonders dann, wenn man Eigner einer niedrigen Tranche ist. Bei näherem Hinschauen zeigt sich, dass das Portfolio mit Subprime-Opfern gespickt ist – Countrywide, Lehman, Merrill Lynch und Bear Stearns, nur um die auffallendsten zu nennen. Insgesamt 19 % der Reference Obligations waren subprime-betroffene Finanzhäuser, Versicherer oder Bauunternehmen. Eine um die 5 %-Marke herum gelegene Tranche war unter diesen Umständen chancenlos.

Das Aufziehen der Finanzkrise war für Investment-Banker im Juni 2007 schon seit Monaten erkennbar[2]. Mit Instrumenten wie diese CDO, die im wesentlichen eine „short"-Wette auf die Subprime-Opfer ist, konnte man hervorragend verdienen[3] – in diesem Fall allerdings auf Kosten deutscher Steuerzahler.

Termsheet Dated 8 June 2007

ANON Public Limited Company

Series 2007 (NN CDO – Class A2E)

Secured Limited Recourse Credit Linked Notes Due 2014

INDICATIVE TERMS RELATING TO THE NOTES

Initial Principal Amount	Interest Rate	Expected S&P Rating	Issue Price	Attachment Point	Detachment Point
€ 100,000,000	3M EURIBOR + 0.78% p.a.	AA	100%	5.44%	6.44%

2 Lawrence McDonald, *A colossal failure of common sense : the inside story of the collapse of Lehman Brothers* ([London]: Ebury Press, 2009).

3 Michael Lewis, *The Big Short* (Penguin, 2010).

The Notes are credit-linked to a tranche of a long reference portfolio and, potentially, a second, short portfolio, in each case of corporate and/or other credits. Principal of the Notes will be reduced without repayment if losses in the long reference portfolio exceed the subordination amount and any amounts available to cover such losses under the terms of the Trading Account. Pursuant to the Portfolio Management Agreement, the Portfolio Manager may from time to time effect replacements of credits in the reference portfolio in accordance with certain procedures and subject to certain guidelines set forth therein. An extract of the draft Portfolio Management Agreement containing draft procedures and guidelines is set out at Schedule 2. Payment on the Notes is made solely from the Collateral, consisting of a funded portfolio credit default swap (the **"Credit Swap"**) with, and eligible credit support provided by, Behaus Bank PLC (**"Behaus"**) as Swap Counterparty, which eligible credit support may be provided only following a Downgrade Event (as defined in the Credit Support Annex). The Notes will be documented pursuant to the "Programme for the issue of Notes and the making of Alternative Investments" of the Issuer (the **"Programme"**). An indicative draft of the confirmation portion of the Credit Swap (including information in respect of the reference portfolio) is attached as Schedule 1. Capitalised terms used but not defined in this Termsheet have the meanings given to them in such confirmation. The transaction documentation will be governed by English law.

Issuer:	ANON Public Limited Company, a company incorporated with limited liability and existing under the laws of the Republic of Ireland
Investor:	German Investor
Portfolio Manager:	Dehaus Investors Limited
Portfolio Management Agreement:	The portfolio management agreement entered into in respect of the Notes on or prior to the Issue Date between, *inter alios*, the Issuer, the Portfolio Manager and the Buyer and comprising the master portfolio management agreement as amended and supplemented by the relevant supplementary confirmation thereto dated the Issue Date of the Notes
Trade Date:	8 June 2007. The Investor bears the risk of loss from Credit Events with effect from this date
Issue Date:	25 June 2007
Scheduled Maturity Date:	20 December 2014, without regard to any Business Day Convention
Maturity Date:	The Termination Date of the Credit Swap

Anhang 2: CDO

Business Days:	London, New York and, if the Notes are denominated in EUR, TARGET
Form of Notes:	Bearer Notes
Governing Law:	English Law
Selling Restrictions:	The form of selling restrictions applicable to the Notes are set out under the section headed "Subscription and Sale" in the base prospectus relating to the Programme dated 29 January 2007
Risk Factors:	For a description of the general risk factors please see the section headed "Risk Factors" in the base prospectus relating to the Programme dated 29 January 2007 which will be complemented by appropriate further risk factors relating to the Notes
Redemption Amount:	The Adjusted Notional Amount of the Credit Swap as of the Scheduled Maturity Date and, if there is a Deferred Settlement Date, the Adjusted Notional Amount of the Credit Swap as of the Deferred Settlement Date. In addition, on the Scheduled Maturity Date or, if there is a Deferred Settlement Date, on the Deferred Settlement Date, the following additional amount: (i) (a) 80% of the Trading Account Balance as of such date; or (b) if either (A) the sum of all the Cash Settlement Amounts in respect of the Long Reference Portfolio exceed the Adjusted Subordination Amount as of such date, or (B) the appointment of the Portfolio Manager has been terminated and no successor portfolio manager has been appointed on or prior to such date, 100% of the Trading Account Balance as of such date; and (ii) if the sum of all the Cash Settlement Amounts in respect of the Long Reference Portfolio exceed the Adjusted Subordination Amount as of such date, 100% of the Contingent Management Fee Account Balance as of such day. If the Adjusted Notional Amount is irrevocably reduced to zero, no redemption amount will be due. See Section 2 (Buyer Payments – Final Payment) of the Credit Swap for details.

Condition 4(d) of the Programme shall be amended as follows:	After meeting the expenses and remuneration of and any other amounts due to the Trustee, including in respect of liabilities incurred, or to any receiver appointed pursuant to the relevant Trust Deed and/or, if applicable, any Additional Charging Instrument, in each case in respect of the Notes, and subject as provided in such Constituting Instrument and/or, if applicable, any Additional Charging Instrument, the net proceeds of the enforcement of the security constituted pursuant to the relevant Trust Deed and/or, if applicable, any Additional Charging Instrument will be applied as follows: (i) first, in meeting the claims (if any) of the Swap Counterparty under the Charged Agreement; (ii) secondly, in meeting the claims (if any) in respect of any Senior Management Fee Amounts due and unpaid by the Issuer to the Portfolio Manager and the claims (if any) of the Portfolio Manager in respect of the Trading Account Balance, under the Portfolio Management Agreement entered into in connection with the Charged Agreement relating to the Notes; (iii) thirdly, in meeting the claims (if any) of the Noteholders pari passu and rateably; (iv) fourthly, in meeting the claims (if any) in respect of any Contingent Management Fee Amounts due and unpaid by the Issuer to the Portfolio Manager and the claims (if any) of the Portfolio Manager in respect of the Contingent Management Fee Account Balance, under the Portfolio Management Agreement entered into in connection with the Charged Agreement relating to the Notes; and (v) fifthly, in payment of the balance (if any) to the Issuer.
Interest Payment Dates:	Each Buyer Period End Date under the Credit Swap (which dates fall quarterly) and, if applicable, each Buyer Additional Payment Date under the Credit Swap
Interest Amount:	In respect of an Interest Payment Date, the corresponding Buyer Payment Amount and, if applicable, the corresponding Interest Shortfall Amount. See Section 2 (*Buyer Payments – Periodic Payments*) of the Credit Swap for details

Anhang 2: CDO

Rating Agency(ies):	S&P
Ratings:	It is a condition to the issuance of the Notes that they are rated at the rating specified on the front page hereof by each Rating Agency on the Issue Date or any lower rating on the Issue Date or thereafter as agreed with the Investor. If a Rating Agency advises that it would not be able to issue a rating at that level on the Issue Date, then the Swap Counterparty in agreement with the Portfolio Manager shall have the right to increase the level of subordination and/or make substitutions to the Reference Portfolio as it deems necessary in order to obtain such a rating on the Issue Date
Authorised Denomination:	€ 100,000 and integral multiples of € 10,000 in excess thereof per Note
Collateral:	The Credit Swap and the eligible credit support delivered by the Swap Counterparty under the Credit Support Annex entered into by Behaus and the Issuer with respect thereto. Eligible Credit Support will not be posted under the Credit Support Annex at the Issue Date and might only be posted following downgrade of Buyer as set out in the Credit Support Annex (a draft form of which is attached as Schedule 3)
Transfer Restrictions:	The Notes will not be registered under the United States Securities Act of 1933, as amended (the "**Securities Act**"), or any state or other securities laws and thus may only be offered and sold pursuant to an exemption from registration under the Securities Act
Listing:	Application will be made to list the Notes on the Irish Stock Exchange. No assurance can be given that such listing will be obtained and/or maintained but commercially reasonable efforts will be employed to list the Notes prior to the first Interest Payment Date (being 20 September 2007)
No Gross-up	The Issuer will not pay any additional amounts to Investors to reimburse them for any tax, assessment or charge required to be withheld or deducted from payments in respect of the Notes
Settlement:	Clearstream / Euroclear
Arranger and Dealer:	Behaus

Calculation Agent:	Behaus. For further details, please refer to Section 1.14 of the 2003 ISDA Credit Derivatives Definitions as amended in particular by Section 7(C) of the Credit Swap.
Trustee, Custodian, Paying Agent:	CNY Corporate Trustee Services Limited and/or its affiliates
Portfolio Administrator:	The Cehaus Bank of New York, London Branch

[Portfolio]

1	ABB-IntFinLtd	ABB INTERNATIONAL FINANCE LIMITED	100,000,000	European Corporate	XS0181196170
2	ACE	ACE LIMITED	100,000,000	North American Corporate IG	US00440EAC12
3	AEGON	AEGON NV	100,000,000	Subordinated European Insurance Corporate	US007924AD52
4	ALZSE	ALLIANZ SE	100,000,000	Subordinated European Insurance Corporate	XS0148887564
5	ABK-AssurCorp	AMBAC ASSURANCE CORPORATION	100,000,000	North American Monoline	None
6	AAUK	ANGLO AMERICAN PLC	100,000,000	European Corporate	XS0177703732
7	ATTINC	AT&T INCORPORATED	100,000,000	North American Corporate IG	US78387GAK94
8	AUTIM	AUTOSTRADE SPA	100,000,000	European Corporate	XS0193947271
9	BRK	BERKSHIRE HATHAWAY INCORPORATED	100,000,000	North American Corporate IG	US084664AD30
10	BHP	BHP BILLITON LIMITED	100,000,000	Australia Corporate	US055450AG50
11	BOMB	BOMBARDIER INC	75,000,000	North American Corporate IG	USC10602AG20
12	BWA	BORGWARNER INCORPORATED	100,000,000	North American Corporate IG	US099724AB20
13	BSX	BOSTON SCIENTIFIC CORPORATION	100,000,000	North American Corporate IG	US101137AB33
14	BOUY	BOUYGUES SA	100,000,000	European Corporate	FR0000489171
15	BAB	BRITISH AIRWAYS PLC	75,000,000	European Corporate	XS0133582147
16	BATSLN	BRITISH AMERICAN TOBACCO PLC	100,000,000	European Corporate	XS0189727869
17	BRITEL-BritTel	BRITISH TELECOMMUNICATIONS PLC	100,000,000	European Corporate	XS0097283096
18	COF	CAPITAL ONE FINANCIAL CORPORATION	100,000,000	North American Corporate IG	US14040HAJ41
19	CARGIL	CARGILL INCORPORATED	100,000,000	North American Corporate IG	US141781AC86
20	CCL	CARNIVAL CORPORATION	100,000,000	North American Corporate IG	US143658AH53
21	CARR	CARREFOUR SA	100,000,000	European Corporate	FR0000480691
22	CTX	CENTEX CORPORATION	100,000,000	North American Corporate IG	US152312AQ77

Anhang 2: CDO

23	CIT	CIT GROUP INC	125,000,000	North American Corporate IG	US125581AB41
24	STGOBN	COMPAGNIE DE SAINT GOBAIN	100,000,000	European Corporate	FR0010094623
25	CONTI	CONTINENTAL AG	100,000,000	European Corporate	XS0139722069
26	CCR-Home-Loans	COUNTRYWIDE HOME LOANS INCORPORATED	125,000,000	North American Corporate IG	US22237LPA43
27	CUM	CUMMINS INC	100,000,000	North American Corporate HY	US231021AJ54
28	DPW	DEUTSCHE POST AG	100,000,000	European Corporate	DE0009279042
29	DT	DEUTSCHE TELEKOM AG	100,000,000	European Corporate	XS0148956559
30	EMN	EASTMAN CHEMICAL COMPANY	100,000,000	North American Corporate IG	US277432AD23
31	EMBRQ	EMBARQ CORPORATION	100,000,000	North American Corporate IG	US29078EAB11
32	FHLMC	FEDERAL HOME LOAN MORTGAGE CORPORATION	100,000,000	North American Corporate IG	US3134A4EW03
33	FNMA	FEDERAL NATIONAL MORTGAGE ASSOCIATION	100,000,000	North American Corporate IG	US31359M-NU35
34	FD	FEDERATED DEPART-MENT STORES INC	100,000,000	North American Corporate IG	US31410HAS04
35	DEXBB-FSAInc	FINANCIAL SECURITY ASSURANCE INC	100,000,000	North American Monoline	None
36	FLEX	FLEXTRONICS INTER-NATIONAL LIMITED	75,000,000	North American Corporate HY	US33938EAH09
37	FO	FORTUNE BRANDS INCORPORATED	100,000,000	North American Corporate IG	US349631AF84
38	FRTEL	FRANCE TELECOM SA	100,000,000	European Corporate	FR0000471948
39	GE-CapCorp	GENERAL ELECTRIC CAPITAL CORPORATION	100,000,000	North American Corporate IG	US36962GYY42
40	GE-GNWTH	GENWORTH FINANCIAL INCORPORATED	100,000,000	North American Corporate IG	US37247DAE67
41	GKNLN-Hldgs	GKN HOLDINGS PLC	100,000,000	European Corporate	XS0147740335
42	GSK	GLAXOSMITHKLINE PLC	125,000,000	European Corporate	XS0166419795
43	GMACLL	GMAC LLC	75,000,000	North American Corporate IG	US370425SE16
44	HANRUE	HANNOVER RUECKVER-SICHERUNG AG	125,000,000	Subordinated European Insurance Corporate	XS0187043079
45	OTE	HELLENIC TELECOMMU-NICATIONS ORGANIZA-TION S A	100,000,000	European Corporate	XS0173549659
46	HLT	HILTON HOTELS CORPORATION	75,000,000	North American Corporate IG	US432848AX77
47	HSBC-FinCorp	HSBC FINANCE CORPORATION	100,000,000	North American Corporate IG	US441812JY13
48	HUWHY	HUTCHISON WHAMPOA LIMITED	100,000,000	Asia Corporate	USG4672QAA25
49	ICI	IMPERIAL CHEMICAL INDUSTRIES PLC	100,000,000	European Corporate	US449909AL48
50	AIG-Int-LeaseFin	INTERNATIONAL LEASE FINANCE CORPORATION	100,000,000	North American Corporate IG	US459745EZ45

51	JPM	JPMORGAN CHASE & COMPANY	100,000,000	North American Corporate IG	US46625HAJ95
52	VNESH	JSC VTB BANK	100,000,000	Russian Corporate	LPN Annex
53	KSS	KOHLS CORPORATION	100,000,000	North American Corporate IG	US500255AM62
54	KPN	KONINKLIJKE KPN NV	100,000,000	European Corporate	US780641AG12
55	KFT	KRAFT FOODS INCORPORATED	100,000,000	North American Corporate IG	US50075NAB01
56	LADBRK	LADBROKES PLC	75,000,000	European Corporate	XS0145190921
57	AIRLIQ	L'AIR LIQUIDE SA	100,000,000	European Corporate	FR0000487936
58	LEH	LEHMAN BROTHERS HOLDINGS INC	100,000,000	North American Corporate IG	US52517PSC67
59	MKS-M+SPlc	MARKS & SPENCER PLC	100,000,000	European Corporate	XS0138137285
60	MAR	MARRIOTT INTERNA-TIONAL INCORPORATED	100,000,000	North American Corporate IG	US571903AE36
61	MBI	MBIA INCORPORATED	125,000,000	North American Corporate IG	US55262CAF77
62	MER	MERRILL LYNCH & COMPANY INCORPORATED	125,000,000	North American Corporate IG	US590188JP48
63	MGIC	MGIC INVESTMENT CORPORATION	100,000,000	North American Corporate IG	US552848AA12
64	MWD	MORGAN STANLEY	100,000,000	North American Corporate IG	US617446HC69
65	MUNRE	MUNCHENER RUCK-VERSICHERUNGS-GESELLSCHAFT AG IN MUNCHEN	100,000,000	Subordinated European Insurance Corporate	XS0166965797
66	NESTLE	NESTLE SA	100,000,000	European Corporate	XS0144994232
67	NEM	NEWMONT MINING CORPORATION	100,000,000	North American Corporate IG	US651639AE60
68	NOVART	NOVARTIS AG	100,000,000	European Corporate	XS0158284801
69	GAZPRU	OAO GAZPROM	100,000,000	Russian Corporate	LPN Annex
70	PMI	PMI GROUP INC	100,000,000	North American Corporate IG	US69344MAH43
71	SOAF	REPUBLIC OF SOUTH AFRICA	100,000,000	Emerging Market Sov-ereign	US836205AD62
72	GM-ResCLLC	RESIDENTIAL CAPITAL LLC	100,000,000	North American Corporate IG	US76113BAR06
73	RIOLN-Ltd	RIO TINTO LIMITED	100,000,000	Australia Corporate	US767201AB24
74	RCL	ROYAL CARIBBEAN CRUISES LIMITED	75,000,000	North American Corporate HY	US780153AP78
75	RWE	RWE AG	100,000,000	European Corporate	XS0147030554
76	SBER-BANK	SAVINGS BANK OF THE RUSSIAN FEDERATION (SBERBANK)	100,000,000	Russian Corporate	LPN Annex
77	SECURI	SECURITAS AB	100,000,000	European Corporate	XS0126389062
78	SIEM	SIEMENS AG	100,000,000	European Corporate	XS0131224155
79	SMIN	SMITHS GROUP PLC	100,000,000	European Corporate	XS0113721632
80	EXHO	SODEXHO ALLIANCE	100,000,000	European Corporate	FR0000488603

Anhang 2: CDO

81	LUV	SOUTHWEST AIRLINES COMPANY	125,000,000	North American Corporate IG	US844741AV08
82	S	SPRINT NEXTEL CORPORATION	100,000,000	North American Corporate IG	US852060AS17
83	STORA	STORA ENSO OYJ	100,000,000	European Corporate	US86210MAA45
84	LYOE	SUEZ	100,000,000	European Corporate	FR0000475733
85	SWEMAT	SWEDISH MATCH AB	100,000,000	European Corporate	XS0259109154
86	SCHREI	SWISS REINSURANCE COMPANY	100,000,000	Subordinated European Insurance Corporate	XS0138467401
87	TSCO	TESCO PLC	100,000,000	European Corporate	XS0159012847
88	TXT	TEXTRON INC	100,000,000	North American Corporate IG	US883203BG54
89	BSC	THE BEAR STEARNS COMPANIES INCORPORATED	100,000,000	North American Corporate IG	US073902KF49
90	GS	THE GOLDMAN SACHS GROUP INC	100,000,000	North American Corporate IG	US38141GBU76
91	TOTALN	TOTAL SA	100,000,000	European Corporate	XS0184119898
92	ULVR	UNILEVER NV	100,000,000	European Corporate	US904764AG27
93	VEOLIA	VEOLIA ENVIRONNE-MENT SA	100,000,000	European Corporate	XS0142249555
94	VRZN	VERIZON COMMUNICA-TIONS INCORPORATED	100,000,000	North American Corporate IG	US92344GAW69
95	VW	VOLKSWAGEN AG	100,000,000	European Corporate	XS0168882495
96	WOLKLU	WOLTERS KLUWER NV	100,000,000	European Corporate	XS0181273342
97	WPLAU	WOODSIDE PETROLEUM LIMITED	100,000,000	Australia Corporate	USQ98229AB56
98	WPP-GRP-2005	WPP 2005 LIMITED	100,000,000	European Corporate	XS0131030032
99	XL-CapAss	XL CAPITAL ASSURANCE INCORPORATED	100,000,000	North American Monoline	None
100	XSTR	XSTRATA PLC	125,000,000	European Corporate	XS0174289347

Anhang 3: Zertifikat

Es folgt der „Flyer" für ein Zertifikat, das im Herbst 2007 von Lehman Brothers aufgelegt wurde und in Deutschland von Citibank vertrieben wurde. Wie inzwischen allgemein bekannt, lag das Risiko von Papieren dieser Art in der Kreditwürdigkeit von Lehman Brothers. Nach dem Zusammenbruch der Bank im Herbst 2008 waren sie wertlos.

Dieses Risiko wird in der Produktdarstellung angesprochen – siehe etwa Fußnote 9. Die meisten Privatinvestoren werden diese eher leise vorgetragene Warnung kaum ernsthaft berücksichtigt haben. In der Bankenwelt war die prekäre Lage von Lehmans im Herbst 2007 jedoch durchaus bekannt. Das zeigt sich unter anderem in den CDS-Spreads für Lehmans, die zwischen Januar und August von 21 Basispunkten auf 161 gestiegen waren. Am 15. Oktober, als dieser Flyer freigegeben wurde, standen sie noch bei 67 bps. Im Frühjahr 2008 stiegen sie dann weiter auf 448 bps (14. März), um im September, unmittelbar vor dem Zusammenbruch, bei 703 bps zu stehen[1].

Auch ohne den Zusammenbruch von Lehmans wäre dieses Zertifikat ein riskanter Kauf gewesen.

Positiv gesehen, war die Höchstrendite 8,4 %. Bei einem günstigen Verlauf wären nach fünf Jahren € 1.504 ausgezahlt worden – was über die Laufzeit gerechnet effektiv 8,4 % entspricht.

Allerdings trat dieser Fall nur ein, wenn nicht in den vorausgegangenen fünf Jahren der Index am jährlichen Stichtag die Marke von 90 % seines Ausgangsniveaus erreicht hatte. In einem solchen Fall nämlich wurde die ganze Anleihe vorzeitig zurückgezahlt; die Aussicht auf eine Fortsetzung der 8,4 %-Rendite wäre somit enttäuscht gewesen.

Eine größere Gefahr drohte jedoch, wenn zu einem beliebigen Zeitpunkt, nicht nur am Stichtag, der EURO STOXX Index auf 50 % seines Ausgangsni-

1 Siehe auch McDonald, *A colossal failure of common sense: the inside story of the collapse of Lehman Brothers.*

veaus sinken sollte. Wenn diese „Barriere" einmal durchbrochen wurde und der Index zum abschließenden Stichtag die höhere Marke von 90 % nicht mehr erreichte, verringerte sich der Rückzahlungsanspruch des Anlegers und der Zinsanspruch verfiel vollständig. Der auszuzahlende Teil entsprach dem Stand des Index am Stichtag. Wenn also beispielsweise der Index schon einmal die Marke 50 % berührt oder durchbrochen hatte und er am letzten Stichtag bei 60 % lag, würde der Anleger 60 % seines Einsatzes zurückbekommen.

Wie es sich herausstellte, hat der EURO STOXX die 50 %-Barriere in der Tat nach unten durchbrochen. Im Boomjahr 2007 erreichte der Index 4.572,82 Zähler. Zum Ausgabezeitpunkt des Zertifikats im Herbst 2007 lag er bei 4.200. Im Frühjahr 2009, in der Tiefe der Rezession, erreichte er einen Kurs von 1.765,49 – weniger als 40 % des Ausgangsniveaus. Ende des Jahres 2010 lag er immer noch erst bei 2.882,88, das sind 63 %. Der EURO STOXX hätte also bis Ende 2012 wieder um ca. die Hälfte zulegen müssen um zu verhindern, dass die Zertifikatkäufer auf Verzinsung verzichten und sogar von ihrem Kapital deutliche Abschläge erleiden müssten.

Ex post-Berechnungen dieser Art sind selbstverständlich nicht entscheidend. Ob die in Aussicht gestellten 8,4 % Rendite damals eine adäquate Kompensation für das zweifache Risiko (Kreditrisiko der Emittentin, Kursrisiko des EURO STOXX) darstellten, lässt sich nur statistisch ermitteln. Anleger, die ohne statistische Daten solche Produkte kaufen, sollten dies nur im Sinne des Spielvergnügens tun.

Bonus Express Defensiv Zertifikat

(Ausschnitte aus dem Produktflyer)

Lehman Brothers

Eine Alternative mit Aussicht auf eine starke Rendite

Das Bonus Express Defensiv Zertifikat bietet Ihrem Kapital in vielen Marktlagen gute Aussichten – sowohl bei steigenden, stagnierenden und sogar bis zu einem vorbestimmten Niveau bei fallenden Kursen des zugrunde liegenden Index. Somit vereint dieses Zertifikat entscheidende Vorteile, die sowohl sicherheits- als auch ertragsorientierte Anleger überzeugen dürften.

Als Basiswert dient dabei der Dow Jones EURO STOXX 50® Index, der die 50 größten und führenden Unternehmen aus unterschiedlichen Marktsektoren der folgenden zwölf EU-Mitgliedsstaaten repräsentiert: Belgien, Deutschland, Finnland, Frankreich, Griechenland, Irland, Italien, Luxemburg, Niederlande, Portugal, Spanien und Österreich. Der Wert des Zertifikats hängt von der Entwicklung des Dow Jones EURO STOXX 50® Index ab, allerdings ist die Partizipation an einer positiven Entwicklung des Index auf 50,4 % limitiert (angenommen das Zertifikat wird für die volle Laufzeit von fünf Jahren gehalten).

So funktioniert's

Wir überprüfen für Sie den Indexstand des Dow Jones EURO STOXX 50® Index an festgelegten Beobachtungstagen.

- Schließt der Index am 1. Beobachtungstag, dem 28.11.2008, mindestens auf dem Niveau von 90 % seines Kurses vom 31. Oktober 2007 (dem am Anfänglichen Bewertungstag festgestellten Ausgangswert), dann erhalten Sie am ersten vorzeitigen Rückzahlungstag den Nominalbetrag2 plus 8,4 %.

- Sollte jedoch der offizielle Schlusskurs des Dow Jones EURO STOXX 50® Index am ersten Beobachtungstag unter 90% des offiziellen Schlusskurses vom 31. Oktober 2007 (dem am Anfänglichen Bewertungstag festgestellten Ausgangswert) notieren, läuft das Zertifikat bis zum nächsten Beobachtungstag und der Überprüfungsvorgang wiederholt sich (die genauen Zeitpunkte und die möglichen Erträge finden Sie im Abschnitt „Auszahlungsmechanismus" auf Seite 6 dieser Broschüre [sowie im Abschnitt „Produkteigenschaften", unten]).

- Die maximale Laufzeit geht bis zum 7.12.2012.

- Liegt der Indexstand bei kontinuierlicher Betrachtung während des gesamten Beobachtungszeitraums stets über der Barriere von 50 % des Ausgangswerts und es erfolgte keine vorzeitige Rückzahlung, so erhalten Sie 150,4 % des Nominalbetrags.

- Sollte der offizielle Schlusskurs des Index am Abschließenden Bewertungstag unter 90 % des Ausgangswerts liegen und der Indexstand bei kontinuierlicher Betrachtung während des Beobachtungszeitraums mindestens einmal die Barriere von 50 % des Ausgangswerts berührt oder unterschritten haben, so wird der finale Rückzahlungsbetrag geringer sein als der Nominalbetrag, da der Rückzahlungsbetrag in diesem Fall von der Wertentwicklung des Index abhängig ist. Man sollte nur in das Produkt investieren, wenn man die finanziellen Risiken vollkommen versteht und es sich finanziell erlauben kann, einen Teil, im Extremfall sogar die gesamten Investitionen, zu verlieren.

- Sofern es zu keinem verbindlichen vorzeitigen Rückzahlungsereignis kommt und der offizielle Schlusskurs des Index am Abschließenden Bewertungstag mindestens 90 % des am 31. Oktober 2007 festgestellten Ausgangswerts beträgt, erhalten Sie 150,40% des Nominalbetrags.[2]

Was bietet Ihnen die Barriere von 50 %?

Sollte es zu keinem verbindlichen vorzeitigen Rückzahlungsereignis kommen, da der offizielle Schlusskurs des Index an allen Beobachtungstagen jeweils unter dem Niveau von 90 % des Ausgangswerts lag, bietet Ihnen das Zertifikat einen Risikopuffer, der Sie gegen Kursrückgänge im Dow Jones EURO STOXX 50® Index während des Beobachtungszeitraums absichert. Wenn der Indexstand bei kontinuierlicher Betrachtung während des Beobachtungszeitraums stets über der Barriere von 50 % des Ausgangswerts liegt, so erhalten Sie auf jeden Fall EUR 1.504,– pro Zertifikat.

Wird die Barriere bei kontinuierlicher Betrachtung während des gesamten Beobachtungszeitraums mindestens einmal berührt oder unterschritten und der offizielle Schlusskurs des Index liegt am Abschließenden Bewertungstag unter 90 % des Ausgangswerts, hängt der finale Rückzahlungsbetrag am Ende der Laufzeit von der Wertentwicklung des Dow Jones EURO STOXX 50® Index zwischen dem Anfänglichen Bewertungstag und dem Abschließenden Bewertungstag ab. In diesem Fall kann es zu Verlusten, im Extremfall sogar zum Totalverlust des getätigten Investments kommen.

---

2 Etwaige Gebühren sowie der Ausgabeaufschlag werden nicht berücksichtigt. Die vorzeitigen Rückzahlungen sowie die Rückzahlung am Ende der Laufzeit hängen von der Bonität der Emittentin bzw. Garantin ab. Unter bestimmten Umständen (u. a. aus steuerlichen Gründen) kann es zu einer sonstigen vorzeitigen Rückzahlung durch die Emittentin kommen. Der vorzeitige Rückzahlungsbetrag kann in solchen Fällen auch unterhalb des Nominalbetrags liegen.

Produktvorteile im Überblick

Rendite

Das Zertifikat gewährt die Chance auf überdurchschnittlich hohe Renditen.

Steuervorteil

Sollte das Zertifikat an einem der ersten drei Beobachtungstage noch vor dem 30.06.2009 (Stichtag für die Abgeltungsteuer) vorzeitig zurückgezahlt werden, liegt der ausgezahlte Gewinn in der Regel außerhalb der Spekulationsfrist und ist damit steuerfrei.[3]

Teilabsicherung inklusive

Rückzahlung von EUR 1.504,– pro Zertifikat am Endfälligkeitstag, sofern der Indexstand bei kontinuierlicher Betrachtung während des Beobachtungszeitraums niemals die Barriere von 50 % des am Anfänglichen Bewertungstag festgestellten Ausgangswerts berührt oder unterschritten hat und keine verbindliche vorzeitige Rückzahlung erfolgt ist.

Überschaubarer Anlagehorizont

- Chance auf vorzeitige Rückzahlung zum Nennbetrag zuzüglich eines attraktiven Kupons[4], wenn der Dow Jones EURO STOXX 50® Index an einem Bewertungstag über oder auf dem Niveau von 90 % seines Ausgangswerts liegt
- Maximallaufzeit von fünf Jahren

Flexibilität

Das Zertifikat ist während der gesamten Laufzeit in der Regel börsentäglich handelbar.

---

3 Gilt nur, insofern das Zertifikat mindestens ein Jahr vor dem entsprechenden Beobachtungstag erworben wurde. Diese Information wird ohne Gewähr erteilt und ist nicht als steuerliche Beratung zu verstehen. Potenziellen Käufern wird empfohlen, ihre steuerlichen Berater zu konsultieren.

4 Der mögliche Kupon beträgt am ersten Beobachtungstag 8,4%, am zweiten Beobachtungstag 16,8%, am dritten Beobachtungstag 25,2 %, am vierten Beobachtungstag 33,6%, am fünften Beobachtungstag 42% und am Abschließenden Bewertungstag 50,4% des Nominalbetrags.

Kein Währungsrisiko

Die Rendite des Investments hängt ausschließlich von der Wertentwicklung des Dow Jones EURO STOXX 50® Index ab.

Risiken

Potenziellen Investoren wird geraten, die folgende Beschreibung der Hauptrisiken in Verbindung mit Zertifikaten aufmerksam durchzulesen. Die beschriebenen Risiken stellen keine vollständige Liste aller Risiken und Hinweise bezüglich einer Investition in Zertifikate dar.

Kursverluste des dem Zertifikat zugrunde liegenden Dow Jones EURO STOXX 50® Index am Laufzeitende können zu einem vollständigen oder teilweisen Kapitalverlust führen. Das Zertifikat ist während der Laufzeit Markteinflüssen (z. B. Volatilität, Basiswertentwicklung, Zinsen) unterworfen – Kursverluste sind somit möglich. Bei einem Verkauf während der Laufzeit treffen die dargestellten Szenarien nur eingeschränkt zu.

Kreditrisiko. Der Anleger trägt das Kreditrisiko der Emittentin, der Lehman Brothers Treasury Co. B.V., bzw. der Garantin, Lehman Brothers Holdings Inc.

Marktrisiko Es kann nicht garantiert werden, dass die Rückzahlung am Ende der Laufzeit einer Verzinsung entspricht, die signifikant über dem entsprechenden Geldmarktniveau liegt. Bei einem vorzeitigen Verkauf des Zertifikats kann der Marktpreis unter dem Nennbetrag liegen. Somit kann für den Anleger ein erheblicher Verlust bis hin zum Totalverlust entstehen.

Kursrisiko Der Wert des Bonus Express Defensiv Zertifikats ist vonVeränderungen der impliziten Volatilität, Zinssätzen und Restlaufzeit abhängig.

Liquiditätsrisiko Lehman Brothers International (Europe) stellt börsentäglich nach bestem Bemühen einen so genannten Sekundärmarktpreis für das Bonus Express Defensiv Zertifikat im Freiverkehr der Frankfurter Wertpapierbörse. Lehman Brothers International (Europe) übernimmt jedoch keinerlei Rechtspflicht bezüglich des regelmäßigen Stellens von An-und Verkaufspreisen für die Zertifikate.

Totalverlustrisiko Sollte der Indexstand des Dow Jones EURO STOXX 50® Index bei kontinuierlicher Betrachtung während des Beobachtungszeitraums mindestens einmal auf oder unter 50% des Ausgangswerts liegen, so kann es zu Verlusten des eingesetzten Kapitals (bis hin zum Totalverlust) kommen.

Produkteigenschaften

Emittentin	Lehman Brothers Treasury Co. B.V.
Rating	A1/A+/AA- (Moody's/S&P/Fitch)
Garantiegeber	Lehman Brothers Holdings Inc.
Arrangeur/Dealer	Lehman Brothers International (Europe)
Produkttyp	Zertifikat
Währung	EUR
Nennbetrag	EUR 1.000,–
WKN	A0S116
ISIN	DE000A0S1160
Zeichnungsfrist	16.10.2007 bis 31.10.2007[5]
Ausgabepreis	EUR 1.000,– zzgl. Ausgabeaufschlag
Ausgabeaufschlag	EUR 20,– pro Zertifikat[6]
Vergütung der Emittentin an den Vertriebspartner	EUR 20,– pro Zertifikat[6]
Ausgabetag/Valuta	06.11.07
Anfänglicher Bewertungstag[7]	31.10.07
Beobachtungstage8	T = 1: 28.11.2008, t = 2: 27.03.2009, t = 3: 15.06.2009, t = 4: 30.11.2010, t = 5: 30.11.2011
Abschließender Bewertungstag8	30.11.12
Endfälligkeitstag	07.12.12
Rückzahlungstage:	5 Geschäftstage nach dem entsprechenden Beobachtungstag bzw. Endfälligkeitstag

5 Vorbehaltlich einer vorzeitigen Schließung
6 Verbleibt in voller Höhe beim Vertriebspartner
7 Der Anfängliche Bewertungstag, der Abschließende Bewertungstag sowie die Beobachtungstage unterliegen den Verschiebungsregelungen gemäß den Zertifikatsbedingungen.

Anhang 3: Zertifikat

Automatische vorzeitige Rückzahlung[8]	t=1: Wenn der offizielle Schlusskurs des Dow Jones EURO STOXX 50® größer oder gleich 90% des festgestellten Ausgangswerts ist, so erfolgt die vorzeitige Rückzahlung pro Zertifikat zu **EUR 1.084,–** t=2: Wenn der offizielle Schlusskurs des Dow Jones EURO STOXX 50® größer oder gleich 90% des festgestellten Ausgangswerts ist, so erfolgt die vorzeitige Rückzahlung pro Zertifikat zu **EUR 1.168,–** t=3: Wenn der offizielle Schlusskurs des Dow Jones EURO STOXX 50® größer oder gleich 90% des festgestellten Ausgangswerts ist, so erfolgt die vorzeitige Rückzahlung pro Zertifikat zu **EUR 1.252,–** t=4: Wenn der offizielle Schlusskurs des Dow Jones EURO STOXX 50® größer oder gleich 90% des festgestellten Ausgangswerts ist, so erfolgt die vorzeitige Rückzahlung pro Zertifikat zu **EUR 1.336,–** t=5: Wenn der offizielle Schlusskurs des Dow Jones EURO STOXX 50® größer oder gleich 90% des festgestellten Ausgangswerts ist, so erfolgt die vorzeitige Rückzahlung pro Zertifikat zu **EUR 1.420,–**
Barriere	50 % des Ausgangswerts des Basiswerts
Beobachtungsperiode	Vom Anfänglichen Bewertungstag (ausschließlich) bis zum Abschließenden Bewertungstag (einschließlich)
Rückzahlung bei Endfälligkeit[9]	Wenn der Indexstand des Dow Jones EURO STOXX 50® Index am Abschließenden Bewertungstag größer oder gleich 90% des festgestellten Ausgangswerts ist und keine automatische vorzeitige Rückzahlung erfolgte, so ergibt sich eine Rückzahlung in Höhe von **EUR 1.504,–** pro Zertifikat.

8 Etwaige Gebühren sowie der Ausgabeaufschlag werden nicht berücksichtigt. Die Rückzahlung hängt von der Bonität der Emittentin bzw. Garantin ab. Unter bestimmten Umständen (u. a. aus steuerlichen Gründen) kann es zu einer sonstigen vorzeitigen Rückzahlung durch die Emittentin kommen. Der vorzeitige Rückzahlungsbetrag kann in solchen Fällen auch unterhalb des Nominalbetrages liegen.

9 Etwaige Gebühren sowie der Ausgabeaufschlag werden nicht berücksichtigt. Die Rückzahlung am Ende der Laufzeit hängt von der Bonität der Emittentin bzw. Garantin ab.

	Liegt der offizielle Schlusskurs des Dow Jones EURO STOXX 50® Index am Abschließenden Bewertungstag unter 90% des festgestellten Ausgangswerts, lag jedoch bei kontinuierlicher Betrachtung während des Beobachtungszeitraums stets über der Barriere von 50% des festgestellten Ausgangswerts, so erhalten Sie ebenfalls **EUR 1.504,–** pro Zertifikat. Sollte der Indexwert am Abschließenden Bewertungstag **unter dem Niveau von 90% des festgestellten Ausgangswerts** liegen und bei kontinuierlicher Betrachtung während des Beobachtungszeitraums mindestens einmal die Barriere von 50% berührt oder unterschritten haben, so entspricht die Rückzahlung der Entwicklung des Dow Jones EURO STOXX 50® Index vom Abschließenden Bewertungstag in Relation zum Anfänglichen Bewertungstag. In diesem Fall kann es zu Verlusten, im Extremfall sogar zum Totalverlust des getätigten Investments kommen. Man sollte nur dann in das Produkt investieren, wenn man die finanziellen Risiken vollkommen versteht und es sich finanziell erlauben kann, einen Teil, im Extremfall sogar die gesamten Investitionen, zu verlieren.
Börsenlisting	Freiverkehr der Frankfurter Wertpapierbörse
Basiswert	EURO STOXX 50® Index (Bloomberg: SX5E Index)

Lehman Brothers

Lehman Brothers (Tickersymbol: LEH) dient als Innovator in der globalen Finanzwirtschaft weltweit den finanziellen Bedürfnissen von Unternehmen, Regierungen und Stadtverwaltungen, institutionellen Kunden sowie vermögenden Privatpersonen. Lehman Brothers, gegründet 1850, gehört in den Bereichen Investment Banking, Equity und Fixed Income sowie Wertpapierhandel und Analysen, Investment Management für Privatinvestoren, Vermögensverwaltung und Private Equity zu den führenden Investmentbanken. Das Unternehmen mit Stammsitz in New York betreibt ein weltweites Netz von Niederlassungen, u.a. auch in London und Tokyo. Weitere Informationen zu den Dienstleistungen, Produkten und Stellenangeboten von Lehman Brothers finden sich auf der Website des Unternehmens unter www.lehman.com.

Weitere Informationen

Informationen der Citibank

Anlagen in dieses Produkt sind keine Bankeinlagen und sind nicht durch Citibank/Citigroup, deren Töchter oder die Einlagensicherung garantiert. Die Performance der Vergangenheit lässt keine Rückschlüsse auf die zukünftige Wertentwicklung zu. Der Wert der Anlage unterliegt den Schwankungen des Marktes, welche zum ganzen oder teilweisen Verlust des Investments führen können. Der Erwerb dieses Produktes ist mit Kosten/Gebühren verbunden. Darüber hinaus erhält Citibank einen Bonus für den Abschluss vom Emittenten. Alle Angaben dienen ausschließlich der Information und stellen keine Kaufempfehlung dar. Dieses Produkt steht beispielhaft für seine Produktgattung. Vor dem Erwerb sollte eine ausführliche und an der Kundensituation ausgerichtete Beratung erfolgen. Dieses Produkt kann nicht von US-Personen erworben werden.

Informationen von Lehman Brothers

Die Wertentwicklung des zugrunde liegenden Index in der Vergangenheit lässt keine Rückschlüsse auf eine zukünftige Wertentwicklung zu. Der Wert des Zertifikats unterliegt den Schwankungen des Marktes, ein Verkauf des Zertifikats während der Laufzeit kann daher zu Kursverlusten führen. Der Erwerb des Zertifikats ist mit Kosten/Gebühren verbunden.

Dieses Dokument ist ausschließlich zur Verteilung in der Bundesrepublik Deutschland vorgesehen und dient ausschließlich der Information und stellt keine Kaufempfehlung dar. Vor dem Erwerb sollte eine ausführliche und an der Kundensituation ausgerichtete Beratung erfolgen. Eine Kaufentscheidung sollte ausschließlich auf der Grundlage des von der Bundesanstalt für Finanzdienstleistungsaufsicht („BaFin") gebilligten Prospektes hinsichtlich des Zertifikats, die auch die allein verbindlichen Zertifikatsbedingungen enthalten, getätigt werden, die entsprechenden Dokumente werden bei der Zahlstelle, JPMorgan AG, Junghofstr. 14, D-60311 Frankfurt am Main, und bei Lehman Brothers International Europe, Zweigniederlassung Frankfurt am Main, Rathenauplatz 1, D-60313 Frankfurt am Main, zur kostenlosen Ausgabe bereitgehalten. Das Zertifikat darf nicht in den U.S.A. oder an eine U.S.Person im Sinne der Regulation S des U.S. Securities Act 1933 verkauft werden.

Lehman Brothers und/oder ein verbundenes Unternehmen können in Bezug auf das Zertifikat als Market Maker auftreten, Eigenhandel betreiben sowie Hedging-Transaktionen vornehmen und können daher Kauf- oder Verkaufsoptionen auf das Zertifikat halten. Dies könnte den Marktkurs, die Liquidität oder den Wert des Zertifikats beeinträchtigen und eventuell nicht im Interesse der Anleger liegen.

Marktpreise, Daten und andere in diesem Dokument enthaltenen Informationen können Änderungen unterliegen, ohne dass ein Hinweis erfolgt. Lehman Brothers agiert weder als Berater noch als Treuhänder für Käufer des Zertifikats, Vertriebsgesellschaften oder deren Kunden und übernimmt keine Verantwortung hinsichtlich der Beurteilung der Eignung dieses Produkts. Zukünftige Käufer des Zertifikats sollten zur Kenntnis nehmen, dass Vertriebsgesellschaften keine Angestellten, Treuhänder oder Vertreter von Lehman Brothers sind und nicht berechtigt sind (und sich nicht für berechtigt halten dürfen), im Namen oder Auftrag von Lehman Brothers oder einer sonstigen Gesellschaft der Lehman Brothers Gruppe Verpflichtungen in jeglicher Art und Weise zu übernehmen oder zu begründen oder eine ausdrückliche oder stillschweigende Gewährleistung oder Zusicherung abzugeben (sei es mündlich oder schriftlich oder in Form des Konditionenblattes oder anderer Marketing- oder vergleichbarer Materialien). Käufer von Zertifikaten werden darauf hingewiesen, dass sie die Zertifikate von der Vertriebsgesellschaft erwerben, mit der sie unmittelbar in einer vertraglichen Beziehung stehen. Lehman Brothers besitzt keine Kenntnis über finanzielle Vereinbarungen zwischen den Vertriebsgesellschaften und ihren Kunden. Lehman Brothers ist in keiner Weise für die vertraglichen Vereinbarungen zwischen den Vertriebsgesellschaften und ihren Kunden verantwortlich.

Im Zusammenhang mit dem Angebot und Verkauf des Zertifikats wird die Vertriebsgesellschaft das Zertifikat zu einem reduzierten Ausgabepreis oder zum Ausgabepreis erwerben. Sofern die Vertriebsgesellschaft das Zertifikat zum Ausgabepreis erwirbt, ist es möglich, dass der Dealer an die Vertriebsgesellschaft eine Vertriebsgebühr zahlt. Ein solcher von der Vertriebsgesellschaft erhaltener Betrag kann zu den Verkaufsprovisionen und -kosten, die die Vertriebsgesellschaft üblicherweise geltend macht, hinzutreten. Weitere Informationen können auf Anfrage von der Vertriebsgesellschaft erhalten werden.

Anhang 3: Zertifikat

Käufer des Zertifikats sollten ferner zur Kenntnis nehmen, dass die Emittentin, die Garantin, der Arrangeur und der Dealer sowie ihre Tochterunternehmen (i) keine Verantwortung für die Erbringung von Dienstleistungen durch die Vertriebsgesellschaft (einschließlich, aber nicht ausschließlich etwaiger Anlageberatungen, Konto- und Depotkontoführungsdienste) oder im Zusammenhang mit solchen Dienstleistungen stehenden oder daraus erwachsenden Folgen übernehmen und (ii) keinerlei Haftung gegenüber jeglichen Personen für Schäden übernehmen, die durch eine Vertriebsgesellschaft im Zusammenhang mit dem Erwerb des Zertifkats verursacht werden.

Der Dow Jones EURO STOXX 50® ist eine eingetragene Marke der STOXX Limited. Diese und die zugehörigen Marken wurden für den Gebrauch durch Lehman Brothers lizensiert. Die Zertifikate werden von STOXX Limited oder der Dow Jones & Company-Gesellschaft weder unterstützt noch gefördert.

Stand: 15.10.2007

Quellenverzeichnis

Die den Quellen beigefügten Seitenzahlen beziehen sich auf die Diskussion im Text

Gesetze und Verordnungen: Deutschland

Börsengesetz 1896. RGBl. 1896, 157: 2, 29, 36 f., 40, 45

Börsengesetz 1908: 37

Bürgerliches Gesetzbuch, §§ 762–764: 1, 34, 36

Finanzmarktrichtlinie-Umsetzungsgesetz (FRUG) 2007 (BGBl. S. 1330): : 48, 74

Gemeindeordnung Baden-Württemberg: 159, 164, 181

Gemeindeordnung Bayern: 153 f., 165, 183

Gemeindeordnung Nordrhein-Westfalen: 165

Gemeindeordnung Rheinland-Pfalz: 165

Insolvenzordnung 1994 (BGBl. I S. 2866): 50

Umsatzsteuergesetz 1979 (BGBl. I S. 1953): 52 f.

Verfassung des Freistaates Bayern, 1946: 151, 188, 200, 202

Verwaltungsverfahrensgesetz: 168

Viertes Finanzmarktförderungsgesetz 2002 (BGBl. I S. 2010): 237, 115

Wertpapierhandelsgesetz, 1998: 34, 74, 232

WpDVerOV: Verordnung zur Konkretisierung der Verhaltensregeln und Organisationsanfordrungen für Wertpapierdienstleistungsunternehmen. BGBl. I S. 1432, 2007: 78, 244

Richtlinien und Verordnungen: EU

Erste gesellschaftsrechtliche Richtlinie 68/151/EWG: 158, 182 f., 193

MiFID-Durchführungsrichtlinie. 2006/73/EG: 38 f., 59

Proposal for a Sixth Directive (VAT); Bulletin of the European Communities, Supplement 11/73: 53

Quellenverzeichnis

Gesetze: USA

Gesetze: Großbritannien

Gerichtsentscheidungen: Deutschland

BGH v. 06.04.1981, II ZR 84/80 Juris: 107

BGH v. 06.07.1993, Bond, XI ZR 12/93 Juris: 37, 48, 74, 110, 116, 185, 212, 230

BGH v. 07.03.1962 – Cranach-Schenkung, V ZR 132/60 BGHZ 395: 189 f., 211

BGH v. 08.05.1985, Schmiergeld, IVa ZR 138/83 Juris: 191

BGH v. 09.10.1991, VIII ZR 19/91 Juris: 128

BGH v. 10.04.2006, II ZR 337/06 Juris: 195

BGH v. 12.02.2004, III ZR 359/02 Juris: 232

BGH v. 12.05.2009, Kickbacks IV, XI ZR 586/07 Juris: 228 ff.

BGH v. 12.07.1962, VII ZR 28/61 Juris: 119

BGH v. 13.07.1988, VIII ZR 224/87 Juris: 217

BGH v. 13.07.2004, XI ZR 178/03 Juris: 34

BGH v. 13.10.1998, XI ZR 26/98 Juris: 46

BGH v. 14.03.1988, Geschäftsführervertrag, II ZR 211/87 Juris: 194

BGH v. 14.05.1996, XI ZR 188/95 Juris: 107

BGH v. 14.12.1987, II ZR 89/87 Juris: 29

BGH v. 15.03.1990, Bordellschiff, III ZR 248/88 Juris: 190

BGH v. 15.04.1997, XI ZR 105/96 Juris: 228

BGH v. 15.04.2010, III ZR 196/09 Juris: 235

BGH v. 15.07.1969, Notarkammerbeiträge, NotZ 3/69 Juris (Senat für Notarsachen 1969): 199

BGH v. 15.12.1975, Schuhfabrik II, II ZR 148/74 Juris: 194

BGH v. 15.12.2006, 5 StR 181/06 Juris: 120, 123, 127, 142

BGH v. 16.02.1981, Silberoptionen, II ZR 179/80 Juris: 107

BGH v. 17.10.1973, Schuhfabrik I, VIII ZR 67/72 Juris: 193 f.

BGH v. 18.01.1988, II ZR 72/87 Juris: 43

BGH v. 18.12.2001, XI ZR 363/00 Juris: 40, 57

BGH v. 19.12.2000, Kickbacks I, XI ZR 349/99 Juris: 108, 231, 236

BGH v. 19.12.2006, Kickbacks II, XI ZR 56/05: 48, 108, 110

BGH v. 20.01.2009, Kickbacks III, XI ZR 510/07 Juris: 108

BGH v. 20.02.1979, VI ZR 256/77 Juris: 208

BGH v. 20.06.1961, Spätwette, 5 StR 184/61 NJW 1934: 121

Quellenverzeichnis

BGH v. 22.03.2011, Ille, XI ZR 33/10 Juris (11. Zivilsenat 2011): 3, 76, 213

BGH v. 22.10.1984, II ZR 262/83 Juris: 29, 45, 119

BGH v. 22.11.2005, XI ZR 76/05 Juris: 127

BGH v. 23.09.1969; Schülertarife, VI ZR 19/68 Juris: 206, 209

BGH v. 24.11.1995, V ZR 40/94 Juris: 217

BGH v. 25.01.2006, Gemeindezentrum, VIII ZR 398/03 Juris: 190, 208

BGH v. 25.03.1968, II ZR 208/64 Juris: 192

BGH v. 28.02.1956, Fischwirtschaft, I ZR 84/54 BGHZ 119 (BGH 1. Zivilsenat 1956): 155, 157, 181 f., 196

BGH v. 28.02.1966, Waffengeschäft, VII ZR 125/65 Juris: 193 ff.

BGH v. 28.02.1989, IX ZR 130/88 Juris: 214

BGH v. 29.06.2010, XI ZR 308/0 Juris: 236

BGH v. 29.09.1986, 4 StR 148/86 Juris: 115

BGH v. 30.01.1967, Obersalzberg, III ZR 35/65 Juris (BGH 3. Zivilsenat 1967): 188, 201, 210

BVerfG v. 02.05.1967, Sozialversicherungsträger, 1 BvR 578/63 Juris: 204

BVerfG v. 07.06.1977, Stadtwerke Hameln, 1 BvR 108/73 Juris: 206, 209, 211

BVerfG v. 08.07.1982, Sasbach, 2 BvR 1187/80 Juris: 205, 207, 209

BVerfG v. 18.03.1970, Spielbank, 2 BvO 1/65 Juris: 115, 119

BVerfG v. 21.05.1968, Breitenborn-Gelnhausen, 2 BvL 2/61 Juris (BVerfG 2. Senat 1968): 153

BVerfG v. 23.11.1988, Rastede, 2 BvR 1619/83 Juris (BVerfG 2. Senat 1988): 151 f.

BVerfG v. 24.06.1969, Sorsum, 2 BvR 446/64 Juris (BVerfG 2. Senat 1969): 152

BVerfG v. 27.01.2010, Gewerbesteuer, 2 BvR 2185/04 Juris (BVerfG 2. Senat 2010): 154

BVerwG v. 22.02.1972, Bestattung, I C 24.69 Juris: 167

LG Berlin v. 30.11.2009, 38 O 16/09 Gerichtsausfertigung: 113

LG Duisburg v. 30.05.2005, 23 O 9/03 Juris: 80

LG Essen v. 03.09.2008, 42 O 16/08 Gerichtsausfertigung: 105

LG Frankfurt v. 31.01.2008, 2-04 O 388/06 Juris: 77

LG Freiburg v. 17.04.1990, IV Qs 33/90 NStZ 343: 121

LG Hamburg v. 01.07.2009, 325 O 22/09 Juris: 77, 108

LG Hamburg v. 14.08.2009, 418 O 26/09 Gerichtsausfertigung: 117

LG Hamburg v. 23.01.2009, 418 O 10/08 Gerichtsausfertigung: 117

LG Hamburg v. 23.06.2009, 310 O 4/09 Juris: 77

LAG Hamm v. 02.02.2004, 8 Sa 1169/00 Juris: 121

LG Krefeld v. 11.09.2008, 3 O 48/08 Gerichtsausfertigung: 113

LG München I v. 20.07.2009, 10HK O 24464/07 Gerichtsausfertigung: 113, 117

LG Ulm v. 10.07.2008, 2 O 101/08 Gerichtsausfertigung: 113

LG Ulm v. 22.08.2008, 4 O 488/07 Gerichtsausfertigung: 113

LG Wuppertal v. 16.07.2008, Stadt Hagen, 3 O 33/08 Gerichtsausfertigung: 113, 117

LG Würzburg v. 31.03.2008, WVV, 62 O 661/07 Juris: 48, 77

OLG Bamberg v. 11.05.2009, WVV, 4 U 92/08 Juris: 3, 13 f., 16, 20, 22, 100, 103, 106 f., 109, 116, 126, 187, 192, 198, 210, 214 f., 228 f.

OLG Celle v. 04.03.2010, 3 U 9/10 Juris: 234

OLG Celle v. 12.07.2000, Kurbetrieb, 9 U 125/99 Juris: 169

OLG Celle v. 30.09.2009, 3 U 45/09 Juris: 126

OLG Dresden v. 11.07.2001, 6 U 294/01 Juris: 180

OLG Düsseldorf v. 20.09.2007, I-6 U 122/06 Juris: 80, 108

OLG Düsseldorf v. 29.06.2009, I-9 U 187/08 Juris: 108, 126

OLG Frankfurt v. 04.08.2010, 23 U 230/08 Juris: 192, 198

OLG Frankfurt v. 29.07.2009, 23 U 76/08 Juris: 106, 109

OLG Frankfurt v. 30.12.2009, 23 U 175/08 Juris: 113, 214, 216

OLG Hamm v. 22.08.2005, Zuckerrübenmaschine, 5 U 69/05 Juris: 194

OLG Hamm v. 29.03.2011, 34 U 144/09 Juris: 230

OLG Köln v. 08.06.2011, 13 U 55/10 Juris: 230

OLG München v. 19.12.2007, 7 U 3009/04 Juris (7. Zivilsenat 2007): 228

OLG Naumburg v. 24.03.2005, 2 U 111/04 Juris: 187, 198, 210

OLG Stuttgart v. 03.02.2010, 9 U 111/08 Gerichtl. Vergleichsprotokoll: 114, 125

OLG Stuttgart v. 26.02.2010, 9 U 164/08 Juris: 114, 118, 124 f., 127

OLG Stuttgart v. 27.10.2010, Ravensburg, 9 U 148/08 Juris: 3, 77, 114

OVG Münster vom 26.09.1975, Spielbank, IV A 464/72 DVBl. 395 (OVG Münster 1975): 199

RG v. 01.12.1900, I 272/00 RGE 104: 40, 45

Gerichtsentscheidungen: EU

Gerichtsentscheidungen: England

Quellenverzeichnis

Literatur

Aczel, Amir. *Chance: a guide to gambling, love, the stock market and just about everything else.* London: High Stakes, 2005: 14, 18, 123

Allmendinger, Stefan, und Andreas Tilp. *Börsentermin- und Differenzgeschäfte: Unverbindlichkeit, Aufklärungspflichten.* Köln: RWS-Verl. Kommunikationsforum, 1998: 46

Altmeppen, Holger, und Günter Roth. *Gesetz betreffend die Gesellschaften mit beschränkter Haftung (GmbHG): Kommentar.* 6. Aufl. München: Beck, 2009: 168, 195 f.

Anders, Julia, und Kay Rothenhöfer. „Anlegerschutz im Wertpapiergeschäft – Bericht über den Bankrechtstag 2010". *WM* 2010, Nr. 31 (August 7, 2010): 1429–1437: 55

Angerer. Brief. „Bayerisches Staatsministerium des Inneren an die Bezirksregierungen", November 8, 1995: 149

Assmann, Heinz-Dieter, und Uwe H Schneider. *Wertpapierhandelsgesetz: Kommentar.* 5. Aufl. Köln: O. Schmidt, 2009: 34

Assmann, Heinz-Dieter, und Rolf Schütze. *Handbuch des Kapitalanlagerechts.* 3. Aufl. München: Beck, 2007.

Balthasar, Helmut. „§ 104 InsO". In *Nerlich/Römermann, InsO.*

Bamberger/Roth. „Beckscher Online-Kommentar BGB": 118

Bankenverband. „Rahmenvertrag für Finanztermingeschäfte". Bank-Verl. Köln, 2001: 15

——. „Rahmenvertrag: Anhang vorzeitige Erfüllung". Bank-Verl. Köln, 2001: 47

Bauer, Martin, Thomas Böhle, und Gerhard Ecker. *Bayerische Kommunalgesetze: Gemeindeordnung, Landkreisordnung, Bezirksordnung Kommentar.* 4. Aufl. München: Boorberg, 2000: 63, 153, 154, 160, 165

Beise, Marc. „Merkel und die Märkte – Ökonomisch falsch". *sueddeutsche.de*, 23. Mai, 2010: 129

Bentham, Jeremy. *The Principles of Morals and Legislation.* Nabu Press, 2010: 29

Berg, Stefan. *Kreditderivate im deutschen Privatrecht.* 1. Aufl. Lang, Peter Frankfurt, 2008: 131, 132, 134, 145

Bosch, Ulrich. „Finanztermingeschäfte in der Insolvenz – zum ‚Netting' im Insolvenzverfahren". *WM* 1995 (März 4, 1995): 365–375, 413–428: 50

Bücker, Thomas. *Finanzinnovationen und kommunale Schuldenwirtschaft: zum Einsatz von Swapgeschäften und Swapderivaten im Schuldenmanagement von Gemeinden.* 1. Aufl. Baden-Baden: Nomos, 1993: 187, 196, 210

Buehler, Kevin, Andrew Freeman, und Ron Hulme. „The New Arsenal of Risk Management". *Harvard Business Review*, Nr. September (2008): 92–100: 85

Bundesverband deutscher Banken. „Rahmenvertrag für Finanztermingeschäfte“. Bank-Verl. Köln, 2001: 50

Burke, Edmund. *Reflections on the Revolution in France*. Reissue. Oxford University Press, 2009: 207

Canaris, Claus-Wilhelm. *Handelsgesetzbuch, Bankvertragsrecht*. 2. Aufl. Berlin: de Gruyter, 1981: 40, 110

Dempster, Michael, Elena Medova, und Julian Roberts. „Regulating Complex Derivatives: Can the opaque be made transparent?“ *Journal of Banking Regulation* 2011, Nr. 4 (September 2011): 87, 142, 223

Dempster, Michael, Elena Medova, und Michael Villaverde. „Long-term interest rates and consol bond valuation“. *Journal of Asset Management* 11, Nr. 2/3 (2010): 113–135: 76

Deutsche Bank. *Basisinformationen über Zinssicherungsinstrumente. Der Einsatz von Zinssicherungsinstrumenten in der kommunalen Kreditwirtschaft.* Deutsche Bank AG, April 10, 2002: 148, 150, 159, 162, 163, 166, 170, 175

Ehlers, Dirk. *Die Lehre von der Teilrechtsfähigkeit juristischer Personen des öffentlichen Rechts und die Ultra-vires-Doktrin des öffentlichen Rechts.* 1. Aufl. Duncker & Humblot GmbH, 2000: 187, 197, 203, 210

Ekkenga, Jens. „Effektengeschäft“. In *Münchner Kommentar zum Handelsgesetzbuch*, 1353–1645, 2009: 33, 35

Ellenberger, Jürgen. „Die neuere Rechtsprechung des Bundesgerichtshofes zum Börsenterminhandel“. *Wertpapier-Mitteilungen* 1999, Nr. 2 (Januar 1999): 46

Ellenberger, Jürgen, Holger Schäfer, Peter Clouth, und Volker Lang. *Praktikerhandbuch Wertpapier- und Derivategeschäft*. 3. Aufl. Heidelberg: Finanz Colloquium, 2010: 34, 35

Emmerich, Volker. „§§ 320–322 BGB“. In *MüKo BGB 5. Aufl.*: 51

Erman. *Bürgerliches Gesetzbuch*. Herausgegeben von Harm Peter Westermann. 2 Bd. 13. Aufl. Münster: Aschendorff [u.a.], 2011.

Frischmuth, Birgit. *Kommunales Zins- und Schuldenmanagement Musterdienstanweisungen, landesrechtliche Regelungen und Praxisbeispiele*. Köln: Dt. Städtetag, 2007: 149, 159, 165

Geßner, Timm. „Retrozessionen im Fokus der neueren Judikatur“. *BKR* (2010): 89: 236

Goldman Sachs. „Abacus CDO“: 143

Habersack, Mathias. „§ 762 BGB“. In *Münchner Kommentar zum BGB, §§ 705–853, 5. Aufl.* 5. Aufl. München: Beck, 2009: 119, 121

——. „§ 764 BGB“. In *Münchner Kommentar zum BGB, §§ 705–853, 3. Aufl.*: 41

Hacking, Ian. *The taming of chance*. Cambridge [England] ; New York: Cambridge University Press, 1990: 11

Quellenverzeichnis

Harding, Paul. *Mastering the ISDA master agreements (1992 and 2002): a practical guide for negotiators*. 2. Aufl. London; New York: Financial Times Prentice Hall, 2004: 51

Harnos, Rafael. „Rechtsirrtum über Aufklärungspflichten beim Vertrieb von Finanzinstrumenten". *BKR* (2009): 316: 230, 236

Henssler, Martin. *Risiko als Vertragsgegenstand*. Mohr Siebeck, 1994: 49, 52, 132, 133

Hoffmann. *Derivaterlass Brandenburg*. Ministerium des Innern, Januar 18, 2000: 149

Hoffmann, Mark Jens, und Andreas Mosbacher. „Finanzprodukte für den Fußballfan: strafbares Glücksspiel?" *NStZ* 2006: 249–252: 115, 122

Holdsworth, William. *A history of English law: Holdsworth, William Searle, Sir, 1871-1944*: 135, 140

Hoosier Energy Rural Cooperative v John Hancock Life Insurance Company (US District Court, SD Indiana 2008): 100, 166, 168

Hoppe, Werner. *Handbuch kommunale Unternehmen*. 2. Aufl. Köln: Schmidt, 2007: 63

Hopt, Klaus. *Baumbach/Hopt, HGB 30. Aufl.* 30. Aufl. München: C.H. Beck, 2000: 37

Hull, John. *Optionen, Futures und andere Derivate*. 6. Aufl. München; Boston [u.a.]: Pearson Studium, 2006: 16, 35, 129

„Insurance". *Halsbury's Laws of England*, 2003: 143

Irmen, Detlef. „Terminhandel – §§ 50–70 BörsG 1989". In *Schäfer WpHG*: 34

„ISDA 2002 Master Agreement": 50

Jahn, Uwe. „§ 114 Außerbörsliche Finanztermingeschäfte (OTC-Derivate)". In *Schimansky, Bankrecht*, Rn 126: 51, 198

Jarass, Hans, und Bodo Pieroth. *Grundgesetz für die Bundesrepublik Deutschland: Kommentar*. 3. Aufl. München: Beck, 1995: 152

Johanning, Lutz. „Beurteilung der Swapgeschäfte zwischen H und C. Privatgutachten im Auftrag von C, LG Frankfurt Az. 2-21 O 226/09.", September 27, 2009: 15, 24

Jordans, Roman. „Die Umsetzung der MiFID in Deutschland und die Abschaffung des § 37d WpHG". *Wertpapier-Mitteilungen* 2007, Nr. 39: 1827–1831: 58

Kasten, Roman. „Das neue Kundenbild des § 31a WpHG" BKR 2007, 261: 71, 75

Katz, Rochelle. „2000 OGC Opinion – New York State Insurance Department". *Scribd*, o. J. http://www.scribd.com/doc/17132760/2000-OGC-Opinion: 132, 138

Kewenig, Wilhelm A., und Hannes Schneider. „Swap-Geschäfte der öffentlichen Hand in Deutschland". *Wertpapier-Mitteilungen* 1992, Nr. 2 (April 11, 1992): 51, 66, 149, 157, 197 f.

Kimball-Stanley, Arthur. „Insurance and Credit Default Swaps: Should Like Things Be Treated Alike?" *Connecticut Insurance Law Journal* 15, Nr. 1 (2008): 241–266: 132, 140

Klöhn, Lars. „Anmerkung zu Ille ./. DB“. *ZIP* 2011, Nr. 16: 762–764: 231, 235

Koenig, Christian. „Anwendbarkeit der Ultra-vires-Lehre im Falle des Überschreitens der gesetzlich begrenzten Aufgaben öffentlicher Kreditanstalten am Beispiel einer Landesbank“. *Wertpapier-Mitteilungen* 49 (Februar 25, 1995): 317–325: 149, 155, 157, 197 f.

Köndgen, Johannes. „Noch einmal: Beweislast bei Rückvergütungen („Kickback IV“)“. *BKR* (2009): 376: 228

Koller, Ingo. „§ 31 WpHG“, in Assmann/Schneider, *Wertpapierhandelsgesetz*: 74 f.

Kunze, Richard, Alfred Katz, und Carl Schmidt. *Gemeindeordnung für Baden-Württemberg: Stand Juli 2008, Gesamtwerk inkl. 16. Lfg.* 4. Aufl. Kohlhammer, 2008: 159, 164, 165, 181

Langheid, Theo, und Manfred Wandt, Hrsg. *Münchener Kommentar zum Versicherungsvertragsgesetz*. 3 Bd. München: Beck, 2010: 140

Larenz, Karl, und Claus-Wilhelm Canaris. *Methodenlehre der Rechtswissenschaft*. 3. Aufl. Berlin; New York: Springer, 1995: 140

Levinson, Horace C. *The Science of Chance: From Probability to Statistics*. London: Faber & Faber, 1967: 17, 21, 123

Lewis, Michael. *The Big Short*. Penguin, 2010: 256

„Lex: Online Poker“. *FT.com*, August 28, 2009: 184

Maunz, Theodor, und Günter Dürig. *Grundgesetz: Kommentar*. 7. Aufl. München: C. H. Beck, 1998: 152, 203

McDonald, Lawrence. *A colossal failure of common sense: the inside story of the collapse of Lehman Brothers*. [London]: Ebury Press, 2009: 256, 265

Meder, Theodor. *Die Verfassung des Freistaates Bayern: Handkommentar*. 3. Aufl. Stuttgart: Boorberg, 1985: 151, 153

Merkator, Kurt. „Zins- und Schuldenmanagement der Landeshauptstadt Mainz“. Trier, 2005: 161, 171

Mock, Sebastian. „Das Gesetz zur Vorbeugung gegen missbräuchliche Wertpapier- und Derivategeschäfte“. *WM* 64, Nr. 48 (Dezember 4, 2010): 2248–2256: 39

Moore, Elaine. „Risk techniques can help cut losses“. *Financial Times*, Dezember 10, 2010, Abschn. Trading Insight Special Report: 7

Morlin, Janos. „Die Befugnis kommunaler Unternehmen in Privatrechtsform zu Spekulationsgeschäften am Beispiel von Zinsswaps“. *NVwZ* 2007: 1159: 198

Mülbert, Peter. „Beratungspflichten, Offenlegungspflichten bei Interessenskonflikten und die Änderungen durch das Finanzmarkt-Richtlinie-Umsetzungsgesetz (FRUG)“. *Wertpapier-Mitteilungen* 61, Nr. 25 (2007): 1149–1196: 20, 123, 215

Nerlich, Jörg, und Volker Römermann. *Insolvenzordnung: Kommentar*. 18. Aufl. München: Beck, 2010.

Norris, Floyd. „Naked Truth on Default Swaps". *The New York Times*, Mai 20, 2010: 129

Oldiges, Martin. „Verbandskompetenz". *Die Öffentliche Verwaltung* 42, Nr. 20 (Oktober 1989): 873–884: 197

Oster, Rudolf. „Sonderfinanzierungen – Einsatz von Derivaten bei kommunalen Gebietskörperschaften". *Gemeinde und Stadt* 2001, Nr. Heft 4, Beilage 3/2001: 14: 149, 161, 163, 170, 174, 278

OTC Derivatives Losses Involving Sales Practice-Related Lawsuits. U.S. General Accounting Office, 1998: 69

OTC Derivatives: Additional Oversight could Reduce Costly Sales Practice Disputes. U.S. General Accounting Office, Oktober 1997: 69

Otto, Hansjörg. „§§ 315–326 BGB, Leistungsstörungsrecht 2, Staudinger 2009". In *Staudinger: Kommentar zum* BGB: 52

Pitsch, Johannes. „Anmerkung zu Ille". *DStR* 2011, Nr. 19: 894–896: 234

Podewils, Felix, und Dennis Reisich. „Haftung für „Schrott"-Zertifikate? – Aufklärungs- und Beratungspflichten nach BGB und WpHG beim Erwerb von Zertifikaten". *NJW* 2009: 116: 111, 127

Potts, Robin. „Opinion on Credit Derivatives". Legal Opinion. London, 24 1997. ISDA: 132, 139 ff.

Rehn, Erich, und Ulrich Cronauge. *Gemeindeordnung für das Land Nordrhein-Westfalen.* 2. Aufl. Siegburg: Reckinger, 1995: 159

Reichenbach, Hans. „Philosophische Kritik der Wahrscheinlichkeitsrechnung". *Naturwissenschaften* 8, Nr. 8 (1920): 10 f., 122

Reiner, Günter, und Johann Schacht. „Credit Default Swaps und verbriefte Kreditforderungen in der Finanzmarktkrise Teil I & II". *WM 2010 Heft 9, 337, 385*: 131, 134, 145

Rieble, Volker. „Staudinger BGB: §§ 315–319". In *Staudinger: Kommentar zum BGB*, 2009: 56

Roberts, Julian. „Beratungsbedarf bei Finanzderivaten im Lichte neuerer Rechtsentwicklungen". *DStR* 49, Nr. 26 (Juli 1, 2011): 1231–1235: 235

——. „Financial derivatives: investments or bets?" *Butterworths Journal of International Banking and Finance Law* (Juni 2011): 315–317: 219

——. „Finanzderivate als Glücksspiel? Aufklärungspflichten der Emittenten". *DStR* 2010, Nr. 21 (Mai 28, 2010): 1082–1087: 143

Roller, Reinhold, Thomas Elster, und Jan Christoph Knappe. „Spread-abhängige Constant Maturity Swaps – Funktionsweise, Risikostruktur und rechtliche Bewertung". *ZBB* 2007, Nr. 5: 345–364: 51, 198

von Rotberg. *Derivaterlass Baden-Württemberg.* Innenministerium Baden-Württemberg, August 17, 1998: 149

Roth, Günter, und Holger Altmeppen. *Gesetz betreffend die Gesellschaften mit beschränkter Haftung: (GmbHG) mit Erläuterungen.* 3. Aufl. München: Beck, 1997: 182

Sack, Rolf. „Staudinger, BGB § 138“: 216

Schäfer, Frank. „Finanztermingeschäfte“. In *Assmann/Schütze, Kapitalmarktrecht*: 35, 36

Schäfer, Frank. *Wertpapierhandelsgesetz mit Börsengesetz: Kommentar.* Stuttgart: Kohlhammer, 1999: 34

Schmidt, Karsten. *Münchener Kommentar zum Handelsgesetzbuch.* 2. Aufl. München: C. H. Beck, 2009.

Schmidt, Martin. *Derivative Finanzinstrumente: eine anwendungsorientierte Einführung.* 3. Aufl. Stuttgart: Schäffer-Poeschel, 2006: 24, 35

Schmidt-Bleibtreu, Bruno, und Franz Klein. *Kommentar zum Grundgesetz für die Bundesrepublik Deutschland.* 4. Aufl. Neuwied; Darmstadt: Luchterhand, 1977: 151

Schmitt, Carl. *Verfassungslehre.* 9. Aufl., Neusatz auf Basis der 1928 ersch. 1. Aufl. Aufl. Berlin: Duncker & Humblot, 2003: 203

Schnapp, Friedrich, und Stephan Rixen. „Die Unzulässigkeit der Aufnahme von Krediten durch die gesetzlichen Krankenkassen“. *BKR* 2006, Nr. 9: 360: 203

Schneider, Hannes, und Torsten Busch. „Swapgeschäfte der Landesbanken; zugleich eine Entgegnung zu Christian Koenig“. *Wertpapier-Mitteilungen* 49 (Februar 25, 1995): 326-330: 156, 197

Scholz, Franz. *Kommentar zum GmbH-Gesetz.* 10. Aufl. Köln: O. Schmidt, 2010: 193, 195 f.

Schönke, Adolf, und Horst Schröder. *Strafgesetzbuch (StGB), Kommentar.* 26. Aufl. C.H. Beck, 2006: 120

Schwarting, Gunnar. *Kommunales Kreditwesen: Haushaltsrechtliche Grundlagen – Schuldenmanagement – öffentlich-private Partnerschaften.* 3. Aufl. Schmidt (Erich), Berlin, 2006: 161 f.

Sethe, Rolf. „Insiderrecht“. In *Assmann/Schütze, Kapitalmarktrecht.*

Smith, Adam. *An inquiry into the nature and causes of the wealth of nations.* Chicago: University of Chicago Press, 1976: 31

Sperl, Richard. *Kreditmanagement III: Derivatmanagement.* Landeshauptstadt München, Mai 4, 2006: 149, 160 ff., 172, 178

Stelkens, Paul, Heinz Joachim Bonk, und Michael Sachs. *Verwaltungsverfahrensgesetz: Kommentar.* 6. Aufl. München: C.H. Beck, 2001: 182

Taleb, Nassim Nicholas. *The Black Swan: The Impact of the Highly Improbable.* 1. Aufl. Random House, 2007: 226

Thackray, John, und Carol Bere. „The two faces of Kevin Hudson". *Derivatives Strategy* 1995: 69

„The Big Picture – Short selling – legitimate trading or market abuse?" *FT.com*, August 1, 2010: 39

Wade, William. *Administrative law*. 7. Aufl. Oxford; New York: Clarendon Press; Oxford University Press, 1994: 67

Weaver, Warren. *Lady Luck. the Theory of Probability*. Harmondsworth: Penguin, 1977: 87

Weber, Max. *Die protestantische Ethik und der Geist des Kapitalismus*. Erftstadt: Area, 2005: 29

Weber, Sebastian. „Aufklärungs- und Beratungspflichten der Bank bei Zinsswap-Geschäften". *ZIP* 2008, Nr. 47: 2199–2202: 58, 186

Wolff, Hans Julius, Otto Bachof, und Rolf Stober. *Verwaltungsrecht I*. 12. Aufl. München: C.H. Beck, 2007: 156, 197 ff., 211

Zerey, Jean-Claude. *Außerbörsliche (OTC) Finanzderivate: Rechtshandbuch*. 1. Aufl. Baden-Baden: Nomos, 2008: 35

Stichwortverzeichnis

Stichwortverzeichnis

www.ingramcontent.com/pod-product-compliance
Lightning Source LLC
LaVergne TN
LVHW102104300926
849161LV00001B/15